人类遗传学导论

程罗根　编著

科学出版社

北　京

内 容 简 介

本教材主要介绍人类遗传的基本理论和基本规律、与人类疾病相关的遗传基础及人类面临的遗传困境与解决途径等。全书分成十五章，内容主要包括：人类的生殖细胞、人类染色体与染色体分析、人类基因的命名与定位、人类基因组与人类基因组计划、人类遗传的基本规律、线粒体遗传、多基因遗传、免疫与遗传、肿瘤与遗传、人类遗传病、遗传病的诊断与治疗、优生与优育、表观遗传、群体遗传等。

本教材可作为综合性高校、师范院校和医学院校的本科教材，也可供医生、研究生及社区工作者参考。

图书在版编目（CIP）数据

人类遗传学导论/程罗根编著. —北京：科学出版社，2015

ISBN 978-7-03-044439-4

I. ①人…　II. ①程…　III. ①人类遗传学–高等学校–教材　IV. ①Q987

中国版本图书馆 CIP 数据核字（2015）第 114405 号

责任编辑：刘　畅　周万灏 / 责任校对：李　影

责任印制：张　伟 / 封面设计：迷底书装

科学出版社 出版

北京东黄城根北街 16 号

邮政编码：100717

http://www.sciencep.com

北京凌奇印刷有限责任公司 印刷

科学出版社发行　各地新华书店经销

*

2015 年 6 月第　一　版　开本：787 × 1092　1/16

2023 年 1 月第六次印刷　印张：17 1/2

字数：374 000

定价：69.00 元

（如有印装质量问题，我社负责调换）

致 谢

本教材得到国家基础人才培养基金（J1103507）项目、江苏省高校优势学科（生物学）建设工程项目、南京师范大学动物学国家重点学科和江苏省生物多样性与生物技术重点实验室等基金和项目的资助与支持。

科学出版社对本教材的出版和发行给予了大力的支持和帮助，周万灏老师等为本教材的编辑、校对、版面设计等付出了大量的心血、劳动与智慧。

本教材引用了来自其他教材、杂志和网络（如百度百科、百度图片、谷歌、维基百科、数字中国、汉语频道、生命经纬、生物秀论坛、互动百科、生物谷、豆丁、道客巴巴、网易、SOSO 百科、智库·百科、凤凰教育、新浪、搜狐、谷粉搜搜、好搜、好搜百科、搜狗、搜狗百科、公卫百科、医学、百科点力文秘网等）的各位作者的大量资料，我们对相关引用资料的出处都尽可能地在每章的后面进行注释，但是难免仍有遗漏之处，真诚欢迎原文作者批评指正。

在教材的酝酿和编写过程中，戴传超教授、杨光教授、周长发教授、曹祥荣教授、路遥老师和李燕老师等给予了大力支持和帮助，并提出了许多宝贵建议。研究生迟庆萍、胡俊丽、刘为、焦东旭、李瑾、李娜、张宏、杜亚琼和朱熹在资料收集、图片处理及文字校对等方面付出了辛勤劳动。

在此向所有关心、支持和帮助本教材出版、发行的专家、同行和机构表示诚挚的谢意！

前　　言

人类遗传学是研究人类自身遗传与规律的科学。随着医疗卫生事业的发展和人类社会的进步，传染性疾病已经得到了有效控制。但是，伴随医疗技术的提高，也使一些原本难以存活的遗传病患者得到有效救治，减缓了人群中遗传缺陷的淘汰进度；另外，工业化的发展也加剧了环境的恶化，“三废”所致的“三致”也越来越严重，新的有害基因也在不断增加。这两方面作用的结果是导致不断升高的人类遗传负荷。因此，有效预防和治疗人类遗传性疾病，优生优育，提高人类遗传素质，是社会、家庭及每个人都面临的重要任务。

为帮助广大青年学生学习和了解人类遗传的相关知识，自 1999 年开始，我为生命科学学院的本科生首次开设了《人类遗传学》课程，随后又为全校的本科生开设了《遗传与人类健康》的公共选修课程。通过多年的教学实践，参考国内外已有的相关教材，结合人类遗传学领域的研究成果，编写了本教材。在内容选择和章节安排方面本教材主要突出如下特色。

1. 重点突出，主题鲜明

人类遗传学作为遗传学的分支学科，与遗传学有着密切的关系。遗传学的研究成果奠定了人类遗传学的基础，人类遗传学的成就促进了遗传学的发展；另外，人类遗传病的预防、诊断及治疗与医学的关系密切。因此，本教材以遗传性疾病的遗传基础、遗传规律及预防和治疗为主线，既不重复普通遗传学的内容，又吸纳了医学遗传学的相关成果，凸显人类遗传的主题特色。

2. 内容丰富，系统性强

本教材以人类遗传学的兴起与发展为切入点，介绍了人类遗传学的研究方法、人类遗传学与其他学科的关系、人类的遗传现象和遗传规律、人类遗传的物质基础、遗传病的类型、遗传病的风险与防治策略。从细胞到分子，从理论到临床，从个体到群体，全面、系统地介绍人类遗传的基本理论和基本实践。

3. 重视基础，顾及前沿

本教材不仅介绍人类的细胞遗传、核外遗传、分子遗传、群体遗传等基础内容，还介绍了表观遗传药物、基因治疗、全基因组关联分析及药物基因组学等研究前沿，使教材的内容紧跟学科发展的步伐。

4. 学术与普及兼顾，扩大教材的应用性

本教材编写的主要目的是向广大读者介绍人类遗传的基本知识、遗传病的危害及优生优育的重要性，所以用大量的病例介绍了遗传病的严重性和危害性，也以大量事实介绍了遗传病预防的重要性和主要措施，使大家重视环境保护，重视优生，共同促进人类遗传素质的提高。

由于编者学术水平的限制，不足之处在所难免，热切期盼并诚恳接受广大读者的批评指正，以使教材不断完善。

编　者

2015 年元月

目　　录

1 第一章 绪论

人类遗传学（human genetics）是遗传学的一个重要分支学科，主要研究人类在形态、结构、生理、生化、免疫和行为等各种性状上的相似和区别，人类群体的遗传规律及人类遗传性疾病的发生、传播和预防等有关人类遗传与变异的问题。简而言之，人类遗传学是探讨人类正常性状与病理性状的遗传现象及其物质基础的科学。

第一节 人类遗传学的形成与发展

人类遗传学是在普通遗传学的基础上产生和发展起来的。普通遗传学的基本原理和研究成果，为人类遗传学的研究奠定了坚实的基础，而人类遗传学的研究和发展，又极大地丰富了普通遗传学的内涵。由于人类自身的特殊性，在研究方法、研究条件等方面受到诸多限制，因此，虽然人类对自身的遗传现象自古就很感兴趣，但人类遗传学的研究却起步较晚。其发展过程大致分为三个时期。

一、萌芽时期

该时期截止到 19 世纪末。这一时期主要是关于人类生殖、优生和遗传疾病等方面知识的积累。在方法上主要是观察。

古希腊的医学家希波克拉底（Hippocrates of Cos，公元前 460～公元前 377 年）就已经注意到诸如向外斜视症和秃发症一类性状在某些家族群体中一再出现的现象，还观察到癫痫和一种特殊的老年盲症等病症只在某些家族中出现。他认为遗传是来自体液的精子把上代人的性质带给下一代。在通常认为是希波克拉底所作的原文中，有下面的一段话：

“然而，就精液而言，我认为它是由全身分泌的，既是实体的，也是光滑的部分，以及机体的全部潮湿物质分泌的。……精液是整个机体产生的，健康部分产生健康的，有病部分产生有病的。因此，一般是秃头生秃头，蓝眼生蓝眼，斜视生斜视；而且在其他疾病中，适用同样的规律，有什么能阻止有头脑的人生有头脑的？”

柏拉图（Plato，公元前 427～公元前 347 年）是古代西方最先提出“优生”概念的学者，作为一位哲学家，他认为父母的精神、道德和体质条件等都能遗传给他们的后代。另一位哲学家亚里士多德（Aristoteles，公元前 384～公元前 322 年）则认为，遗传是子女从父母那里接受了一部分血液，胚胎在子宫内是由母亲的月经血凝结形成的，而男子的精液有能力赋予胚胎以生命。同时他还认为，环境因素决定遗传变异，从外界环境中获得的身体、智力和个性等方面的特征可以遗传给后代。在我国的《左传》中就有“男女同姓，其生不蕃”的记载，说明当时的人们已经认识到近亲结婚的危害；王充在《论衡》中指出“夫妇合气而生人”，“子性类父”；在《后汉书·冯勤传》等著作中都认为人的身高、肤色、多子女等性状是遗传的，并被作为择媳的依据。

进入18世纪，人们对人类的一些遗传现象作了进一步的观察和报道。莫泊丢（Pierre Louis Moreau de Maupertuis，1698～1759年）和雷奥米尔（René Antoine Ferchault de Reaumur，1683～1757年）于1752年发表了一个家系世代中有多指（多趾）的报道，并证明该性状可以由父亲或母亲传递。到了18世纪后期，以瑞士的鲍萘（Charles Bonnetl，1720～1793年）为代表的学者认为，精子或卵子中已经存在完整的小生命体，个体发育是精卵结合后这个小生命体逐渐增大、发展为成体的过程，从而用“先成论”（theory of preformation）的观点来解释遗传现象。与之对立的是以瑞士的解剖学家科里克尔（Rudolph Albert von Kolliker，1817～1905年）为首提出的“渐成论”（theory of epigenesist），认为个体的各种组织和器官是在发育过程中逐渐形成的。两种观点论战的结果，最后以“渐成论”的胜利而告终。但是两种观点都认为，上、下代的遗传传递者是精子和卵子，而不是精液或血液，这标志着人类遗传学的发展已进入萌芽时期。

二、奠基时期

该时期为19世纪末至20世纪40年代。在方法学上主要采用谱系法、双生子法、数理统计方法和细胞遗传学方法（以精卵细胞为材料）等进行研究。

高尔顿（Francis Galton，1822～1911年）对人类遗传现象进行了较为广泛的研究。他首先采用了家谱调查分析法、双生子研究法、数理统计法，对人类进行遗传现象的科学分析，在1865年，发表了论文“遗传的才能与天赋”，并分别于1869年和1883年出版了《遗传与天赋》和《人类才能及其发育的研究》等专著，并且在1883年创立了“优生学”，随后又致力于“优生学”的研究。因此，可以认为，是高尔顿奠定了人类遗传学的基础，使人类遗传学正式成为一门科学。

同时代的奥地利遗传学家孟德尔（Gregor Johann Mendel，1822～1884年）利用豌豆（*Pisum sativum*）为实验材料，经过8年的研究，发现了分离规律和自由组合规律，并在1865年发表了论文《植物的杂交实验》。遗憾的是，由于种种原因，他的重要工作直到35年后才被荷兰、德国和奥地利的3位科学家同时重新发现。1909年，摩尔根（Thomas H. Morgan，1866～1945年）用果蝇（*Drosophila melanogaster*）做实验，揭示了基因的连锁与互换规律，并且在1926年提出了基因学说（gene theory）。

孟德尔的遗传定律被重新发现之后，一些生物学家就开始寻找遵循孟德尔遗传定律的人类性状。1902年，英国医生伽罗德（Archibald E. Garrod，1857～1936年）发现黑尿症等4种先天性代谢病的遗传方式完全符合孟德尔式遗传，提出了遗传性代谢缺陷的概念。1903年美国法拉比（William C. Farabee，1865～1925年）首次报道了人类的某些疾病（如短指、短趾畸形的遗传）是符合孟德尔定律的。1908年英国数学家哈迪（Godfrey Harold Hardy，1877～1947年）和德国医生温伯格（Wilhelm Weinberg，1862～1937年）分别发现了在随机分配群体中的遗传平衡法则，奠定了人类“群体遗传学”的基础，从而产生了人类群体遗传学。1924年伯恩斯坦（Felix Bernstein，1878～1956年）通过对人类的ABO血型遗传的研究，提出了复等位基因学说，成为人类免疫遗传学的先驱。

20 世纪头 10 年中，人类遗传学研究出现了一次小高潮，由于数理统计方法在人类遗传学中的应用，使人类遗传学开始成为一门定量的科学。

三、建立与发展时期

该时期为 20 世纪 50 年代至今。人类遗传学在 20 世纪 10～40 年代基本上没有什么质的突破。20 世纪 50～60 年代，由于体细胞遗传学方法的建立，还有分子遗传学方法及反遗传学（从基因到表型）或反发育遗传学方法的兴起，从而突破了人类遗传学研究中的许多难题，使人类遗传学成为一门比较成熟的学科。

1949 年美国生物化学家波林（Linus Carl Pauling，1901～1994 年）在研究镰形细胞贫血时提出了分子病概念。1952 年美国学者科里（Gerty T. Cori，1896～1957 年）发现糖原累积病 I 型患者的肝细胞中缺乏葡萄糖-6-磷酸脱氢酶。

1952 年徐道觉（1917～2003 年）等建立了低渗法，改进了染色体制片技术。1956 年蒋有兴（Joe Hin Tjio，1919～2001 年）等使用秋水仙碱破坏纺锤丝，获得了更多的分裂中期细胞。由于这两项技术的改进，使得蒋有兴等清晰地观察到染色体，证实人类体细胞染色体总数是 46 条。1959 年法国遗传学家勒热纳（Jérôme Lejeune，1926～1994 年）等发现，唐氏综合征（Down syndrome）是多了一条 21 号染色体引起的，故称为 21-三体综合征，这是人类最先确认的也是常见的一种遗传病。

1965 年前后，哈里斯（Henry Harris，1925～2014 年）等发展了细胞融合（Cell fusion）技术，用灭活的病毒促进不同动物种类的细胞融合，实现远源杂交和获得杂种细胞株。1967 年威斯（Mary C. Weiss，1902～1996 年）等首次通过人鼠体细胞杂交（somatic cell hybridization）的方法，确定了胸苷激酶基因（thymidine kinas，TK）位于人的 17 号染色体上，从此全面地开展了人的基因定位工作。1968 年，帕克（Theodore T. Puck，1916～2005 年）等诱导体外培养的哺乳类体细胞获得营养突变株和抗药性突变株，为研究哺乳类基因扩增、调控和定位等问题提供了基础。

20 世纪 70 年代，遗传工程技术的应用和人类基因组的研究与测定，推动了人类分子遗传学的发展，使人类遗传学进入一个新的发展时期。进入 20 世纪 80 年代后，由于各种新技术的建立和应用，人类遗传学已经跃升为生命科学领域中的前沿学科和领头学科。1986 年，杜尔贝科（Renato Dulbecco，1914～2012 年）首次提出了“人类基因组计划”（human genome project，HGP）；1990 年，美国宣布人类基因组测序工作的 5 年计划；1992 年，沃尔拉斯（Douglas Vollrath）等分别完成人类 Y 染色体的物理图谱；1995 年，美国和法国科学家公布了有 15 000 个标记的人类基因组的物理图谱；1999 年国际人类基因组计划联合研究小组完成了人类 22 号染色体测序工作；2000 年，完成了人类 21 号染色体的测序；2000 年 6 月 26 日人类基因组草图发表；2001 年，中国、美国、日本、德国、法国、英国等国科学家和美国塞莱拉公司分别在 *Nature* 和 *Science* 上公布人类基因组图谱和初步分析结果，人类基因组由 31.647 亿个碱基对组成，有 3 万～3.5 万个基因，远小于原先预计的 10 万个基因。2003 年 4 月，由上述 6 国共同宣布了人类基因组序列图完成。2004 年 10 月，国际人类基因组测序联合体在 *Nature* 周刊上发表了论文，宣布人类基因组常染色质部分中的 99%序列已测定。在“框架图”完成后，人类基因组研究进入绘制“完整图”的阶段。与“框架图”相比，“完整图”的覆盖率从 90%扩张到 100%，准确率从 99%上升到 99.99%。“完整图”将为人们提供更详尽、更准确的基因图谱，借此可以更加深入地研究疾病等人类各种功能基因。

毫不夸张地说，以人类基因组作图为重点的人类遗传学研究成果和各种先进技术手段，正在有力地带动整个生命科学的飞速发展。

第二节　人类遗传学与其他学科的关系

人类遗传学由高尔顿开拓，孟德尔和摩尔根则建立起理论的基石，又由伽罗德率先把孟德尔规律应用于人类遗传学研究，并将医学与人类遗传学的研究结合起来。

人类遗传学的研究范围广泛，涵盖了与人类遗传与变异相关的各个领域。人类遗传学的研究成果与人类的生活和生存息息相关，因此受到广泛的重视与关注，成为遗传学领域的研究热点。人类遗传学与人类学、遗传学、医学、细胞学、生物化学、分子生物学等学科有着密切的联系，在与其他学科交叉融合的过程中，由于研究的侧重点及研究目标的差异，人类遗传学已经形成了众多的分支学科，包括医学遗传学、优生学、人类细胞遗传学、人类分子遗传学、行为遗传学、免疫遗传学、药物遗传学、运动遗传学等众多分支学科。

一、医学遗传学

医学遗传学（medical genetics）是将人类遗传学的原理与医学相结合的一门前沿学科，主要任务是研究人类疾病的发生发展与遗传因素的关系、人类病理性状的遗传规律及其物质基础，为诊断、预防和治疗遗传病提供科学依据和手段，控制遗传病在家族中的传播及在人群中的危害，提高人类的健康水平。其主要应用领域包括产前诊断、遗传咨询与基因诊断门诊、法医鉴定、亲子鉴定、儿科和肿瘤科等。

医学遗传学有 3 个主要分支学科：医学分子遗传学、医学细胞遗传学和医学群体遗传学。

二、优　生　学

优生学（eugenetics）是以医学遗传学为基础，研究如何减少遗传病及缺陷患儿的出生，促进优良素质的繁衍，产生优秀后代，全面提高人口素质的一门学科。优生学分为预防性优生学和演进性优生学两大类。预防性优生学（preventive eugenics）又名负优生学（negative eugenics），研究如何排除人群中已经存在的有害因素，降低产生不利表型的等位基因频率，降低以至消除缺陷儿出生的途径。产前诊断、选择性流产、宫内胎儿治疗等均属于预防性优生措施；演进性优生学（progressive eugenics）的目标是促进人群中有利表型的等位基因频率增加，或至少不让其减少，从而减少致病基因组合，增加有利基因组合，以便将父母最优良的遗传基因传给子女，使后代多产生优秀个体。人工授精、人体胚胎移植、试管婴儿等均属于演进性优生学范畴。

三、群体遗传学

人类群体遗传学（human population genetics）是研究人群的遗传结构及其变化规律的科学，或者说，是研究人类群体中基因组总和的异同及其进化的科学。通过群体的调查和系谱分析并将获得的资料经过数学处理，可以测定人类某些性状或疾病基因的分布频率，了解其传递规律及与种族、群体、环境、迁移、婚配方式之间的关系。

四、药物遗传学

药物作用的差异有些是由遗传因素引起的，研究遗传因素对药物反应影响的学科称为药物遗传学（pharmacogenetics）。药物遗传学认为，遗传多态性可引起不同个体在服用药物时的药理学及毒理学的不同效果，从而引起药物治疗效果的差异。因此，研究遗传因素对人体药物反应能力的影响，对于临床工作中的合理用药、减少不良反应、达到有效的治疗目的具有十分重要的意义。

五、遗传毒理学

遗传毒理学（genetic toxicology）是用遗传学方法研究环境因素对遗传物质的损害及其毒理效应产生机制的遗传学分支学科。其目的在于评价这些外界因素对人类遗传的危害及其对人类健康的潜在威胁，为制定预防措施提供理论依据。

遗传毒理学是毒理学和遗传学的重要组成部分，这是因为人体暴露于致突变原（mutagen，又称诱变剂）后可产生两种严重的后果。其一是致突变原可引发人类生殖细胞（精子、卵子及它们的前体细胞）遗传物质的突变，导致下一代遗传性疾病发病率的升高；其二是致突变原引发的人体细胞遗传物质的突变可导致各种紊乱，其中最严重的后果是肿瘤或癌症的发生。

六、免疫遗传学

免疫遗传学（immunogenetics）是研究抗原、抗体、补体及干扰素等免疫活性物质的遗传控制，以及正常和异常免疫反应的遗传机制的一门学科，是输血、器官移植、胎母不相容和亲子鉴定的理论基础，对阐明免疫系统的演化、人种差异和生物进化也有重要意义。

七、肿瘤遗传学

肿瘤遗传学（cancer genetics）研究肿瘤的发生与遗传和环境之间的关系，是遗传学和肿瘤学之间的边缘学科。肿瘤遗传学的研究内容主要包括 3 个方面：①恶性肿瘤易患性的遗传背景；②遗传物质的变化或遗传信息表达的异常同恶性肿瘤发生的关系；③以遗传学的方法分析环境中导致恶性肿瘤发生的因素。肿瘤遗传学的研究不仅可以为肿瘤的发生提供理论基础，也可以为恶性肿瘤的诊断和防治提供线索。

八、发育遗传学

发育遗传学（development genetics）研究基因如何控制生长、形态、分化等内容，分析基因和性状发育之间的关系。发育遗传学的研究对于了解畸胎、肿瘤等发生机制，以及对于遗传性疾病的治疗、动物遗传工程的应用等都具有重要的意义。

九、行为遗传学

行为是受基因控制的复杂的生物学过程。行为遗传学（behavioral genetics）研究控制人类行为的基因及其作用机制。任何稳定的行为差异，必定存在一定的结构基础，而这种结构基础必定与特定的基因相联系。行为遗传学为遗传学的研究开辟了一个新天地，将为提高人类利用动物资源的能力、推动仿生学的发展及人类行为异常性疾病的预防等提供理论依据。

十、运动遗传学

运动遗传学（sports genetics）是研究人体运动功能特定性状的遗传与变异及其规律的科学。

随着体育科学的发展，国际竞技运动水平提高的幅度较大，各国之间的差距日益缩小。人们开始意识到，除了科学、系统的训练之外，对科学选材应给以足够的重视。20 世纪 70 年代，苏联、德国和意大利等国众多学者，对人体运动能力的遗传，进行了较为广泛深入的研究，并将其研究成果直接应用于运动训练和科学选材。我国体育界也已把遗传学的相关理论应用于田径、体操、射击、举重、射箭、摔跤等运动项目的选材中，运动选材的方法和手段越来越趋于科学化和系统化。

第三节 人类遗传学的研究方法

遗传学是建立在动植物杂交实验的基础上的，普通遗传学的基本原理也完全可以应用于人类，但是以人类为研究对象，毕竟与研究其他生物有完全不同的特点，因此在研究人类的遗传学问题时必须创立新的方法和手段。随着研究工作的进展及相关学科和技术的发展，人类遗传学的研究已逐渐形成了一整套有别于普通遗传学的研究方法。

一、群体筛查

遗传病往往有家族性特征，因此患者亲属的发病率应高于一般人群。群体筛查（population screening）是采用高效、简便并有一定准确性的方法，对某一人群进行某种遗传病或性状的普查。这种普查需在一般人群和特定人群（如患者亲属）中进行。通过广泛的病因群体特别是患者亲属与一般人群的调查和对比分析，可以判断疾病的类型（地方性疾病、传染病还是遗传病）和发病原因，计算遗传病的发病率和各种基因型频率。

由于同一家族成员往往有相同或相似的生活环境，故在确定某病亲属患病率是否较高时，应排除环境因素影响的可能性。通常采用的方法是：①将血缘亲属与非血缘亲属加以比较，血缘亲属患病率高于非血缘亲属；②养子女调查，即调查患者寄养子女与养母亲生子女间患病率的差异。

二、系谱分析

系谱分析法（pedigree analysis）是从先证者（proband）（某个家族中第一个被医生或遗传研究者发现的罹患某种遗传病的患者或具有某种性状的成员）入手，追溯调查患者家族所有成员（直系亲属和旁系亲属）的数目、亲属关系及某种遗传病（或性状）的分布等资料，并以细胞遗传学或分子遗传学技术的检查结果，按照国际上通用的格式和符号，绘制成系谱图（pedigree）（图 1.1）。系谱图中必须给出的信息包括：性别、性状表现、亲子关系、世代数及每一个个体在世代中的位置，以确定这种遗传病在某个家族中的分布状况，并且与一般人群的发病情况进行比较，判断所发现的某一特定性状或疾病在这个家族中是否有遗传病因素的作用及其可能的遗传方式。

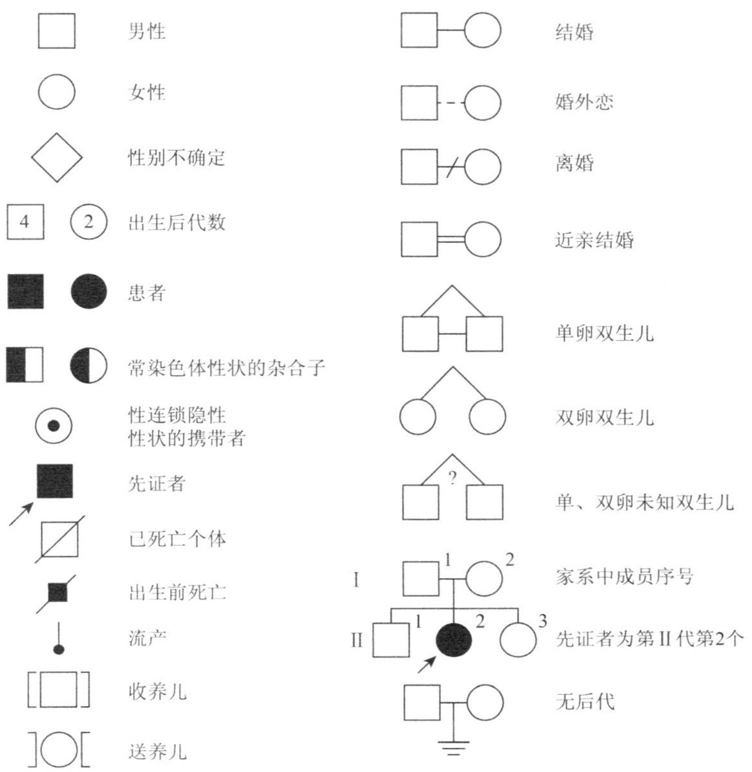

图 1.1　系谱图中的通用符号

三、双生儿分析法

这是人类遗传学的一种特殊研究方法。人类双生有两种类型：即同卵双生（单卵双生，monozygotic twin，MZ）和异卵双生（双卵双生，dizygotic twin，DZ）。前者是一个受精卵在第一次卵裂后，每个子细胞各发育成一个胚胎，所以它们的遗传型基本相同，性别一致，遗传特性和表型特征也极为相似；后者则是同时受孕的两个受精卵发育成的两个个体，所以他们虽然是同胎生，其实也只相当于非同胎的兄弟姐妹关系，遗传特征相似但并不相同，性别和表型可能相同也可能不同。因此利用对双生儿的调查，可有效地分析、鉴别某种疾病或性状是否由遗传因素所决定。同卵双生子在不同环境中的生长发育可以研究不同环境对表型的影响；异卵双生子在同一环境中的生长发育可以研究不同基因型的表型效应。通过比较同卵双生子和异卵双生子某一性状（或疾病）的发生一致性（concordance），可以估计遗传因素对该性状（或疾病）所起作用的大小。一般用发病一致率（同病率）来表示。

$$\text{发病一致率}(\%)=\frac{\text{同病双生子对数}}{\text{总双生子(同卵或异卵)对数}}\times 100\%$$

如果这种一致性的差异越大，就表示这种病与遗传的关系越大。例如，原发性癫痫，在同卵双生的发病一致率为 60.1%，异卵双生发病的一致率为 9.4%，两者差异很大，说明遗传因素在该病的发病中起相当重要的作用。

四、种族差异比较

种族（race）是在繁殖上隔离的群体，也是在地理和文化上相对隔离的人群。种族的差异具有遗传学基础，各个种族的基因库（群体中包含的总的遗传信息）彼此不同。不同种族的肤色、身材、血型、组织相容性抗原（histocompatibility antigens，HLA）类型等形态、生理和生化各方面都存在遗传学差异。因此，如果某种疾病在不同种族中的发病率、临床表现、发病年龄和性别、并发症有显著差异，则应考虑该病与遗传密切相关。当然，不同种族生活的地理环境、气候条件、饮食习惯、社会经济状况等方面也各不相同，故在调查不同种族发病率及发病情况时，应严格排除这类环境因素的影响。

五、关 联 分 析

两种性状或疾病并非由于基因连锁（linkage）而非随机地同时出现的现象称为关联（association）。根据已知某一性状或某一疾病决定于某基因位点的等位基因，以此作为遗传标记（genetic marker），检测另一性状或另一疾病是否与之关联。如果确证有关联，则表明后一性状也有遗传基础。例如，O 型血与十二指肠溃疡相关联；HLA-B27 与强直性脊柱炎相关联；HLA-B8 与慢性活动性肝炎相关联等。关联的确切机制目前尚不清楚。

六、染色体分析

染色体（chromosome）是遗传物质（基因）的载体，具有储存和传递遗传信息的作用。1 个体细胞中的全部染色体，按其大小、形态特征顺序排列所构成的图像称为核型（karyotype）。可通过核型分析研究染色体的结构或数量变化，对染色体病进行诊断与鉴别。对一些有多发畸形、体格和智能发育不全的患者或孕早期有反复流产的妇女，可以通过核型分析确认是否有染色体异常。

七、DNA 分 析

DNA 是生物的遗传物质，基因以遗传密码的形式编码在 DNA 分子上。人类基因组的 DNA 序列蕴含人类生长发育、衰老、疾病、性格、心理等全套遗传信息，控制着人类个体和群体的遗传特征。对人类 DNA 的分析，可以从基因水平上直接研究人类自身的体质特征和遗传演化规律，为进行民族识别和分析民族起源、迁徙、流动、融合提供依据。在临床上，运用限制性片段长度多态性（restriction fragment length polymorphism，RFLP）、DNA 重组分析、DNA 指纹分析、mRNA 差异显示、表达谱分析等 DNA 分析技术对基因突变所引起的遗传病进行鉴定和诊断。

八、人类基因组计划与后基因组计划

为了全面认识和了解人类基因组的分子结构和功能，从 1990 年起，全世界几十个国家联合开展这个全面测序作图的宏伟计划。这项计划的最终目标是联合全世界的科研力量对人类基因组的 3×10^9bp 进行全序列测定，绘制详尽的遗传图谱，研究人类基因组中基因的数量、种类、功能和作用方式等，为遗传病的诊断、治疗、预防、药物设计及表型条件和人类特性的遗传等领域的研究提供基础和条件。

九、全基因组关联分析

虽然连锁分析方法在筛查遗传病易感基因位点方面发挥着重要作用，但是在连锁分析时，由于有些疾病的遗传度不高、选择的人群存在结构性偏倚、应用的微卫星标记密度太低和对表型的判断不够准确，以及单个研究的把握度不够等，使得利用连锁分析方法在复杂疾病家系中发现的易感位点或基因，很难在占复杂疾病大多数的散发病例中得以重复或验证，从而使连锁分析在寻找复杂疾病易感基因上面临困境。随着人类基因组单体型图计划（HapMap）数据的完善和商业化全基因组 SNP 分型芯片成本的不断降低，以及新的统计方法和软件的出现，将全基因组关联分析（genome-wide association study，GWAS）应用于复杂疾病研究的时机成熟了。GWAS 通过使用高通量基因分型技术来分析成千上万的 SNPs，并结合临床特点寻找疾病与易感基因之间的关系。因为是在全基因组范围内的研究，GWAS 能够一次性发现与某一疾病相关的基因，不需要事先筛选出“候选基因”，而且样本量大、重复性好、可多中心研究、一次性可通过基因芯片技术检测上万个 SNPs。由于这些研究优势，GWAS 的研究策略得到了广大学者的肯定，据美国 NIH 全基因组关联分析权威数据库收录（http: //www.genome.gov/26525384）统计显示，目前已有肿瘤、自身免疫病、心血管疾病、神经精神系统疾病、胃肠道疾病及肥胖、身高、肤色、骨密度、血脂等 100 多种与人类生命密切相关的重要复杂疾病和（或）性状的易感基因被陆续揭示。

思 考 题

1. 简述人类遗传学的研究内容及与其他学科的关系。
2. 人类遗传学的发展分为哪几个阶段，各阶段的主要成就是什么？
3. 研究人类遗传学的常用方法有哪些？
4 学习人类遗传学知识有哪些理论意义和实践意义？
5. 什么是 GWAS？请查阅相关资料，简述其原理、优点和目前的研究进展。

主要参考文献

蔡绍京，徐珊. 2001. 医学遗传学. 4 版. 北京：科学出版社
陈竺. 2001. 医学遗传学. 北京：人民卫生出版社
程罗根. 2005. 人类遗传学. 南京：南京师范大学出版社
丁显平. 2011. 人类遗传与优生. 2 版. 成都：四川大学出版社
高翼之. 2006. 蒋有兴. 遗传，28（8）：911-912
关伟军，张大鹏，潭建华，等. 1991. 运动遗传学的形成和发展概述. 哈尔滨体育学院学报，9（30）：23-27
郭厚良. 1992. 什么是行为遗传学. 生物学通报，7：33
过眼啊云烟. 人类遗传学的发展简史. http: //wenku.baidu.com/link?url=s73VQUGzgIPY-ht2L3ccFnM4wz08-jNK2ILMhrRI4plyBV2TvjmOHKCcy8TqhPG0hhWiZFQb-8c2MbFxiXvDC-VQ44kOu1iLF-gl6-zPPwP7 [2011-1-23]
刘大伟. 2013. 全基因组关联性分析及在冠心病研究中的成果. 现代医药卫生，29（11）：1667-1671
刘洪珍. 2009. 人类遗传学. 2 版. 北京：高等教育出版社
刘雯，左伋. 2003. 医学遗传学. 3 版. 上海：复旦大学出版社
刘祖洞. 1991. 遗传学（上、下册）. 2 版. 北京：高等教育出版社
洛伊斯 • N • 玛格纳. 2002. 生命科学史. 李难，崔极谦，王水平译. 天津：百花文艺出版社
人类遗传学世纪回望. http: //jpkc. ne. sysu. edu. cn/yxycx/expand/kpzs/kpwz/587. htm [2013-12-27]
唐艳平. 2003. 医学遗传学. 武汉：湖北科学技术出版社
王正询. 2002. 简明人类遗传学. 北京：高等教育出版社
杨学仁，朱英国. 1995. 遗传学发展史. 武汉：武汉大学出版社
印木泉. 2002. 遗传毒理学. 北京：科学出版社
余其兴，赵刚. 2000. 人类遗传学导论. 北京：高等教育出版社
张学军. 2009. 全基因组关联分析对银屑病遗传性研究的启示. 浙江大学学报（医学版），38（4）：333-337
赵寿元，黄裕泉，单祥年，等. 1996. 人类遗传学概论. 上海：复旦大学出版社

左伋. 2001. 医学遗传学. 北京：人民卫生出版社

Douglas V，Simon F，Adrienne H，et al. 1992. The human Y chromosome：a 43-interval map based on naturally occurring deletions. Science，258（2）：2-58

2

第二章　人类的生殖细胞

人类生殖细胞包括精子和卵子。在精子和卵子中分别蕴藏着来自父亲和母亲的遗传信息，精子与卵子结合形成受精卵，经过细胞分裂、分化发育成一个新个体，使生命在世代间延续。受精卵按照父母的遗传信息进行生长和发育，从而表现与父、母相似的遗传性状。另外，在初级性母细胞减数分裂产生配子的过程中，非同源染色体之间自由组合、同源染色体间交换重组及受精时父母遗传信息随机组合，使亲代和子代之间及同胞的兄弟姐妹之间都只是相似而不会相同。

第一节　人类的生殖腺

人类生殖腺是产生生殖细胞和分泌性激素的器官，男性的生殖腺是睾丸，女性的生殖腺是卵巢。生殖腺总是成对出现，在胚胎发育的早期，人类未分化的性腺是中性的。性腺的外部是皮质，内部是髓质。如果性染色体是XY，中性的性腺在进一步的发育过程中，外部的皮质受到抑制，内部的髓质继续发育，中性的性腺发育成睾丸，通过分泌雄性激素，调节性别的分化，最后形成男性的外生殖器和第二性征；若性染色体组成是XX，则中性性腺的髓质受到抑制而外部的皮质得到优势发展，结果产生卵巢，分泌雌性激素调节女性性别的分化，形成女性的外生殖器官和女性的第二性征。

此外，男性的前列腺和尿道球腺及女性的前庭大腺都是生殖系统的附属腺。

一、睾　　丸

睾丸（testicle）位于阴囊内，左右各有一个，呈卵圆形（图2.1），由附睾管和输精管连接，“外挂”于腹股沟下侧。睾丸外央包着一层厚的白膜，从白膜发出许多结缔组织的隔，把睾丸分隔成300多个小叶，其间有精曲小管。各精曲小管一面互相汇合，一面走向附睾附着的部分（即纵隔），在这里互相连接成睾丸网，再从网内发出10～15条输出管，进入附睾（图2.2）。

睾丸的主要作用是产生精子和分泌雄性激素睾酮。精子由曲细小管产生，经过输出小管，出睾丸后缘的上部进入附睾，经过储存完成后熟作用。性激素通过血流输送到全身，可促进身体发育和精子生长，并可维持男性的性征和性功能。

二、卵　　巢

卵巢（ovary）是女性的生殖腺，呈椭圆形，正常女性的两个卵巢分别位于女性骨盆腔内两侧壁上（图2.3）。卵巢的大小因年龄而有不同。青春期前，卵巢表面光滑；性成熟后，由于卵泡的膨大和排卵后结瘢，致使其表面往往凹凸不平（图2.4）。成年女子的卵巢约4cm×3cm×1cm大小，重5～6g，呈灰白色；绝经期后卵巢萎缩变小、变硬。

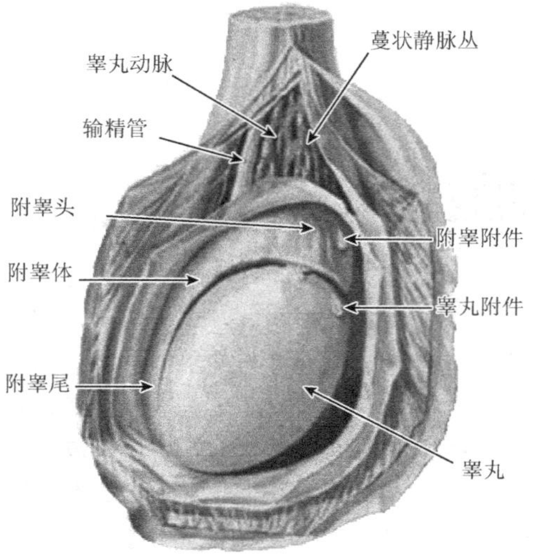

图 2.1　男性睾丸解剖图

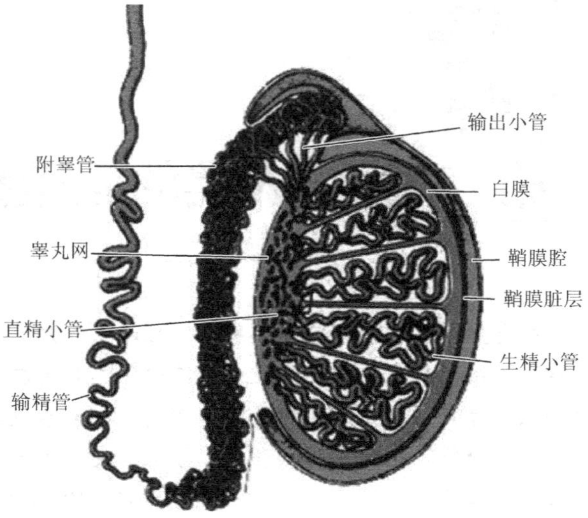

图 2.2　睾丸与附睾模式图

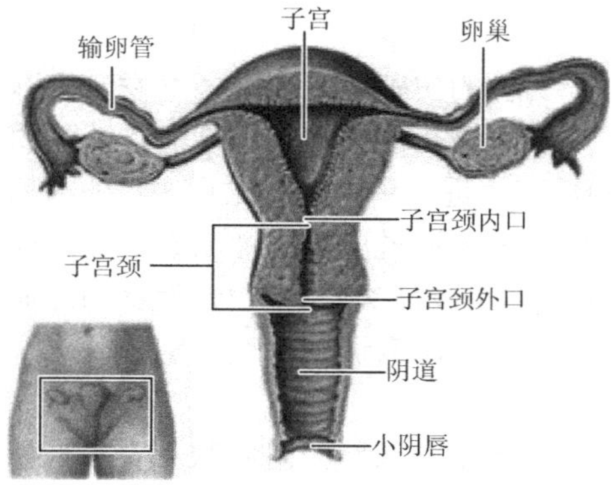

图 2.3　女性生殖系统

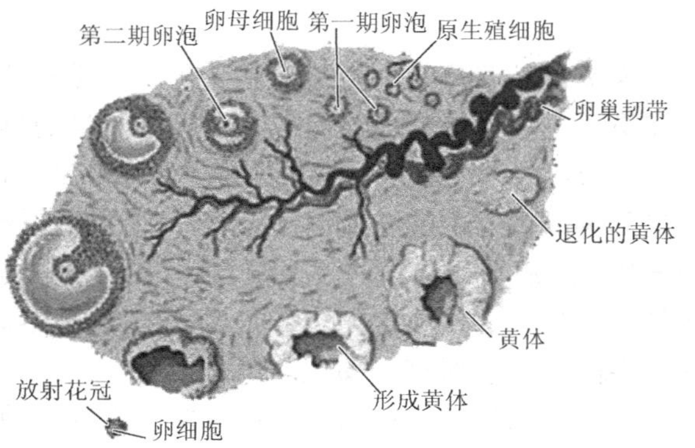

图 2.4　女性卵巢

卵巢作为女性主要的性腺器官，其主要功能是排卵和分泌女性激素。育龄妇女除妊娠和哺乳期外，卵巢每个月发生 1 次周期性变化并排出卵细胞。卵巢除分泌雌激素和孕激素外，还分泌少量雄激素。

第二节　人类的卵子

女性在胚胎时期 3～6 孕周时就已经形成卵巢的雏形。出生前，卵巢中已有数百万个卵母细胞形成，到成年时卵母细胞只剩 10 万多个。在性激素的影响下，每个月有一个原始卵泡成熟，女性一生成熟的卵子为 300～400 个，其余的卵母细胞便自生自灭了。

一、形 态 大 小

人类的卵子（ovum）是一个直径为 130～140μm、重约 0.0015g 的球形细胞，卵内有细胞核，胞质较多，外面是细胞膜。在卵子的外面还包着一层无色透明的膜，称为透明带（zona pellucida)。透明带的表面有几层滤泡细胞，呈放射状排列，好似帽子罩在卵的表面，故称为放射冠（corona radiata)，对卵细胞起保护与营养作用（图 2.5)。

二、卵细胞的发生

卵细胞是女性的生殖细胞，是由卵巢上皮产生的。卵巢中的原始生殖细胞通过有丝分裂产生卵原细胞（oogonia)，卵原细胞经过多次有丝分裂后停止分裂，开始长大形成初级卵母细胞（primary oocyte)。初级卵母细胞（2*n*）经过第一次减数分裂产生两个大小悬殊的细胞，大的称为次级卵母细胞（secondary oocyte)（*n*)，小的称为第一极体（first polar body)（*n*)，次级卵母细胞继续进行第二次减数分裂，形成一个体积较大的卵细胞（ovum)（*n*）和一个体积很小的第二极体（second polar body)（*n*)（图 2.6)。

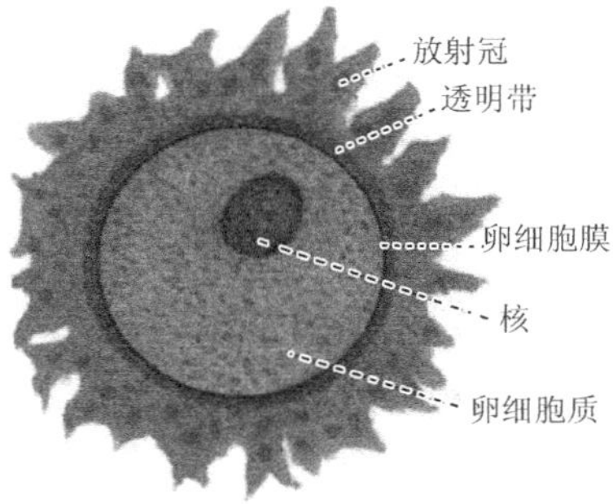

图 2.5　人类的卵子

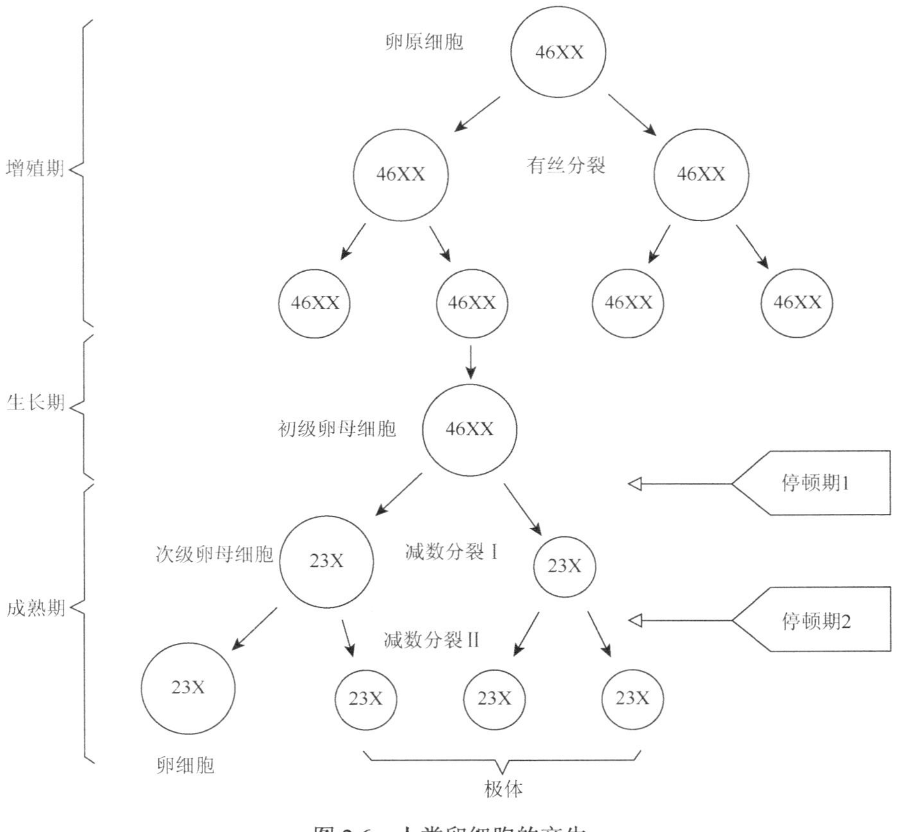

图 2.6　人类卵细胞的产生

人类卵细胞的发育是漫长而且不连续的过程。女婴在胚胎发育期间，卵巢中有 4 万～5 万个卵原细胞，在 3 个月龄的女性胚胎的胚胎性卵巢中，大量卵原细胞就开始分化为初级卵母细胞。

每个卵细胞的发生都要经过以下 3 个不同的阶段。

1. 胚胎期的减数分裂

原始生殖细胞在卵巢中迅速增殖的同时，有的原始生殖细胞分化成卵原细胞。当卵原细胞停止增殖发育成初级卵母细胞时，进入减数分裂Ⅰ前期，终止在减数分裂Ⅰ前期中的双线期，一直保持到性成熟发生排卵之前。这段时间长达十几年至四十多年，称为停顿期 1（图 2.6）。

2. 排卵前的减数分裂

当女性进入青春期后，在性激素的调节下，每一个月经周期有一个停止在减数分裂Ⅰ双线期的初级卵母细胞恢复减数分裂过程，随着卵母细胞外围的卵泡细胞的成熟，初级卵母细胞从减数分裂Ⅰ的双线期开始，经过粗线期及减数分裂Ⅰ的中期、后期和末期，分裂成一个次级卵母细胞和一个极体，次级卵母细胞接着进入减数分裂Ⅱ，经过减数分裂Ⅱ的前期停留在减数分裂Ⅱ的中期，随着成熟的卵泡细胞一起排出卵巢，进入输卵管。

3. 受精时的减数分裂

如果次级卵母细胞在输卵管中 12h 内未遇到精子，则不再继续分裂而蜕变消失；若遇到精子，则在精子的激发下从减数分裂Ⅱ的中期进入后期和末期，形成一个成熟的卵细胞并释放出一个极体。将 12h 内遇到精子之前的这段时间称为停顿期 2（图 2.6）。

三、卵子的排放

在卵巢中，有处于不同生长阶段的未成熟的生殖细胞。每一个卵细胞都被滤泡细胞（又称卵泡细胞，follicle cell，简称滤泡）组成的壁所包围。滤泡细胞随着卵细胞的长大而增殖，在滤泡壁的细胞之间出现一些充满液体的裂隙，随着裂隙的逐步合并，将滤泡壁分为内外两层，这样便出现了一个成熟的卵巢滤泡。它包含滤泡细胞组成的外层，一个充满液体的较大的中央部分和一个卵细胞，后者仍位于滤泡细胞内层中，以其一侧与外层连接。滤泡继续生长，便向卵巢表面凸出，滤泡液的内压不断压迫滤泡内容物和腹腔相隔开的菲薄组织，直到把滤泡和卵巢壁涨破（图 2.7）。被滤泡细胞直接包围住的卵子就被排入腹腔，在该处进入输卵管的漏斗状的开口，并开始了沿着输卵管下达子宫的过程。

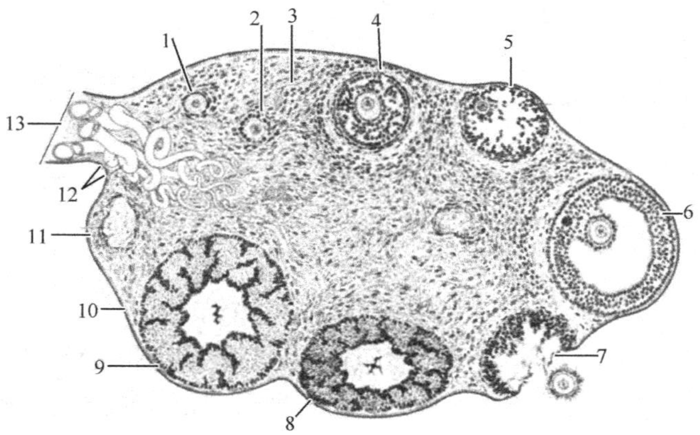

图 2.7　卵巢

1. 原始卵泡；2. 初级卵泡；3. 基质；4. 早期的腔；5. 闭锁卵泡；6. 囊状卵泡；7. 排卵；8. 早期的黄体；9. 成熟的黄体；10. 生殖上皮；11. 白体；12. 血管；13. 卵巢系膜

当卵子由卵巢排出后，输卵管系膜平滑肌收缩使输卵管伞端向卵巢排卵的部位移动，输卵管伞部的平滑肌收缩使伞部展开，通过输卵管肌层收缩产生的负压，以及输卵管伞端纤毛朝着输卵管腹腔口方向有力的同步摆动，使卵子流向输卵管口，数分钟即进入输卵管的远端及中部 1/3 交界处（即输卵管壶腹部）。如果输卵管中由于新近的性交而存在活的精子，卵子就会在输卵管内受精并在该处开始其发育过程。受精卵在进行发育最初阶段的同时，逐步移行到子宫，在该处着床而进入子宫壁，并在胚胎发育的 9 个月中一直停留在该处，直到分娩（图 2.8）。

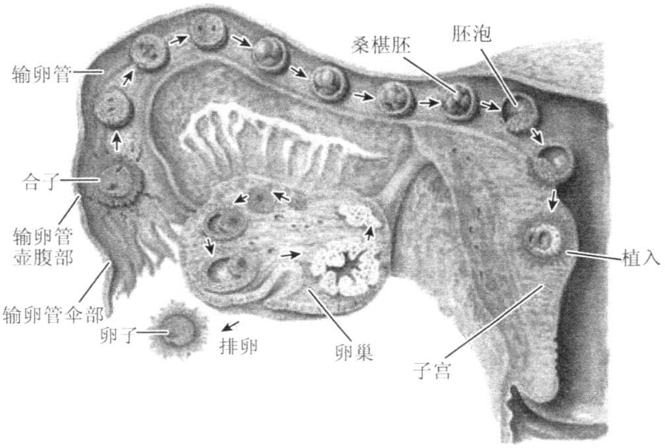

图 2.8　卵子的排放、受精与着床

在正常情况下，女子青春期每次月经周期中只有一个滤泡发育成熟，它可能来自左侧卵巢，也可能来自右侧卵巢，每侧卵巢都有大体上同等的机会，但有时一侧卵巢会连续排卵数次。女性的生育年龄一般是 12～45 岁，共 30～35 年，终生能形成的成熟卵子约为 400 个，仅占卵巢中原有初级卵母细胞总数的 0.1%，卵巢中绝大部分的初级卵母细胞不能发育成熟而在卵巢中退化消失。

偶尔也会在一侧卵巢或两侧卵巢内同时有一个以上的滤泡成熟，于是在同一时间内就会有一个以上的成熟卵子受精，出现多胞胎。一个滤泡也可能不止一个卵子，这样也会造成多胞胎。

人类卵子是在 1827 年被现代胚胎学的奠基人 Karl Ernst Von Bar（1792～1876 年）发现的。Von Bar 通过对一组处于不同妊娠期的母犬的研究，发现没有破裂的滤泡内含有小体，它就是卵子，这个小体以后就出现在输卵管中。不久后证明，人体内的情况也是如此。

第三节　人类的精子

在雄性激素的刺激与维持下，男性的原始生精细胞演变成精原细胞、初级精母细胞、次级精母细胞直至发育成精子细胞，再经过复杂的演变过程最终发育成为成熟的精子。

一、形 态 大 小

精子（spermatozoa）的外观有点像蝌蚪，分成头部、颈部、中段、主段和尾段几部分，长 60～70μm，重约 2×10^{-10}g。精子头部呈椭圆形，长 4.0～5.0μm，宽 2.5～3.5μm，含精子核，顶体区占头部面积的 40%～70%；中段细长，宽度不超过 1μm，长度相当于头部的 1.5 倍；尾部较直，粗细均匀，直径小于中段，无卷曲，长约 45μm（图 2.9）。

二、精细胞的发生

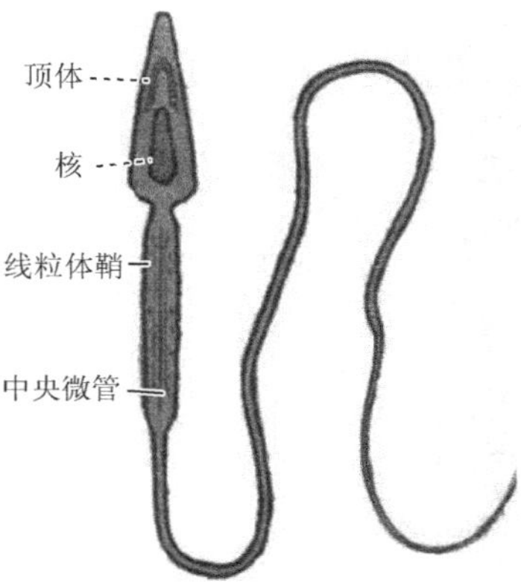

图 2.9　精子的形态

精细胞（spermatids）是男性的生殖细胞，是由睾丸产生的。正常男性的阴囊内有 2 个睾丸，每个睾丸里有 300～1000 条曲精小管，其总长度加在一起可达到 200～300m，精子起源于睾丸曲精小管（seminiferous tubles）的生精上皮。6～7 周龄的男性胚胎中已出现胚胎睾丸，在青春期前，原始生殖细胞分化为精原细胞（spermatogonia）。精原细胞位于睾丸中实心的组织囊内，到青春期时睾丸中的这些组织索开始分化发育成空心的曲精小管。精原细胞在曲精小管中始终保持着有丝分裂能力，其中有些精原细胞从性成熟开始陆续分化发育成初级精母细胞（primary spermatocyte）。初级精母细胞通过连续的减数分裂过程，每个初级精母细胞分裂形成 4 个精细胞，再经过复杂的演变过程最终发育成为成熟的精子（图 2.10）。以上一个完整的生精周期需要 74d 左右。由于曲精小管的各段精子的发生是不同步的，故成年男性睾丸中随时都有精子在成熟。随着年龄的递增，产生的精子数量递减，但没有像女性那样的绝经期。

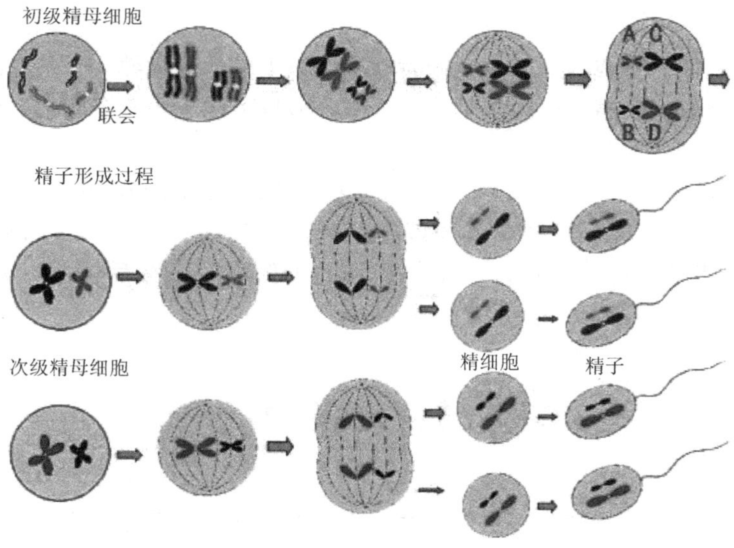

图 2.10　精子的形成过程

男性生殖系统中有几种副性腺，如精囊、前列腺和尿道球腺，它们分泌的淡黄色液体与精子混合在一起便构成男性的精液。正常男性一次射精 2～5ml，精子密度在 2000 万个/ml 以上，一生中产生的精子总数约为 1×10^{12} 个。

三、精细胞的成熟过程

精细胞没有受精能力，须通过发育过程才能形成精子。这个发育过程是在生精小管内完成的，精细胞中的细胞器经过改造，高尔基体发育成为精子的顶体帽；溶酶体发育成精子的顶体，顶体是一种膜系细胞器，呈帽状罩于细胞核的前方。顶体内含多种水解酶如透明质酸酶（hyaluronidase）、顶体酶（acrosin）和酸性磷酸酶（acid phosphatase，ACP）等，相当于巨大溶酶体；线粒体发育成精子的中段；中心体发育成精子的尾；球形的精细胞核浓缩成梨形的精子核，集中在精子的头部。从精细胞到精子的发育过程又称为精细胞的变态过程，通过变态从而使精子获得运动能力（图 2.11）。

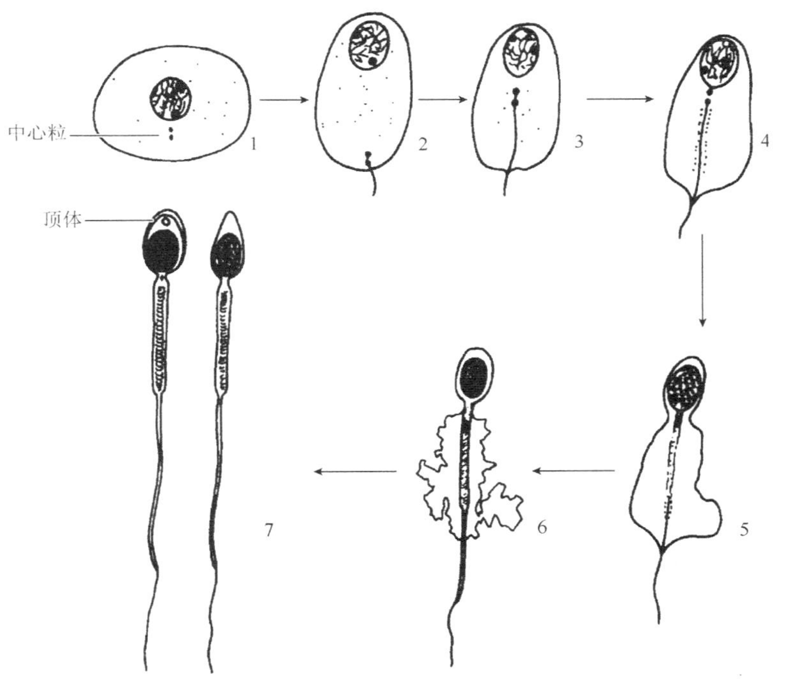

图 2.11　精细胞的变态过程

1. 精细胞；2～6. 不同发育阶段的精子细胞，通过细胞的形态变化和细胞器的改造，球状精细胞逐步变成蝌蚪状精子；7. 精子

具有运动能力的精子还必须经过精子的后熟过程和获能过程才具有受精能力。精子从生精小管腔中流入附睾，在附睾中经过储存完成后熟作用。如果性交过于频繁，精子在附睾中停留的时间太短，这样的精子则没有受精能力，可能导致不育。从精原细胞分化为初级精母细胞到精子的形成，大约要经过 11 周的时间。排出体外的精子还没有受精能力，必须在女性阴道中储存 5～6h，经过阴道中的理化因素作用后精子才能获得受精的能力，这个过程称为精子的获能过程。精子获能是精子借以获得受精能力的一系列生理

变化过程。精子在穿过子宫颈时就开始了获能进程，当到达输卵管峡部时，获能过程已接近完成。获能后期的精子发生“超激活”，出现强烈鞭打样运动，头、尾的摆动幅度显著加大，运动方向也变得灵活多变，使精子得以穿越输卵管峡部。精子细胞膜表面的某些与受精密切相关的受体暴露，具备了与卵细胞进行相互作用和产生顶体反应的条件。因此，只有获能的精子才具备“钻入”卵细胞内的能力。如果阴道分泌物异常影响精子获能，可能会导致不育。

1677 年，John Ham（1651～1723 年）首先见到了人类的精子。他把自己观察到的结果报告给 Anton Van Leeuwenhoek（1632～1723 年），并把在精液中游来游去的精细胞称为“精子”或“种子动物”。虽然 Van Leeuwenhoek 相信精子是男性生殖物质的重要成分，但有人却持怀疑态度。100 年后 Lazzaro Spallanzani（1729～1799 年）用犬做实验，他把犬的精液加以过滤，把没有过滤的精液或不含精子的滤液注入犬的阴道，结果发现，只有用含精子的液体授精时才得到后代，但他仍未得出精子参与卵子发育的结论。在 Ham 的发现之后 200 年，在研究海胆卵的受精现象时发现每个新生命的开始都表现为一个卵子和一个精子的融合，才最终证明了精子细胞是男性给予后裔的主要物质的学说。

四、受 精 过 程

一次射入女性阴道的精子可能有几千万至上亿个，但在女性生殖道内上行过程中却大批衰亡，最后只剩下一二百个精子能与卵子会合。这些精子约在输卵管上端 1/3 处与卵子相遇，聚集在卵子的周围，释放出一些特殊的酶，使卵细胞外围的放射冠分散，紧贴卵细胞之外的透明带局部溶解，此时若干精子即穿过放射冠和透明带而接近卵细胞表层（图 2.12）。精子头部与卵细胞表面接触，精子的细胞膜与卵细胞膜相互接触溶解，形成细胞质桥，接着细胞质桥逐渐扩大，精子进入卵细胞内，精子的尾断裂，留在卵的内表层，然后水解消失（图 2.13），尽管在穿入卵的透明带后，可能有若干个精子同时达到卵的表面，但通常只有一个精子能进入卵细胞内部形成受精卵。在异常情况下，如果有两个以上的精子进入了卵内，那么这个受精卵是不会发育为正常胎儿的。

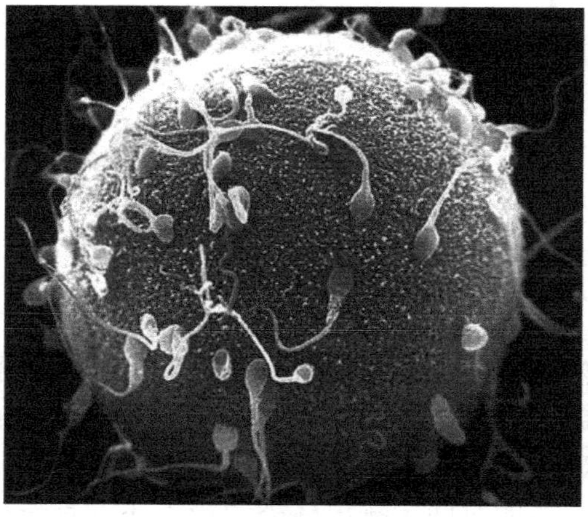

图 2.12　精子围绕在卵子周围

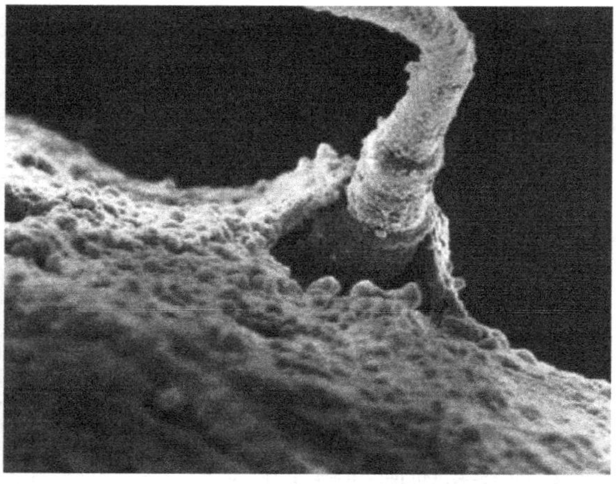

图 2.13　精子头部插入卵细胞

当精子的细胞核进入卵细胞后，核膜迅速破裂，高度浓缩的精子染色质迅速水化膨大，新合成的核膜将迅速膨大后的精子的染色质重新包围起来形成雄原核（male pronucleus）。雄原核和精核相比，体积大约增加 600 倍。精子中的线粒体 DNA 在卵细胞中被降解消失。

当精子穿过卵细胞包围层时，停留在减数分裂Ⅱ中期的次级卵母细胞继续进行减数分裂，最终完成减数分裂过程，放出第二极体，形成卵细胞。接着，卵细胞核发育成雌原核（female pronucleus）（图 2.14）。雌、雄原核分别移至卵细胞的中央，各自分别进行一次卵裂前的 DNA 复制。当 DNA 复制完成时，雌、雄原核的核膜破裂，雌、雄原核融合，受精过程完成。第一次卵裂的开始即为新个体发育的开端。

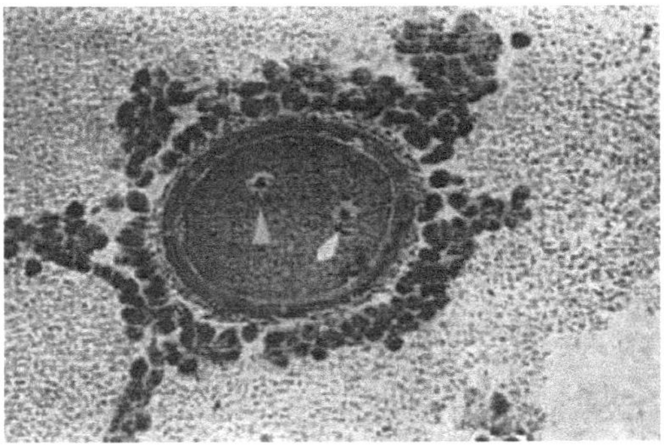

图 2.14　受精卵（箭头所指分别为雄原核和雌原核）

第四节　双胞胎与多胞胎

正常情况下，性成熟的女性每月只排一粒卵，与精子结合后产生单胞胎。但是，偶尔也会同时排两粒或多粒卵，从而出现双胞胎或多胞胎。

一、双　胞　胎

双胞胎（twins）是指一次怀胎生下两个个体。产生双胞胎的原因比较复杂，纵观整个生物界，大致有以下 5 个方面。

1）两个卵分别和两个精子受精，形成两个受精卵。

2）一个受精卵在发育的早期一分为二，分别发育成一个个体。

3）一个双核卵细胞，分裂开来后受精。

4）一个卵和一个极体分别受精。

5）一个在受精之前已经分裂的卵的分裂产物。

在人类中至少存在前面的两种双生方式，分别称作异卵双生（dizygotic twin）和同卵双生（monozygotic twin）。同卵双生又称为真双生，约占双生儿的 1/3，而异卵双生又称为假双生，约占 2/3。不同种族的双生儿出生率有差异，如亚洲约占 1/150，美国为 1/89。一般来说，黑色人种中双生频率较高，有的地方达 44‰，白色人种次之，约为 12‰，而黄色人种最低，日本人只有 6.4‰，中国人的频率比日本人还低。另外，双生与亲代，尤其与母亲的遗传素质有关。

同卵双胞胎是由同一个受精卵发育来的，他们不仅性别和相貌等完全相同，而且血型、智力甚至某些生理特征及对疾病的易患性等都很一致。识别同卵双胞胎和异卵双胞胎的方法通常有 4 种。

1. 性别

如果是一男一女，那肯定是异卵双胞胎。

2. 容貌

同卵双胞胎的容貌极为相似，大约22%的同卵双胞胎的容貌互呈镜像（mirror image），就好像是在镜子中看自己的相貌一样，面部各种细微的特征都是互为反转的。例如，如果一个是顺时针发窝，另一个则是逆时针发窝；一个在左脸颊长颗痣，另一个则在右脸颊的对应位置长颗痣。异卵双胞胎之间的容貌可能相像，也可能与一般的兄弟姐妹一样。

3. 胎盘和羊膜的类型

同卵双胞胎的胎盘只有一个，两个胎儿各有一条脐带与胎盘相连；异卵双胞胎的两个胎儿各有一个胎盘，在罕见的情况下也可能只有一个胎盘。

4. 血型和免疫学指标

这是最可靠的方法，同卵双胞胎应该完全相同，而异卵双胞胎则有不同。一般必须联合测定几种血型，如 ABO、P、MN、S、Rh 等，测定的血型越多，准确性越高。有一种及以上的血型不同，则为异卵双胞胎。

5. DNA 鉴定

DNA 鉴定工作原理和亲子鉴定差不多，一般同时测定 9 个基因位点，鉴定结果的可靠性可以达到99%以上。

二、多　胞　胎

一次生出三个或三个以上婴儿称作多胞胎（multiple births）。双生儿一般就较少，多胞胎则更罕见。多胞胎中既有同卵的，也有异卵的，或者部分是同卵、部分又是异卵的。同卵多胞胎是由于一个受精卵在分裂过程中，分离成多个独立的胚胎细胞或细胞群体，它们分别发育成不同的个体，发生的概率偏低；异卵多胞胎是由于多个卵泡同时或相继排出成熟的卵子，这些卵子同时或相继受精发育而成的，发生的概率要高一些。

在自然生产中，双胞胎或多胞胎的发生率都不高。1985 年，Hellin 根据大量统计资料，推算出自然状态下，白色人种多胎妊娠发生率的计算方法（海林法则）：即（1/89）^{n}，n 是指每次妊娠的胎儿数–1。据此推算，三胞胎发生频率为：$(1/89)^2 \approx 1/8000$，即约 8000 次生育之中可能出现一个三胞胎。六胞胎的发生频率为：$(1/89)^5 \approx 1/56$ 亿，即每 56 亿次生育才可能出现一次六胞胎。

但是近年来，世界范围内出现的多胞胎现象呈现上升趋势。出现这种情况的原因比较复杂，归纳起来主要包括 2 个方面。①试管婴儿技术的临床应用。由于胚胎的成活率不高，每次需要多植入几个胚胎，但是按照规定，经国家卫生部批准的正规辅助生殖机构每次植入的胚胎数不得超过 3 个。然而，个别医疗机构根本不遵守规定，一次植入多个胚胎，如果植入子宫内的这些胚胎全部成活，就有可能出现多个胚胎都成活的情况。②滥用促排卵药物。育龄妇女平常一次只能排出一个卵子，而服用促排卵药物后很有可能一次排出多个卵子，如果这些卵子同时受精就会产生多胞胎。

多胎妊娠给孕妇和胎儿都会带来很多不利影响，属于高危妊娠。子宫内的多个胎儿互相抢夺血液，会使有的胎儿血液过于黏稠，有的胎儿因缺血而发育不良，甚至胎死腹中。死去的胎儿极易自溶，所产生的毒素一旦进入产妇血液，会出现弥散性血管内凝血，病死率高达70%～80%。另外，多胞胎在宫内生长迟缓的发生率达12%～34%，致使其早产率高达40%～50%。早产婴儿神经系统、呼吸功能等发育不全，智力发育受损，新生儿病死率明显增加。

第五节　自发流产与不孕不育

自发流产是指在胚胎发育过程中，由于某种内部的或外部的原因引起妊娠自行终止的现象（不包括人工流产）。导致自发流产的原因很多，染色体异常是自发流产最常见原因。不孕不育分为不孕症和不育症。育龄夫妇同居一年以上，有正常性生活，在没有采取任何避孕措施的情况下，未能成功怀孕称不孕症。虽能受孕但因种种原因导致流产、死胎而不能获得存活婴儿的称为不育症。

一、自发流产

在育龄妇女中，自然流产（spontaneous abortion）发生率为10%～18%，但临床上有30%～40%的隐性流产不被人们注意，这类流产者的表现为月经稍延迟、月经量稍多或正常。目前比较一致的看法是自发流产的发生率为50%～60%。

引起自发流产的因素比较复杂，早期流产的常见原因是胚胎染色体异常、孕妇内分泌异常、生殖器官畸形、生殖道感染、生殖道局部或全身免疫异常等。晚期流产多由子宫颈功能不全、母儿血型不合等因素引起。

（一）遗传因素

1. 染色体异常

由于染色体的数目或结构异常所致的胚胎发育不良，是导致流产的最常见原因。胚胎病因学调查表明，早期自发流产的主要原因是与胚胎细胞中的染色体异常有直接关系，有人调查7周龄之内的流产胚胎1097个，发现其中的724个胚胎是染色体异常的，占总数的66%，说明配子或胚胎染色体异常是流产的主要因素之一。染色体异常包括数量异常和结构异常。在数量异常中，三体约占52%，除1号染色三体未见报道外，各种三体均有发现，其中以13号、16号、18号、21号及22号染色体最常见；位居第二位是45，X单体，约占19%；多倍体约占22%。染色体结构异常主要是染色体易位，约占3.8%；嵌合体约占1.5%等，染色体倒位、缺失和重叠也曾有报道。

2. 基因突变

约1%的活产婴儿有严重的基因突变，若把成长后才发现的基因病也统计在内，那么4%～5%的婴儿带有突变基因，流产胚胎中基因突变的比例尚不清楚，但基因突变肯定是流产的一个遗传因素。

（二）解剖因素

解部因素主要包括子宫畸形（如单角子宫、双角子宫、双子宫、子宫纵隔等）、子宫颈功能不全（子宫颈管过短或子宫颈内口松弛）、子宫肌瘤和宫腔粘连等。宫腔粘连与感染关系不大，而与创伤关系密切，尤其是剖宫产术。

（三）内分泌因素

雌激素过多与孕酮不足亦是早期流产的原因。此外，甲状腺素缺少、甲状腺功能亢进及糖尿病等均易发生流产。

（四）免疫因素

导致自然流产的免疫因素主要有：人白细胞抗原、滋养层细胞抗原、ABO 血型抗原系统、Rh 血型抗原系统、抗心磷脂抗体（ACA）、抗精子抗体（ASA）、抗子宫内膜抗体（EMAb）、抗卵巢抗体（AoAb）、抗核抗体（ANA）（是以真核细胞成分为靶抗原的自身抗体的总称）等。

（五）感染因素

约 5%的流产由感染引起。支原体、衣原体、淋菌、病毒、原虫、病原微生物等感染均会导致胎儿畸型或流产。能引起反复流产的病原体往往是持续存在于生殖道而母体很少产生症状，而且此病原体能直接或间接导致胚胎死亡。

（六）孕产史

有引产史者流产发生率增加 10 倍，引产次数越多，未来妊娠丢失越严重。有人工流产、带宫内节育器及口服避孕药史者流产发生率也有增加。有不孕史者，流产发生率为 30.5%。

（七）母体全身性疾病

母体变态反应性疾病、内分泌疾病、心血管疾病、肾病和血液病均可引起胚胎发育障碍，导致胎儿死亡而流产。

（八）环境因素

环境因素包括母体的内环境、外环境及嗜好等因素。例如，孕期母亲酗酒、吸烟均可导致胎儿宫内发育迟缓或流产；长期接触化学物质（有机溶剂、农药等）和重金属（铅、汞、镉、砷等）及放射性物质，可导致胚胎遗传物质发生致死性改变或损伤，致胚胎死亡而流产；居住在化工厂、药厂等能生产对人体健康有害物质的工厂内、附近或饮用上述地区的水源，可导致流产率增加。

（九）精液异常

精子畸形在某种程度上表明精子内遗传物质异常，如大头精子多为双倍体精子，双倍体精子受孕，胚胎为多倍体，因而发生流产。另外有 10%～15%的男性精液中含有一定数量的细菌，可影响孕妇导致胚胎流产，近来发现有一种无症状的菌精症可导致孕妇流产。

（十）原因不明

大约 30%的流产目前还找不出致病因素，称为原因不明性流产。

二、不　孕

不孕是指育龄夫妇长期同居，性生活正常，未避孕而未能怀孕。不孕症在时间的标准上尚未统一，国际妇产科联合会根据多数学者的意见，将不孕症标准定为结婚后 2 年，美国不孕学会的标准是 1 年。我国将不孕症定义为：婚后 2 年，有正常性生活，未采取任何避孕措施仍不能受孕，分为原发不孕和继发不孕两种。原发不孕是指婚后 2 年从未受孕；继发不孕指曾有过生育或流产，又连续 2 年以上不孕。

据有关资料统计，一对正常的育龄夫妇，在具有正常夫妻生活而不采取任何避孕措施的情况下，3 个月内有 60%～70%的女子受孕；6 个月内有 75%～80%的女子受孕；12 个月内受孕率达 85%以上。因此若过正常夫妻生活又未避孕的家庭，1 年以上仍未怀孕则应考虑可能与不孕有关。世界卫生组织的数据表明，不孕症的发病率在发达国家为 5%～8%，在发展中国家的一些地区患病率可达 30%，如非洲撒哈拉地区高达 30%～40%。在我国，近年来的不孕症发病率约为 15%，并有逐渐增加的趋势。

引起不孕的各种统计结果不尽相同，有的统计资料显示：不孕症的原因有 1/3 在于男方，2/3 在于女方；另有统计显示：男方原因引起的不孕占 40%，女方原因引起的不孕占 40%，由男女双方原因所致的不孕占 10%，双方均未查出病因者约为 10%；还有统计资料显示：男方原因占 20%～40%，女方原因占 60%～75%。

（一）男性不育因素

引起男性不育的原因很多，主要分为三大类。

1. 性功能正常性不育

其主要表现为可以过正常的夫妻生活，但是不能生育。主要是由精液异常引起的。

1）精液量少于 3ml，精子数量不足于 1×10^7 个/ml 或无精子。主要是由于隐睾、精索静脉曲张、染色体异常、毒性药物、不良生活习惯、不良生活环境等因素导致睾丸产生精子功能障碍及精子输出通道梗阻等。

2）由慢性前列腺炎、生殖系统结核、淋球菌感染、沙眼衣原体、人型支原体等非特异性感染使精子形态异常，游动能力差，顶体反应能力减弱等导致的不孕。

3）精液理化性状异常导致的不孕。正常精液射出后很快凝固成胶冻状，在以后的 15～30min 内又全部液化。如果精液射出后不凝固或液化不全，常提示精囊或前列腺有病变。此外，一些细菌、病毒感染生殖道也可造成精液成分的改变，以至引起不育。

2. 性功能障碍性不育

其主要表现为精子不能正常进入女性生殖道，无法完成正常的精卵结合。常见的因素有心理性、血管性、内分泌性及部分药物性等因素引起的性功能障碍，导致不能完成正常的性交，或阳痿，或不射精，或逆行射精（射精时精液反流入膀胱），不能将精子射入女性生殖道。如果外生殖器损伤、缺损或畸形，也会影响性生活，造成男性不育症。

3. 遗传性疾病引起的不育

引起男性不育的遗传性疾病主要是性染色体异常、常染色体畸变、减数分裂染色体异常等，一般表现为少精子或无精子，即使有精子发育也往往停滞在精母细胞水平，不能继续分化为精子；免疫性不孕也是颇为常见的不孕因素，如男性抗精子抗体常常与精子膜表面结合，影响精子顶体反应，阻碍精子穿透卵子透明带的能力，导致不能形成受精卵。

男性不育和染色体异常是密切相关的。即使在外周血细胞染色体正常的不孕男性中，也大致有 6%的患者有精子染色体异常。精子染色体异常以 21 号和性染色体单体最为常见。范立青等应用荧光原位杂交（FISH）技术对 1 例罕见的大头多尾畸形精子进行了 13 号和 21 号染色体整倍体检查，结果发现精子 13 号和 21 号染色体的非整倍体率远高于同类研究，分别达 51.59%和 65.15%；21 号和性染色体的非整倍体率比 13 号更高。

近年来，男性不育的遗传机制研究取得了很大的进展，与男子不育症有关的 Y 染色体 *RBM*、*DAZ* 基因，常染色体 *DAZH* 基因及其他主要影响基因均已被发现并作了相关的研究报道。

上述各种原因引起的男性不育，有的是暂时的，可以通过治疗或者改变不良的生活方式，育性可望得到恢复。如果是由于缺乏成熟精子所致的（约 29%是不能产生精子，26%是精子发生过程未能完成减数分裂，18%是由于睾丸蜕变丧失功能的，27%是由于输精管或附属器官功能异常），则须进一步进行细胞遗传和分子遗传学检测，若是因遗传缺陷的原因，目前尚无法治疗。

（二）女性不孕

女性不孕的原因通常比较单一，其中 50%是由于输卵管阻塞引起的，30%是由于子宫颈和子宫病理原因所起的，20%是由于性激素分泌异常所引起的。

1. 输卵管阻塞

输卵管炎症性粘连引起输卵管阻塞，阻碍卵子和精子相遇而致不孕。盆腔子宫内膜异位症也可使输卵管粘连扭曲而造成不孕。输卵管阻塞一向是主要原因，但由于普遍重视、预防感染及广谱抗生素的问世，引起输卵管阻塞的产科和妇科炎症已大为减少；另外，有关内分泌疾病的认识及检查技术不断提高，对卵巢功能不全所致不孕的诊断率有所提高，所以卵巢性不孕也占重要地位（占不孕症的 15%～25%）。

2. 卵巢的结构与功能异常

1）卵巢局部因素，如先天性无卵巢或幼稚型卵巢、卵巢功能早衰、多囊卵巢、某些卵巢肿瘤如颗粒-卵泡膜细胞瘤、睾丸母细胞瘤等都可影响卵巢激素分泌及排卵。

2）全身性疾患如重度营养不良，或饮食中缺乏某些重要的营养因素，都可影响卵巢功能而致不孕；慢性疾病、代谢病如甲状腺功能低下或亢进、糖尿病、肾上腺功能紊乱等也能导致不孕。

3）中枢性的影响：丘脑下部、垂体、卵巢间内分泌平衡失调，垂体肿瘤或瘢痕都可以引起卵巢功能失调而致不孕；精神因素如精神紧张或过度焦虑，可对丘脑下部-脑垂体-卵巢轴产生影响抑制排卵。

3. 子宫与子宫颈

正常子宫前倾前屈、子宫颈口向后，性交后子宫颈口浸泡在精液中，有利于受孕。如子宫后倾后屈，使子宫颈口向前向上，可影响受孕；子宫发育不全及子宫内膜炎症如结核性子宫内膜炎，黏膜下子宫肌瘤等都可影响孕卵着床。

子宫颈因素所致的不孕是不孕症较为重要的原因，占不孕症的 10%～20%。由于慢性宫颈炎或雌激素水平低落，子宫颈黏液可变黏稠、或含有大量白细胞，不利于精子的活动和通过，可影响受孕。此外，子宫颈息肉或子宫颈肌瘤能堵塞子宫颈管，影响精子的通过，子宫颈口狭窄也可能是不孕的原因。

4. 其他因素

经系统检查后，尚有 10%左右的男女双方均未发现明显不孕原因。近年来认为与免疫因素有关。在某些不孕妇女的血清中发现含有抗精子的抗体，此种抗体与精液能发生凝集反应；夫妇双方的血型不合，也可能是不孕的原因。

对于女性不孕原因的检测，由于受排卵周期等条件限制而相对较麻烦。但对症治疗一般比较容易奏效。例如，对输卵管阻塞可通过外科手术治愈，对于排卵功能异常者的药物治疗也能使其中的绝大多数恢复正常。当然，假若有些女性不孕经检测确诊是因遗传缺陷所致，则属于永久性不孕，目前尚无治疗方法。

三、不　育

严格地说，不孕和不育是有区别的。不孕是指育龄夫妇长期同居，性生活正常，未避孕而未能怀孕。其主要原因是由于精子或卵子的异常，或生殖道的障碍，使精子与卵子不能相遇、结合和着床。不育是指虽有过妊娠，但均以流产、早产、死胎或死产而告终，因而从未获得活婴者。因此，不育是精子与卵子已结合，在子宫内膜着床后，胚胎或胎儿成长障碍或娩出障碍或新生儿死亡而不能获得活婴。但是，不孕和不育有时是难以区分的，常笼统地称为不育症。

思考题

1. 简述从精细胞发育为成熟精子的过程。
2. 在精子发生过程中，哪些环节会导致男性不育？
3. 从人类卵子的发育特点谈女性适龄生育及生殖健康保护的重要性。
4. 在形成受精卵之前，精核和卵子核要发生哪些变化？
5. 有哪些环境因素可以引起男性不育或女性不育？结合此话题谈谈你对环境保护工作重要性的认识。
6. 引起男性和女性不育的原因主要有哪些？结合此话题，谈谈你对加强生殖健康教育工作意义的认识。
7. 不孕与不育有什么区别与联系？

主要参考文献

宝宝树. 2015. 人为制造多胞胎弊大于利. http://www.babytree.com/learn/article/16500#know_article_content_page_0 [2015-3-6]
柴宇静. 2011. 精子形态学检查的研究进展. 中国男科学杂志，25（11）：70-72
程罗根. 2005. 人类遗传学. 南京：南京师范大学出版社
段稳铭. 2000. 男子不育症的分子遗传学研究进展. 国外医学·遗传学分册，23（4）：179-182
范立青，朱文兵，曾亚荣，等. 2001. 人类畸形精子与常染色体异常. 中国现代医学杂志，11（8）：11-13

李春燕. 2004. 自然流产的原因及预防. http: //baby.sina.com.cn/health/2004-07-28/47_61926. shtml
卢惠霖. 1986. 人类生殖与生殖工程. 长沙：湖南教育出版社
人类遗传基础编写组. 1987. 人类遗传基础. 北京：高等教育出版社
生殖系统与性的认识. http: //wenku.baidu.com/link?url=MrXP0FAs3oFXnNxAfxisZK-i2NBcVyX5REzefu7MvnFTp6AOzuWaLzNWhI0KJnO2Ob7xSoqCFreT-d2NCyKuD16hbovGRpExhdNdND-qCxe [2012-4-19]
余其兴，赵刚. 2000. 人类遗传学导论. 北京：高等教育出版社
张寅. 2012. 人类辅助生殖技术的临床研究进展. 国际生殖健康/计划生育杂志，31（2）：108-114
周云. 1986. 遗传与优生手册. 辽宁：辽宁大学出版社
de Braekeleer M，Dao T N. 1991. Cytogenetic studies in male infertility：a review. Hum Peprod，6（2）：245-250
Egozcue S，Blanco J，Vendrell J M，et al. 2000. Human male infertility：chromosome anomalies，meiotic disorders，abnormal spermatozoa and recurrent abortion. Human Reprod Update，6（2）：93-105
Pang M G，Hoegerman S E，Cuticchia A J，et al. 1999. Detection of aneuploidy for chromosomes4，6，7，8，9，10，11，12，13，17，18，21，X and Y by fluorescence *in situ* hybridization in spermatozoa from nine patients with oligoasthenote ratozoospermia umdergoingintracytoplas mics perm injection. Hum Reprod，14（5）：1266-1273

3 第三章 人类染色体与染色体分析

人类染色体是人类遗传信息的主要载体。正常男性细胞中有22对常染色体和X、Y染色体，正常女性细胞中有22对常染色体和2条X染色体。通过核型分析和分带技术可以检测人类染色体组成。

第一节 人类染色质

染色质（chromatin）是细胞间期核内的一种易被碱性染料着色的无定形物质，是伸展开的DNA蛋白纤维；染色体（chromosome）则是染色质在细胞分裂过程中经过紧密缠绕、折叠、凝缩、精巧包装而形成的高度螺旋化的DNA蛋白纤维。因此，染色质和染色体是真核生物遗传物质在细胞周期不同时期中的两种不同形态。根据染色质对碱性染料的着色程度不同及功能差异，人类染色质分成以下主要类型。

一、常染色质和异染色质

（一）常染色质

常染色质（euchromatin）染色较浅而且比较均匀，在细胞间期呈松散状态，分布在靠近核的中心部位，具有转录活性。

（二）异染色质

异染色质（heterochromatin）着色较深而且致密，在细胞间期呈凝缩（condensation）状态，分布在靠近核内膜处，DNA复制较晚，很少转录或无转录活性，是遗传惰性物质。异染色质有两种类型：结构异染色质和兼性异染色质。

1. 结构异染色质

结构异染色质（constitutive heterochromatin）区的DNA在细胞周期的DNA复制过程中比常染色质区的稍晚，一般为高度重复的DNA序列，没有转录活性。在化学组成上含有较多的尿嘌呤和胞嘧啶。常见于随体DNA区、着丝粒区、端粒区、Y染色体长臂远端2/3区段和次缢痕区等部位。

2. 兼性异染色质

兼性异染色质（facultative heterochromatin）又称为功能异染色质。只在一定的细胞类型和一定的发育阶段才呈凝缩状态而失去功能。如女性的 2 条 X 染色体，在胚胎发育到 16～18d 后，其中一条 X 染色体发生异固缩（heterochromatinization），形成遗传惰性。

二、性 染 色 质

性染色质（sex chromatin）是指在间期细胞核内有明显性别特征的 X 染色质和 Y 染色质。

（一）X 染色质（X chromatin）

在人和其他哺乳动物中，正常雌性或女性体细胞中的 2 条 X 染色体，有一条在胚胎发育早期异染色质化（heterochromatinization），变成特征性的浓缩小体，染色很深，紧贴在核膜内侧缘，大小约 1μm，其形态为平凸形、馒头形或三角形等，称为 X 染色质。这种现象最早是 Murray L. Barr 等在 1949 年从雌猫的神经母细胞的间期核中发现的，而且 X 染色质的数量与性别和 X 染色体数目有关，所以又称为 X 小体（X body）、巴氏小体（Barr body）或性染色质小体（sex chromatin body）（图 3.1）。

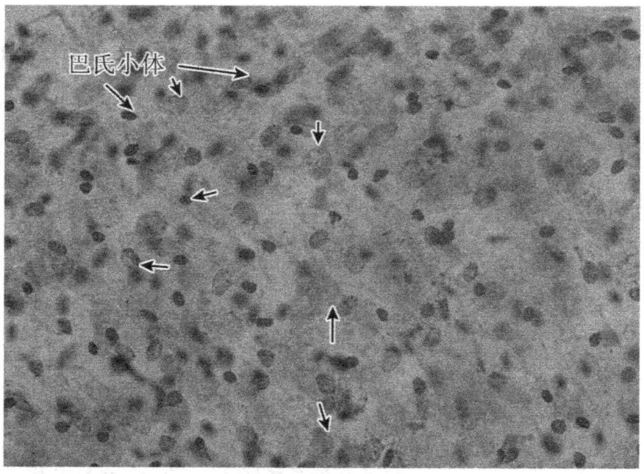

图 3.1　X 染色质（箭头所指皆为巴氏小体）

1. 剂量补偿效应

剂量补偿效应（dosage compensation）是指在 XY 性别决定机制的生物中，使性连锁基因在两种性别中有相等或近乎相等的有效剂量的遗传效应。也就是说，在雌性和雄性细胞中，由 X 染色体基因编码产生的酶或其他蛋白质产物在数量上相等或近乎相等。剂量补偿效应有两种不同的机制。

1）通过调节 X 染色体的转录速率来实现剂量补偿。例如，果蝇的剂量补偿效应主要是通过 Sxl 蛋白阻止雌性 X 染色体的过度转录来实现的（图 3.2）。果蝇的性别是由性指数的大小决定的。当性指数等于 1 时，果蝇的性别是雌性，*sxl* 基因被激活，使 *msl-2*［male-specific lethal effect，4 个雄性致死基因 *msl-1*、*msl-2*、*msl-3* 和 *mle*（maleless）中的一个］的 RNA 不能适当剪接，产生无效的 Msl-2 蛋白，从而不能使其他的 *msl-2* 基因激活，X 染色体以基础水平转录；当性指数等于 0.5 时，果蝇的性别是雄性，*sxl* 基因关闭，*msl-2* 的 RNA 正确地剪接，产生有活性的 Msl-2 蛋白并进一步激活其他的 *msl* 基因，使 X 染色体高水平地转录，使一条 X 染色体的表达量与两条 X 染色体的表达量相近。

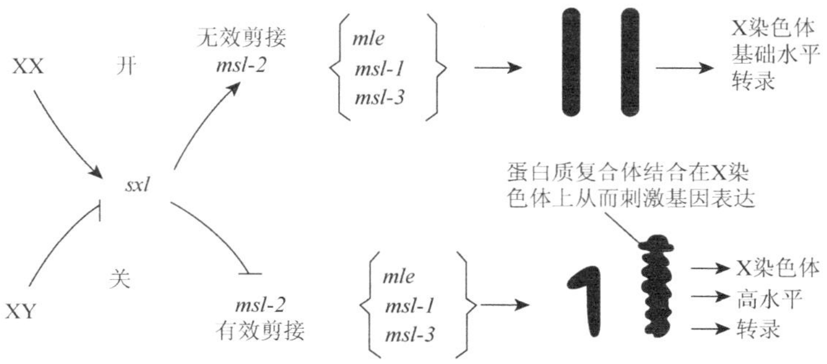

图 3.2　果蝇中 *sxl* 基因对剂量补偿的调控

2）剂量补偿效应的另一种机制是使雌性细胞的两条 X 染色体中的一条 X 染色体失活来实现两性剂量的平衡。人和其他哺乳动物是通过这种方式来实现剂量补偿的。在这些生物的细胞中，无论有多少条 X 染色体，都只有一条 X 染色体保持活性，从而使女性和男性具有基本相同的 X 染色体有效基因产物。

2. Lyon 假说

Mary F. Lyon 于 1961 年提出阐明哺乳动物剂量补偿效应和形成巴氏小体的 X 染色体失活的假说——Lyon 假说（Lyon hypothesis），其要点如下。

1）正常哺乳动物体细胞中的两条 X 染色体只有一条有活性（activation X，X_a），另一条在遗传上无活性（inactivation X，X_i），从而保证了染色体为 XX 的雌性和染色体为 XY 的雄性具有相同的有效基因产物。X 染色体失活的过程称为 Lyon 化（lyonization）。巴氏小体是遗传上失活（或大部分失活）的 X 染色体。

2）失活是随机的。在同一哺乳动物的体细胞中，有些细胞是父源的 X 染色体失活，另一些细胞则是母源的 X 染色体失活。

3）X 染色体的失活发生在胚胎发育的早期。例如，人类在胚胎发育至第 16 天（合子细胞增殖到 5000～6000 个细胞）时发生失活。一个细胞的某条 X 染色体一旦失活，那么这个细胞的所有后代细胞均为该 X 染色体处于失活状态。

4）杂合体雌性是伴性基因的嵌合体（mosaic）。某些细胞是来自父方的伴性基因表达，某些细胞是来自母方的伴性基因表达，这两类细胞随机地镶嵌存在。

20 世纪 90 年代以来，人们对 X 染色体失活的机制和 Lyon 假说的实质有了进一步的认识。①大多数的 X 连锁基因在胚胎发育早期失活，但并非整条 X 染色体上的所有基因均失活。例如，在 X 染色体的短臂远端编码细胞表面蛋白的基因 *MIC2*、*XG*（Xg 血型）、甾固醇硫酸酯酶基因 *STS* 是逃避失活的，与 Y 染色体配对的区域内或处于附近的基因，也有短臂近端或长臂上的基因，既可由 X_a 也可由 X_i 表达。此外，在失活 X 染色体上还发现了一个可转录的 *XIST* 基因，该基因可能与 X 染色体失活有关。②在失活的 X 染色体上，表达的基因（逃避失活的基因）与失活基因是穿插排列的。这意味着失活基因转录的关闭不是由它们所在的区域决定而是与某些位点有关（图 3.3）。③在 X 染色体上存在一个特异性失活位点，即 X 失活中心（X inactivation center，*XIC*）。小鼠以 *Xic* 表示，人以 *XIC* 表示。该失活中心可能产生一个失活信号，关闭 X 染色体上几乎所有基因的转录。

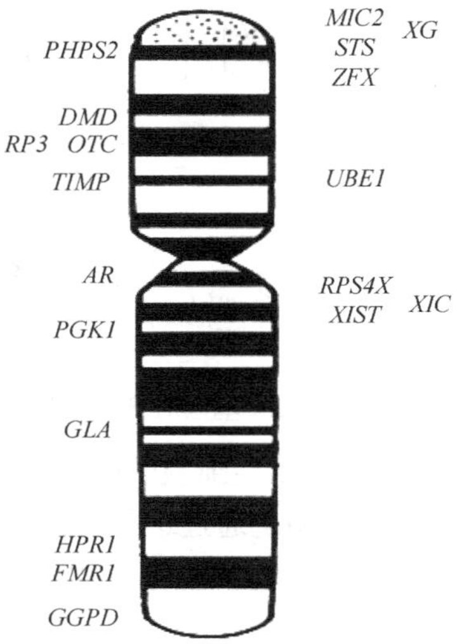

图 3.3　人类 X 染色体上失活基因排列示意图（人类 X 染色体上约有 1/3 的基因可能逃避完全失活）

（二）Y 染色质

正常男性细胞中 Y 染色体长臂远端部分为异染色质，在间期可被荧光染料染色显示出一个直径约为 0.3μm 的强荧光小体，称为 Y 染色质（Y-chromatin）（图 3.4）。细胞中 Y 染色质的数目与 Y 染色体的数目相同。Y 染色质在核内的位置不恒定，在不同生物材料中的出现率差异较大，如羊水细胞为 20%～70%，白细胞为 66.8%，血痕低于 50%。

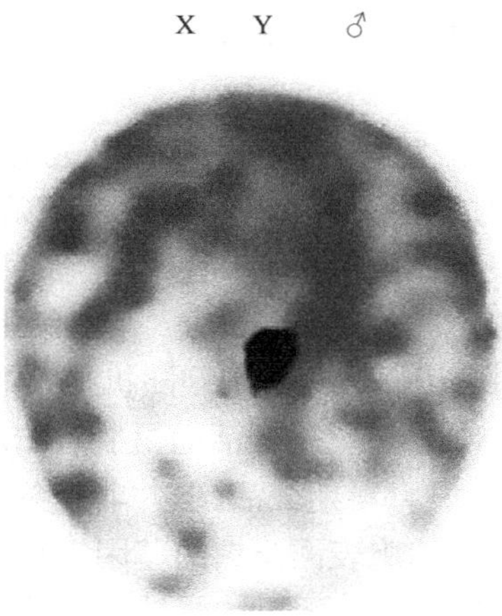

图 3.4　Y 染色质

男性细胞核内近中央，直径 0.25～0.3μm 的“0”形强荧光体为 Y 染色体长臂远端异染色质

目前的研究认为，人类 Y 染色体是由拟常染色体区域（pseudoautosomal region）和 Y 特异区域组成的。拟常染色体区域位于 X 染色体和 Y 染色体的短臂末端（图 3.5），是 X 染色体和 Y 染色体的同源区，此区内的交换并不表现典型的性连锁关系；Y 特异区域在正常情况下不与 X 染色体发生重组，在减数分裂中作为一个整体分离，含有睾丸决定因子（testis-determining factor，*TDF*）等对性腺分化和男性生育能力有关的基因。另外，1990 年

Andrew H. Sinclair 等在 Y 染色体短臂与拟常染色体区相接的 35kb 区域发现了 Y 染色体性别决定区（sex-determining region Y-chromosome，*SRY*），并且认为是 *TDF* 的最佳候选基因，编码产物是决定睾丸形成的 SRY 蛋白。越来越多的证据表明，*SRY* 的确和人类的性别决定有关。如果 X 染色体与 Y 染色体发生不等交换（图 3.6），可导致 XX 男性和 XY 女性两种性别畸形。

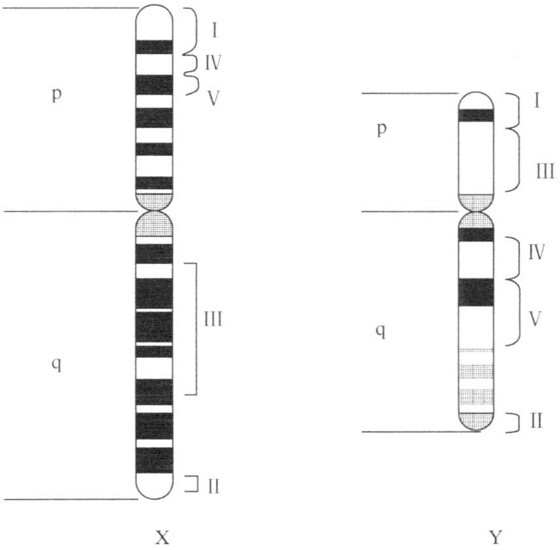

图 3.5 人类 X 染色体和 Y 染色体的同源序列

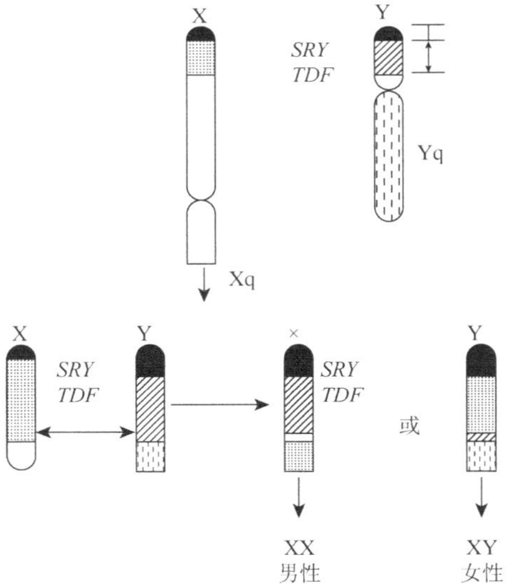

图 3.6 X、Y 染色体不等交换示意图

X、Y 染色体短臂拟常染色体区的不等交换，将 Y 染色体上的 SRY 异位到 X 染色体，从而导致 XX 男性和 XY 女性畸形

在 Y 染色体长臂上有一段 DNA 序列（Yq11.22-11.23）与成熟精子的发生有关，称为无精子症因子（azoospermia factor，*AZF*）。*AZF* 基因包含 *AZFa*、*AZFb*、*AZFc* 和 *AZFd* 4 个非重叠区，*AZF* 序列的微小缺失可能是非梗阻性无精症或少精症的遗传因素之一。

第二节　人类染色体的基本特征

人体细胞染色体数目为 46 条。其中 22 对为男女所共有，称为常染色体（autosome）；剩下一对为决定性别的染色体，称为性染色体（sex chromosome），女性为 XX，男性为 XY。

一、人类染色体的形态结构

在细胞周期的不同时期，染色体的形态也随之发生变化。有丝分裂中期的染色体最典型（图 3.7），主要包括以下部分。

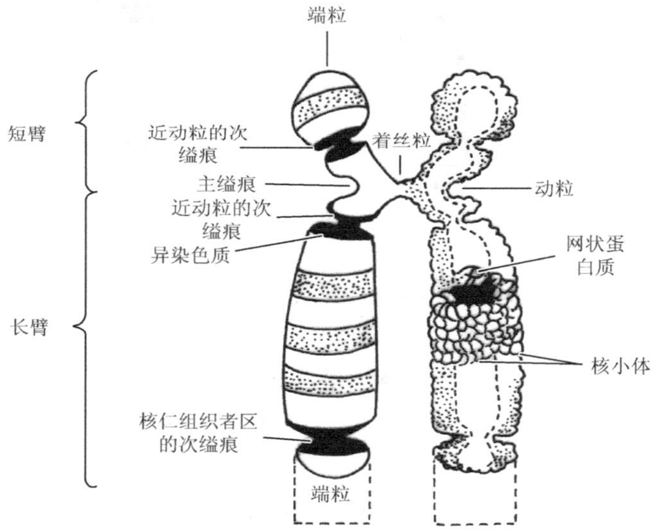

图 3.7　中期染色体模式图

1. 染色单体

每一中期染色体都有两条染色单体（chromatid），互为姐妹染色单体（sister chromatid）。

2. 着丝粒

两条姐妹染色单体之间通过着丝粒（centromere）相连，着丝粒处缢缩变细，称为主缢痕（primary constriction）。

3. 染色体臂

着丝粒的存在，将染色体分成两部分，称为染色体臂（chromosome arm）。比较长的称长臂（q），比较短的称短臂（p）。

4. 端粒

在长臂和短臂的末端分别有一特化部位称为端粒（telomere）。端粒在染色体两端像帽子一样保护染色体，在间期与核膜相粘连，在减数分裂时参与染色体的配对，因此在染色体定位、复制、保护和控制细胞生长及寿命方面具有重要作用，并与细胞凋亡、细胞转化和永生化密切相关。

最近的研究证明，端粒区含有$(TTAGGG)_n$的重复序列，形成发卡样的折叠和 G-C 配对，维护了单链 DNA 的稳定。该$(TTAGGG)_n$重复序列不是 DNA 复制时连续合成的，而是由一种反转录酶——端粒酶（telomerase）催化合成后添加到染色体末端的。在抑癌基因突变的细胞中，端粒酶被过度激活，使细胞得以无限制地增生，从而导致肿瘤的发生和发展。

5. 次缢痕

有些染色体的长、短臂上还有凹陷窄缩区，称为次缢痕（secondary constriction）。次缢痕的数量、位置和大小是某些染色体的重要形态特征。每种生物染色体组中至少有一条或一对染色体上有次缢痕。

6. 随体

人类近端着丝粒染色体的短臂末端可见球状结构，称为随体（satellite）。随体柄部是次缢痕，与核仁形成有关，称为核仁形成区或核仁组织区（nucleolus organizing region，NOR）。

二、人类染色体的类型

（一）染色体参数

1）臂比：以长臂相对于短臂的长度来表示。

$$臂比=\frac{染色体长臂长度}{染色体短臂长度}$$

2）着丝粒指数：短臂占整条染色体长度的百分比。

$$着丝粒指数=\frac{短臂长度}{染色体全长}\times 100\%$$

3）染色体相对长度：以某条染色体长度与正常单倍体总长度的百分率表示。

$$染色体相对长度=\frac{单个染色体长度}{22条常染色体总长+1条X染色体长度}\times 100\%$$

人类部分染色体参数如表 3.1 所示。

表 3.1　人类部分染色体的相对长度和着丝粒指数

No.	相对长度/%	着丝粒指数/%	No.	相对长度/%	着丝粒指数/%
1	9.08	48.0	7	5.08	37.7
2	8.45	38.1	⋮	⋮	⋮
3	7.06	45.9	21	1.68	25.7
4	6.55	27.6	22	1.83	25.0
5	6.13	27.4	X	5.08	36.9
6	5.84	37.7	Y	1.92	16.3

（二）染色体类型

根据着丝粒的位置，将人类染色体分为 3 种类型（图 3.8）。

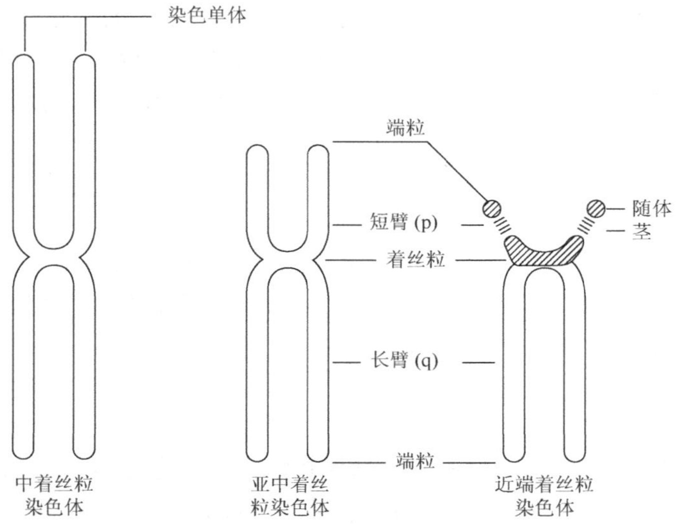

图 3.8　染色体的 3 种类型

1. 中着丝粒染色体

中着丝粒染色体（metacentric chromosome）的着丝粒位于或靠近染色体中央，将染色体分为长短相近的两个臂。

2. 亚中着丝粒染色体

亚中着丝粒染色体（submetacentric chromosome）的着丝粒靠近一端，位于染色体纵轴的 7/8 至末端之间，短臂很短。

3. 近端着丝粒染色体

近端着丝粒染色体（acrocentric chromosome）的着丝粒位于染色体的末端，没有短臂。

第三节　人类的核型与核型分析

染色体的形态结构在细胞周期中不断地运动变化，一般在有丝分裂中期，染色体收缩得最粗最短，而且染色体的形态最典型、染色体的特征最为显著，最易辨认和区别。因此有丝分裂的中期，是观察染色体的最好时期。

一、人类染色体标本的制作

人体的任何一种在体或离体的处于旺盛有丝分裂或减数分裂的细胞群体，例如，体外培养细胞、外周血淋巴细胞、骨髓细胞、胸水细胞、腹水细胞、性腺活检标本、胎儿绒毛标本、实体瘤标本、胎儿羊水细胞，以及皮肤、肝、肾等均可作为材料，通过适当的方法处理并进行染色体分析。这些材料中大都要经过体外培养之后制作染色体标本，有的也可以直接制作染色体标本，如骨髓细胞、胎儿绒毛标本、胸水细胞、腹水细胞和性腺活检标本等。

制备染色体标本，首先要获得大量的中期分裂相。由于秋水仙碱有抑制纺锤丝蛋白合成的作用，能抑制分裂中期的活动，使细胞分裂停止在中期，细胞分裂同步化，从而获得大量的中期分裂相，因此研究材料一般都要用适当浓度的秋水仙碱进行处理。其次，为了得到分散良好的分裂相，常用低渗液处理细胞，使细胞体积膨大，染色体松散。最后是滴片，得到的染色体标本用吉姆萨染料染色，即可得到非显带染色体标本，用于核型分析。

二、人类的核型

核型（karyotype）是指把制备的中期分裂相染色体根据大小、着丝粒位置进行同源染色体配对、大小排列、编组后所构成的图像（图 3.9）。因此，核型是正常二倍体生物体细胞完整的一套中期染色体排列成对的集合，它代表一个物种正常体细胞的特征。1960 年，在美国丹佛（Denver）的第一届国际细胞遗传学会议上确定了正常人类核型的基本特点，即 Denver 体制。该体制依据人类 46 条染色体的大小及形态特征，将人类的 23 对染色体分为 A～G 共 7 个组，每组的分类特征见表 3.2。

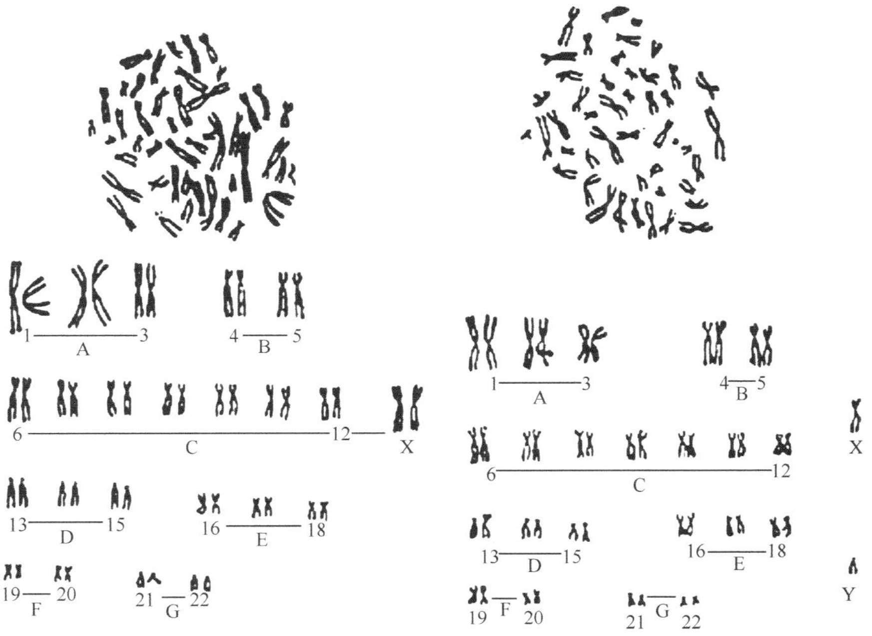

图 3.9 正常女性（左）和正常男性（右）的核型

表 3.2 人类染色体分组及其形态特征

组号	染色体号	大小	着丝粒位置	次缢痕	随体	可鉴别程度
A	1～3	最大	中（1 号、3 号）、亚中（2 号）	1 号常见		可鉴别
B	4、5	次大	亚中			难鉴别

续表

组号	染色体号	大小	着丝粒位置	次缢痕	随体	可鉴别程度
C	6～12、X	中等	亚中	9号常见		难鉴别
D	13～15	中等	近端		有	
E	16～18	小	中（16号）、亚中（17号、18号）			16号可鉴别，17号、18号难鉴别
F	19、20	次小	中			难鉴别
G	21、22、Y	最小	近端		21号、22号有，Y无	难鉴别

三、核型分析

在对染色体进行测量计算的基础上进行分组、排队、配对，并进行形态分析的过程称为核型分析（karyotype analysis）。核型分析是确诊染色体病的主要方法。一般可考虑进行染色体检查的适应证有以下几种。

1）怀疑患有先天愚型、Klinefelter综合征、Turner综合征或其他提示染色体病的患者。

2）原因不明的智能发育不全患者。

3）男性不育、女性原发性闭经或不育。

4）习惯性流产妇女及其丈夫。

5）有两性外生殖器官畸形者。

6）各种先天畸形需排除染色体异常者。

7）血液系统肿瘤及追踪疗效。

8）接触各种致畸物质（如射线）等需估计其造成危害的程度时。

四、组　型

如果核型以模式图的方式表示，则称为组型（idiogram）。它是根据许多细胞染色体的形态学特征和测量数据描绘而成的，因此表达的是一种理想的、模式化的染色体组成（图3.10）。

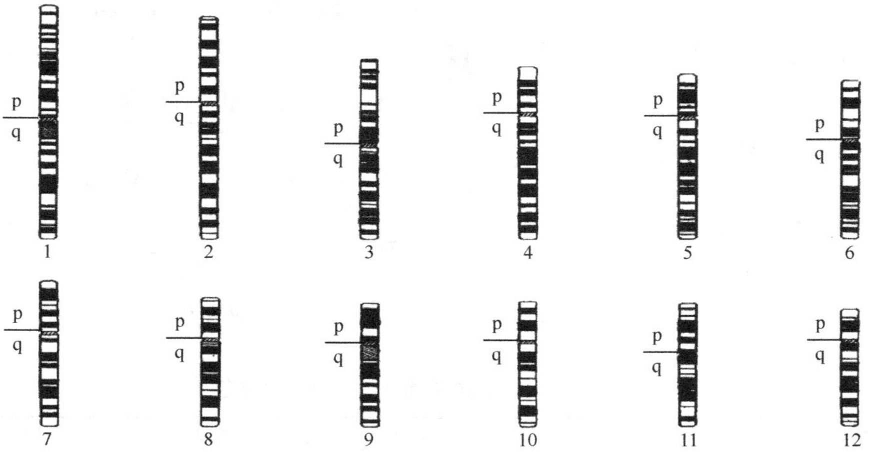

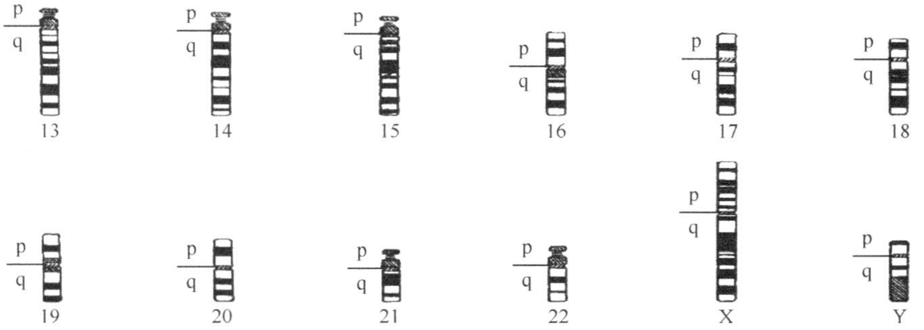

图 3.10 正常人的 G 显带染色体模式图

第四节 人类染色体的分带

用特殊的染色方法，使染色体沿长轴显示出一条条宽窄和亮度不同的横纹，称为染色体的带（band）。因此带是染色体的一部分，通过较浅或较深的染色强度与其相邻部分明显地区分开来。

一、染色体显带技术

染色体的显带方法有的以染料为基础，有的以功能为基础。最常用的基于染料的染色体显带技术有：C 显带技术（用“着丝粒”英文单词 centromere 的第 1 个字母表示）、Q 显带技术（用荧光染料“氮芥喹吖因”英文单词 quinacrine 的第 1 个字母表示）、G 显带技术（用“吉姆萨”染料英文单词 Giemsa 的第 1 个字母表示）和 R 显带技术（采用“相反”英文单词 reverse 的第 1 个字母表示）。显带技术可将人类的 24 种染色体显示出各自特异的带纹，称为带型（banding pattern）。严格地说，只有呈现较强染色反应的染色体带才称为阳性带；相反，弱染色或未染色者为阴性带。但是通常把 G 阳性带称为 G 带，同样，把 R 阳性带称为 R 带。C 阳性带含有组成型异染色质。用一种方法深染的一些染色体带，可以被其他方法所浅染（图 3.11），因此，染色体看上去就是由连续不断的深浅带构成的。

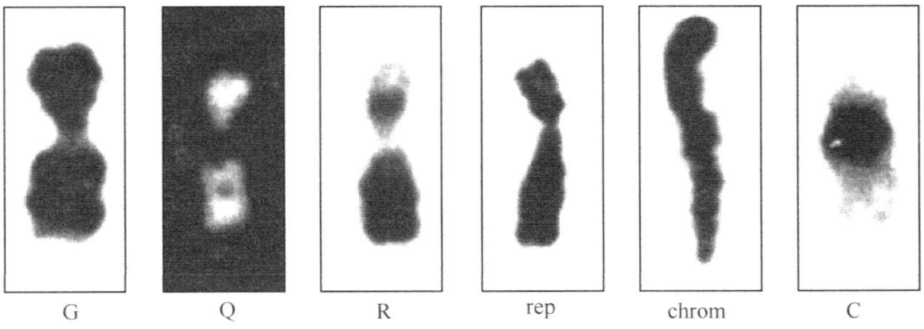

图 3.11 不同显带技术产生的人类 9 号染色体图型

G. 胰酶 G 显带法（G 阳性带呈黑色）；Q. Q 显带法（Q 阳性带明亮）；R. 经加热和吉姆萨染色进行的 R 显带法（R 阳性带呈黑色）；rep. 复制显带法，早期复制（R 带）区着染为黑色；chrom. 多线化染色粒；C. C 显带法

（一）Q 显带

1968 年，瑞典细胞化学家 Torbjorn Oskar Caspersson 等用荧光染料氮芥喹吖因（quinacrine mustard，QM）染制染色体标本，在荧光显微镜下这些染色体呈现暗亮不同的条纹，这些带纹的出现是由荧光染料所致，故称为 Q 带（Q band）（图 3.12）。

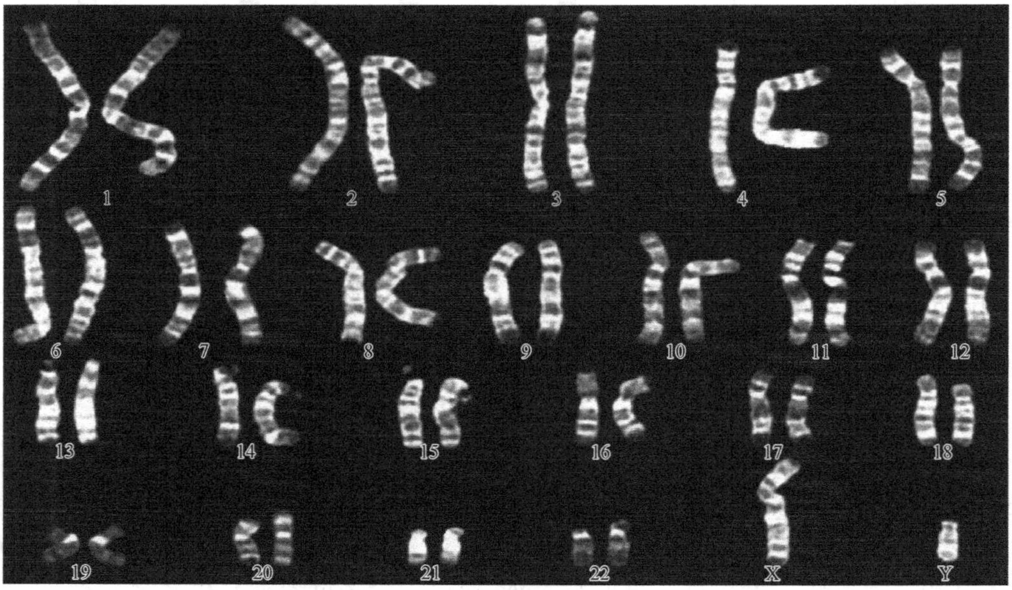

图 3.12　人类中期染色体的 Q 显带

Q 显带的原理目前有两种主要观点。一些学者认为染色体 DNA 中的 AT 丰富区对氮芥喹吖因荧光有增强作用，故显出亮带；反之，CG 丰富区对氮芥喹吖因荧光有减弱作用，故呈现暗带。另一些学者则认为 DNA 链中碱基组成的变化，以及染色体内蛋白质-DNA 间的相互作用影响染色体对荧光染料的反应而呈现不同暗亮的带纹。

（二）G 显带

将染色体标本用碱、胰蛋白酶或其他盐溶液处理后，再用吉姆萨染液染色，染色体上出现与 Q 带相类似的带纹，在普通显微镜下，可见深浅相间的带纹，称 G 带（G band）（图 3.13）。G 显带方法简便，带纹清晰，染色体标本可以长期保存，因此被广泛用于染色体病的诊断和研究。

（三）R 显带

最常采用的程序是先将染色体置预热（87℃）的酸性盐水中部分热变性处理，再用吉姆萨染色，显示出与 G 带相反的带，即 G 显带中的深带在 R 显带中为浅带，G 显带中的浅带在 R 显带中为深带，称反带（reverse band）或 R 带（R band）（图 3.14）。

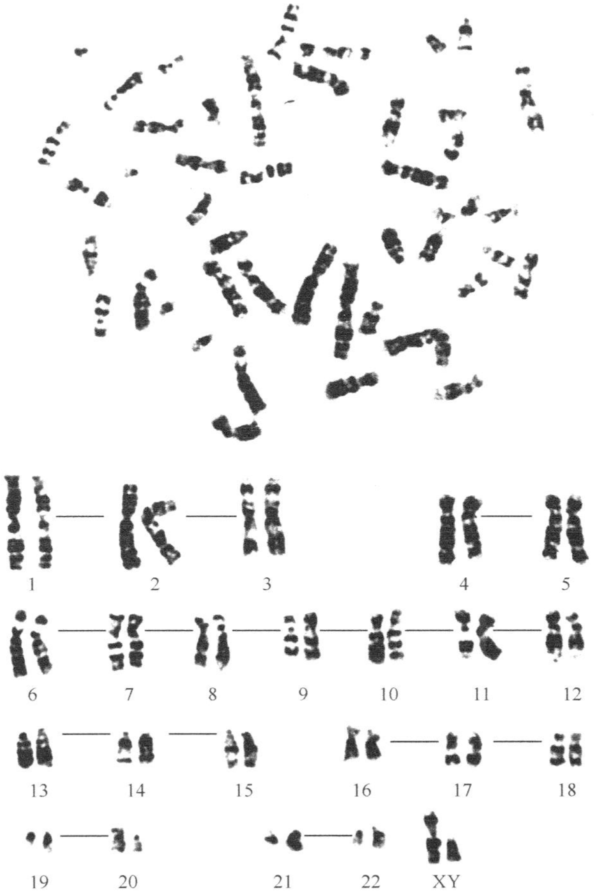

图 3.13　人类中期染色体的 G 显带

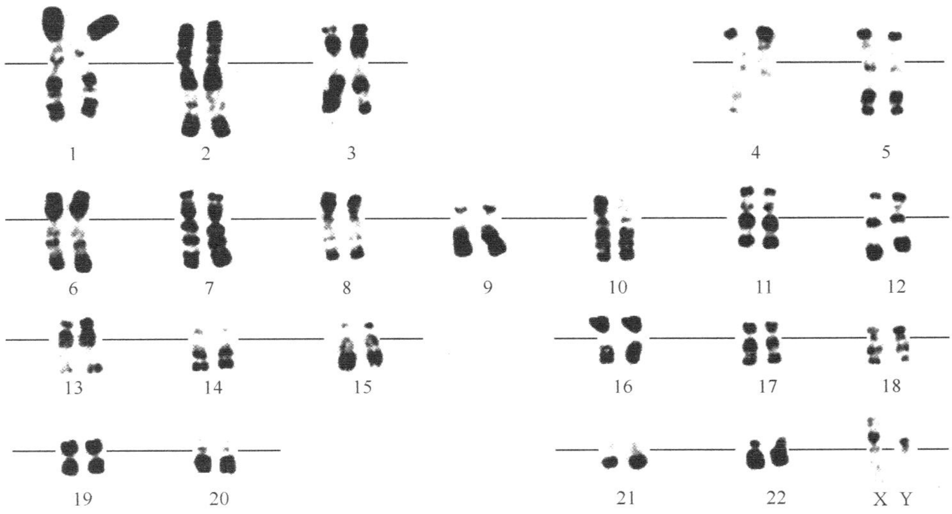

图 3.14　人类中期染色体的 R 显带

（四）T 显带

T 显带技术采用比 R 显带技术更为剧烈的热处理或者联合应用染料或荧光素识别着色最深的 R 带。据认为该法识别 GC 含量最高的 R 带，在人类基因组中，大约有一半这样富含 GC 的 R 带位于端粒处，故称为 T 带（T band）。

（五）C 显带

用 NaOH 或 $Ba(OH)_2$ 处理标本后，再用吉姆萨染色，可使着丝粒和次缢痕的结构异染色质部分深染，如 1 号、9 号、16 号染色体的次缢痕及 Y 染色体长臂远端 2/3 的区段，所显示的带纹称 C 带（C band）（图 3.15）。C 显带可用于检测 Y 染色体、着丝粒区及次缢痕区的变化。

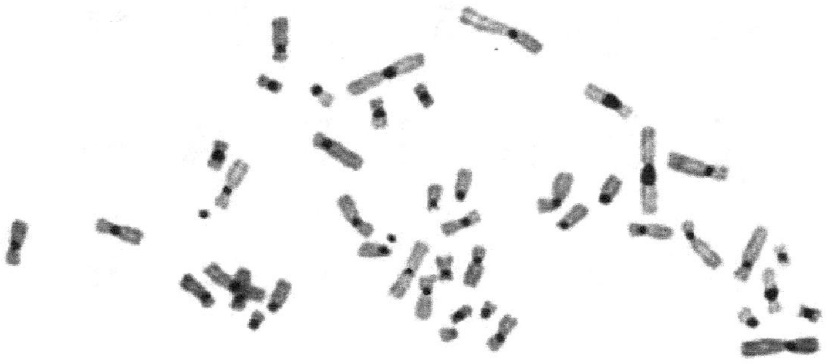

图 3.15　人类中期染色体的 C 显带

（六）N 显带

用硝酸银染色，可使染色体的随体及核仁形成区（NOR）呈现出特异性的黑色银染物，这种银染色阳性的 NOR 称为 Ag-NOR。研究表明，Ag-NOR 的可染性取决于它的功能活性，即具转录活性的 NOR 着色，但受染物质不是次缢痕本身，而是附近与 rDNA 转录有关的一种酸性蛋白质。

（七）高分辨染色体显带技术

随着染色体显带技术的发展，20 世纪 70 年代后期，Jorge J. Yunis 等采用氨甲喋呤同步培养细胞法和改进的显带技术建立了人类染色体高分辨显带（high resolution banding）技术，该技术能将原来的 1 条带再分为 3～5 个亚带，1 个亚带又可再分为 3～5 个次亚带，从而在单套染色体上能显示 550～850 条甚至上千近万条带。

二、人类染色体的多态性

在正常人群中，存在着各种染色体形态的、恒定的微小变异，包括结构、带纹宽窄和着色强度等。这类恒定而微小的变异是按照孟德尔方式遗传的，通常没有明显的表型效应或病理学意义，称为染色体的多态性（chromosomal polymorphism），又称异态性（heteromorphism）。这些变异集中在含高度重复 DNA 序列的结构异染色质区，主要表现为 1 对同源染色体上这些结构的形态、大小或带纹着色深浅等方面的变异。

多态性常见部位有以下几种。①Y 染色体的长度变异。Y 染色体的大小在个体之间的差异很大，而且是遗传的。据估计，在男性人群中有 2%～3%的人具有异常长度的 Y 染色体，主要变异部位是 Y 染色体长臂结构异染色质区，即长臂远端约 2/3 区段的长度变异。如果 Y 染色体大于 F 组或大于 18 号染色体，称为“长 Y”、“大 Y”或“巨 Y”，描述为 Yq^{+}；若 Y 染色体的长度为 G 组染色体长度的 1/2 以下，称“小 Y”染色体，描述为 Yq^{-}，但这种现象比较罕见。Y 染色体的长度变异有种族差异。②D 组、G 组近端着丝粒染色体的短臂、随体及随体柄部次缢痕区的变异，表现为随体的有无、大小及重复（双随体）等；短臂、次缢痕区的增长或缩短。③1 号、9 号和 16 号染色体次缢痕的变异，表现为次缢痕的有无或长短的差异。其中以 9 号染色体的多态性最为常见，在不同人群的发生率为 0.1%～12.5%。在正常人群中，1 号染色体次缢痕增大的发生率为 1.9%，16 号染色体次缢痕增大的发生率为 0.12%。此外，在 1 号、9 号和 16 号染色体的着丝粒异染色质区也可出现多态性的倒位。

由于染色体的多态性变异主要发生在结构异染色质区，因此一般没有明显的表型效应和病理学意义，也就是说一般没有不良的临床后果。但是染色体多态现象是一种较稳定的结构变异，可以在显微镜下观察，并且它是按孟德尔方式遗传的，以一定的遗传方式传给下一代，因此可以作为一种遗传标志，应用于临床和研究工作。例如，在产前诊断中可用于区别胎儿细胞和母体细胞；可探讨不分离染色体的来源；还可作为一项遗传标记，用于不同种族或民族人群中的遗传学研究；在法医学中可用于亲权鉴定等。

第五节 人类染色体命名国际标准化

染色体是细胞内遗传物质的主要载体，人类遗传病研究的主要部分。对于人体细胞染色体的描述，为了避免混乱，方便交流，分别在丹佛（1960 年）、伦敦（1963 年）、芝加哥（1966 年）、巴黎（1971 年）及爱丁堡（1972 年）召开人类染色体国际会议，统一人类染色体核型的命名规则，并根据 1971 年巴黎第四届国际会议，提出一个区分每个染色体区带的标准系统。在 1976 年墨西哥会议上，正式成立了“国际人类细胞遗传学命名标准委员会”，此后，又经过 1978 年国际会议，人类细胞遗传学国际命名委员会发表了“人类细胞遗传学国际命名体制”（International System for Human Cytogenetic Nomenclature，ISCN），使人类染色体有统一的国际规范。随着染色体高分辨（high resolution chromosome）技术的发展，经 1981 年、1985 年和 1986 年柏林会议，制定高分辨带型命名的国际体制，从而使染色体研究进入到新阶段，广泛应用于染色体病的检验。在 2004 年的温哥华会议上，一些描述被简化，并且新增了核型模式图，补充了原位杂交命名的内容，增加了芯片的比较基因组杂交结果的命名法，这些内容在 2005 版的 ISCN 中发表。2009 版的 ISCN 在内容上又做了进一步的补充和更新。

一、核型描述

首先是包括性染色体在内的染色体总数，加上一个逗号，接着是性染色体组成，如 46，XX；46，XY 等。

常染色体只在出现不正常的现象时才加以标明。例如，常染色体的数目有多有少时，这个额外的或丢失了的常染色体组的前面，写上一个（+）或（–），接在性染色体的符号后面，如 45，XX，–C；当额外的或丢失了的一个染色体或几个染色体已被确定，就可以写染色体的号码，如 47，XY，+21；当额外的或丢失了的染色体可能是某一组但不十分肯定时，便可在这个组的符号前面或有时在染色体号码前面加上问号，如 45，XX，–？C。

二、染色体显带的命名

（一）染色体界标、区和带的定义

带是一条染色体的一部分，它能通过较浅或较深的染色强度与其相邻部分明显地区分开来。用一种方法深染的一些染色体带，可以为其他方法所浅染。因此，染色体看上去就是由连续不断的深浅带构成的。其命名以着丝粒、末端和两臂上所显示的显著带纹作为界标（landmark）。根据臂上较明显的带，把臂划分为若干区（region）（图 3.16）。

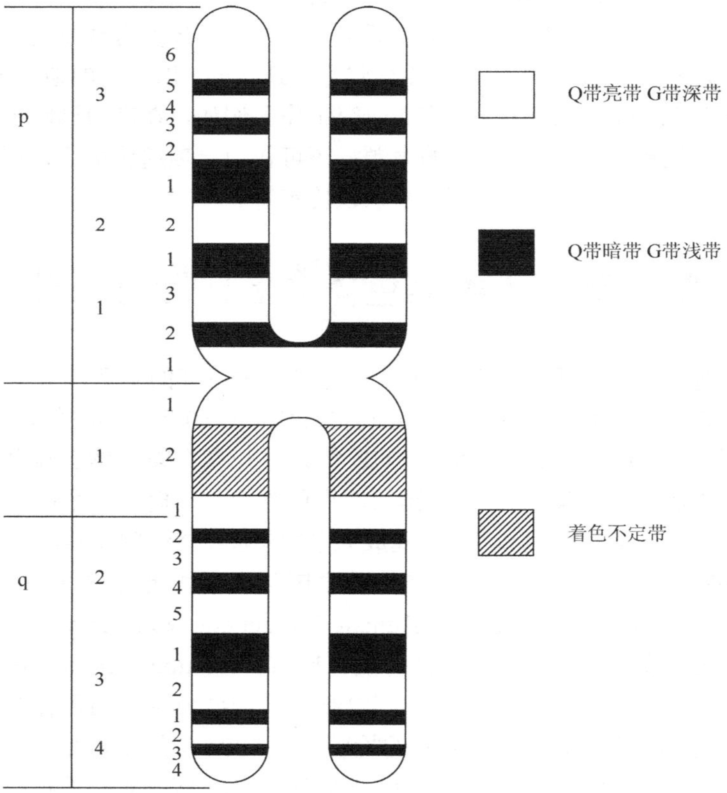

图 3.16　染色体的界标、区和带示意图

在给一个特定的染色体带定名时，需要有 4 种符号：①染色体号数；②臂的符号；③区号；④在该区内的带号。这些符号依次排列，没有间隔或标点。只要是一个染色体带被再分，总是在原带号数之后加一小数点，继之写明每一亚带的号数。亚带计数是从着丝粒向外依次进行的，如 1p33.1、1p33.2、1p33.3 等。如果亚带还要再分，只需在后面加数字，不必再用标点，如亚带 1p33.1 可进一步再分为：1p33.11、1p33.12、1p33.13 等。

（二）人类染色体及其畸变的命名符号术语体系

为了简便地记述人类染色体及其畸变，人类细胞遗传学国际命名体制于 1995 年提出了一个统一的命名符号和编写术语体系。该体系是一个包括 1960 年、1963 年、1966 年、1971 年、1978 年、1981 年、1985 年及 1995 年 8 次人类细胞遗传学国际命名委员会所制定的国际法规。其内容包括：正常染色体；符号和缩写术语；核型命名；不能确定的染色体或带的命名；核型中染色体异常的排列顺序；染色体数目异常；染色体结构重排；染色体断裂；肿瘤的染色体；减数分裂染色体；原位杂交等的染色体核型的标准命名体制（表 3.3）。

表 3.3　描述染色体和染色体畸变的符号和简写术语

符号	简写术语	符号	简写术语
AI	第一次减效分裂后期	qr	四射体
Ace	无着丝粒片段	r	环状染色体
～（约等于号）	表示染色体的间隔和界限	rea	重排
b	断裂	rob	罗伯逊易位
[ ]（方括号）	括号内为细胞数	s	随体
cen	着丝粒	sct	次缢痕
chr	染色体	；（分号）	涉及一条以上的染色体结构重排中，用来分开各有关染色体和断裂点
：（单分号）	断裂，用于繁式命名体系	/（斜线）	用于分开各克隆细胞系
，（逗号）	用于区分染色体数目、性染色体和染色体异常	stk	随体柄
cx	复杂的染色单体内互换	tan	串联易位
del	缺失	tel	端粒
der	衍生染色体	tr	三射体
dic	双着丝粒体	trp	三倍复制
dir	正位	upd	单亲双体
dit	核网期	xma	交叉（ta）
dup	重复	AⅡ	第二次减数分裂后期
end	核内复制	Add	额外的未知起源的物质
fem	女性	→（箭头）	从→到，用于繁式命名体系
fra	脆性位点	<>（尖括号）	括号内为倍体水平结构异常
h	异染色质次缢痕	chi	开米拉，异源嵌合体
i	等臂染色体	cht	染色单体
ider	等臂衍生染色体	：：（双分号）	断裂和重接，用于繁式命名体系
inc	不完整核型	cp	组合核型
inv	倒位	.（小数点）	表示亚带
MⅠ	第一次减数分裂中期	*de novo*	非遗传性的染色体异常
Mal	男性	dia	浓缩期
Mat	来自母方	dip	双线期
Min	微小近中着丝粒片段	dis	远侧端
Ml	主系	dmin	双微体
Mos	嵌合体	e	互换
Oom	卵原细胞中期	＝（等于号）	交叉数
p	染色体短臂	fis	裂开，在着丝粒处
Pac	粗线期	g	裂隙
Pat	来自父方	hsr	均质染色区
Pct	成熟前着丝粒的分裂	idem	用于描述亚克隆中的干系核型
+（加号）	获得	idic	等臂双着丝粒染色体
psu	假	ins	插入
q	染色体长臂		

续表

符号	简写术语	符号	简写术语
lep	细线期	rcp	互相易位
MⅡ	第二次减数分裂中期	rec	重组染色体
mar	标记染色体	Ⅰ～Ⅸ（罗马数字）	表示单体、双体、三体、四倍体结构
med	中央	sce	姐妹染色单体互换
–（减号）	丢失	sdl	旁系
mn	众数	sl	干系
×（乘号）	重排染色体的多拷贝	spm	精原细胞中期
or	畸变的其他描述方法	t	易位
PⅠ	第一次减数分裂前期	tas	端粒联合
( )（括号）	括号内为结构重排染色体和断裂点	ter	末端（染色体末端）
pcc	成熟前染色体凝聚	trc	三着丝粒染色体
ph	费城染色体	——（下划线）	用于区别同源染色体
prx	近侧端	v	变异或可变区
pvz	粉碎	zyg	偶线期
qdp	四倍复制		
？（问号）	对某一染色体或染色体结构有疑问的描述		

三、显带染色体结构变化的描述

表达显带染色体的结构变化，采用简式和繁式两个体系。

（一）简式表达

结构变化的染色体只标断裂点，写出畸变类型和染色体之后，在括号内标出断裂点。如 del（1）（q21）表示 1 号染色体长臂的末端缺失，断裂点在 1q21 带。倘若两个断裂点畸变，如 inv（2）（p21q31）表示 2 号染色体的臂间倒位，断裂点在 2p21 和 2q31。

（二）繁式表达

简式体系的规定在繁式体系仍然适用，不同处在于最后括弧中的内容，不仅是描述断裂点，还描述重排染色体的带纹结构。附加单冒号（:）表示染色体断裂，双冒号（::）表示染色体的断裂和重接。并用箭头表达从哪里到哪里。染色体臂的末端可用其带号或 ter 表示，如 pter 表示短臂的端部。若表示着丝粒，应用缩写 cen。现把两个体系对应写述如下。

1. 末端缺失

46，XX，del（1）（q21）

46，XX，del（1）（pter→q21:）

单冒号（:）表示断裂发生在 1q21 带上，远离长臂 2 区 1 带断裂，末端缺失，染色体包括有整个短臂、着丝粒和长臂 1 区 2 带部分。

2. 臂内倒位

46，XY，inv（2）（p13q24）

46，XY，inv（2）（pter→p13：：p24：：p13→qter）

断裂和重接发生在 2 号染色体短臂的 2p13 和 2p24 带，位于这些带之间的片段颠倒重接。

3. 染色体片段重复

46，XX，inv dup（2）（pter→p14）

46，XX，inv dup（2）（pter→p23：：p14：：→p23：：→qtcr）

dup 表示染色体片段重复，inv 表示颠倒（inverted）。即染色体的断裂和重接发生在 2 号染色体的 2p23 带，片段 p23→p14 颠倒而且重复。

4. 相互易位

46，XY，t（2；5）（q21；q31）

46，XY，t（2；5）（2pter→2q21：：5q31→5qter；5pter→5q31：：2q21→2qter）

断裂和重接分别发生在 2 号和 5 号染色体长臂的 2q21 和 5q31 带上，这些带的远侧片段在两个染色体间发生互换。

5. 罗伯逊易位

45，XX，t（13；14）

45，XX，t（13；14）（13qter→cen→14qter）

断裂发生在或接近 13 号和 14 号染色体的着丝粒上，重排的染色体具有两个染色体的长臂，着丝粒相接，而两个短臂均已丢失。

6. 环状染色体

46，XY，r（2）（p21q31）

46，XY，r（2）（p21→q31）

断裂发生在 2 号染色体短臂的 2p21 带及长臂的 2q31 带。这些带的远侧片段缺失，其断裂端相接形成一个环状染色体。

思　考　题

1. 解释下列名词：核型、核型分析、染色体多态性、结构异染色质、兼性异染色质、性染色质、剂量补偿、性指数、着丝粒指数。

2. 简述 Lyon 假说及 X 染色质检查的临床意义。

3. 常染色质与异染色质在结构和功能上有何差异？

4. 简述人类染色体的多态性及其应用。

5. 一对表型正常的夫妇，婚后多次出现自然流产。染色体核型分析表明，夫妇中男方核型正常，女方的核型为 45，XX，t（14；21）（p11；q11）。如果这对夫妇再次怀孕，其子代可能出现哪几种类型的核型？表现如何？

6. 人类染色体的基本形态有哪几种？

7. 常见的染色体显带技术有哪些？显带技术的重要意义是什么？

8. 在染色体带的名称中包括哪些内容？

主要参考文献

比克莫尔 W，克雷格 J. 2000. 染色体带：基因组的图型. 房德兴，等译. 李载平校. 北京：科学出版社
陈竺. 2001. 医学遗传学. 北京：人民卫生出版社
程罗根. 2005. 人类遗传学. 南京：南京师范大学出版社
贺竹梅. 2002. 现代遗传学教程. 广州：中山大学出版社
李生斌. 2000. 人类 DNA 遗传标记. 北京：人民卫生出版社
刘雯，左伋. 2003. 医学遗传学. 3 版. 上海：复旦大学出版社
唐艳平. 2003. 医学遗传学. 武汉：湖北科学技术出版社
王卫萍，张静，崔英霞. 2011. 人类细胞遗传学国际体制命名进展. 现代检验医学杂志，26（5）：162-163
吴醒夫，陈宜峰，徐芸. 1983. 人类染色体命名国际标准化. 昆明：云南人民出版社
左伋. 2001. 医学遗传学. 4 版. 北京：人民卫生出版社
Verma R S，Babu A. 1989. Human Chromosome Manual of Basic Techniques. Oxford：Pergamon Press

4

第四章 人类基因的命名与定位

人类的各种遗传性状都是由基因(gene)决定的。基因作为遗传学的核心概念经历了“遗传因子”、“概念基因”、“三位一体基因”、“一个基因一个酶”、“一个基因一个蛋白质”、“一个基因一条多肽链”、“顺反子”、“一个基因一个有遗传功能的DNA片段”等从抽象到具体、不断丰富和完善的发展过程。

第一节 人类基因的类型

人类基因的编码序列往往被非编码序列所分割，呈现断裂状的结构，故而也称断（隔）裂基因（split gene）。编码序列称为外显子（exon），间隔的非编码序列称为内含子（intron）。

一、基 因 类 型

（一）单一基因

单一基因（solitary gene）或单一序列（unique sequence）在单倍体基因组中只有一份，绝大多数为蛋白质编码的结构基因都是单拷贝序列。

（二）多基因家族

多基因家族（multi gene family）是指进化过程中由某一个祖先基因经过多次重复和变异所产生的一大类序列相似、功能相似的基因群，它们在结构和功能上具有明显的相似性，编码相似的蛋白质产物。以多基因家族形式存在的基因一般均为“持家基因”（house keeping gene），如编码真核生物rRNA的基因就是以多基因家族形式存在于核仁组织区中的。在真核生物的基因组中，有许多来源相同、结构相似、功能相关的基因（如血红蛋白基因）组成了一个个风格各异的基因家族。

1. 集中的多基因家族

有的基因家族集中在一条染色体上共同发挥作用，合成某些蛋白质。图4.1为几种生物的组蛋白基因家族，人类组蛋白基因家族中的5种组蛋白基因集中在7号染色体长臂3区2带到3区6带区域内。

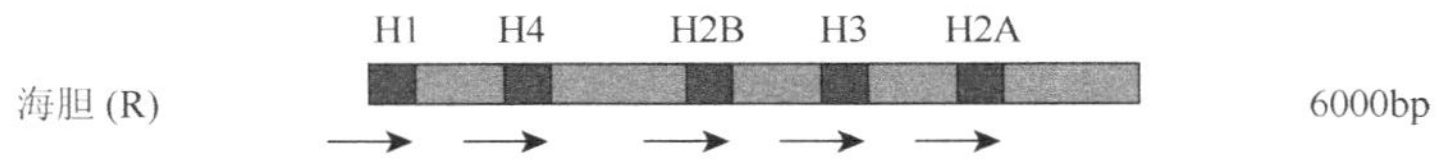

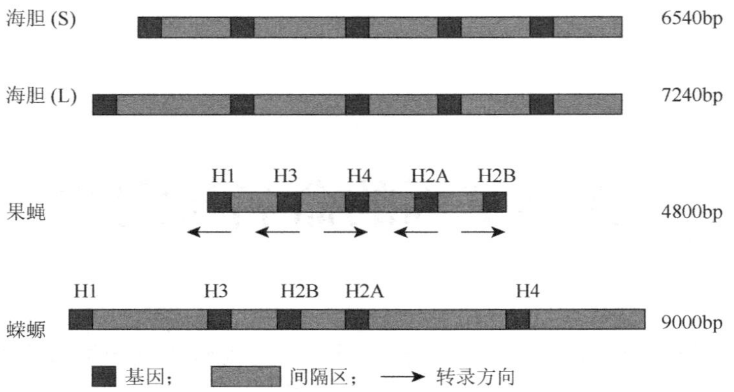

图 4.1　组蛋白基因家族的重复单位

2. 分散的多基因家族

有的多基因家族成员是分散存在于几条染色体上的，如人的 rRNA 基因家族成员分别位于 13 号、14 号、15 号、21 号和 22 号这 5 条染色体的短臂的核仁组织区中，每个区中包含几十个 rRNA 基因单位，大量转录 18S rRNA、28S rRNA 和 5.8S rRNA。rRNA 基因的一个重复单位包含一个转录区和一个非转录间隔区，转录区包括 18S、5.8S 和 28S rRNA 基因，该重复单位在基因组中重复数百次。

3. 基因簇或超基因家族

同一基因家族中，一些结构和功能更为相似的基因彼此靠近、成串地排列在一起，形成一个基因簇（gene cluster）。如人类 α-珠蛋白基因簇、β-珠蛋白基因簇（图 4.2）等。人 α-珠蛋白基因簇位于 16 号染色体的短臂近端粒区，由 4 个功能基因和 3 个假基因组成，其中，ξ-珠蛋白基因在胚胎期表达，α_2-珠蛋白、α_1-珠蛋白和 θ-珠蛋白基因在胎儿和成人期表达。人 β-珠蛋白基因簇位于 11 号染色体的短臂上，在胚胎发育早期，胚胎型 ε-珠蛋白基因首先在卵黄囊中表达，胎儿型 γ-珠蛋白基因在胎肝中表达，在胎儿出生前后，γ-珠蛋白基因表达逐渐减少，成人型β-珠蛋白基因在骨髓中表达升高。

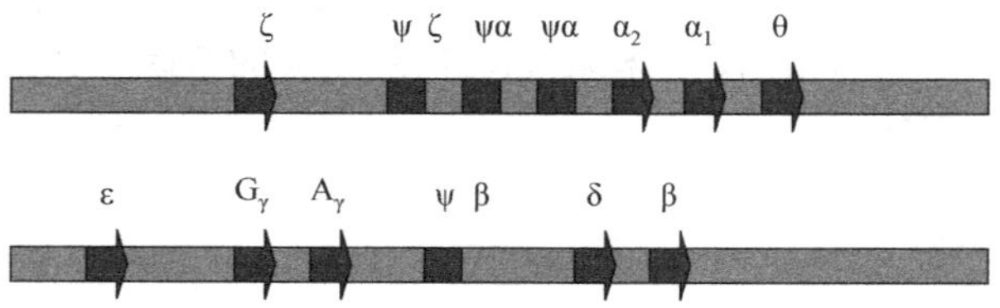

图 4.2　人类血红蛋白的α-珠蛋白基因簇和β-珠蛋白基因簇

在人类基因组中，有中等重复序列构成的大的基因群，包含有几百个功能相关的基因，紧密成簇排列，称为超基因家族，如主要组织相容性复合体（major histocompatibility complex，MHC），以及免疫球蛋白的重链和轻链基因等。人类 MHC 编码的分子表达于白细胞，称为人类白细胞抗原（human leucocyte antigen，HLA）。HLA 基因簇位于 6p21.3，这一区段的实际物理长度可能在 6000kb 以上。

（三）假基因

“假基因”（pseudogene）是指在同一多基因家族中并不产生有功能的基因产物的基因，与基因组中某些具有明确功能的基因具有许多的相似性。如人 α-珠蛋白基因簇中的Ψξ、Ψα及β-珠蛋白基因簇中的Ψβ都与相应的功能蛋白基因相似，但是它们都没有相应的蛋白质产生。对于假基因的产生，一种可能的解释是这些假基因源于一些“真”基因突变的产物。在没有发生突变之前可能也是真正的基因，可能也具有明确的功能。但是基因损伤或者基因突变使这些基因的功能丧失了。

从 DNA 序列上来看，假基因与“真”基因相比通常缺少内含子序列，而在其两端又往往含有正向重复序列。因此，有人提出假基因可能源于某些基因转录出的 mRNA，这些 mRNA 分子经反转录产生 cDNA，然后再整合到染色体基因组中就有可能产生假基因，一般而言假基因都是些不能表达的 DNA 序列。

（四）串联重复基因

45S rRNA、5S rRNA、各种 tRNA 基因及蛋白质家族中的组蛋白基因是成串联重复排列的，这类基因称为串联重复序列（tandem repeat sequence）。

二、基因的结构

与所有真核生物的基因一样，一个典型的人类基因至少包括转录区和非转录区两大部分。其中，非转录区包括上游的 5′侧翼区和下游的 3′侧翼区。5′侧翼区又包含远上游的增强子区（enhancer）和近上游的启动子区（promoter）两个功能区域，3′侧翼区有时也含增强子区。转录区包含 5′非翻译区、外显子、内含子和 3′非翻译区（图 4.3）。一个结构基因常常是由多个内含子和多个外显子相间排列组成的。一般是 n 个内含子嵌合排列在 $n+1$ 个外显子之间（$n \geq 1$）。内含子的长度比外显子的长好几倍，一起转录成 RNA 以后，必须经过剪接加工过程，即切除内含子，将外显子连接起来，才能形成成熟的 mRNA，并成为翻译蛋白质的模板。

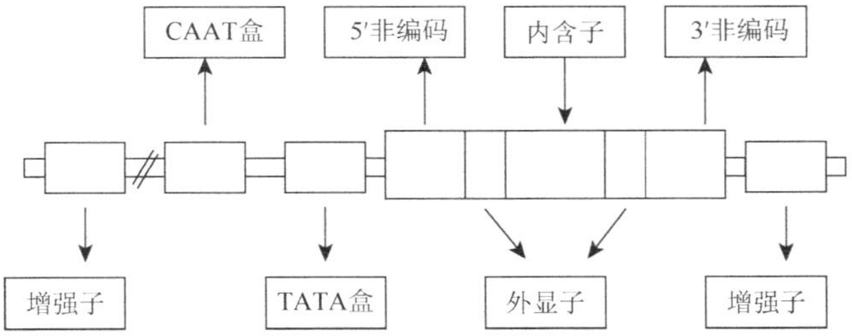

图 4.3　一个典型的人类基因的结构模式图

不同基因拥有的内含子数量和大小相差非常悬殊，如胶原蛋白（collagen）基因，长约 40kb，至少有 40 个内含子。内含子的大小不一，其中短的只有 50bp，长的可达到 2000bp。许多真核基因具有大量的、有时是非常大的内含子。例如，与人类囊性纤维症（cystic fibrosis，CF）有关的基因，含有 24 个内含子，加起来的长度超过 1Mb。而少数基因，如组蛋白基因，根本不带内含子。内含子和外显子的关系并非是固定不变的。有时在同一条 DNA 分子上的某一段 DNA 顺序，在作为编码某一条多肽链基因时是外显子，但作为编码另一条多肽链基因时是内含子，结果造成同一段 DNA 顺序（或结构基因区域的 DNA 顺序）可以转录两条或两条以上的 mRNA 链，这是真核生物基因结构及其表达的重要特点。

外显子-内含子的接头区是高度保守的一致序列，称为外显子-内含子接头。每一个内含子的两端具有广泛的同源性和互补性，5′端起始的两个碱基是 GT，3′端最后的两个碱基是 AG，通常把这种接头形式称为 GT-AG 法则（GT-AG rule）。

第二节　人类基因的命名原则

随着人类遗传学研究的不断深入，越来越多的人类基因被发现和克隆。这些新发现的基因往往在它的结构和功能被阐明之前就要进行命名，因此如果要求基因的命名能表明其功能就不可能。另外，当一个基因的功能已相当清楚之后，如果仍然使用习用的命名，往往会引起误解。例如，白介素转化酶相关蛋白酶，按命名者的偏好，这个酶曾经被称为 FILCE、MACH、Mch5、ICErelⅡ、ICH-2 和 TX 等，后来发现该酶是一个“在天冬氨酸后切断的半胱氨酸蛋白酶”(cysteine protease with ability to cleave after aspartic acid)，所以现在统一命名为 caspase。人类基因数量庞大，统一规则可以避免混乱，便于交流。因此，建立一个对人类基因进行统一命名的规则及命名程序显得非常迫切。

一、人类基因命名规则

人类基因命名和书写规则由国际人类基因命名委员会（Human Gene Nomenclature Committee，HGNC）负责制订和发布。该委员会的网址为 http: //www.gene.ucl.ac.uk/nomenclature。

根据国际人类基因命名委员会颁布的“人类基因命名指南”，人类基因命名应遵循以下原则。

1）基因的命名应简短而专一。

2）基因名称不能使用类似侄子、叔叔、姐妹等格式来表示与其他基因间家族式关系。

3）基因名称由基因符号表示，基因符号是基因名称的缩写。基因符号的第 1 个字符必须是字母，随后的字符可以是字母或字母与数字的组合。

4）基因符号应为大写的拉丁字母或大写的拉丁字母和阿拉伯数字的组合，不能使用希腊字母和罗马数字，若以前使用的基因符号是用希腊字母和罗马数字表示的，则罗马数字应改成相应的阿拉伯数字，希腊字母按表 4.1 进行转换。

表 4.1　希腊-拉丁字母转换表

希腊符号	希腊文	拉丁字母转换	希腊符号	希腊文	拉丁字母转换
α	alpha	A	ζ	zete	Z
β	beta	B	η	eta	H
γ	gamma	C	θ	theta	Q
δ	delta	D	ι	iota	I
ε	epsilon	E	κ	kappa	K

续表

希腊符号	希腊文	拉丁字母转换	希腊符号	希腊文	拉丁字母转换
λ	lambda	L	σ	sigma	S
μ	mu	M	τ	tau	T
ν	nu	N	υ	upsilon	Y
ξ	xi	X	φ	phi	F
ο	omicron	O	χ	chi	C
π	pi	P	ψ	psi	U
ρ	rho	R	ω	omega	W

5）基因名称不含标点符号。基因符号应不超过 6 个字符。基因符号在书写时应用斜体或加下划线，但在目录中例外。新的基因符号不能与已存在的基因符号重复，每一个基因的符号具有唯一性。

6）基因符号书写时应在同一行，不允许在基因符号中使用上、下标。

7）基因家族中各成员的符号，以主要（主干）符号为基础加阿拉伯数字表示，如 G 蛋白偶联受体基因家族的 3 个成员分别表示为 *GPR1*、*GPR2* 和 *GPR3*。特别庞大的基因家族则需要用数字和字母的组合来表示，如 *CYP1A1*、*CYP21A1* 和 *CYP51A1* 分别表示细胞色素 P450 超家族中的 3 个成员。基因家族的新成员在其功能未被证实之前，可用小写 w 做后缀表示其暂时的工作名称，如白介素 2 的工作名称表示为 *IL27w*。

8）等位基因由人类基因组变异研究协会负责命名。一般用 3 个字符以内的大写字母或阿拉伯数字表示，与基因符号在同一行书写，中间用星号（*）相隔，如符号 *PGM1*1* 表示 *PGM1* 的等位基因 *l*。

9）癌基因的符号是对应于反转录病毒同源癌基因，不加“V-”或“C-”前缀，如 *JUN* 等。

10）假基因用同源基因名称后面加上序号和“P”作为后缀表示，例如，*ORSB12P* 表示嗅觉受体家族 5、亚家族 B 第 12 号假基因。

11）从表达序列标签（expressed sequence tag，EST）预测的未知功能的基因，因尚未发现其同源基因，故被认为是一个假设性基因。这类基因的命名以染色体来源开始，以小写“orf”表示开放阅读框，后面再加上序号。例如，*C2orf1* 表示染色体 2 开放阅读框 1。

12）虽然蛋白质的命名和书写是由国际生化和分子生物学联盟命名委员会（Nomenclature Committee of the International Union of Biochemistry and Molecular Biology）负责推荐，但 HGNC 建议基因与其蛋白质产物的命名和书写应统一，基因用大写斜体，蛋白质产物用大写正体。

二、基因符号的构建建议

（一）等级符号、基因家族和系列

1）为了方便一批相关基因从计算机数据库中获取，应尽量使用等级方式。

2）当不同的基因编码具有类似功能的基因产物时，基因位点的命名应紧跟在基因符号后加阿拉伯数字，字母和数字之间不能使用空格，如 3 个乙醇脱氢酶基因位点分别命名为 *ADH1*、*ADH2* 和 *ADH3*。如果这些基因已在历史上存在，单个字母的后缀也可用来命名这些基因位点，如 *LDHA*、*LDHB* 和 *LDHC* 分别表示 3 个乳酸脱氢酶的位点。

3）基因符号的最后 1 个字符可用来指定基因的某一特性。在历史上曾用组织分布指定基因特性，如今则更倾向于使用阿拉伯数字。因为之前认为的组织特异性后来经证实基因可能并不局限在这些组织中表达。

4）一些具有特殊用途的保留字、一些字母或字母的组合放在基因符号最后 1 个字母的后面表示特定的意义，如 P 代表假基因（但 BP 代表结合蛋白），L 代表类似，R 代表受体或调节因子，N 或 NH 代表抑制子。在其他场合应避免使用这些字母或字母的组合。

（二）同源基因

1）在不同脊椎动物中的同源基因应有相同的命名。

2）如果一个基因先在其他物种中发现，然后发现它在人中的同源基因，则人的基因不应以 H 开头予以命名。

3）为了区分来自不同物种的同源基因，可在基因符号前加上由人类细胞遗传学标准化委员会（Committee on Standardization in Human Cytogenetics）制定的 3 字母代码（物种缩写表请查阅网页 http: //www.gene.ucl.ac.uk/nomenclature/guidelines.html）。但要注意的是，这 3 字母代码仅用作出版，而不作为基因符号的一部分。这个物种代码是加在基因符号前。如 HAS 代表人类（homo sapiens），MMU 代表家鼠（mus musculus）。使用这些物种符号的基因符号的例子如（HSA）G6PD、（HSA）HBB 和（MMU）A1b 等。

4）如果与非脊椎动物或原核生物同源，人类基因可用这些同源基因的名字，并可在后面加 L 表示类似的（like）和加上数字编号（如果在人中有多个同源基因）。

（三）DNA 片段的命名

DNA 片段的命名一般由 4 部分组成。第 1 部分用 D 表示 DNA；第 2 部分用 0、1、2、…、22、X、Y、XY 表示 DNA 片段所在的染色体位置，其中 0 代表还不知道染色体位置，而 XY 表示片段在 X 和 Y 染色体上都有该片段；第 3 部分表示用探针检测到的 DNA 片段的复杂程度，S 代表这是一条独一无二的 DNA 片段，Z 代表在染色体一个单一位置重复出现的 DNA 片段，F 代表在多条染色体上都存在同源序列但还没有定义家族的 DNA 片段；第 4 部分为区分不同的 DNA 片段加上一个数字编号，如微卫星 DNA 标签（microsatellite DNA marker）DXS 990 表示在 X 染色体上独一无二的编号 990 的 DNA 片段。如果 DNA 片段是一个表达序列，可在上述 4 部分后加一个后缀 E。

三、获得一个人类新基因命名符号的过程

1）根据人类基因命名规则命名基因。

2）查找 GDB（genome database）数据库。数据库网址是 http: //gdbwww.gdb.org。通过查找 GDB 以确定命名的新基因名在 GDB 数据库中没有出现过。新基因名在 GDB 中没有出现过，不仅是指新基因的全名在 GDB 数据库中没有出现过，而且新基因符号的词根在 GDB 中也没有出现过。如要命名一个基因为“*PTGG1*”，虽然在 GDB 数据库中没有出现过“*PTGG1*”，但“*PTGG1*”仍不能作为基因符号，因为“PTG”已用于代表前列腺素（prostaglandin），用“*PTGG1*”将干扰已用“PTG”为开头命名的基因系列：*PTGDR* 为前列腺素 D2 受体基因、*PTGDS* 为前列腺素 D2 合酶基因、*PTGER1* 为前列腺素 E 受体 1 基因、*PTGER2* 为前列腺素 E 受体 2 基因、*PTGER3* 为前列腺素 E 受体 3 基因、*PTGER4* 为前列腺素 E 受体 4 基因、*PTGIR* 为前列腺素 I2

受体基因、*PTGIS* 为前列腺素 I2 合酶基因。如果一个要命名的新基因已有一些相关的符号存在，则新基因的命名应借鉴相关基因的命名模式，这就是“平行规则”。如前列腺素 I2 合酶基因不能用基因符号“PIS”来命名，但可以根据平行规则命名为“PTGIS”。

3）查询人类基因命名数据库。数据库网址是 http: //www.gene.ucl.ac.uk/cgibin/nomenclature/searchgenes.pl。确认命名的基因没有与基因家族的基因符号相冲突。有些基因家族和超家族有自己专门的命名小组。例如，细胞色素 P450 基因超家族用“CYP”为开头命名所有超家族成员，以数字区分家族成员，再用字母加数字表示亚家族成员，如 *CYP2C38* 等。其他一些有自己专门命名规则的还有 HLA、CD 抗原和磷酸二酯酶等。

4）将命名的基因符号递交给 HUGO/GDB。基因符号如果得到确认，将进入 GDB 库，从而获得新基因的命名符号。

第三节 人类基因的定位

每个基因在染色体上都有相应的位置，称之为基因座位。基因定位（gene location）是用一定的方法将不同基因确定到染色体的实际位置，然后再测出它们之间的物理距离或相对距离，进一步还可绘制出基因图谱（gene map）。基因在染色体上的定位研究不仅可以揭示基因的结构和功能，也可以了解基因与基因之间的相互关系。

一、系谱分析法

在早期的人类遗传学研究中，基因所属染色体的测定一般都通过系谱分析法（pedigree analysis）进行。从先证者入手对患者家族所有成员（包括直系亲属和旁系亲属）进行细致调查，通过分析，判断在这个家族中所发现的某一特定性状或疾病是否有遗传因素的作用及其可能的遗传方式。例如，女性有两条 X 染色体，男性有一条 X 染色体和一条 Y 染色体，Y 染色体上不存在和 X 染色体相应的等位基因，因此男性患者的 X-连锁致病基因必然来自母亲，以后又必定传给女儿。如果在一个家系中外祖父是某种疾病的患者，母亲的表型是正常的，外甥中有半数是患者，就可以判断有关的隐性致病基因是在 X 染色体上。

二、体细胞杂交法

体细胞是生物体除生殖细胞外的所有细胞。将从身体上分离的体细胞做组织培养进行遗传学研究的学科称为体细胞遗传学（somatic genetics）。体外培养细胞可人为控制或改变环境条件，并可建立细胞株长期保存，进行各种正常和病理研究。与基因定位有关的是体细胞杂交（somatic cell hybridization）。细胞杂交又称细胞融合（cell fusion），是将来源不同的两种细胞融合成一个新细胞。大多数体细胞杂交是用人的细胞与小鼠、大鼠或仓鼠的体细胞进行融合形成杂种细胞（hybrid cell）。这种杂种细胞，在培养的初期含有双亲全套染色体，但在其繁殖传代过程中会出现一种很有趣的现象，即只保留啮齿类亲本细胞的全套染色体而逐渐随机丢失人类的染色体，人类亲本细胞的染色体到最后只剩一条或几条，出现这种现象的原因至今不明。这种只保留少数甚至一条人染色体的杂种细胞是进行人类基因连锁分析和基因定位的有用材料。

1967 年，韦斯（Mary Wiese）和格林（Howard Green）发现在人和鼠的融合细胞中，人类染色体逐渐丢失，最后只剩下一条或少数几条，这种仅保留少数甚至一条人类染色体的杂种细胞，正是进行基因连锁分析和基因定位的有用材料。他们根据人和鼠类细胞各自不同的生化和免疫学特征和人-鼠杂种细胞的特征，发现多数杂种细胞在没有胸苷激酶（TK）存在的情况下会死亡，只有那些含有人 17 号染色体的杂种细胞在没有胸苷激酶存在的情况下能存活，并且这些能存活的杂种细胞都有 TK 活性。从而推断人的 *TK* 基因位于 17 号染色体上。这是首例用细胞杂交法进行的基因定位。由此可见，研究基因定位时，由于有杂种细胞这一工具，只需要集中精力于某一条染色体上，就可找到目的基因的座位。

三、克隆嵌板法

该法是利用杂种细胞在保留或丢失人染色体的过程中，有时有重叠现象而设计的一种简便有用的基因定位方法。如果一个细胞得到或丢失一条染色体，则将同时得到或失去这条染色体上的全部基因；如果其中某些基因是已知的，而另一连锁关系未知的基因恰恰和上述基因同时得到或失去，便可以判定后一基因和前一基因属于同一连锁群。因此，某基因与某条染色体的存在关系及某基因与已知基因的连锁关系可用于基因定位研究。这一原理曾广泛应用于人的基因定位，为了将某个基因定位在某一条染色体上，必须建立包括人体 24 条染色体在内的一整套杂种细胞，其中每个杂种细胞都包括有一组人体染色体。这样的一套杂种细胞称为克隆分布板（clone panel）。例如，有 5 个人-鼠融合细胞株 A、B、C、D、E，它们分别保留了人的不同染色体（表 4.2），只要细胞中有 2 号染色体，就表现甲、丙性状，说明控制甲、丙性状的基因连锁并且位于 2 号染色体上；只要细胞中有 1 号染色体就表现乙性状，说明控制乙性状的基因位于 1 号染色体上。此外，还可对杂种细胞进行特殊染色，来识别杂种细胞中人和鼠的染色体，以助基因定位。在体细胞杂交基础上还发展了微细胞（micro cell）技术，即制备只含少数或一条人染色体的微细胞进行细胞杂交。也可将人中期染色体进行分离直接转移到鼠类细胞中，使人染色体在受体细胞中裂解变成短的 DNA 片段，并整合到受体细胞的基因组中。如两个基因同时整合进去，就证明了它们的紧密连锁关系。

表 4.2　同线法基因定位原理

		细胞株				
		A	B	C	D	E
测定性状	甲	+	–	–	+	–
	乙	–	+	–	+	–
	丙	+	–	–	+	–
	丁	+	+	+	–	–
保留的染色体	1	–	+	–	+	–
	2	+	–	–	+	–
	3	–	+	–	+	+

四、基因剂量效应法

某些基因的拷贝数增加，其产物的剂量也随之增加，基因的这种剂量效应（dosage effect）也可用于基因定位。例如，人类 21-三体的超氧化物歧化酶（superoxide dismutase）的活性为正常个体的 1.5 倍，表明控制该酶合成的超氧化物歧化酶 I 基因在 21 号染色体上；当人的 2 号染色体短臂缺失时，红细胞酸性磷酸酶-1（erythrocyte acid phosphatase）的酶活性下降 50%，因此，此酶基因定位在 2 号染色体上。

五、原位杂交和荧光原位杂交法

重组 DNA 技术的建立与分子杂交相结合，从分子水平研究基因定位，发展了一系列有效方法。例如，原位杂交（*in situ* hybridization）和荧光原位杂交（florescence *in situ* hybridization，FISH）等。

（一）原位杂交

原位杂交实际上就是分子杂交技术在基因定位中的应用，它是一种直接进行基因定位的方法。分子杂交的基本原理是碱基的互补配对，同源的 DNA-DNA 双链或 DNA-RNA 链在一定条件下能结合成双链，用放射性或非放射性物质标记的 DNA 或 RNA 分子作为探针，可探测到细胞基因组中的同源部分。1970～1978 年首次将分子杂交法应用于基因定位，即用 α-珠蛋白及 β-珠蛋白基因的 cDNA 为探针，与各种不同的人-鼠杂种细胞进行杂交，再对 DNA 杂交情况进行分析，找出 cDNA 探针与人染色体 DNA 顺序间的同源互补关系，从而将人 α-珠蛋白及 β-珠蛋白基因分别定位于 16 号和 11 号染色体上。

原位杂交的特点是，杂交在显微镜载玻片上中期染色体标本上进行。所谓原位即指标本上 DNA 原位变性，在利用放射性或非放射性标记的已知核酸探针杂交后，通过放射自显影或非放射性检测体系来检测染色体上特异 DNA 或 RNA 顺序，可用放射性颗粒在某条染色体的区带出现的最高频率或荧光的强弱来确定探针的位置，从而进行准确的基因定位（图 4.4）。但原位杂交必须在已知探针的情况下方可进行，如果对致病基因的分子信息一无所知，则无法进行基因定位。

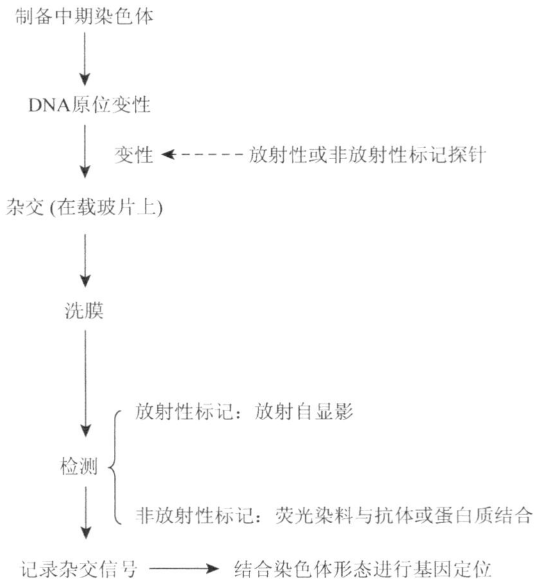

图 4.4　原位杂交流程示意图

放射性同位素标记核酸探针与染色体显带技术相结合，进行原位杂交仍有不少缺点和局限性。例如，需要使用放射性同位素的特殊实验室，自显影曝光时间长，同位素标记的探针不易保存，放射污染有害健康，特别是高质量的中期染色体标本在细胞培养基础上难以得到，观察费时，对间期核的研究难以进行等。此外，放射性标记很难同时满足灵敏度和分辨率这两个原位杂交成功的必要条件。灵敏度要求放射性标记具有高辐射能（如 ^{32}P 标记）。当标记物能量过高时，会因为信号散射导致分辨率过低。如果使用低辐射能的放射性标记物，如 ^{3}H，可得到较高的分辨率，但由于灵敏度低而需要长时间曝光，并由此导致背景过高，难以分辨出真正的信号。

（二）荧光原位杂交

荧光原位杂交是一种非放射性原位杂交方法。用特殊荧光素标记核酸（DNA）探针，可在染色体、细胞和组织切片标本上进行 DNA 杂交，对检测细胞内 DNA 或 RNA 的特定序列存在与否最为有效。探针不是放射性的而是将荧光染料与抗体蛋白结合进行检测。它们具有高度亲和力，有与放射性探针相同或更高的分辨率。现在可用不同的荧光染料同时进行多重原位杂交，显示出不同的荧光色泽。这种多色 FISH（图 4.5）技术近年来发展迅速，已成为基因定位作图和医学诊断的重要手段。1992 年运用这种策略已能在中期染色体和间期细胞同时检测 7 个探针。科学家的目标是实现 24 种不同颜色来观察 22 条常染色体和 X、Y 染色体。荧光原位杂交法已使杂交的分辨率提高到了 100～200kb 的水平。

扫这里 看彩图

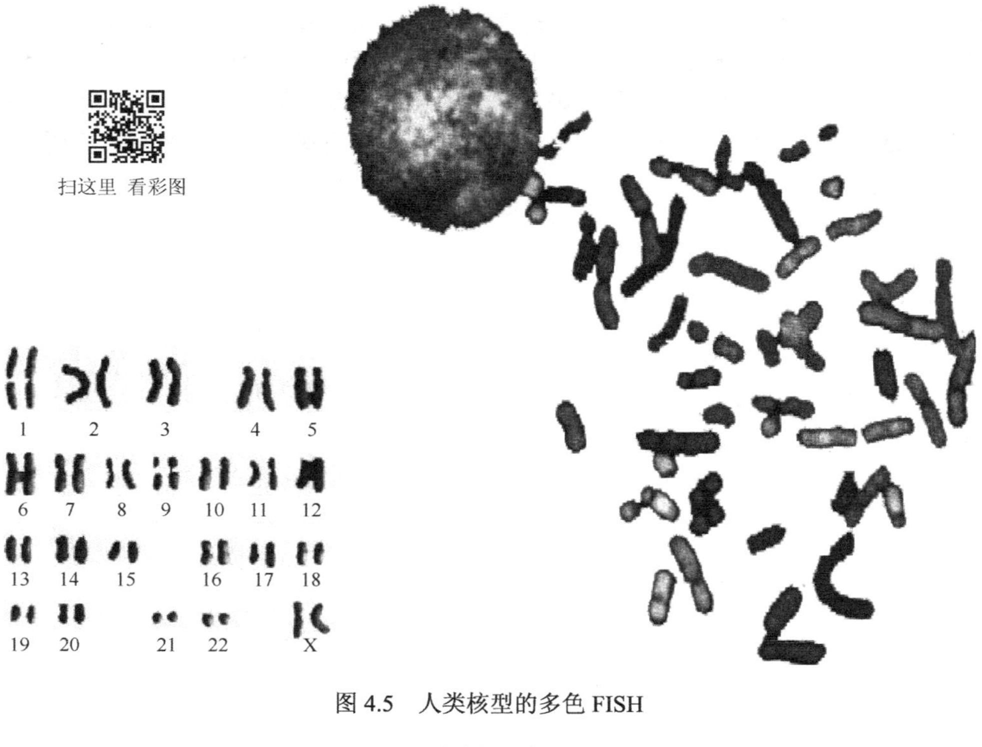

图 4.5　人类核型的多色 FISH

六、放射性杂交法

放射性杂交（radiation hybrid，RH）制图技术是戈斯（Stephen J. Goss）和哈瑞斯（Henry Harris）在 1975 年创立的一种体细胞杂交技术。该技术适用于构建人类基因组长范围内的高分辨率连续物理图谱。其主要原理是，用大剂量的 X 射线照射细胞，使染色体断裂，然后与啮齿动物（如仓鼠）细胞形成杂交克隆。在这种杂种细胞中，人类染色体片段被插入到仓鼠染色体上，在染色体上间隔越远的两个标记，越容易被 X 射线打断从而分离，出现在受体细胞的基因组 DNA 的不同位点。利用类似于遗传重组原理和最大似然性的统计学方法来计算存在于 DNA 片段上的多态性或非多态性标记之间的断点频率，以此估计标记之间的距离，并建立人类基因组拷贝库——体细胞杂交系统。可根据不同要求构建出断裂程度不同的多套拷贝，从而得到不同分辨率的放射杂交图。

七、基因定位克隆

1986 年，剑桥大学的库尔森（Alan Coulson）提出的基因定位克隆（positional cloning）或图位克隆（map-based cloning）技术，既是一种基因克隆的方法，也是一种基因定位方法。先将目的基因，亦即目的基因的突变定位到染色体上，并且在目的基因的两侧确定一对紧密连锁的分子标记（如 RFLP 或 RAPD）；然后以两侧的分子标记作探针，通过染色体步移（chromosome working）技术将位于这两个分子标记之间的、含有目的基因的特定片段克隆并分离出来；最后，根据其与突变体发生遗传互补的能力从此克隆中鉴定出目的基因。

用基因定位克隆方法分离基因无需预先知道基因的 DNA 顺序，也无需预先知道其表达产物的有关信息，但是需要有一个根据目的基因的有无而建立起来的遗传分离群体，同时要有可用的同目的基因紧密连锁的 DNA 探针。

八、比较基因作图或比较物理图谱

比较基因作图（comparative gene mapping）或比较物理图谱（comparative physical map）的分子基础在于相近物种间基因组的同线性（synteny）或共线性（collinearity），一旦某一性状被定位于动物染色体的某一特定区域，这些信息（附近的 ESTs 和候选基因等）也可以移植到人的相应区域；同时，对一些不能在人体进行的致死性状的研究可以在动物染色体上定位后，再映射到人类染色体的相应位点。

九、分子杂交法

分子杂交和体细胞遗传学相结合的方法也可以用来测定人基因的绝对位置。用体细胞遗传学方法，可以得到只含有某一条人类染色体的人-仓鼠杂种细胞的克隆。然后可以进一步取得这一人类染色体发生各种缺失的克隆。把从这一系列缺失克隆中提取出来的 DNA 吸附在硝酸纤维素滤膜上。再把人的基因文库中各个基因的 DNA 片段用 ^{32}P 标记制成探针，然后用探针分别与膜上吸附的 DNA 进行分子杂交测验，能杂交者表示它的缺失部分不包括这一基因。再结合染色体显带技术便可以测定这一基因在染色体上的绝对位置。缺失克隆的数目愈多，测定的位置就愈精确。

十、连锁不平衡分析定位

相互连锁的性状同时出现的概率高，这种遗传现象称为等位基因的连锁不平衡（linkage disequilibrium），也称等位基因关联（allele association）。与连锁分析一样，连锁不平衡同样是以物理距离与重组频率为依据，在一个群体中每一个性状出现的频率是恒定的，当两个性状同时出现的频率远远大于它们单独出现的频率时，表明相关基因是连锁关系。假如 A 性状在群体中的频率为 10%，B 性状在群体中的频率为 20%，若两个基因是自由组合关系，则两个性状同时出现的概率是各自的乘积：10%×20%=2%；若两个基因是连锁关系，则两个性状同时出现的概率远远大于 2%，同时出现的概率越高，两基因之间相距越近。

十一、外 祖 父 法

通过外祖父的表型确定母亲双重杂合体的连锁相，根据儿子的各种表型计算两个连锁基因的重组率，由于母亲的基因型可以通过外祖父的表型来判断，故称之为外祖父法（grandfather method）。例如，人类的色盲基因（*a*）和蚕豆病基因（*g*）均位于 X 染色体上，如果 X 染色体在这两个基因之间没有发生交换，则不论母亲是顺式还是反式杂合体，儿子的 X 染色体都只有两种类型（图 4.6）。如果在 *g* 和 *a* 基因之间发生了交换，从外祖父的表型可以确定母亲的基因型，由于这两种遗传病都是 X-连锁遗传，在 Y 染色体上没有相应的等位基因，因此，从儿子的表型可以区别亲组合类型和重组合类型（图 4.7），并且计算 *g-a* 重组值，从而对 *g* 基因和 *a* 基因进行定位。

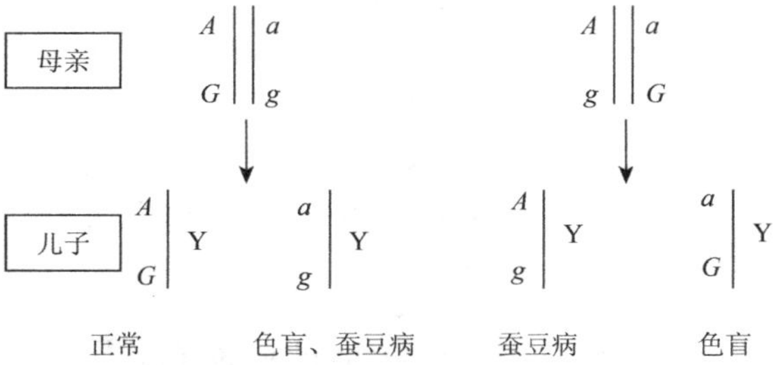

图 4.6　X 染色体完全连锁基因在母子间的传递

如果 X 染色体在 *g-a* 基因之间没有发生交换，儿子的 X 染色体只有两种类型

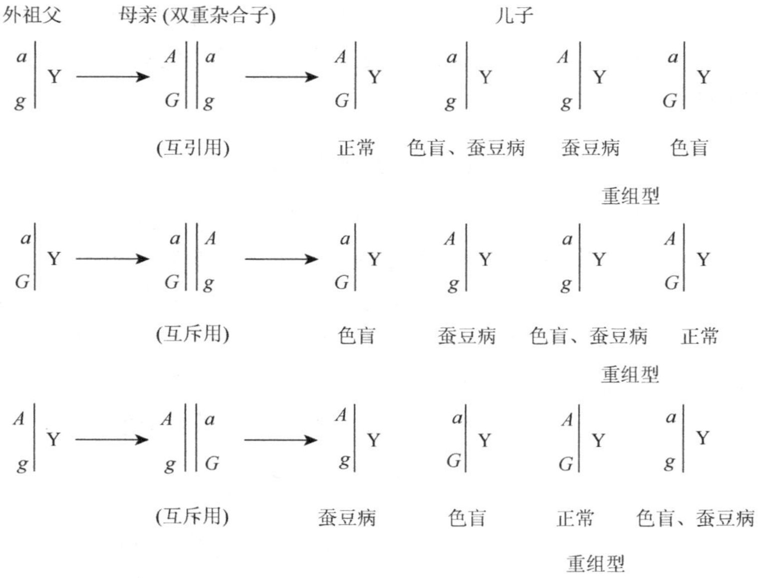

图 4.7　外祖父法原理

从外祖父的表型确定母亲的基因型，从儿子的表型区别亲组合类型和重组合类型

十二、连锁分析法

基因定位的连锁分析是根据基因在染色体上呈直线排列，不同基因相互连锁成连锁群的

原理，即应用被定位的基因与同一染色体上另一基因或遗传标记相连锁的特点进行定位。生殖细胞在减数分裂时发生交换，一对同源染色体上存在着两个相邻的基因座位，距离较远，发生交换的机会较多，则出现基因重组；若两者较近，重组机会较少。重组 DNA 和分子克隆技术的出现，发现了许多遗传标记——多态位点，利用某个拟定位的基因是否与某个遗传标记存在连锁关系，以及连锁的紧密程度就能将该基因定位到染色体的一定部位，使经典连锁方法获得新的广阔用途，成为人类基因定位的重要手段。

染色体上两个位点从亲代传给子代时，若相距 1cM，就有 1%的重组机会。整个人类基因组约含 3.2×10^9bp，相应约有 3300cM，每个染色体平均约有 150cM，1cM 约为 100kb。因此，一个致病基因和标记位点紧密连锁，二者不需在同一条染色体的同一区段，一条染色体可以产生大量的 DNA 多态，只要提供足够的家系，按孟德尔方式遗传的疾病都可将其进行基因定位。目前，人类精细遗传图的分辨力水平已达 1cM，即 1000kb（1Mb）左右。

图 4.8 表示某一致病基因与一多态位点的关系。父（Ⅰ1）是显性遗传病患者，基因型为 *DN*，他妻子（Ⅰ2）正常，基因型为 *NN*，多态标记位点父为 *Aa*，母为 *AA*。在子代中，除Ⅱ4 外，都是致病基因与多态标记位点的完全连锁，即都遗传了父亲的 *A* 基因和 *D* 基因，或是 *a* 基因和正常 *N* 基因。据此信息，就可确证父亲的致病基因和多态标记 *A* 基因连锁在同一染色体上，而Ⅱ4 则是重组体，而具有标记基因 *A* 的个体并不都是患者，Ⅰ2 就是这样，所以，在连锁分析中，多态标记是极为有用的。

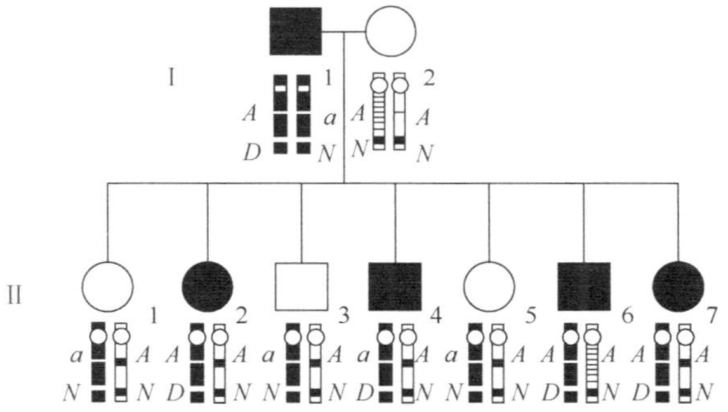

图 4.8　致病基因与标记位点的连锁关系图

总之，基因定位的方法和技术很多，人们已不只是用单一技术进行基因定位，而是将细胞、染色体和分子水平上的各种技术结合起来，综合运用，互相印证，力求更加快速和准确。人类基因定位的迅速发展直接得益于这众多技术的配合使用。基因定位既是遗传学研究的基本方法，又随着遗传学研究的不断深入而出现新的方法。长期以来基因定位工作离不开杂交实验，也离不开突变基因，但自从开展了分子遗传学的研究以后，便出现了不必通过杂交也不依赖于突变基因的基因定位方法，如分子杂交定位等方法。可以预见，随着研究工作的深入，必将出现更为精确的、更适合人类遗传研究的基因定位方法。

思　考　题

1. 解释名词：多基因家族、假基因、系谱分析、克隆分布板、外祖父法、原位杂交。
2. 简述人类基因的基本结构和类型。
3. 人类基因命名的一般原则有哪些？

4. 如何获得新基因的命名符号？
5. 你认为内含子有功能吗？
6. 目前可以利用哪些方法对人类基因进行定位？
7. 简述外祖父法的基本原理。
8. 简述荧光原位杂交的基本流程。

主要参考文献

程罗根. 2005. 人类遗传学. 南京：南京师范大学出版社
程罗根. 2013. 遗传学. 北京：科学出版社
方福德. 2010. 人类基因的命名和书写. 基础医学与临床，10：2
冯东晓，刘德培. 2000. 人 α-珠蛋白基因表达调控研究进展. 国外医学 • 分子生物学分册，22（1）：21-27
杨泉胜，杨岐生. 2000. 人类基因命名的规则和过程. 生命的化学，10（4）：179-181
杨友云，朱定尔. 1997. 人类β-珠蛋白基因簇表达的转录调控. 生命科学研究，1（1）：9-15
张咸宁. 2009. 人类基因. http: //www.docin.com/p-35950025.html[2009-12-3]
朱玉贤，李毅. 2007. 现代分子生物学. 2 版. 北京：高等教育出版社
Kao F T，范耀山. 1986. 人类基因组结构. 国外医学 • 遗传学分册，3：126-134

5

第五章　人类基因组与人类基因组计划

人类遗传学发展到今天已跨入全基因组研究的时代，其主要的研究目标越来越明确：一是要系统阐明决定人类各种遗传性状的基因的种类、数量，在染色体上的排列方式，传递与变异规律，各基因的物理结构即DNA序列；二是在此基础上进一步阐明各基因的生物学和生理学功能，基因的时序表达与调控规律，基因间相互作用的网络关系，基因与环境的相互作用等。前者是人类基因组图和人类基因组计划主要关心的问题，后者则是人类后基因组计划力图实现的目标。

第一节　人类基因组的结构

人类基因组（human genome）是第一个被测序的脊椎动物基因组。人类基因组是人体所有遗传信息的总和，包括两个相对独立且相互关联的基因组：核基因组（nuclear genome）和线粒体基因组（mitochondrial genome）。人类基因组结构庞大、复杂，非编码区远远多于编码区，占90%以上，结构基因约占3%，以单拷贝形式存在（图5.1）。

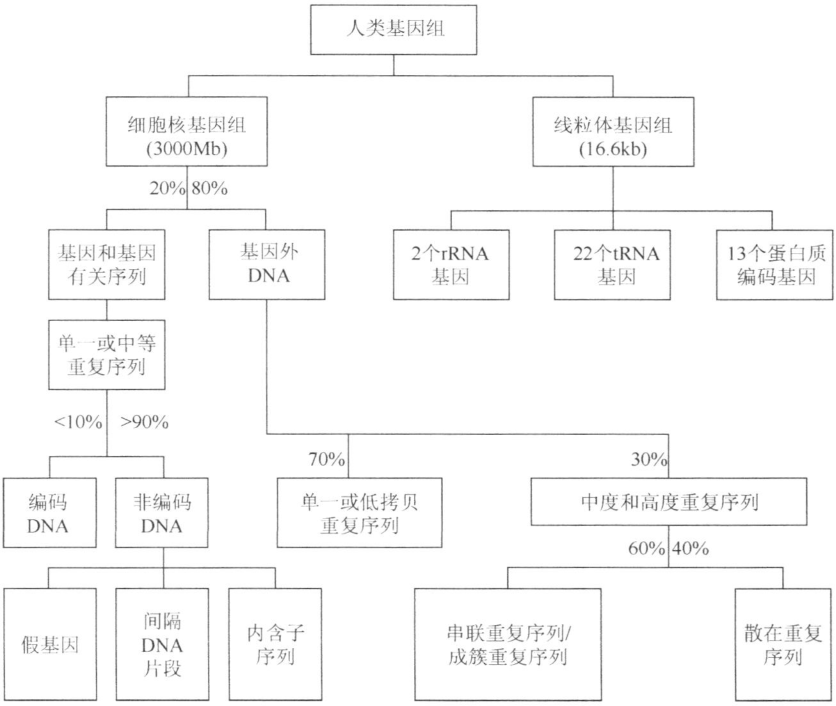

图5.1　人类基因组的序列

一、人类基因组分子结构的几个显著特点

1）基因为单顺反子结构，功能相似或编码相关代谢途径的基因常常分布在不同的染色体上（偶尔聚集在一起）。

2）基因的大小和内部组织结构差异极大，基因大小从几个 kb 到数百个 kb 不等，在编码序列内部常常也会含有重复序列，它们与蛋白质的重复结构形成有关。

3）在基因组中有大量的各种重复序列、假基因和转座子。其中，高、中、低度重复序列占整个基因组的比例不同。

4）重叠基因和基因内基因，极为罕见。

二、人类 DNA 序列的组成结构

（一）核基因组

人类核基因组大小约为 3.2×10^9bp（3200Mb），其中基因和基因相关序列约为 1200Mb，基因间 DNA 序列约为 2000Mb（表 5.1）。人类基因组分散为 24 条长度不一的线性 DNA 分子，最长的分子为 250Mb，最短的为 55Mb。每一条 DNA 分子都与蛋白质结合成特定的染色体。24 条染色体中，22 条为常染色体，2 条为性染色体，即 X 染色体和 Y 染色体。成人身体大约有 10^{13} 个细胞，每个细胞都含有相同的基因组拷贝，只有某些特别类型的细胞如终极分化状态的血红细胞等缺少细胞核。

表 5.1　人类基因组概况

基因组大小	2.91Gb
A+G 含量	54%
G+C 含量	38%
重复序列（不含异染色质）	35%
编码序列数目	26 588 条
功能未知基因比例	42%
外显子最多的基因	*Titin*（234）
SNP 数量	300 万个
SNP 密度	1/1250bp
最长的染色体	2（250Mb）
最短的染色体	Y（55Mb）
基因最多的染色体	1（2 453）
基因最少的染色体	Y（104）
基因密度最大的染色体	19（23/Mb）
基因密度最小的染色体	13，Y（5/Mb）
重复序列含量最高的染色体	19（57%）
重复序列含量最低的染色体	2，8，10，13，18（36%）

核基因组主要由如下序列组成。

1. 单一序列

在基因组中只有一个拷贝或少数拷贝的 DNA 序列，称非重复序列、单拷贝序列，单一序列的长度为 800～1000bp。在人类基因组中，单一序列约占总 DNA 的 50%左右。大多数单一序列 DNA 是结构基因，编码细胞中各种蛋白质和酶。

2. 中度重复序列

人类的中度重复序列在长度和拷贝数量上都有很大的差异，小于 500bp 的短重复序列散在于整个基因组中，拷贝数可达 10 万以上，这些重复序列称为短散在元件（short interspersed element，SINE）。长度超过 1000bp，拷贝数可达上万的长重复序列称为长散在元件（long interspersed element，LINE）。

除了组蛋白基因、免疫球蛋白基因及 rRNA 基因等功能基因是中度重复序列外，绝大多数中度重复序列为不编码序列，成为间隔区，如人类 Alu 序列家族（Alu family）由 300bp 的短序列构成，重复达 30 万～50 万拷贝，平均每 5kb DNA 就有一个 Alu 序列，占整个 DNA 序列的 3%～6%。人类 Alu 序列是由两个约 130bp 的正向重复构成的二聚体，第二个单聚体里有一个 31bp 的插入序列（图 5.2）。Alu 序列内含有一个限制性内切核酸酶 *Alu* Ⅰ 的特异性识别位点 AGTC，可被 *Alu* Ⅰ 酶裂解为 170bp 和 130bp 的两个片段，故称为 Alu 序列。Kpn 家族（Kpn family）是长散在元件的典型例子，是中度重复序列中仅次于 Alu 家族的第二大家族，重复序列长度为 6.5kb，拷贝数为 3000～5000 个，占人体基因组的 3%～6%。用限制性内切核酸酶 *Kpn* Ⅰ 消化，可分解成 1.2kb、1.5kb、1.8kb 和 1.9kb 4 个长度不等的片段。

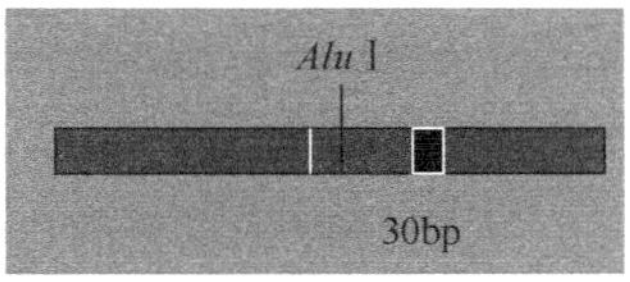

图 5.2　Alu 序列

3. 高度重复序列

高度重复序列是一种简单的重复序列，占整个基因组的 10%～15%。这些单纯重复序列的重复单位通常为 5～10bp，同时也包括一些短至 2bp、长至 200bp 的单纯重复序列。重复单位之间以头尾串联，长度不等。有些只由几百个碱基对组成，有些则包含长达数百万个碱基对。目前已知最长的单纯重复序列是人类的 alphoid DNA（类 α 顺序），含有近 500 万碱基对。大多数单纯重复序列分布于异染色质区，一般分散在各个染色体的异染色质区，特别是在染色体的中心粒和端粒部位更是常见。

（1）卫星 DNA

对某一物种来说，当基因组 DNA 切断成数百个碱基对的片段进行超离心时，其浮力密度曲线是覆盖一定浮力密度范围的一条宽带，但是有些 DNA 片段含有异常高或低的 GC 含量，常在主要 DNA 带的前面或后面有一个次要的 DNA 带相伴，这些小的区带就像卫星一样围绕着 DNA 主带，故称为卫星 DNA（satellite DNA）（图 5.3）。卫星 DNA 是一类高度重复序列，拷贝数可达 10^5 以上。卫星 DNA 可分为四大类型，分别称为卫星 DNA Ⅰ、DNA Ⅱ、DNA Ⅲ和 DNA Ⅳ，它们的浮力密度分别是 $1.687g/cm^3$、$1.693g/cm^3$、$1.697g/cm^3$ 和 $1.700g/cm^3$。

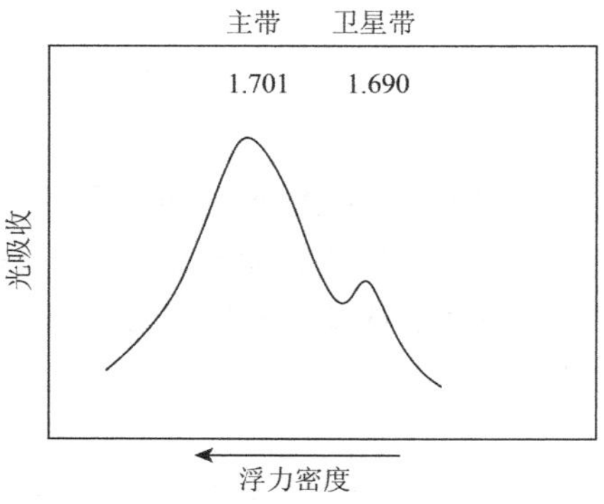

图 5.3　卫星 DNA

（2）α-卫星 DNA

α-卫星 DNA 为灵长类所特有。α-卫星 DNA 首先发现于非洲绿猴（African green monkey，AGM）的基因组，约有 172bp 的重复单位，可以与染色体着丝粒区杂交，占 AGM 的 24%。人类的 α-卫星 DNA 更为复杂，含有多序列家族，这些多序列家族在重复序列的组成及其与 AGM α-卫星 DNA 的相对同源性方面都不相同。

（二）线粒体基因组

人类线粒体 DNA（mitochondrial DNA，mtDNA）是一个长为 16 569bp 的双链闭合环状分子，共包含 37 个基因，这些基因中。22 个编码转移核糖核酸（tRNA）、2 个编码核糖体核糖核酸（12S rRNA 和 16S rRNA），13 个编码多肽。

人类线粒体基因的排列非常紧凑，在 37 个基因之间，基因间隔区总共只有 87bp，只占 DNA 总长度的 0.5%。有些基因之间没有间隔，有时基因有重叠，即前一个基因的最后一段碱基与下一个基因的第一段碱基相衔接。

近年来，人们发现线粒体不仅在细胞的生长代谢中起重要作用，而且 mtDNA 突变是许多人类疾病的重要病因，目前已发现人类 100 余种疾病与线粒体 DNA 突变有关。

第二节　人类基因组计划

人类基因组计划（human genome project，HGP）是人类科学史上认识自身的伟大科学工程，堪称与阿波罗登月计划和曼哈顿原子弹计划相媲美的惊世壮举。它以破解人类遗传和生老病死之谜、解决人类健康问题为目的，对人类自身的生存和发展具有重要的意义。

一、人类基因组计划简介

尽管对人类基因组的研究在 20 世纪 70 年代便已开始，80 年代初在很多国家已形成一定规模，但一般还是认为全球性 HGP 蓝图是由杜尔贝科（Renato Dulbecco）在 *Science* 上发表的短文中首先提出的。1986 年 3 月，美国生物学家、诺贝尔奖获得者杜尔贝科在 *Science* 杂志上发表了题为“肿瘤研究的转折点——人类基因组的全序列分析”的短文，回顾和总结了肿瘤研究的进展，指出包括肿瘤在内的人类疾病的发生，都直接或间接与基因相关。由此，他提出：人们有两种选择，要么经过“零敲碎打”途径（piecemeal approach）各自寻找感兴趣的基因；要么测定人类的整个基因组序列。并且他阐述了人类基因组研究的必要性和艰巨性，指出这样的工作应该成为国家级和国际性的项目。该文被认为是后来启动的人类基因组计划的标书。

人类基因组计划旨在阐明人类基因组脱氧核糖核酸（DNA）3×10^9个核苷酸的序列，阐明所有人类基因并确定其在染色体上的位置，从而破译人类全部遗传信息。1988 年美国成立“国家人类基因研究中心”，DNA 分子双螺旋模型提出者沃森（James D. Watson）出任第一任主任。“人类基因组计划”于 1990 年 10 月 1 日正式启动，拟在 15 年内至少投入 30 亿美元，对人类进行全基因组的分析。英国、法国、日本、德国和中国先后加入人类基因组计划，获得了人类的基因组碱基测序份额。各国所占份额分别为：美国 54%、英国 33%、日本 7%、法国 3%、德国 2%、中国 1%。此外，加拿大、丹麦、以色列、瑞典、芬兰、挪威、澳大利亚、新加坡等国也都开始了不同规模、各具特色的人类基因组研究。

经过参与该项目的美国、英国、日本、法国、德国、中国 6 国 1000 多名科学家的通力合作，人类基因组的草图于 2000 年 6 月 26 日绘制完成，该草图涵盖了人体 90%以上碱基对的位置信息。2001 年 2 月 12 日，中国、美国、日本、德国、法国、英国 6 国科学家和美国 Celera 公司联合公布了人类基因组图谱及初步分析结果，人类基因组由 31.647 亿个碱基对组成，有 3 万～3.5 万个基因，远小于原先预计的 10 万个基因。2003 年 4 月，由上述 6 国共同宣布了人类基因组序列图完成。2004 年 10 月，国际人类基因组测序联合体在 *Nature* 上发表了论文，人类基因组计划的所有目标全部实现。已完成的序列图覆盖人类基因组所含基因区域的 99%，精确率达到 99.99%，这一进度比原计划提前两年多。至此，人类基因组计划共耗资 27 亿美元，比原先预计的 30 亿美元有明显节省。

人类基因组计划是人类历史上第一次不同国家的科学家一起执行的科研项目，并且在人类基因组计划启动伊始，便意识到这一计划可能对社会、法律、伦理方面的冲击，因此，特别注意这一方面的研究。随着数理化、信息、材料等学科的渗透和工业化管理模式的引进，HGP 已真正成为生命科学领域的科学工程，与曼哈顿原子弹计划和阿波罗登月计划一起被称为 20 世纪三大科学工程。

2006 年 6 月 20 日宣布了人类基因组计划“工作构架图”。在“框架图”完成后，人类基因组研究进入绘制“完整图”的阶段。与“框架图”相比，“完整图”的覆盖率从 90%扩张到 100%，准确率从 99%上升到 99.99%。“完整图”将为人们提供更详尽、更准确的基因图谱，借此人们可以对诸如疾病相关基因等功能基因进行深入研究。人类基因组计划研究中的重大事件如表 5.2 所示。

表 5.2 人类基因组研究大事记

时间	重大事件
1986.3.7	著名诺贝尔奖获得者 Renato Dulbecco 在 *Science* 上发表一篇有关开展人类基因组计划的短文，后被称为“人类基因组计划标书”
1988	美国成立“国家人类基因组研究中心”，James D. Waston 出任第一任主任
1990.10	国际人类基因组计划启动
1998.5	一批科学家在美国组建 Celera 公司，目标是到 2001 年绘制出完整的人体基因组图谱，与国际人类基因组计划展开竞争

续表

时间	重大事件
1998.10.23	美国国家人类基因组研究所在 *Science* 杂志上发表声明说，HGP 的全部基因测序工作将比原计划提前两年，即在 2003 年完成
1999.9	中国获准加入 HGP，负责测定人类基因组全部序列的 1%，即 3 号染色体上的 3000 万个碱基对。中国是参与这一计划唯一的发展中国家
1999.12.1	国际 HGP 联合研究小组宣布，完整地破译出人体第 22 对染色体的遗传密码，这是人类首次成功地完成人体染色体基因完整序列的测定
2000.3.14	美国总统克林顿和英国首相贝理雅发表联合声明，呼吁将人类基因组研究成果公开，以便世界各国的科学家都能自由地使用这些成果
2000.4.6	Celera 公司宣布破译出一名实验者的完整遗传密码。因为该公司没有提供有关基因序列的长度和完整性的可靠参数，因而不少欧美科学家对此表示质疑
2000.4	中国科学家按照国际 HGP 的部署，完成了 1%人类基因组的工作框架图
2000.6.26	科学家公布人类基因组工作草图
2001.2.15&16	*Science* 和 *Nature* 杂志分别发表人类基因组草图序列
2001.8	国际 HGP 中国部分“完成图”提前两年绘制完成
2002.1	第 9 届美国能源部基因组承担人会议（DOE Genome Contractor-Grantee workshop Ⅸ）召开
2003.4	中国、美国、日本、德国、法国、英国 6 国科学家宣布人类基因组序列图绘制成功
2004.10	人类基因组完成图公布
2005.3	人类 X 染色体测序工作基本完成，并公布了该染色体基因草图
2006.5	人类 1 号染色体测序完成——人类“天书”的破译完成

我国的基因组研究始于 20 世纪 90 年代初，由中国科学院洪国潘教授领衔的水稻基因组计划。1994 年，国家自然科学基金资助的重大项目“中华民族基因组若干位点基因结构的研究”，标志着我国基因组研究工作正式启动。随后分别在上海张江高新技术开发区和北京经济技术开发区成立了国家人类基因组南、北两个中心。1998 年 4 月，中国科学院在遗传所内成立“人类基因组中心暨北京华大基因研究中心”（简称“北京中心”），至此标志着我国人类基因组研究进入集约化、规模化、产业化阶段。1999 年 7 月，北京中心代表中国在人类基因组测序参与者索引（HGSI）注册，同年 9 月，经中国科学院遗传研究所杨焕明教授等的积极努力，在第 2 届国际人类基因组战略会上，正式确认和划分了中国承担人类基因组测序的工作区域和工作量，即 3 号染色体短臂自 D3S3610 标志至端粒（ter）区段约 3000 万个碱基对（30Mb）的全序列测定，简称其为“1%测序任务”。2008 年 11 月 6 日，世界著名的科学杂志 *Nature* 以封面文章的形式，向世界科技界介绍了中国科学家在基因科学方面的最新成就：他们独立自主地完成了第一个中国人基因组序列图谱（定名“炎黄一号”）的绘制和分析工作。此举标志着中国在生命科学领域的国际一流和亚洲领先地位再次得到了确认。

二、人类基因组计划的实施战略

作为一个史无前例的庞大的科学研究工程，人类基因组计划在实施的过程中必须制订出一套十分完备的实施战略。该战略包括近期目标、中期目标、远期目标、整体规划、总体方案、技术路线等。该计划不同时期的工作目标表汇总于表 5.3；其技术路线和实施策略则汇总在图 5.4 中。

表 5.3　人类基因组计划到 1998 年的完成情况及 1998～2003 年的目标

研究项目	1993～1998 年目标	1998 年 10 月完成情况	1998～2003 年目标
遗传图谱	平均分辨率为 2～5cM	1994 年 9 月发表了 1cM 连锁图	
物理图谱	制作 30 000 STSs 图	完成 52 000 STSs 图	
序列图谱	1998 年以前完成各类生物的 80Mb 序列	人类 180Mb 序列和非人类 111Mb 序列	2001 年年底前完成人类 1/3 序列；2003 年年底前完成人类全基因组序列
测序技术	重大的改进和革新	50 美分一个碱基，达到测 90Mb/年的能力；毛细管列阵电泳启动；显微装配技术可行	通过集成化与自动化取得 25 美分一个碱基，每年达到测 500Mb 的能力；支持创新
人类序列多样性	没有目标	没有目标	制作 100 000 SNPs 图；发展技术
基因图谱	发展技术	完成 30 000 ESTs 图	全长 cDNA
功能分析	没有目标	没有目标	建立基因组为一体的技术
模式生物	大肠杆菌全序列 酵母菌全序列 线虫大部分序列 果蝇测序开始	1997 年 7 月发表 1996 年 4 月公开 完成 80% 完成 9%	
	小鼠：制作 10 000 STSs 的图谱	完成 12 000 STSs 的图谱	建立广泛的基因组资源 2005 年前基本完成全序列测序和工作框架图

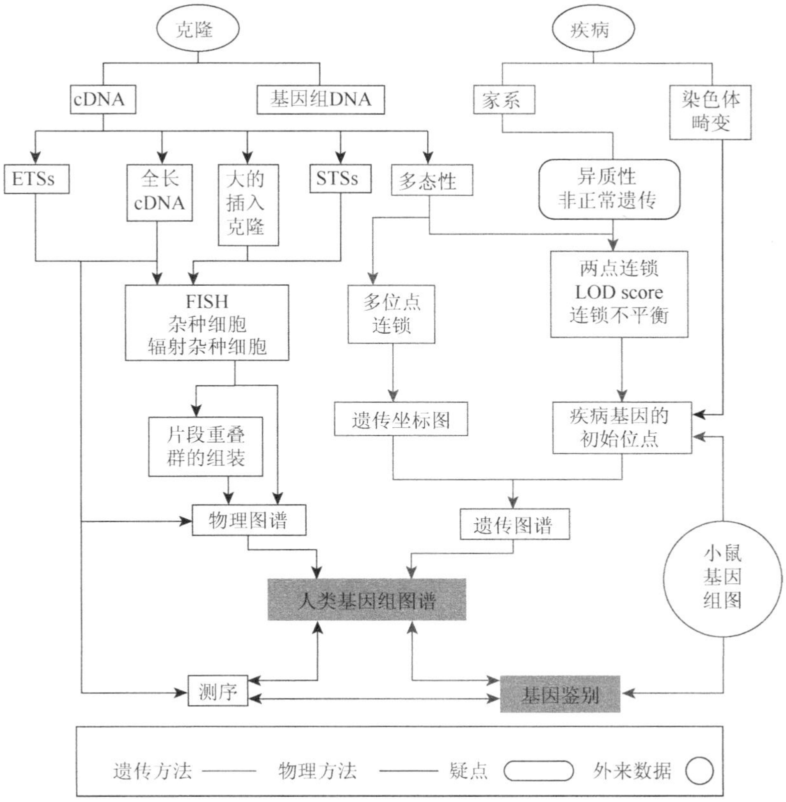

图 5.4　人类基因组计划的技术路线和策略

人类基因组计划研究的主要策略可以概括为如下主要方面。

1）用染色体组或分离的单染色体建立插入平均片段为 500～1000kb 人基因组 DNA 的酵母人工染色体（yeast artificial chromosome，YAC）。

2）利用高度多态性的遗传标记，如短串联重复序列（short tandem repeat，STR）构建遗传图谱。

3）利用易于检测的 DNA 标志（STS 和 EST）或 DNA 指纹图谱建立克隆之间的联系，组成有序排列的 YAC contig（DNA 片段邻接群：一组相互邻接的 DNA 片段克隆）。

4）将这些克隆群分别定位在染色体的不同区域，构成全基因组物理图谱，并结合遗传图谱构建出框架图（framework map）。

5）再分别对这些克隆进行精细物理图谱分析，并切割成易于操作的较小片段（50～100kb），分别进行次级克隆及 contig，直至其大小可用作 DNA 测序模板。

6）进行序列分析，根据重叠的核苷酸顺序将已测序列依次排列。

7）寻找开放阅读框架（open reading frame，ORF）和鉴定基因。

三、人类基因组计划的目标

人类基因组计划是解读人基因组的所有基因，共需分析 24 个染色体 DNA 分子中的 4 种碱基对。30 亿个碱基对是一个很长的序列，为了更好地弄清这个长序列，需要有其他辅助工作进行配合。在人类基因组计划中，有两个阶段的计划，即 DNA 序列图之前的计划和 DNA 序列图计划。在序列图之前的计划包括完成物理图、转录图和遗传图 3 张图谱。

（一）遗传图

遗传图（genetic map）又称连锁图（linkage map），是指基因或 DNA 标记在染色体上的相对位置与距离。通常以基因或 DNA 片段在染色体交换过程中分离的频率厘摩（cM）表示。

经典遗传学的精髓是遗传分析，在基因和表现之间发现遗传的联系和规律。通过对各种生物所进行的遗传分析，人们发现任何一个基因在基因组中都有其特定的位点，这个位点至少有两个等位基因，它们或纯合或杂合，或野生型或突变型，或表现正常或表现异常。这个位点与基因组内的其他基因或连锁或自由组合。当发现它与某个或某些已知基因存在连锁关系时，这些已知基因就可作为遗传标记，它与这些遗传标记之间便存在着距离问题，距离的远近可用交换值或重组率来估测，交换值或重组率越大，基因与遗传标记间的距离也越大，反之亦然。这就是经典遗传分析和连锁遗传图制作的基本原理。现在，科学家可采用一个分子遗传标记，来检查某个家系中这个遗传标记的位点是否与致病位点连锁并发生交换。根据连锁强度和交换值大小就可以在遗传图的相应位置上找到这个致病位点。虽然导致疾病的原因很复杂，但是对于那些遗传性疾病，有了遗传图和物理图，就有可能分离到任何疾病相关的基因。当然，在利用遗传图分离疾病相关基因时，合适的家系是一个不可或缺的必要条件。

（二）物理图

物理图（physical map）指 DNA 序列上两点间的实际距离，通常由 DNA 的限制性片段或克隆的 DNA 片段有序排列而成。物理距离以 DNA 片段核苷酸数目的多少表示。

物理图的主要内容是：测定人类基因组 DNA 分子的物理长度，描述 DNA 分子两个位点或染色体两个位标之间的实际距离，使用单位为碱基对（bp）。所依据的原理是：人类基因组—打碎—拼接。为了达到既可以随意研究，又能够知道研究内容所处的染色体位置的目的，在研究时需要设置一定的物理路标，通常是以基因组单拷贝的DNA探针确定的DNA序列标记位点（sequencing tagged site，STS）序列为路标，这种路标的平均图距为100kb，所以共需测定40 000个以上的STSs。采取的具体步骤是：利用DNA双链互补特点，通过分子杂交的办法，将一个特定的DNA片段杂交在某个位置，当一个特定的DNA片段杂交在一个特定的位置之后，说明这个位置的结构与这个DNA片段相似，这个特定的DNA片段就是这个位置的标记，或者说是这个位置的标签序列（或物理路标），从而形成了以特异序列作为标记的物理路标。在由30多亿个碱基对组成的人类基因组序列中，标签序列的作用就像地图一样在整个序列上标明了路标。有了这些确切的物理路标，就可以将克隆的DNA片段一个一个连接起来。据中国人类基因组计划负责人杨焕明教授的说法，“如果两个克隆的DNA片段，都含有某一路标的序列，就说明这两个片段的一部分是重叠的。我们整个基因组的DNA就是由这些相互重叠的DNA片段全部覆盖。换言之，这些DNA片段，就是我们人类基因组这一区域的代表，这些片段的克隆就是我们研究这一区域的实验材料”。物理图的绘制需要用遗传工程的手段来解决，利用从20世纪80年代以来遗传工程所创立的各种实验技术，物理图的制作已变得相当简单容易、得心应手。制作物理图所用到的实验技术很多，其中最主要的是克隆技术和DNA测序技术。

（三）转录图

转录图（transcriptional map）又称表达图（expression map），它是以部分5′端或3′端cDNA表达顺序标签（express sequence tag，EST）为位标，根据转录顺序的位置和距离绘制的图谱；它是染色体DNA的某一区域内所有可转录序列的分布图，是基因图的雏形。

在人类基因组中大约有3万个基因，但是这些基因并不是在生命的任何时刻都表达。各种生命活动都是通过蛋白质来表现和实现的，只有抓住这些能编码蛋白质的DNA和它们的表达状况，才能真正抓住人类的基因，转录图所要做的事情就是努力抓住这些基因的转录产物mRNA。

基因转录产物mRNA的寿命很短，要想获得一个细胞中所有表达出来的全长mRNA实非易事。人们已创立一套分离真核生物mRNA的有效方法，将这些分离的mRNA反转录成cDNA就可以得到有效保存，尽管这些cDNA大多只是相应mRNA的部分序列（片段），但每一个cDNA都是对应的每个mRNA的标志，因此，它们被称为基因的表达序列标签（EST）。

由于转录本身是有组织与时间特异性的，因此，转录图实际上还提供了某一生长发育阶段或某一组织基因表达的数目、种类及结构、功能方面的信息。将各个生长发育阶段、各种组织器官的转录图整合起来就可以构建完整的基因表达谱。此外，转录图在医疗卫生事业上还存在着巨大的商业价值。

物理图、转录图和遗传图都是序列图之前的计划，这些图的绘制，都是为人类基因组的序列图做准备，只有完成了序列图，才能将人群内序列的差异，作为密度最高的遗传标记来完善遗传图。因此，序列图是人类基因组计划中最重要的部分。

（四）序列图

序列图（sequence map）即分子水平的物理图谱，它是以某一染色体上所含的全部碱基顺序绘制的图谱。序列图谱不仅包括可转录顺序，而且包括非转录顺序，是转录顺序、调节顺序和功能未知顺序的总和。

绘制序列图的基本策略是把庞大的基因组分成若干带路标的区域后，再进行测序分析。序列分析需要用一个区域的 DNA 片段重叠群使测序工作不断延伸，这中间的 STS 被用作任何两个片段（上百个碱基对）间的重叠区域，使分别被测的短序列进行正确的拼接，在建立 DNA 小片段重叠群时，应尽可能地降低重叠部分所占的比例以提高效率和降低成本。

中国参加人类基因组计划的科学家在《生命大解密》一书中详细讲解了人类基因组序列图的绘制工作是如何进行的。人类基因组 DNA 序列图的绘制工作，可以做这样的比喻：假说人们只穿 4 种颜色的衣服，红、黄、白、黑，人类基因组计划就相当于把世界上 30 亿人所穿的衣服都搞清楚，而且注明位置顺序，如所在的国家、城市、街道、楼房、房间。人类基因组 DNA 序列图的绘制，是在上述 3 张图的基础上，采用了“分而治之”的“克隆到克隆”的策略。科学家用已在代表人类基因组中不同区域定好位置的标记，即遗传图的“遗传标记”和物理图的“物理标记”来找到对应的人类基因组 DNA 大片段的克隆。这些克隆都已知道是相互重叠的，再分别用机器测定每一个克隆的 DNA 顺序，把它们按照相互重叠的相邻片段群装配起来。

为了测定这些大片段DNA克隆的序列，先要将这些DNA克隆按遗传图与物理图的标记，确定在基因组中的位置，再将它们切成 1～2000bp 的小片段，“装”到质粒“载体”上，转化受体菌，大规模地培养受体菌，再从受体菌中提取这些“克隆”的 DNA 片段作为测序“模板”。这些“模板”要求在质量上纯，数量上准确，还不能相互混杂。

模板制备好之后，就要进行测序。测序的第一步是测序反应。现在使用的方法主要是“酶终止法”，简单地说，就是以待测的 DNA 为模板，重新合成一条新链，分别用不同颜色的荧光物质进行标记。如果一段序列的一个位点上是 A，就将代表 A 的荧光物质标记在 A 的后面，依此类推。这样就形成了长度相差一个核苷酸的新 DNA 链，而末位的一个核苷酸可以通过荧光的颜色来确定：或 A 或 T，或 C 或 G。

测序反应完成后，第二步是上“自动测序仪”进行分析。测序分析实际上是通过电泳将各种长度的 DNA 片段分开。目前，常用的电泳有两类，一类是聚丙烯酰胺凝胶电泳，另一类为毛细管电泳。它们都能将长度仅相差一个碱基的 DNA 片段逐一分开，由于不同片段的末位核苷酸都已标有不同颜色的荧光染料，因此，可以很直观地读出末位核苷酸的类别。根据片段长度和末位核苷酸的类别便可排出所测模板的顺序。将这些测定出来的模板序列通过电脑加工、质量检查后，再用一些特殊的电脑程序，将相互重叠的序列拼装起来就形成了一个大片段克隆的完整序列。为了提高测序的准确性和可靠性，每个模板至少要测定 5～10 次。根据相邻片段群的信息将一个染色体的所有大片段序列拼装起来，就组合成了一个染色体 DNA 的完整序列。

地球上人与人之间 99.99%的基因密码是相同的。研究还表明，人类基因组中存在“热点”和大片的“荒漠”。所谓“荒漠”，是指包含极少或根本不包含基因的部分，基因组上大约 1/4 的区域是长的没有基因的片段。基因密度在 17 号、19 号和 22 号染色体上最高，在 X、4 号、18 号和 Y 染色体上相对贫瘠。

四、人类基因组计划的影响

随着人类基因组逐渐被破解，人们对人类本身的了解将迈上新的台阶。如果说格雷（Henry Gray）的第一张人体解剖图解开了人体之谜，奠定了现代医学的基础，那么人类基因组计划所形成的人类第二张解剖图将起到解释人类基因组之谜的作用，将带来生物学和医学新的飞跃。人类基因组研究的目的，不是为了单纯地积累数据，而是要揭示大量数据中所蕴藏的内在规律，从而更好地认识和保护生命体。

随着人类基因组计划的进行，对于那些常见的复杂性状的多基因病如肥胖、哮喘、糖尿病等的基因克隆得以成功；分子药物促进疾病诊断，能更快地诊断出有遗传易感性的疾病，合理制订用药方案，分子药物不再仅通过临床症状来治疗疾病，而是寻找疾病最基本的原因。基因诊断的快速和专一使无数的疾病能够在早期被发现和治疗；很多疾病的病因将被揭开，药物将会设计得更好，治疗方案更能“对症下药”；生活起居、饮食习惯有可能根据基因的情况进行调整，人类的整体健康状况将会提高；利用基因治疗解决更多的疾病将成为可能；通过控制人体的生化特征，人类将能够恢复或修复人体细胞和器官的功能，甚至改变人类的进化过程等。利用基因，人们可以改良果蔬品种，提高农作物的品质，更多的转基因动植物、转基因食品将问世，植物疫苗不久将面世，将加速实现疫苗计划的实施。

基因组计划及它在应用方面初现的曙光使专家纷纷预言：21 世纪是生物学的世纪。这不仅是生物学领域的革命，也极大地推动了生命科学不断增强的生命力和影响力。已有的和潜在的对基因组研究的应用使政府能对分子药物的应用、废弃物管理、环境保护、生物技术、能源及风险评估等方面的需求进行分析。通过对基因组多样性和表达调控网络的研究，将完成生命周期组的制作，揭示进化、发育和脑功能的奥秘。

基因组研究之后的蛋白质组研究将会使药物开发方面取得实质性突破，使得生命科学研究的最终目标，即研制出治疗包括癌症和艾滋病等在内的多种疾病的药物得以实现。

由于 HGP 的数据急增，促使了一门全新的学科——生物信息学（bioinformatics）的诞生。作为对 DNA 和蛋白质序列资料各种类型信息进行识别、存储、分析、模拟和传输的学科，生物信息学已经显著地改变了遗传学、分子生物学、发育生物学、免疫学、微生物学的实践，而且可能带来结构生物学、药物学和医学的重大革命。

对人类遗传学和基因组学的不断认识，将对人类和社会产生重要影响。例如，随着基因组研究的完成，隐私权问题，合理使用遗传信息问题，围绕遗传学研究的伦理问题，专业和公共教育问题，就业和保险问题，遗传学和基因组学对各种哲学、神学、法学、伦理学及种族概念的相互作用问题等都将变成大众关心和敏感的问题，从而使得人们的观念发生根本的改变。

第三节 人类基因组学

人类基因组序列草图的公布标志着人类遗传学已进入基因组学的时代。基因组学已成为当今生命科学和自然科学的重大前沿领域之一。它既带动了现有学科的发展，又促进了一些新的相关学科，如研究基因转录与调控、基因组表达谱的“转录组”与“转录组学”；研究生物所有代谢系统与途径的“代谢组”与“代谢组学”；研究蛋白质的结构与功能的“蛋白质组”和“蛋白质组学”；研究基因启动子的“启动子组”与“启动子组学”等。

一、基因组学的概念

基因组学（genomics）最初是由美国科学家罗德瑞克（Thomas Roderick）于 1986 年提

出的，当时的内容是指基因组作图（mapping）和测序（sequencing）。但随着人类基因组计划的进展，其含义得到了不断的发展和更新。于是，科学家将它定义为研究生物基因组的结构和功能的科学，即从整体水平上来研究一个物种基因组的结构、功能及调控的一门科学。基因组学、转录组学、蛋白质组学与代谢组学等一同构成系统生物学的组学（omics）生物技术基础。根据研究的重点可分为：结构基因组学（structural genomics）、功能基因组学（functional genomics）和比较基因组学（comparative genomics）三大部分。基因组学的主要工具和方法包括生物信息学、遗传分析、基因表达测量和基因功能鉴定。

（一）结构基因组学

结构基因组学就是研究生物基因组结构的科学。它是基因组学研究中一个重要组成部分和研究领域，也是基因组研究第一阶段的工作，是建立功能基因组学的基础。它是一门通过基因作图、核苷酸序列分析确定基因组成及基因定位的科学。其主要目标是绘制生物的遗传图、物理图、转录图和序列图。

（二）功能基因组学

随着多种生物的基因组测序，基因组研究正在从结构基因组学转向功能基因组学的研究。功能基因组学，又称为后基因组学（post-genomics），它是建立在结构基因组学基础上的基因组分析的第二阶段。它主要是利用结构基因组学所提供的生物信息和材料，通过运用高通量的技术在基因组或系统水平上全面分析基因的功能，使得生物学研究从单一基因或蛋白质研究转向对多个基因或蛋白质同时进行系统研究。功能基因组学的研究包括基因功能发现、基因表达分析及突变检测、蛋白质组及其蛋白质组学的研究、基因组多样性研究及模式生物基因组研究。它主要是采用一些新的技术，如基因表达序列分析（serial analysis of gene expression，SAGE）、cDNA 微阵列（cDNA microarray）、DNA 芯片（DNA chip）和 RNAi（双链 RNA 介导的干涉，double stranded RNA mediated interference）等，对成千上万的基因表达进行分析和比较，力图从基因组整体水平上对基因的活动规律进行阐述。

（三）比较基因组学

比较基因组学是一门通过运用数理理论和相应计算机程序，对不同物种的基因组进行比较分析来研究基因组大小和基因数量、基因排列顺序、编码序列与非编码序列的长度、数量及特征和物种进化关系等生物学问题的学科。比较基因组学通过系统比较人类与其他生物在全基因组水平所有基因分布的异同和相互关系，从而深入探讨自然史中生物的演化过程与亲缘关系、基因在演化过程中的功能转变、生物多样性产生的机制，以及人类基因的来源和生理功能等一系列重大医学遗传学问题。从生物学角度来看，人类和其他生物被划分在不同的种属，但以现代进化论的观点来看，任何生物都与人类有着一定的亲缘关系。例如，人类与草履虫的亲缘关系大约是 13 亿年，与猴子的亲缘关系是 400 万年。大肠杆菌、酵母、线虫、果蝇和小鼠被初选为人类的首批 5 种“模式生物”。利用模式生物在进化上与人类的亲缘关系，比较它们与人类基因组间的相似与相异，是当前比较基因组学研究的主要内容。从某种意义上讲，整个生物的进化史都刻写在人类基因组这本“天书”之中。开展比较基因组学研究，通过对比人类与其他生物基因组间的异同，就能清楚地看到人类基因组与环境相互作用进而适应性变异的进化脉络，了解人类与其他生物器官结构与功能异同的分子基础，为人类疾病在动物模型中构建成功提供理论基础，为发现人类基因并认识其功能提供现实工具。

二、开展基因组学研究的意义

大规模基因组结构和功能的分析研究，即基因组 DNA 测序和 DNA 序列的功能分析，必将给生物学和人类社会带来巨大的冲击，引起深刻的变化。具体的理论和实际意义主要表现在以下方面。

1）通过物种的基因组测序，可以获得其他手段无法获得的蕴藏在 DNA 分子中的遗传信息，使人们能够从整个基因组结构的宏观水平了解基因的功能及它们相互之间在表达调控机制上的联系，加深对生命本质的认识，揭开生命之谜。

2）从整体上了解染色体和基因的空间结构，以及它们对 DNA 复制、基因转录和表达调控的影响和作用。

3）通过基因组测序，可以比较不同物种之间在 DNA 序列和基因结构上的差异，使人们能够在基因组的整体水平上认识生物的起源和进化。

4）研究突变、重排和染色体断裂等方面的 DNA 病理改变，了解人类各种疾病的分子机制，为诊断、预防和治疗这些疾病提供理论依据。

5）研究家畜和各种农作物经济性状的基因结构及基因在染色体上的位置，为开展分子育种工作提供理论依据。

目前，人类基因组学正面临着 3 个重大主题。这 3 个重大主题分别是：基因组学与生物学，即如何阐明基因组的结构和功能；基因组学与人类健康，即如何将基于基因组的知识转化为人类健康的福祉；基因组学与社会，即如何促进基因组学所取得的研究成果在实际中的应用，使之最大程度地发挥效益和降低危害。

（一）基因组学与生物学：阐明基因组的结构和功能

人类及一系列其他生物体的基因组序列蕴含了生物学和生物医学信息。这些至今仍难破译的密码包含了细胞的结构和功能的全部遗传指令信息，而这些信息又是揭开生物系统复杂性所必需的。阐明基因组的结构及确定大量编码元素的功能可以建立基因组学与生物学的联系，从而加速人们对所有生命科学领域的探索。人类基因组计划在阐明基因组的结构和功能方面面临着许多重大挑战，这里列举出 5 个重大挑战。

1. 全面鉴定人类基因组所编码的结构和功能成分

虽然 DNA 的结构相对简单，在化学角度上已经得到了相当深入的了解，但是人类基因组的结构是极其复杂的，对其功能的理解还很少。只有 1%～2%的碱基编码蛋白质产物，而且编码蛋白质的全套序列还没有确定。数量与之基本相当的基因组非编码区在进化选择中也是十分活跃的，说明它们也具有重要的功能，但是人们对它们的了解却少得可怜。它们可能包含了控制大约 30 000 个蛋白质编码基因的大量表达调控信息。基因组中有将近一半的高度重复的序列区及其他非编码、非重复 DNA 序列区，有关它们的功能人们所知道的就更少。

要有效地鉴别和分析功能基因的组分，需要日益强大的计算能力，包括分析日益增长和愈趋复杂的数据的新方法，以及适当有力、稳定的计算机环境来实现这些数据的存储、访问和分析。同时，研究者必须日益熟练地处理这些珍贵的新信息。当人们能够对基因组功能有一个更好的理解时，将会有更新的预测功能单元特征和行为的计算工具出现。

与用计算方法鉴别功能组分相互补的是用高通量方法产生实验数据，其中一个例子就是全长 cDNA 序列的产生。研究蛋白质组分功能的主要挑战在于用实验方法鉴定信使 RNA 的选择性剪接类型和高限制表达方式。对于那些非编码蛋白质的功能组分（如调控区和非编码 RNA 序列区）进行实验鉴定可能更难。为了开发、验证和提高用于检测基因组功能成分的计算方法，必须采用高通量的方法来产生大量的实验数据。

鉴于现有技术尚不能鉴定出所有的功能组分，所以仍需采取分阶段进行的途径，即先开发新的方法，然后小规模检测这些方法，成功之后用于人类全基因组研究。最近，NHGRI 发起了 DNA 组分总汇（encyclopedia of DNA element，ENCODE）计划来鉴定人类基因组的所有功能组分。其中的一个试点计划就是鉴定所有重要功能基因组分，并已选出 1%的人类基因进行测试。针对其他已被深入研究的模式生物，如酵母、线虫和果蝇的类似计划也在进行中。这些计划所取得的经验将在人类基因组的全面研究中得到广泛应用。

2. 阐明遗传网络和蛋白质作用路径的组织方式，确定它们如何在细胞和组织表型的形成中起作用

基因及基因产物的功能不是单独发挥的，而是在复杂的、相互联系的代谢通路、网络和分子系统中才得以体现的。各种生物分子和代谢网络复杂的共同作用产生了细胞、组织、器官和有机体。确认这些生物分子和代谢网络的特性及相互作用对于理解生命系统的运行机制具有决定性的意义。但是由于生命系统的复杂性要远远高于分子生物学、遗传学或基因学在目前所达到的认识能力和水平，因此，较有效的研究方法还是采取从相对简单的模式生物如细菌和酵母等入手，取得必要的经验后，再将它们推广到更复杂的高等生物如小鼠和人等。

要理解生物路径、网络和分子系统需要几个不同层次的信息。在基因水平上，基因表达的调控方式和机制不仅需要在不同的细胞类型中进行鉴定，同时还需要在同一个细胞内对所有基因的表达状况进行跟踪。在基因产物水平上，建立类似的针对蛋白质表达、定位、修饰及活性/动力学的活体实时测定技术也是必需的。此外，进一步发展和扩大基因表达的人为调控技术也已变得十分重要，常规的基因敲除方法、新的基因沉默技术和小分子抑制剂等，在阐明单个蛋白质的动态与细胞表达模式及其生物学功能方面的作用正在日益显现。

要想真正了解分子作用途径及基因调控网络如何控制正常和病理的细胞及个体的表型特征，仅仅有大量的实验数据还不够，还需要应用强大的数据库技术，对实验数据进行收集、整理、分析和展示，计算生物学在这方面将大有用武之地。计算生物学通过模型研究，对作用路径和调控网络进行模拟，预测它们对表型的影响，测试模型中的各种参数，用新的实验数据检验和进一步精炼这些模型，将帮助人们更全面地了解“一堆分子”和一个功能生物系统的区别。

3. 深化对人类基因组的可遗传变异的详细理解

遗传学的主要内容之一是寻找表型的不同（性状）与 DNA 序列的变异之间的关联。人们已经建立了一套人类基因常见差异的细目，包括单核苷酸多态性（single nucleotide polymorphism，SNP）、小片段的缺失和插入，以及其他结构上的不同。已经发现了许多 SNPs，而且大部分结果已经公开。2002 年，国际人类基因组单体型图计划（the international HapMap project）启动，一个染色体区域中所有相关联的 SNP 等位基因的集合被称为一个单体型（haplotype），单体型图计划的目的是构建人 DNA 序列中多态位点的常见模式图，即单体型图（haplotype mapping，HapMap），用来鉴定携带大量这些模式的遗传变异信息的 SNPs，从而使更广泛的遗传关联性的研究成为可能。这些研究要想成功，就需要用这种新的人类单体型框架来进行更充分的实验及发展更多的计算方法。

对人和其他模式生物遗传变异的全面了解可以推动基因型和生物功能相关性的研究。对特定变异的研究及研究这些变异对特定蛋白质的功能和途径的影响，将为人们认识和理解正常或病理状态下的生理过程提供重要新思路。把基因变异的信息结合到人类遗传学研究中，将为基因水平上的人类疾病的研究开启新的纪元。

4. 理解物种间的进化变异及其机制

基因组是一个动态的结构，在进化过程中被不断地修饰、演化。人类基因的变异仅仅代表了漫长进化中的一瞥，现今所有生物都经历了数千万年的演化过程，今天地球生物圈中的动物、植物和微生物种群都是由一个古老的元祖生命演化而来。要全面阐明基因组的功能，不仅需要理解物种间序列的差异性，还要理解现代基因组形式形成的基础过程。

物种间序列比对的研究对于鉴定基因组中的功能单元十分重要。除此之外，物种间差异的研究还能为人们探索不同生物体独特的解剖、生理和发育特征提供线索，并帮助人们确定物种形成的遗传基础，以及对突变过程进行描述。最后一点尤为重要，因为突变不仅驱动了物种的进化，同时也是遗传疾病的内在因素。最近的研究表明，基因组的突变率在不同哺乳动物之间差别很大，这种现象引发了大量有关进化变异的分子基础的研究。现在人们对 DNA 的突变和修复及环境因素在其中所起的重要作用还缺乏足够的了解。

基因组学将使人们对变异和进化的理解进一步加深，使人们有机会在更广阔的进化框架内了解基因组的动态进化本质。

5. 制定基因组信息在科研和医疗范围中广泛应用的相关政策

实现基因组学所带来的良机取决于广大潜在用户，包括研究人员、商业企业、保健机构、患者及公众有效地利用信息（如基因、基因变异、单体型、蛋白质结构、小分子和数学模型）。将这些信息运用到临床治疗及其他产品的开发中，很可能会带来知识产权和基因专利商业化等复杂问题。在制定相关知识产权的法律和规章时，必须以坚持公众利益最大化为准则，同时又必须与更普遍和已长期建立的知识产权原则相一致。另外，因为基因组学是全球性的，国际条约、法律、规章、惯例、信仰体系和文化都将起作用。

没有商业化，很多先进的诊断和治疗手段都不能进入医疗领域，也就不能使患者受益。所以，需要制定政策来解决数据访问、专利、许可，以及其他的知识产权问题，以推动基因组数据的传播。

（二）基因组学与人类健康：把基于基因组的知识转化为人类健康的福祉

人类基因组测序，以及基因组学其他最近及预期的研究成果，有助于人们了解遗传因素在人类健康和疾病中的角色，精确确定非遗传因素，并迅速将新发现用于疾病的预防、诊断和治疗。对一般疾病而言，导致疾病的易感性和对治疗的反应是大量的基因和非遗传因素相互影响的结果，而不是单单某一个等位基因的作用结果。众多因素致使破译基因在人类健康和疾病中的作用变得十分艰难，如从生物角度确定基因型，定性、定量地鉴别环境因素的影响，产生足够有用的基因型信息的技术障碍及对人进行研究的困难性等。

传统的人类遗传的研究主要倾向于找出致病的基因，而对遗传因素在维护良好健康中所起的作用却关注得较少，人类基因组学将进一步促进对这一方面的生物学理解，并可鉴定出那些在维护健康方面十分重要的遗传变异，尤其是那些在抵抗已知外部环境危险因素时产生的变异。一种有效的研究资源就是“健康种群”，即一大群有着非凡健康的个体组成的流行病学上有意义的人群。可将他们与患病的人群进行比较，还可以集中研究他们的某些等位基因，这些等位基因使他们避免患上糖尿病、癌症、心脏病等。另一种有希望的研究方法是对具有某种特定疾病高发病率的风险但却并不染上该疾病的人进行严格地遗传变异检测，如肥胖但却没有心脏病的吸烟者，或者是具有遗传性非息肉病性大肠癌（hereditary non-polyposis colorectal cancer，HNPCC）突变但却没有结肠癌的人。

（三）基因组学与社会：促进基因组学的应用，最大程度地发挥效益，将可能的危害降到最低限度

基因组学的成果除能够造福于人类健康之外，还能在社会其他领域发挥重要作用。随着基因组学研究的不断深入和发展，由此产生的新问题也会越来越多，越来越复杂，这就要求人类社会不仅要对基因组学引起的无穷无尽的问题进行探讨，也必须制定和贯彻相应的政策来加以解决。因此，开展人类基因组的社会学研究十分必要。除非人们的研究能够给出可信的数据和严格的方法作为决断的依据，否则制定的一些政策很可能会是错误的，这种错误可能会给人们带来潜在的危害。人类基因组的社会学研究要想获得成功，就必须包含发展概念上的工具和共享语言，以及更多地使用这些工具来探索制定适当的综合不同观点的公共政策及计划。

第四节　人类后基因组计划

通过对人类基因组的测序与分析，科学家已经获得了人类大量的遗传信息，拥有了一张接近完整的人类基因组图谱，但是如何解读这些庞大的信息仍有大量的工作要做。在目标具体、任务明确、“定时定量”的 HGP 完成之后，呈现在人们面前的人类基因组全序列仍是一本遗传结构的“天书”。就完全理解人类基因系统而言，绘制出基因组草图只是第一步，进一步要做的工作就是继续发展能对大量的基因进行功能分析的方法。对基因功能进行大规模分析，即通常所说的人类后基因组研究。

基因的功能研究是人类后基因组研究的关键，也是对功能基因加以开发利用研究的基础，它主要包括以下内容。

一、基因表达谱的绘制

基因表达 mRNA 的水平反映了在一定环境、细胞类型、生长阶段和一定细胞状态下基因的功能信息，因此，绘制所有基因的表达谱非常重要。其包括不同组织细胞中的基因表达谱、细胞不同发育阶段的基因表达谱、正常的和病理状态下的基因表达谱等。

二、蛋白质组学研究

（一）蛋白质组

蛋白质组（proteome）是指某一物种、个体、器官、组织、细胞乃至体液在精确控制其

环境条件下，特定时刻的全部蛋白质表达图谱。蛋白质组一词源于蛋白质（protein）与基因组（genome）两词的融合，最早是由澳大利亚 Macquarie 大学的威尔金斯（Marc Wilkins）和威廉姆斯（Keith Williams）两位科学家于 1994 年提出的，1995 年 7 月首次发表在 *Electrophoresis* 杂志上。

蛋白质组分析主要基于 3 条理由。①从 mRNA 表达水平并不能预测蛋白质的表达水平。有人用对数生长期的啤酒酵母为材料，研究了 mRNA 和蛋白质表达的关系，mRNA 的表达由基因表达序列分析（serial analysis of gene expression，SAGE）频率表指示，同位素标记酵母蛋白，共选择了 80 个基因，结果没有发现翻译和转录丰度有明显相关。对某些基因，相同的 mRNA 丰度翻译成蛋白质的量有高达 50 倍的变化差异；相似的结果是相等的蛋白质表达量可由相差 40 倍丰度的 mRNA 转录而来。mRNA 丰度与蛋白质表达量的统计相关系数为 0.4～0.5，说明转录和翻译两个阶段具有几乎相同的重要性。②蛋白质的动态修饰和加工并非必须来自基因序列。在 mRNA 水平上有许多细胞调节过程是难以观察到的，因为许多调节是在蛋白质的结构域中发生的，像 G-蛋白受体的磷酸化/去磷酸化作用，以及许多蛋白质转录后的糖基化、磷酸化、异戊二烯化、酰化作用。许多蛋白质只有与其他分子结合后才有功能，蛋白质的这种修饰是动态的、可逆的，这种蛋白质修饰的种类和部位通常不能由基因序列决定。③蛋白质组是动态反映生物系统所处的状态。细胞周期的特定时期、分化的不同阶段、对应的生长和营养状况、温度、应激和病理状态，这些状态所对应的蛋白质组是有差异的。蛋白质组学的研究可望提供精确、详细的有关细胞或组织状况的分子描述。因为诸如蛋白质合成、降解、加工、修饰的调控过程，只有通过蛋白质的直接分析才能揭示。

20 世纪 90 年代初期，随着各种技术日益成熟，蛋白质组研究进展十分迅速，从基础理论到实验技术，都在改进和完善。而且有相当多的蛋白质组数据库已经建立，相应的国际互联网站也层出不穷。世界上第一个蛋白质组研究中心 APAF（Australia Proteome Analysis Facility）于 1996 年在澳大利亚创建。随后，丹麦、加拿大、日本、瑞士也成立了蛋白质组研发中心。2001 年 4 月，在美国成立了国际人类蛋白质组研究组织（Human Proteome Organization，HPO），并和欧洲、亚太地区的区域性蛋白质组研究组织一起，试图通过合作的方式，融合各方面的力量，完成人类蛋白质组计划（human proteome project，HPP）。

（二）蛋白质组学

蛋白质组学（proteomics）的概念最早由 Wilkins 提出，它是以蛋白质组为研究对象，分析细胞内动态变化的蛋白质组成成分、表达水平与修饰状态，了解蛋白质之间的相互作用与联系，从整体水平上研究蛋白质的组成与调控的活动规律。

基因功能的主要体现者是蛋白质，蛋白质组学提供了一套在蛋白质水平大规模研究基因功能的有用工具，它分为 3 个主要的研究领域：规模化的蛋白质微量鉴定和它们翻译后的修饰分析，“差异显示”蛋白质组学及其在医学研究中的应用，应用质谱技术或酵母双杂交方法研究蛋白质间的相互作用。可以预见，蛋白质组研究将导致药物开发方面的实质性突破，使得生命科学能够实现长期以来所追求的目标，即研制出治疗诸如癌症和艾滋病等在内的各种疾病的药物。科学家已经发现将健康细胞转化为癌细胞的蛋白质，或者防止细胞癌变的蛋白质。

蛋白质组学不同于传统的蛋白质学科之处在于它的研究是在生物体或其细胞的整体蛋

白质水平上进行的，它从一个机体或一个细胞的蛋白质整体活动的角度来揭示和阐明生命活动的基本规律。蛋白质组学主要包括两种。①细胞器蛋白质组学（cell-map proteomics）：即确定蛋白质在亚细胞结构中的位置；通过纯化细胞器或用质谱仪鉴定蛋白质复合物组成等来确定。②表达蛋白质组学（expression proteomics）：把细胞、组织中的所有蛋白质建立成定量表达图谱或扫描 EST 图。

现阶段蛋白质组的研究可分为 3 个主要步骤：①应用 2D-PAGE 电泳、“双向”高效柱层析分离蛋白质；②应用氨基酸组成分析、C 端或 N 端氨基酸序列分析及质谱分析，鉴定所分离的蛋白质；③应用生物信息学数据库对鉴定结果进行存储、处理、对比和分析。

三、对更多的生物基因组进行测序

测定出人类基因组图谱后，需要对图谱进行“注释”，对每个基因进行定位。由于不同物种之间大部分基因是相同的，因此其他物种基因图谱的绘制也对人类基因图谱有借鉴作用。被列入人类基因组计划的五大模式生物为：大肠杆菌（*Escherichia coli*）、酿酒酵母（*Saccharomyces cerevisiae*）、黑腹果蝇（*Drosophila melanogaster*）、秀丽线虫（*Caenorhabditis elegans*）和小鼠（*Mus musculus*），它们对人类基因组计划全序列测定技术的完善起了重要的作用。小鼠是经典的医学实验动物，其基因组组织、解剖学结构、发育过程、生化代谢途径等都与人较为接近，而且已建立了近千种不同的株系、上万个表型较为明确的人类免疫模型，这些都为人类基因组的研究，特别是人类疾病基因的克隆提供了较为理想的材料。另外一项研究计划是大鼠基因组计划，与小鼠相比，大鼠体型较大，生理学特征易于研究，也是多种疾病的重要模式动物。

所有这些预测计划都是为了最终的目标，即通过比较基因组学来研究人类基因组。因为不同物种间功能基因有相当大的保守性，每测定一个物种的基因组，科学家对人类基因组的认识就增加一分。美国国立人类基因组研究所（National Human Genome Research Institute，NHGRI）的基因组学家格林（Eric Green）已经通过对狗、猫、马、牛、狒狒和其他 5 种脊椎动物基因组的比较，定位了与囊性纤维化（cystic fibrosis，CF）和威廉姆斯综合征（Williams syndrome，WS）相关的基因。怀特海德（Whitehead）中心的兰德（Eric Lander）小组正在展开与酵母菌和另几类真菌基因组的研究，探讨不同进化分支的种类在表型上的差别。

种种迹象表明，在近几年的时间里，稍有实力的基因组研究中心都将展开自己的基因组测定项目。植物基因组的研究也在各国加紧进行，如水稻（*Oryza sativa*）、拟南芥（*Arabidopsis thaliana*）、香蕉（*Musa nana*）等的基因组研究都已展开。

四、功能基因组学

尽管基因组图谱非常重要，但基因序列本身并不能为科学家提供基因功能的有用信息，如何了解这些基因功能和特性就成为各研究机构下一步的主要目标。从政府资金的投入即可反映这一趋势：德国人类基因组计划将 90%的资金投入到功能基因组学领域；美国国立人类基因组研究所（NHGRI）正在物色能够成功带动美国基因组计划向功能基因组学发展的研究机构，已经建立人类和小鼠 25 000 个全长 cDNA 文库的 Stanford 大学有可能成为下一步资助的重点。日本目前宣布其小鼠基因百科全书计划已经收集了 20 000 个小鼠全长 cDNA 片段，这些 cDNA 有助于分析图谱、定位基因。一般认为，在功能基因组研究中可能的核心科学问题有：基因组的多样性和进化规律，基因组的表达及其调控，模式生物体基因组研究等。中国人类基因组计划下一阶段的目标是继续扩大中华民族基因源库（包括 DNA 和永生细胞株库），发展疾病基因组学，做好疾病遗传资源的调查、登记、采集和保存，形成现代化管理的样品库和数据库，并争取在肿瘤、遗传病和多基因病相关基因的定位、克隆、突变检测与大规模测序方面有所突破，获得一批重要的疾病基因；启动以生物信息学、基因转录和翻译表达谱测定为主的功能基因组学研究，并以疾病基因组为研究基因组功能的重点；加强与基因组科学有关的伦理、法律和社会问题的研究等。由此可以看出，我国的功能基因组研究也正在积极地进行，加上我国有丰富的人群遗传资源和在经典生物学、医学方面的雄厚积累，中国的基因组科学一定会取得更好的成就。

五、基因组多样性的研究

人类是一个具有多态性的群体。人类以基因的相似性而成为人类，又以多样性而成为具体的人。不同群体和个体在生物学性状及在对疾病的易感性与抗性上的差别，反映了进化过程中基因组与内、外部环境相互作用的结果。开展人类基因组多样性的系统研究，无论对于了解人类的起源和进化，还是对于生物医学均会产生重大的影响。多样性计划有两个含义：一是族群基因组即群体多样化的研究；二是由来自一个人的“代表性基因组”，深入到每一个个体的基因组。

六、药物基因组学

药物基因组学是人类后基因组计划（human post genome project）提出的一项重要课题。药物基因组学（pharmacogenomics）是研究基因序列的多态性与药物效应多样性之间的关系，即基因本身及其突变体与药物效应相互关系的一门学科。药物基因组学不是以发现人体基因组基因为主要目的，而是相对简单地运用已知的基因理论改善患者的治疗，它的主要目标和内容在于阐明人的基因多型性或变异性是如何影响药物效果和安全性的。以往的经验告诉人们，同一种药物以同一剂量标准用药，对不同个体会产生不同的治疗效果和不良反应，这与个体间基因的差别密切相关。目前已开始鉴定那些与药物分布、活化、作用、代谢及消失有关的基因及其变异的情况。这方面的研究将使治疗前的基因检测和个性化治疗成为现实。根据基因检测结果因人施药，对不同基因组成状况的患者提供不同的药物治疗方案，使治疗变得既安全、高效又更加人性化。由此不难预见，药物基因组学潜藏着巨大的社会效益和经济效益。

思 考 题

1. 解释名词：基因组、基因组学、蛋白质组、蛋白质组学、药物基因组学。
2. 简述人类基因组的组成与特点。
3. 为什么基因数远比蛋白质数少？
4. 人类基因组中有几种重复序列？它们各有何功能？
5. 谈谈人类基因组计划的意义。
6. 人类基因组计划中的 4 张图谱各有何作用？
7. 人类基因组学必须面对的严峻课题有哪些？应该如何解决？
8. 人们应该怎样更好地开展后基因组计划的研究？

主要参考文献

陈竺. 2000. 基因组科学与人类疾病. 北京：科学出版社
程罗根. 2005. 人类遗传学. 南京：南京师范大学出版社
程罗根. 2013. 遗传学. 北京：科学出版社
耿茜，蒋玮莹. 2005. 人类基因组单体型图计划及其意义. 国外医学・遗传学分册，18（1）：1-5
贺林. 2000. 解码生命——人类基因组计划和后基因组计划. 北京：科学出版社
胡劲松，党娜娜，黄辰，等. 2005. 国际人类基因组单体型图计划. 国外医学・遗传学分册，28（3）：129-132
李伟，印丽萍. 2000. 基因组学相关概念及其研究进展. 生物学通报，35（11）：1-3
马云彤. 2003. 人类基因组计划及后基因组研究概论. 西安联合大学学报，6（2）：104-107
钱小红，贺福初. 2003. 蛋白质组学：理论与方法. 北京：科学出版社
盛祖嘉，沈仁权. 1998. 分子遗传学. 上海：复旦大学出版社
石淳，王慧峰. 2008. 人类基因组计划概述. 内蒙古民族大学学报，14（2）：44-46
孙乃恩，孙东旭，朱德煦. 1997. 分子遗传学. 南京：南京大学出版社
徐晋麟，徐沁，陈淳. 2001. 现代遗传学原理. 北京：科学出版社
杨金水. 2002. 基因组学. 北京：高等教育出版社
曾长青. 2003. 人类基因组单体型图计划及其“中国卷”. 世界科技研究与发展，25（6）：24-27
赵晋平，徐平丽，孟静静，等. 2006. 从结构基因组学到功能基因组学. 生命科学研究，10（2）：57-61
庄金秋，杨丽梅，贾杏林. 2005. 功能基因组学研究概述. 中国生物工程杂志，（S1）：204-209
Kao F T，范耀山. 1986. 人类基因组结构. 国外医学・遗传学分册，3：126-134
Lewin，B. 2000. GENES Ⅶ. Oxford：University Press，Oxford
Mount D W. 2001. Bioinformatics-Sequence and Genome Analysis. New York：Cold Spring Harbor Laboratory Press
Peakall D，Shugart L. 2002. The human genome project（HGP）. Ecotoxicology，11（1）：7-9
Wang J，Wang W，Li R Q，et al. 2008. The diploid genome sequence of an Asian individual. Nature，456（6）：60-65
Woychik R P，KIebig M L，Justice M J，et al. 1998. Functional genomics in the post-genome era. Mutation Research，400（1-2）：3-14
Wu T D. 2001. Bioinformatics in the post-genomic era. Trends Biotechnol，19（12）：479-480

6

第六章 人类遗传的基本规律

生物性状的遗传具有三大基本规律，即分离规律（the law of segregation）、自由组合规律（the law of independent assortment）和连锁与交换规律（the law of linkage and crossing-over），它们构成了遗传学的理论基础。分离规律与自由组合规律是由遗传学的奠基人孟德尔通过 8 年的豌豆杂交实验总结出来的。摩尔根等在孟德尔遗传规律的基础上，以果蝇为材料通过大量的杂交实验，揭示了连锁与交换规律，同时还建立了著名的基因学说（gene theory）。这些基本规律在动物、植物及人类的性状遗传中具有普遍性。

第一节 分离规律

1857～1864 年，孟德尔连续地做了 8 年的豌豆杂交实验，并对实验结果进行了理论分析，用翔实的实验数据和严密的验证实验，得出了每对遗传因子独立分配、不同对的遗传因子自由组合的重要法则。在 1865 年 2 月 8 日 Brunn 自然科学学会上，孟德尔宣读了他“植物杂交实验”的论文，该文于 1866 年刊登在 Brunn 博物学会会刊上。可惜的是，他的重要工作和重要结论没有得到当时任何一个科学家的注意。直到 35 年后的 1900 年，孟德尔法则才被 3 位学者几乎同时发现。

一、孟德尔实验

孟德尔从不同品种的豌豆中，选择了 7 对性状（character）区别明显的纯系（homozygote）豌豆品种作为亲本（parental generation），用人工方法将它们成对地相互杂交。对杂交实验中出现的性状进行分类、计数和数学归纳。通过观察和分析后发现，成对的两种性状杂交第一代（first filial generation，F_1）个体只表现一种性状，第一代自交产生的第二代（second filial generation，F_2）两种性状都同时存在。孟德尔把杂交 F_1 代表现出来的性状，称为显性性状（dominant character），在杂交 F_1 代中被显性性状掩盖而没有表现出来的性状，称为隐性性状（recessive character），亲代的两种相对性状（contrasting character）在 F_2 代中同时表现出来的现象称为性状分离（character segregation）。统计分析结果表明，在 F_2 代中，表现显性性状个体与表现隐性性状个体的比例接近 3∶1。

二、孟德尔假说

为了解释上述杂交实验的结果，孟德尔提出了遗传因子（inherited factor/determinant，hereditary determinant/factor）分离假说。

1）遗传性状是由遗传因子决定的。由于没有看到性状的混合，因此认为遗传因子的本质是颗粒式的。

2）在体细胞中一对相对性状的遗传因子是成对存在的，一个来自父本，一个来自母本。

3）在形成配子（gametes）时，成对的遗传因子发生分离，结果使每个生殖细胞中只含有成对遗传因子中的一个。

4）受精时，雌、雄配子以随机而又均等的机会结合形成合子，使个体中成对的遗传因子又恢复成双。

5）每对遗传因子有显性和隐性之别，成对存在时，显性遗传因子掩盖隐性遗传因子的表现。

为了验证假说的正确性，孟德尔设计了测交实验（test cross），用杂种 F_1 代与隐性纯合体交配，后代中显性表型与隐性表型的个体数基本一致，从而证明了杂种 F_1 代确实产生了两种不同的配子，一种带有显性遗传因子，一种带有隐性遗传因子，两种配子数目相等。后人对孟德尔的假说又进行了反复论证，将上述假说归纳为分离定律。简单地说，生物在形成生殖细胞时，成对的遗传因子（后来称为基因）要彼此分离，分别进入不同的生殖细胞中，即一对基因在杂合（heterozygote）状态时保持相对的独立性，而在配子形成时又按原样分离到不同的配子中去。

三、人类的单基因遗传

人类所有单基因控制的正常性状或遗传病，都是按照分离规律向后代传递的。其中由显性基因控制或起主导作用的遗传表现称为显性遗传（dominant inheritance），受隐性基因控制的遗传表现称为隐性遗传（recessive inheritance）。

1902 年，英国的内科医生 Archibald Garrod 首先研究了黑尿酸症的遗传规律，这是人类遗传学史上第一例被确认的常染色体单基因遗传病。在线人类孟德尔遗传数据库（online Mendelian inheritance in man，OMIM）是一个综合的、权威的、适时的人类基因和遗传疾病知识库，作为人类孟德尔遗传的权威参考，OMIM（http: //www.ncbi.nlm.nih.gov/omim/）现在由美国国家生物技术信息中心以电子版形式发布，它和数据库的Entrez查询系统进行整合。查询者可以从中获得最新、全面、权威的遗传病或遗传性状的信息。

（一）常染色体单基因遗传

1. 常染色体单基因显性遗传

与某种性状有关的基因位于常染色体上而且其遗传性质是显性的，这类遗传方式称为常染色体显性遗传（autosomal dominant inheritance，AD）。人类的许多性状呈常染色体显性遗传。例如，在决定人耳形状的 3 个主要性状中，长耳壳对短耳壳为显性，宽耳壳对狭耳壳为显性，有耳垂对无耳垂为显性。

由常染色体上显性致病基因控制的疾病称为常染色体显性遗传病。在人类中，致病基因最初都是由正常基因突变产生的，其频率很低，大多介于 0.001～0.01，因此常染色体显性遗传病患者大多为显性致病基因的杂合体（Aa）。

根据决定某一性状或疾病的显性基因表达程度的不同，常染色体显性遗传可分为：

完全显性遗传、不完全显性遗传、不规则显性遗传、共显性遗传和延迟显性遗传等几种形式。

（1）完全显性遗传

杂合体（*Aa*）和纯合体（*AA*）都表现显性性状的遗传方式称为完全显性遗传（complete dominance）。因为只要一个显性基因存在，该基因所控制的性状就能表达，所以完全显性遗传的家系特点如下。

1）双亲中只要有一人是显性基因携带者，子女中可能有 1/2 出现显性性状。

2）家系中通常每代都有显性性状出现。

3）子女中出现显性性状者与性别无关。

属于完全显性遗传的性状如黑发、卷发、棕色眼、耳垂、厚唇、长睫毛、弓形鼻、宽鼻翼等。

通过对常染色体显性遗传病系谱的分析，发现有如下特点。

1）患者双亲中有一方患病，致病基因来自于患者的亲代。若双亲未发病，则可能是新发生的突变所致。

2）患者的子女有 1/2 的发病风险。

3）因为致病基因位于常染色体上，遗传与性别无关，所以男女发病机会均等。

4）由先证者向上连续几代都能看到患者，即这类遗传病有连续遗传的现象。这种遗传病在单基因遗传病中的数量最多，如尿崩症、多发性家族性结肠息肉、多指（多趾）、短指（趾）症和并指（趾）症、先天性非溶血性黄疸、遗传性神经性耳聋、偏头疼、遗传性舞蹈病（Huntington 病）、马凡综合征、齿质形成不全症等。

Ⅰ. 短指（趾）症

1903 年，法拉比（William C. Farabee）对人类的一种指（趾）畸形遗传病——短指（趾），进行了分析，这是人类遗传史上有记录的第一例孟德尔常染色体显性遗传病，短指（趾）症不仅手、足的指（趾）短，指（趾）节数也减少（图 6.1），并且身材矮小（三位男性平均身高为 159cm）。

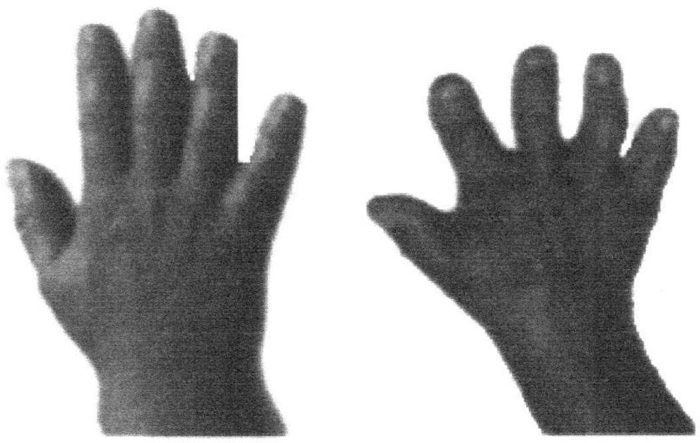

图 6.1　正常手（左）与短指症手

短指症（brachydactyly）为较常见的手（足）部畸形。由于指骨或掌骨变短，或指骨缺如，致使手指（趾）变短，图 6.2 是 Farabee 于 1903 年报道的短指症家族的系谱。从系谱分析可知，男女都可发病，与性别无关，所以本病是由某对常染色体上的显性基因决定的。短指症的基因型有两种，纯合子（*AA*）和杂合子（*Aa*），它们在临床表现上无区别，故为完全显性。但临床上常见的情况都是杂合子患者（*Aa*）和正常人（*aa*）之间的婚配，后代中短指症患者与正常人的比例应为 1∶1，也就是说，后代将有约 1/2 子女发病，当两个短指症杂合子患者婚配时，其后代约 3/4 的子女将发病，只有约 1/4 子女正常。

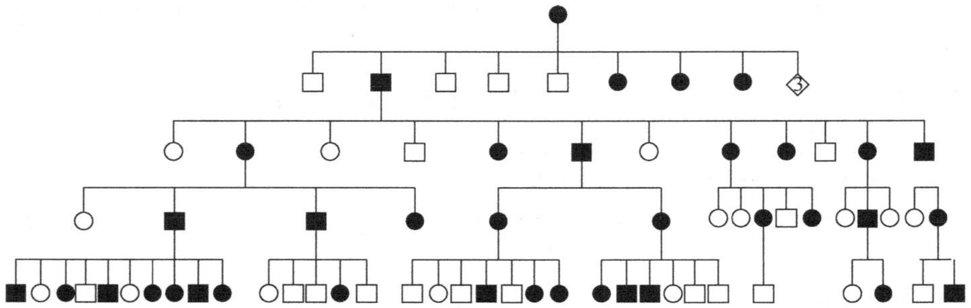

图 6.2　1903 年 Farabee 报道的短指症家族的系谱

根据临床主要表现，短指症分成如下类型（图 6.3）。

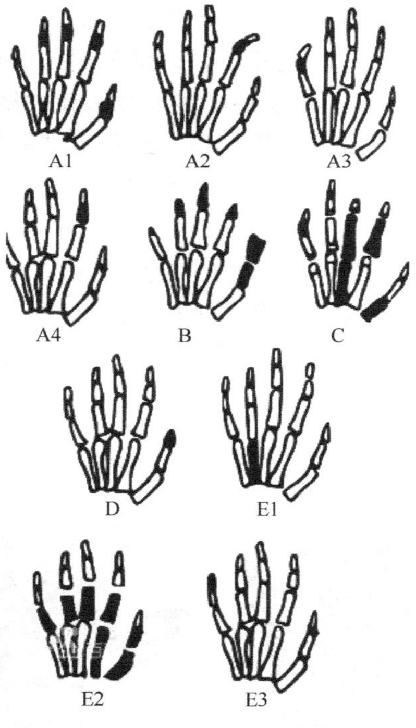

图 6.3　几种不同类型的短指症

ⅰ. A 型短指症

A 型短指症主要是中指节骨短，又分 6 个亚型。

A1 型：5p13.3～p13.2，2q35～q36，所有中指节骨融合于末端指骨，拇指（趾）近端指骨短，身材矮小。Farabee 报道的短指症就属于这种类型，故 A1 型又称 Farabee 型。

A2 型：食指和第二足趾中趾节骨变短，又称 Mohr-Wriedt 型。

A3 型：第五指中指节骨变短，并向桡侧弯斜。

A4 型：又称 Temtamy 型，第二、第五指中指节骨短，足趾第四趾可缺中趾骨节。

A5 型：中指骨节短，伴指甲发育不全，拇指末端有双指骨。

A6 型：短中指伴肢中部短及腕骨、跗骨骨化障碍。

ii. B 型短指症

中指骨节短，伴指骨末端发育不全或缺如，指和趾均受累，拇指（趾）畸形，尚有指（趾）关节粘连，兼有并指（足趾第二、第三并趾常见）。本型是短指型中最严重的一型。

iii. C 型短指症

20q11.2，主要是中指第二、第三指骨异常，近端指骨分节过多。

iv. D 型短指症

D 型短指症主要是拇指（趾）有短而宽的末端指骨。

v. E 型短指症

2q37，主要由掌骨和跖骨变短形成。患者中度矮小，面圆，并可伴其他骨骼异常。

E1 型：第四掌跖骨短。

E2 型：各种形式掌骨变短，伴指骨受累。

E3 型：各种形式掌骨变短，但五指骨受累。

Ⅱ. 马凡综合征

马凡综合征（Marfan syndrome，MS）又称为蜘蛛指症，也是一种比较常见的常染色体显性遗传病，患者通常又高又瘦，手指很长，脊柱弯曲（图 6.4），头颅与面孔比常人要长。另外，患者可能会有关节毛病、深度近视及视网膜移位。大部分患者有大动脉扩张问题，有些患者的大动脉会因过分扩张而爆裂，导致死亡。该病基因定位于 15q21.1，由编码 fibrillin-1 基因（*FBN-1*）的突变所致。世界各地的家系研究显示，该病的突变在不同的病例中存在有明显的差异，概括起来有外显子的缺失（如第 51 外显子的缺失、第 60～62 外显子的缺失）、单个碱基的置换与颠换（如 Cys1265Arg、Arg1170His、Cys1249Ser、Cys1663Arg、Arg1137Pro、Cys2307Ser、Asn2144Ser、Gly985Leu 等），以及终止密码突变（如 Tyr2113Ter、Arg529Ter、Arg2776Ter 等）。

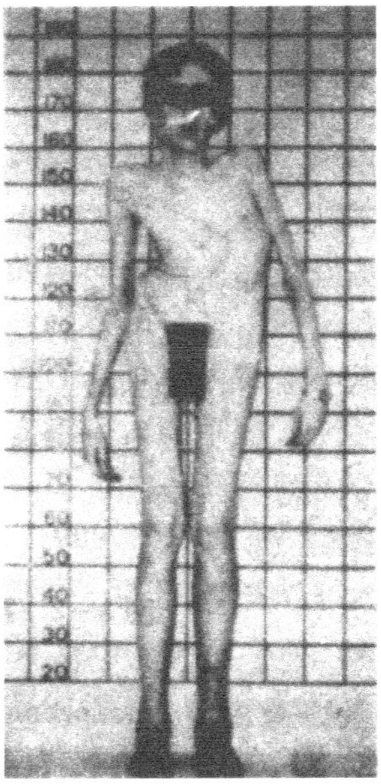

图 6.4　马凡综合征患者形态

马凡综合征的病名来自法国的小儿科医生安东尼·马凡（Antoine Marfan），他在 1896 年对一名骨骼异常的 5 岁小女孩的诊治过程中发现了该病，并描述了该病的症状，1943 年正式命名为马凡综合征。目前证实马凡综合征是由于微纤蛋白基因缺陷所致的全身性结缔组织疾病，主要表现为心血管、眼、骨骼病变，而心血管并发症是患者早逝的主要原因，估计其发病率为 1/5000～1/3000。大约 75%马凡综合征的患者是从有突变缺陷的父亲或母亲中获得的，约 25%的患者并无家族遗传史，而是来自新的基因突变，正是由于突变发生于特定的基因而导致了马凡综合征。

Ⅲ. 齿质形成不全症

齿质形成不全症（tooth formation imperfect）患者牙齿有明显缺陷，牙齿上往往出现灰色或蓝色的乳光，牙齿容易被磨损。

（2）不完全显性遗传

杂合体 Aa 的表现型介于纯合子 AA 和 aa 两种表现型之间，表现为中间性状，杂合体（Aa）中的显性基因 A 和隐性基因 a 的作用都得到一定程度的表达。当两个杂合体 Aa 杂交时，其子代中表现型比例不是 3∶1 而是 1∶2∶1，和其基因型比例相同。这种遗传方式称为不完全显性（incomplete dominance）或半显性（semidominance），也称中间型遗传（intermediate inheritance）。在不完全显性遗传病中：杂合体 Aa 常为轻型患者，纯合体 AA 为重型患者。

Ⅰ. β-珠蛋白生成障碍性贫血

β-珠蛋白生成障碍性贫血（β-thalassemia）也称 β-地中海贫血，是指珠蛋白 β-链受到部分或完全抑制的一组血红蛋白病。患者的红细胞较脆弱且容易死亡，携氧能力亦不足，不能有效地制造红细胞，因而长期有溶血性贫血的现象。患儿出生时无症状，多在婴儿期发病，约 50%个体在出生后 3～6 个月发病。β-珠蛋白生成障碍性贫血患者遍及全世界，但好发于东南亚、中国南部及北非某些地区，国内长江以南各省区为高发区。

根据临床表现，将 β-珠蛋白生成障碍性贫血分为重型、中间型和轻型 3 种类型。β-珠蛋白生成障碍性贫血的致病基因 β^O 纯合，即基因型为 $\beta^O\beta^O$ 时患者病情严重，严重溶血性贫血；杂合子（基因型为 $\beta^O\beta^A$）的病情较轻，轻度贫血；而正常基因 β^A 纯合子（基因型为 $\beta^A\beta^A$）者无症状。从临床症状轻重来看，杂合子 $\beta^O\beta^A$ 病情介于 $\beta^O\beta^O$ 与 $\beta^A\beta^A$ 之间。

Ⅱ. 软骨发育不全症

软骨发育不全症（achondroplasia，ACH）是人类骨骼发育异常中常见的类型，又称胎儿型软骨营养障碍（chondrodystrophia fetalis）、软骨营养障碍性侏儒（chondrodystrophic dwarfism）等，是一种由于软骨内骨化缺陷导致的发育异常，主要影响长骨，临床表现为特殊型的侏儒——短肢型侏儒（图 6.5）。本病主要由于长骨骨骺端软骨细胞形成及骨化障碍，影响了骨的生长所致。在活产婴儿中的发病率为 1/40 000～1/15 000。我国 ACH 的发生率为 18/100 万，围产期死亡率为 1/10 万。软骨发育不全属不完全显性遗传。纯合隐性的个体（aa）是无病的正常人，纯合显性的个体（AA）因病情严重，常在出生后不久死亡。杂合体（Aa）则成为软骨发育不全性侏儒，患者四肢粗短，下肢弯曲，腰椎过度前突，腹部明显隆起，手足短粗，有特殊面容：头大、前额突出、鼻低凹、下颌前凸。临床上常见的软骨发育不全症患者多为杂合体。

图 6.5　软骨发育不全症

Rita Shiang 将 ACH 的致病基因定位在 4 号染色体短臂末端（4p16.3），Francois Rousseau 等发现成纤维细胞生长因子受体 3（FGFR3）跨膜区基因第 1138 位核苷酸的突变，是 ACH 发病的原因。DNA 测序发现，绝大多数的突变是第 1138 位核苷酸 G-A 碱基转换，少数为 G-C 转换。这两种突变都导致了 FGFR3 跨膜区第 380 位密码子的错义突变(Gly 替换为 Arg)，是骨关节先天畸形中基因突变率最高的类型。

（3）共显性遗传

一对常染色体上的等位基因（alleles），彼此间没有显性和隐性的区别，在杂合状态时，两种基因都能表达，分别独立地产生基因产物，形成相应的表型，这种遗传方式称为共显性遗传（codominance inheritance）。

ABO 血型的遗传是共显性遗传的典型实例。ABO 血型决定于一组复等位基因（multiple alleles）。ABO 血型的基因已定位在 9q34，在这一座位上，由 I^A、I^B、和 i 3 种基因组成复等位基因。基因 I^A 和基因 I^B 分别对基因 i 是显性。基因型 I^AI^A 和 I^Ai 都决定红细胞膜上抗原 A 的产生，这种个体为 A 型血；基因型 I^BI^B 和 I^Bi 都决定红细胞膜上抗原 B 的产生，这种个体为 B 型血；基因型 ii 决定 H 物质的产生而不产生抗原 A 和抗原 B，这种个体是 O 型血；基因型 I^AI^B 同时产生 A 抗原和 B 抗原，这种个体即为 AB 型血。I^A、I^B、i 这 3 个复等位基因一共可以形成 6 种［n（n+1）/2=3（3+1）/2］基因型和 4 种表现型。如果纯合子（I^AI^A）A 型血的人与纯合子（I^BI^B）B 型血的人结婚，只能出生杂合子（I^AI^B）AB 型血的子女；如果两个杂合子（I^AI^B）AB 型血的人结婚，则会导致 1（I^AI^A）∶2（I^AI^B）∶1（I^BI^B）的比例，这是两个等位基因共显性的结果。

根据孟德尔分离定律的原理，若已知双亲血型，就可以估计出子女中可能出现的血型和不可能出现的血型，反之，依据子女的血型也可推测其双亲血型（表 6.1），这在法医学和亲权鉴定中均有一定的意义。

表 6.1　双亲和子女之间血型遗传的关系

双亲的血型	子女中可能出现的血型	子女中不可能出现的血型
A×A	A，O	B，AB
A×O	A，O	B，AB
A×B	A，B，AB，O	—
A×AB	A，B，AB	O
B×B	B，O	A，AB
B×O	B，O	A，AB
B×AB	A，B，AB	O
AB×O	A，B	AB，O
AB×AB	A，B，AB	O
O×O	O	A，B，AB

此外，人类 MN 血型、人类组织相容性抗原（human leucocyte antigen，HLA）系统、红细胞中的酸性磷酸酶、腺苷酸激酶，血清中的结合珠蛋白等都属于共显性遗传。

（4）不规则显性遗传

在常染色体显性遗传中，杂合子（Aa）在不同条件下，有的表现为显性，表达出相应的表型；有的表现为隐性，即不表现相应的性状；也有的虽表现显性性状，但表现的程度不同。因此，这种显性的传递有些不规则，称为不规则显性（irregular dominance）。

一种显性基因在杂合状态下（*Aa*）的表现可以用外显率来描述。外显率（penetrance）是指某一基因型的个体在特定的环境中显示预期表型的比率，一般用百分率（%）表示。如果外显率为 100%，则称为完全外显；如果只有部分个体的显性基因得到表达，则称为不完全外显（或外显不全）。由于外显不全，在一些显性遗传的系谱中可出现隔代遗传（skipped generation）的现象。杂合子（*Aa*）在不同遗传背景和环境因素影响下，性状表现程度的差异则称为表现度（expressivity）。

图 6.6 是一例成骨不全症的系谱。成骨不全症（osteogenesis imperfect）是一种常染色体显性遗传病，其基因位于 17q21。在图 6.6 所示的家系中，患者的致病基因（*A*）来自Ⅰ1 个体，他们的临床表现有很大的差别。先证者Ⅲ8 有蓝色巩膜和多次骨折，其母亲Ⅱ5 只有一次骨折史，其姨母Ⅱ3 和外祖母Ⅰ1 都只有蓝色巩膜，其姨表兄Ⅲ5 则具多发性骨折和耳聋两种症状，可见这些患者存在着明显的表现程度不一致，这可能是因为：在Ⅰ1 和Ⅱ3 的遗传背景中存在着减弱基因（reducer gene）的作用，所以表现度轻，而在Ⅲ4、Ⅲ5 和Ⅲ8 的遗传背景中可能存在着增强基因（enhancer gene），故表现度重。

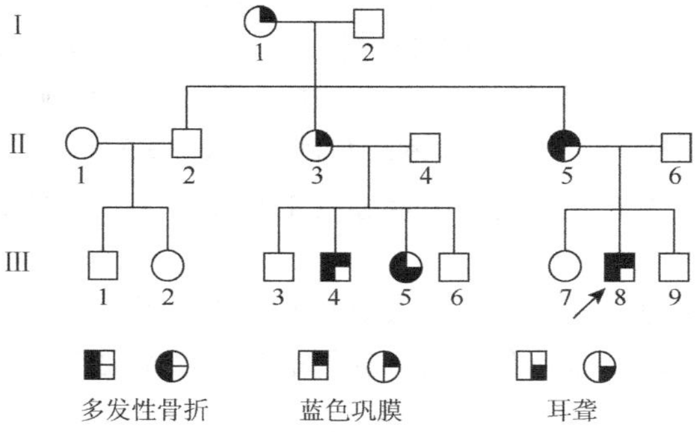

图 6.6　一例成骨不全病例系谱

常见的多指症（polydactyly）也是不规则显性的典型。多指症是指正常手指以外的手指赘生，或者手指的指骨赘生，或足单纯软组织成分赘生，或足掌骨赘生等。有轴前型和轴后型之分，前者的额外指位于拇指侧，后者额外指位于小指侧（图 6.7）。轴后型多指属不规则显性遗传的畸形（图 6.8）。不规则显性现象的存在，表明基因的显性作用是相对的，作用机制是比较复杂的。遗传上把对表型起主要控制作用的基因称为主基因（major gene），而把位于其他位置、对主基因的表达有一定影响的基因称为修饰基因（modifier gene）。修饰基因本身没有表型效应，但是能成全或削弱主基因的作用，从而出现各种表现度和不完全的外显率。

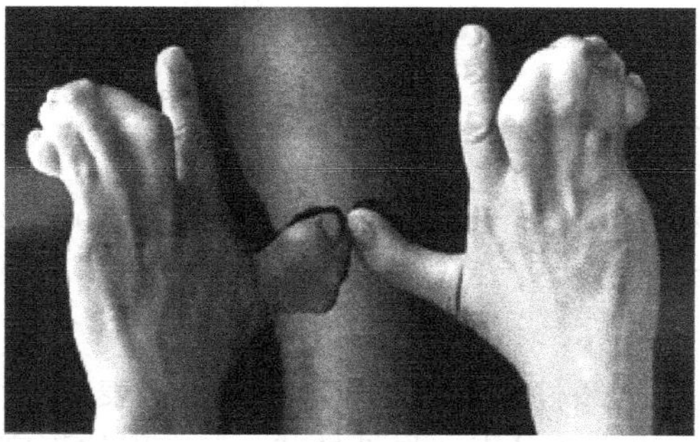

图 6.7　多指症患者的多指

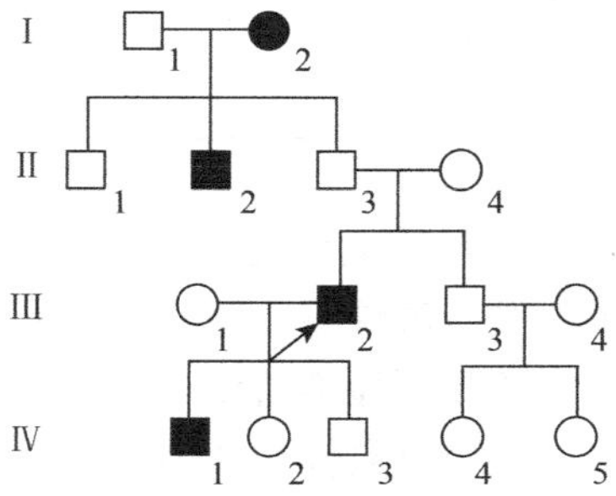

图 6.8　一个轴后型多指症

（5）延迟显性遗传

有些显性遗传性状并非出生后即表现出来，而是个体发育到一定年龄时才表现，这种情况称为延迟显性（delayed dominance）。

Ⅰ．慢性进行性舞蹈病

慢性进行性舞蹈病（Huntington's chorea）是一种延迟显性的常染色体显性遗传病，本病常在30～40岁发病，但也有在20岁之前和60岁之后发病的患者。一般来说，杂合子（*Aa*）在20岁时只有1%发病，40岁有38%发病，60岁有94%发病。大脑基底神经节变性导致进行性加重的不自主舞蹈样动作，多数以舞蹈动作（眨眼、手抖、腿颤）为首发症状，开始不自主运动较轻，以后症状不断加重，并出现智力衰退、痴呆。图6.9是一个慢性进行性舞蹈病的系谱，患者右上角数字表示发病年龄。进一步的研究表明，患者的发病年龄与致病基因来自于哪个亲本有关。如果来自于父亲，则发病年龄小，可在20岁前发病，且病情严重；如果来自于母亲，则发病年龄较晚，多在40岁以后发病，且病情较轻。这种同一基因由于来自父方或母方不同而有不同表型的现象称为亲代印记（parental imprinting）、基因组印记（genomic imprinting）或遗传印记（genetic imprinting）。目前认为，这种印迹修饰可能是发生在生殖细胞形成阶段的DNA甲基化作用，有些基因是在精子形成过程中被印记，另一些基因是在卵子形成过程中被印记，凡被印记了的基因，它们的表达将受到抑制。基因组印记不是一种突变，也不是永久的变化，而是由于该基因受到了某种修饰作用的抑制，是可以逆转的。印记持续在一个个体的一生中，在下一代配子形成时，旧的印记可以消除，并且可以发生新的印记。

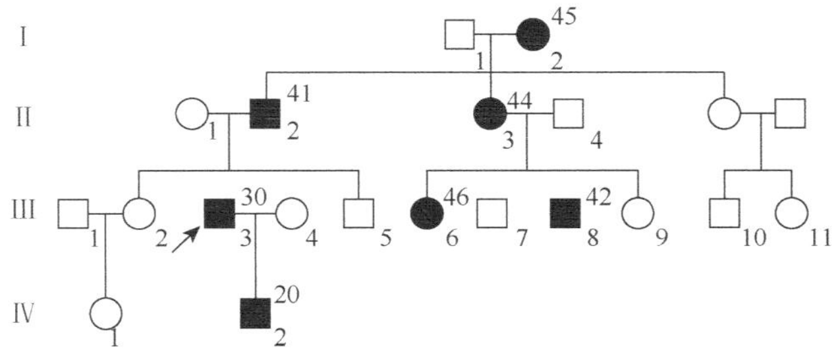

图6.9　慢性进行舞蹈病系谱

慢性进行性舞蹈病的基因位于4p16.3，编码一种称为huntington的蛋白质，在编码区的5′端有（CAG）$_n$的三核苷酸重复，该重复的拷贝数与疾病的早晚和严重程度成正比。正常人的CAG重复数在9～30次，慢性进行性舞蹈病患者的CAG的重复数大于36次，最多超过120次。

Ⅱ．家族性多发性结肠息肉病

家族性多发性结肠息肉病（familial polyposis coli，FPC）属常染色体显性遗传，父母均可遗传，下一代不分性别半数发病（图6.10）。患者的结肠壁上有许多大小不等的息肉（图6.11），临床的症状为便血并伴黏液。35岁前后，结肠息肉可恶化成结肠癌。国外报道平均发病年龄为36.3岁，如对FPC家族成员主动进行检查，平均发病年龄可提前至23.8岁，3/4的患者在30岁以前就被发现，如出现症状后再查，30岁以前者仅占1/3。

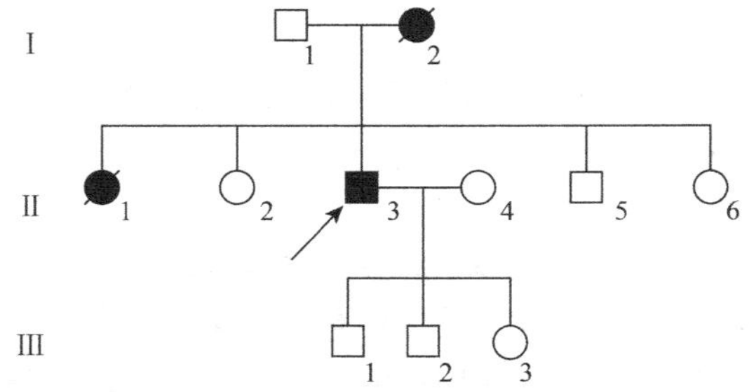

图 6.10　结肠息肉系谱

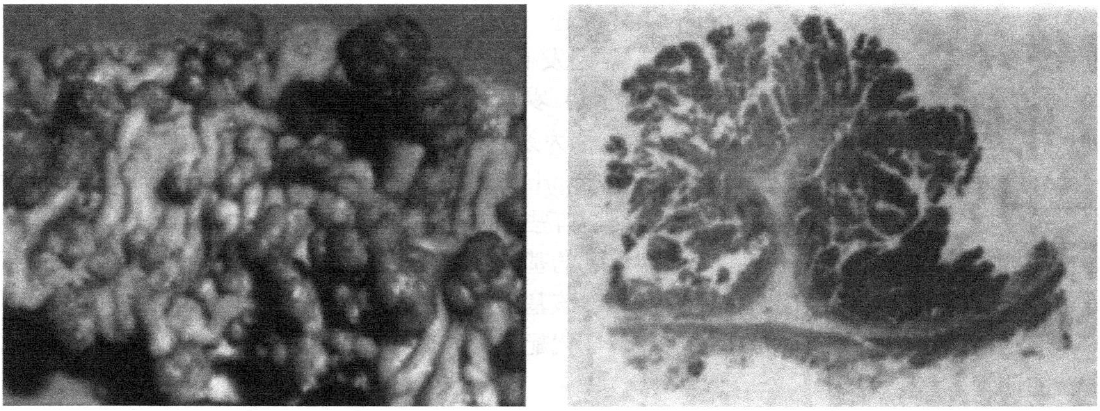

图 6.11　结肠息肉

2. 常染色体单基因隐性遗传

如果控制某种性状的基因在常染色体上，且基因的性质是隐性的，这种性状的遗传方式称为常染色体隐性遗传（autosomal recessive inheritance，AR）。隐性遗传的特点是只有在纯合状态（*aa*）时才出现相应的表现型，在杂合状态时，由于显性基因的存在，杂合子并不表现隐性性状，但是仍可把隐性基因（*a*）传给后代，这样的个体称为携带者（carrier）。常染色体单基因隐性遗传家系主要特点如下。

1）当父母双亲都是隐性基因携带者时，子代才出现隐性遗传性状。

2）隐性性状的表现与性别无关。

3）隐性性状不是每代都出现，能隔代遗传。

4）通常在近亲婚配的家系中容易出现。

由常染色体上隐性致病基因控制的疾病称为常染色体隐性遗传病（autosomal recessive inheritable disease）。由于隐性致病基因的频率很低，纯合的隐性遗传病患者较少见。临床上见到的常染色体隐性遗传病患者大多是两个携带者的后代。常染色体单基因隐性遗传病的系谱特点如下。

1）与性别无关，男女发病机会均等。

2）病例散发，系谱中看不到连续遗传的现象。

3）患者的双亲表型正常，但都是致病基因的携带者。患者同胞患病的概率是 1/4，正常的概率为 3/4，但表型正常的同胞中有 2/3 的可能性是携带者。

4）近亲婚配后代发病率高。

常见的常染色体隐性遗传病有：白化病、高度近视、着色性干皮病、黑尿症、苯丙酮尿症、半乳糖血症、先天性鳞皮病、先天性聋哑等。

Ⅰ. 白化病

白化病（albinism）是 Archibald Garrod 最初研究的 4 种遗传性代谢病之一，不同人群的患病率差异很大，有的地区高达 1/200，有的地区则低于 1/20 000。白化病是由于苯丙氨酸代谢途径中酪氨酸酶功能障碍，不能将酪氨酸转变成多巴，不能形成黑色素引起的，因而使人体全身皮肤发白，就连头发、眉毛也是白的，俗称“羊白头”。这种人怕日光的曝晒，尤其是眼睛特别畏光，平常见到的白化患者几乎都眯着眼睛，特别严重的还可因光线刺激过强而造成失明。所以，又有人称这种病为“阴天乐”（图 6.12）。

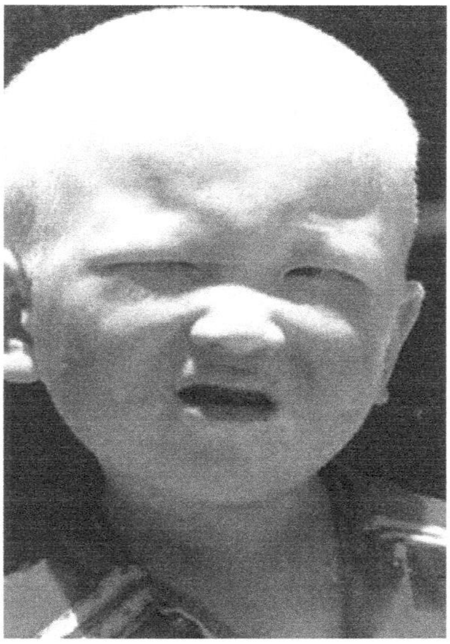

图 6.12　白化病患者

一般认为白化病是一种常染色体单基因隐性遗传病，但有人发现两个白化病患者婚配，其子女均正常，说明白化病至少存在两种不同的遗传类型。龚瑶琴等通过对山东省 100 余万人群遗传病调查，发现了 37 个白化病核心家系，进一步研究表明，白化病存在遗传异质性，最少基因数为 8，平均基因频率为 0.0023，群体中致病基因携带者的频率为 0.0383，近亲结婚可大大提高白化病的发病率。

Ⅱ. 着色性干皮病

着色性干皮病（xeroderma pigmentosum）的特点是暴露处皮肤色素改变，伴角化或萎缩及癌变。多见于皮肤色素较深的人种，一般为常染色体隐性遗传，偶有性连锁隐性遗传。患者的皮肤部位细胞缺乏核酸内切酶，使被日光损伤的 DNA 不能正常修复，暴露部位如面、唇、结膜、颈部及小腿等处出现雀斑和皮肤发干，类似日光性皮炎，以后出现持久性网状毛细血管扩张，最终皮肤癌变（图 6.13），若不治疗将导致死亡。

Ⅲ. 苯丙酮尿症

苯丙酮尿症（phenylketonuria，PKU）是一种严重的常染色体隐性遗传性氨基酸代谢病，首次发现于 1934 年，因患者尿中排泄大量的苯丙酮酸而得名。其中 98%～99%是由苯丙氨酸羟化酶（phenylalanine hydroxylase，PHA）基因突变导致肝脏苯丙氨酸羟化酶缺乏所致，1%～2%是由于苯丙氨酸羟化酶的辅酶四氢生物喋呤缺乏，导致苯丙氨酸不能正常转化为酪氨酸，从而苯丙氨酸在体内异常蓄积而致病。国外发病率 1/100 000～1/4500，我国发病率约为 1/16 500。

疾病相关基因已定位于 12q24.1 并已被克隆，大约由 1.5Mb 碱基组成。*PAH* 基因是割裂基因，编码区包含 13 个外显子，被不编码的 12 个内含子所分隔。转录时剪接内含子形成仅包含外显子的 1353bp 的单链，即包含 451 个密码子的可译框。mRNA 翻译成含 451 个氨基酸的酶单体，单体聚合成有功能的 PAH 酶（图 6.14）。

PKU 患者 *PAH* 基因突变使患者肝脏内苯丙氨酸羟化酶缺乏，苯丙氨酸不能转变为酪氨酸，而转化成为苯丙酮酸和苯乳酸并在体内累积，从而导致血液和尿液中苯丙氨酸及其衍生物排出增多，表现为精神发育迟缓、癫痫、湿疹、特殊的鼠样臭味尿等。苯丙酮酸及其代谢产物如在脑中大量积累，会使脑组织的生化代谢紊乱，阻碍大脑的生长发育，造成智力低下，这是引起该症患者痴呆的原因。另外，过量的苯丙氨酸及其代谢产物可能会抑制酪氨酸向黑色素的转化，故患者往往伴有皮肤、毛发和虹膜色素减退，头发呈赤褐色的性状表现。

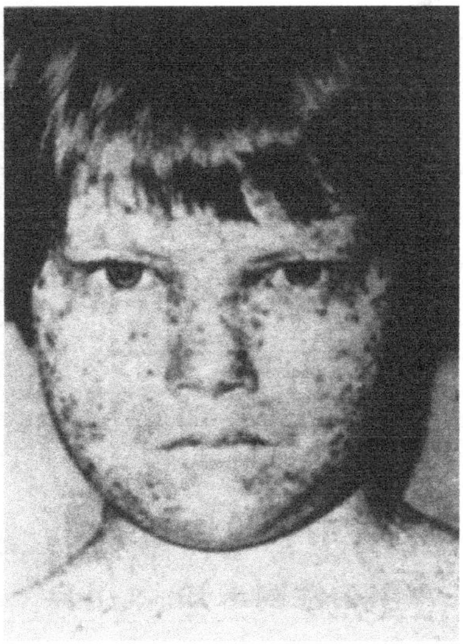

图 6.13　着色性干皮病患者

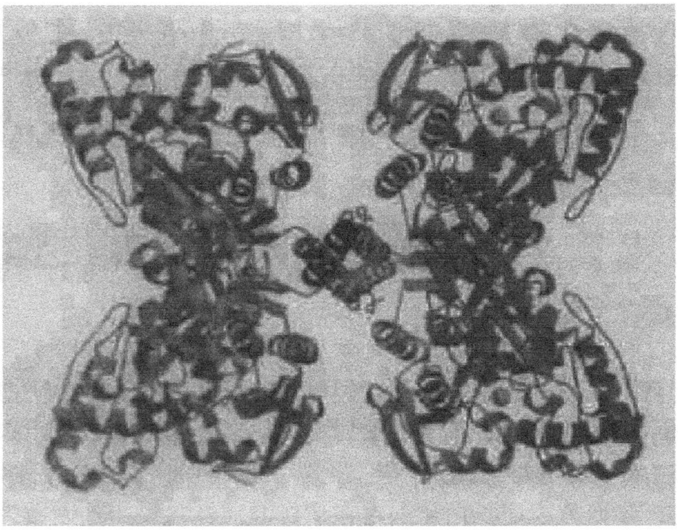

图 6.14　苯丙氨酸羟化酶的结构模型

Ⅳ. 黑尿症

黑尿症（alkaplonuria）是一种由常染色体隐性遗传的良性病症，一般对患者危害不大，但有时也可使其软骨和关节等部位产生色素沉积，严重时会造成关节炎。这种疾病是由人体内酪氨酸代谢障碍引起的。在正常情况下，人体内酪氨酸代谢的另一条重要途径是在尿黑酸氧化酶基因作用下形成 2，5-二羟基苯丙酮酸，然后形成尿黑酸，再进一步转化成乙酰乙酸，最终分解成二氧化碳和水，使得尿液中无尿黑酸存在。但是，当尿黑酸氧化酶基因突变造成尿黑酸氧化酶缺乏时，尿黑酸不能被氧化分解而从尿中排出。尿黑酸本身并无颜色，但在空气中放置一段时间后就会变为黑色，于是尿液也随之变黑。在碱性条件下能促使尿黑酸更进一步变黑，所以这类患儿的尿布用肥皂洗，就越洗越黑。

（二）性连锁单基因遗传

1. X-连锁显性遗传

决定某种性状或疾病的基因位于 X 染色体上，基因是显性的，这种性状或遗传病的遗传方式称为 X-连锁显性遗传（X-linked dominant inheritance，XD）或 X-连锁显性遗传病。

X-连锁显性遗传的家系主要特点如下。

1）女性患者多于男性患者，女性病情较轻。

2）患者双亲中必有一方患病，致病基因的传递具交叉遗传特点。如果双亲无病，则来源于新的突变。

3）男性患者的女儿全部发病，儿子均正常，女性患者的子女中，各有 1/2 发病。

4）世代连续传递，可见连续几代都有患者。

如 Xg 血型、抗维生素 D 性佝偻病、先天性眼球震颤、色素失调症、高氨血症 I 型、口面指综合征等均属 X-连锁显性遗传。

Ⅰ. Xg 血型

人类的 Xg 红细胞表面抗原基因，定位在 X 染色体短臂末端。利用抗血清可识别两种类型个体，即 Xg 阳性和 Xg 阴性。这是由 Xg^a 和 Xg 一对等位基因决定的。控制 Xg 抗原的等位基因（Xg^a，Xg）位于 X 染色体短臂，因此这种血型与性别有关。显性基因 Xg^a 控制 Xg 抗原阳性［表型为 Xg（a^+）］，隐性基因 Xg 控制 Xg 抗原阴性［表型为 Xg（a^-）］。

Ⅱ. 抗维生素 D 性佝偻病

抗维生素 D 性佝偻病（vitamin D resistant rickets，VDRR）是一种以低磷酸血症导致骨发育障碍为特征的遗传性骨病，故又称为低磷酸盐血症性佝偻病（hypophosphatemic rickets），该病基因已定位于 XP22.2-22.1，也称为 PHEX（phosphate regulated gene with homologies to endopeptidases on the X chromosome）。该基因编码 749 氨基酸残基。缺失和单个碱基置换是导致疾病发生的原因。患者的肾小管对磷的重吸收和小肠对磷钙的吸收能力不健全，造成尿磷增加，血磷降低，影响骨质钙化而引起佝偻病。患者身体矮小，下肢进行性弯曲，膝外翻或内翻。患儿多于 1 周岁左右发病，最先出现的症状为 O 形腿，严重的有进行性骨骼发育畸形、多发性骨折、骨疼、不能行走、生长发育缓慢等症状（图 6.15）。患者用常规剂量的维生素 D 治疗无效，故由此得名。从临床观察，女性患者的病情较男性患者轻，多数只有低血磷，佝偻症状不太明显，表现为不完全显性，这可能是女性患者多为杂合子，其中正常 X 染色体的基因还发挥一定的作用。男性患者（X^HY）与正常女性（X^hX^h）结婚，所生子女中，儿子全部正常，女儿全部发病；女性患者（X^HX^h）与正常男性（X^hY）结婚，子女中正常与患者各占 1/2。

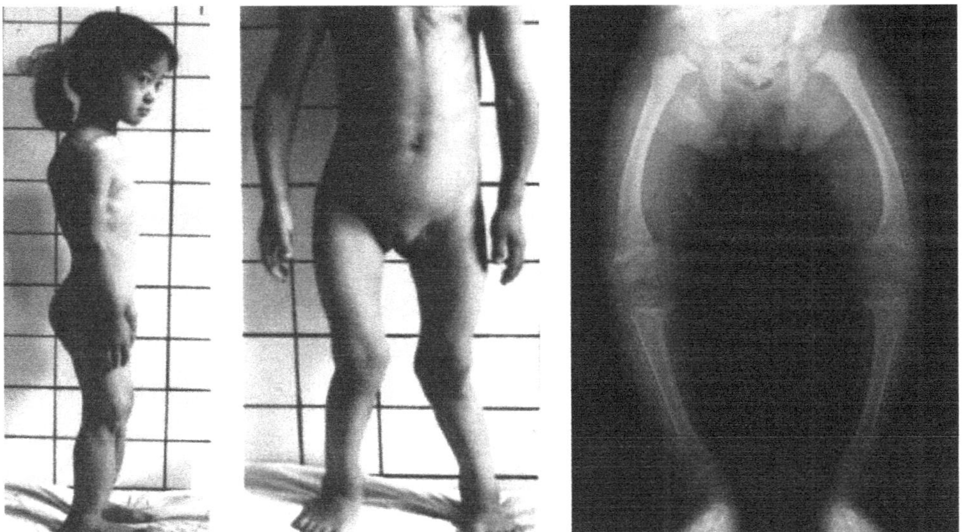

图 6.15 抗维生素 D 性佝偻病患者

矮小、下肢进行性弯曲，脊柱侧凸

Ⅲ. 色素失调症

色素失调症（incontinentia pigmenti）又称 Bloch-sulzberger 病或 Blcoh-si-ments 病综合征。在发生红斑、水疱、疣状或炎症改变后，出现色素性皮损，可伴有眼、骨和中枢神经系统缺陷。皮损的突出表现为灰褐色和黑灰色斑点，呈线状、水滴状、螺纹状和大理石纹状等不规则形，排列无次序，常分布于躯干、上臂、大腿部位（图 6.16），此综合征伴有牙齿异常。

图 6.16　色素失调症患者皮肤呈大理石蛋糕样改变

2. X-连锁隐性遗传

一种性状或遗传病有关的基因位于 X 染色体上，这些基因的性质是隐性的，并随着 X 染色体的行为而传递，其遗传方式称为 X-连锁隐性遗传（X-linked recessive inheritance，XR）。

以隐性方式遗传时，由于女性有两条 X 染色体，当隐性致病基因在杂合状态（X^AX^a）时，隐性基因控制的性状或遗传病不显示出来，这样的女性为表型正常的致病基因携带者。只有当两条 X 染色体上等位基因都是隐性致病基因纯合子（X^aX^a）时才表现出来。在男性细胞中，只有一条 X 染色体，Y 染色体上缺少同源节段，所以只要 X 染色体上有一个隐性致病基因（X^aY）就发病。这样，男性的细胞中只有成对的等位基因中的一个基因，故称为半合子（hemizygote）。

X-连锁隐性遗传的系谱主要有以下特点。

1）男患者远多于女患者，系谱中往往看不到女患者。

2）双亲无病时，儿子可能发病，女儿则不发病；致病基因来自携带致病基因的母亲，也可能是卵子发生时基因突变产生的（图 6.17）。

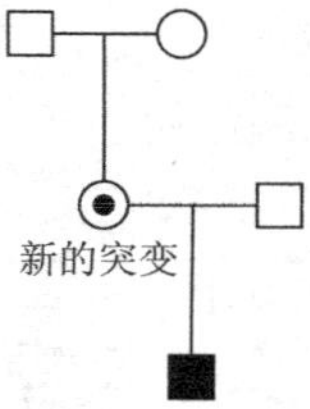

图 6.17　卵细胞基因突变产生的患儿

3）由于交叉遗传，男患者的同胞、姨表兄弟、舅父、外甥可能是患者。

4）男性患者的子女都正常，所以世代间有不连续性的隔代遗传现象。

5）由于一些 XR 病的致死效应，外祖父发病少见；外祖父发病时舅父不会发病。

目前已发现的 X-连锁隐性遗传达 300 多种，常见的有红绿色盲、血友病、假肥大型肌营养不良、自毁容貌综合征等。

Ⅰ. 自毁容貌综合征

自毁容貌综合征（Lesch-Nyhan syndrome，LNS）是一种严重神经学特征自身毁伤行为的遗传病（图 6.18）。患儿出生时正常，有些患儿出生后 3 个月有呕吐、低血压、虚弱与喂养困难等症状。2～3 岁时开始强制性地咬自己的手指、嘴唇和口腔黏膜，自己感到痛，但又不能控制自毁行为，并侵害他人，所以必须捆绑双手或拔掉牙齿。目前认为，LNS 是由于次黄嘌呤-鸟嘌呤磷酸核糖转移酶缺乏，使次黄嘌呤和鸟嘌呤不能转换为 IMP 和 GMP，而是降解为尿酸，过量尿酸将导致 Lesch-Nyhan 综合征。

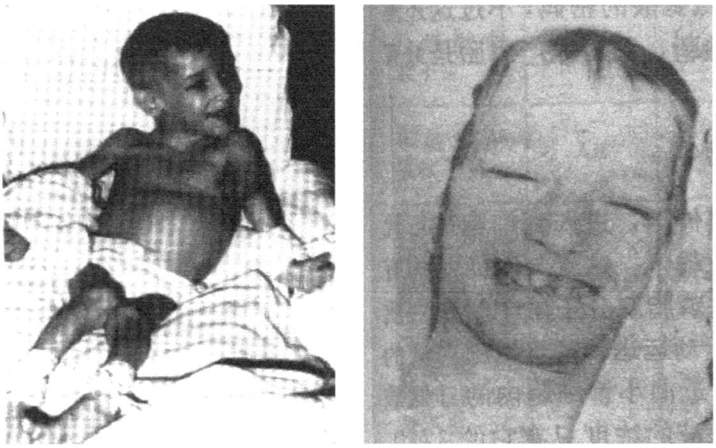

图 6.18 自毁容貌综合征患儿

Ⅱ. 红绿色盲

红绿色盲（dyschromatopsia of the protan and deutan）患者不能分辨红和绿这两种颜色，是一种先天性的色觉障碍病。致病基因定位于 Xq28 紧密连锁的两个基因座上，即红色盲基因和绿色盲基因，通常将它们看成是一个基因，称红绿色盲基因。

据报道，男性患红绿色盲的比例为 7.0%，女性为 0.5%。一个红绿色盲男患者（X^bY）和正常辨色能力女性（X^BX^B）结婚，他们的女儿都应从父亲那里接受一个带有色盲基因的 X 染色体，从母亲那里得到一条正常的 X 染色体而成为致病基因携带者杂合子（X^BX^b），他们的儿子必定由母亲那里接受一条 X^B，故辨色能力全部正常（X^BY）。凡携带致病基因的女性（X^BX^b）与正常辨色男人结婚，下一代中，儿子有一半是正常（X^BY）的，一半是红绿色盲（X^bY），女儿中一半是致病基因携带者（X^BX^b），一半则完全正常（X^BX^B）。如果女性携带者（X^BX^b）与男性患者（X^bY）结婚，后代中，女儿 1/2 可能发病，1/2 可能为携带者，儿子中发病者和正常者各占 1/2。

Ⅲ. 血友病

血友病（hemophilia）是一组遗传性出血性疾病，是由于血液中某些凝血因子的缺乏而导致的严重凝血功能障碍，主要有 3 种类型：血友病 A、血友病 B 和血友病 C。血友病 A、B 较常见，属 X-连锁隐性遗传，血友病 C 比较罕见，属常染色体隐性遗传。我国血友病的总患病率为 2.64/10 万，与欧美相比较低。

ⅰ. 血友病 A

血友病 A（hemophilia A）又称经典型血友病或第Ⅷ因子缺乏症。本病患者自幼在轻微外伤后出血不止，但大量出血罕见。皮肤出血可形成皮下血肿，关节、肌肉出血常累及膝关节时，可导致跛行，不经治疗者往往造成关节永久性畸形（图 6.19）。严重者可因颅内出血而致死。历史上有一个著名的家系，第一代血友病基因携带者为英国的维多利亚女王，涉及欧洲多个国家的王室成员（图 6.20）。

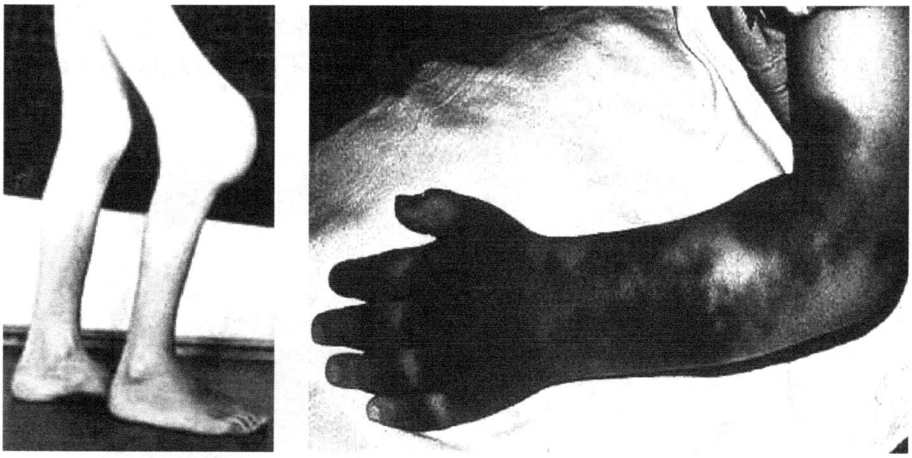

图 6.19　血友病 A 患者

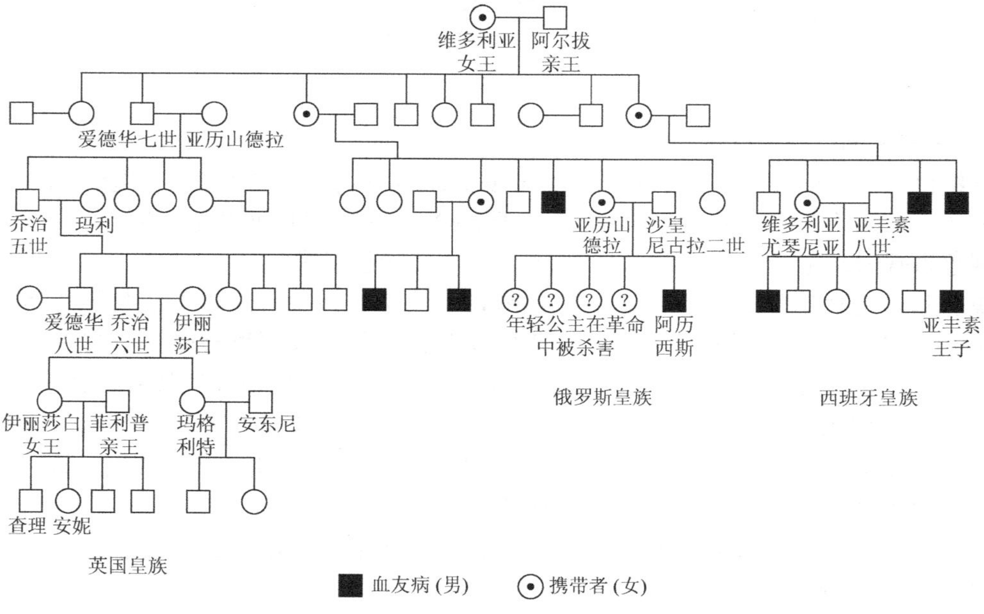

图 6.20　维多利亚女王后代的系谱

血友病 A 基因（*FⅧ*）定位于 Xq28 的近侧，基因全长 186kb，约占 X 染色体的 0.1%，是目前所克隆的人类最大的基因之一，由 26 个外显子和 25 个内含子组成（图 6.21），它的 mRNA 长约 9kb，编码含 2332 个氨基酸的凝血因子Ⅷ，参与凝血过程。突变形式包括点突变、缺失和插入等，已报道的点突变有 174 种，缺失 117 种，插入 10 种。FⅧ由 3 种成分组成：FⅧAHG（抗血友病球蛋白，FⅧ凝血成分）、FⅧ$_{Ag}$（Ⅷ因子相关抗原）和 FⅧ$_{v}$WF（von Willebrand 因子）。

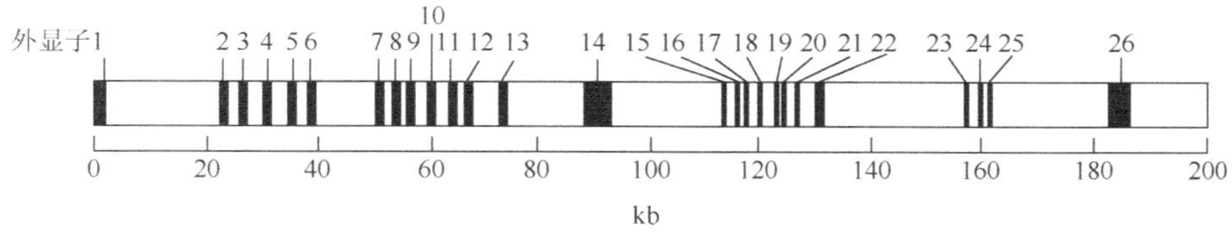

图 6.21　X 染色体上Ⅷ因子基因图

ii．血友病 B

血友病 B（hemophilia B）是由凝血因子Ⅸ缺乏或其凝血功能降低所致，故又称为凝血因子Ⅸ缺乏症（plasma thromboplastin component，PTC），主要症状与血友病 A 相同。

FⅨ 基因定位于 Xq27，全长 35kb，由 8 个外显子和 7 个内含子组成，成熟的 FⅨ由 415 个氨基酸构成。不同突变导致不同的临床表现：①大片段基因缺失→血浆中 FⅨ抗原水平甚低或完全没有→严重的血友病 B；②点突变，无义突变→重型血友病 B；③错义突变→不同程度的血友病 B。

Ⅳ. Duchenne 型肌营养不良

Duchenne 型肌营养不良（Duchenne muscular dystrophy，DMD）又称假肥大型肌营养不良（pseudohypertrophic muscular dystrophy），是神经系统遗传病中较常见的 X-连锁隐性疾病，主要发生于男孩，活产男婴发病率高达 1/3500。1 岁后开始表现出临床症状，患儿在开始站立和行走时发生困难。患儿的肌膜透过性增强，肌肉中的一些酶漏出至血液中，因此引起肌肉变性，首先受影响的是盆带肌，随后累及肩带肌，故开始行走较晚，站立时腰椎过度前凸，行走时摇摆不定，自仰卧位站立时，必先翻身俯卧，以手、膝支地，在上肢帮助下使下肢直立，然后用手撑起躯干（Gowers 征）（图 6.22）。由于肩带肌和前锯肌的萎缩无力，双臂前撑时即可出现肩胛骨突起，呈“翼状肩”。后期患儿双侧腓肠肌（gastrocnemius）假性肥大（图 6.23），此时，肌组织已被结缔组织所代替，仅有脂肪组织浸润，所以无力。常累及心脏而致心脏扩大、心动过缓，易因心力衰竭而突然死亡。病变呈进行性加重，一般到 10 岁时已不能行走，大多患者最终卧床不起，并发痉挛、褥疮、肺炎，20 岁前后死亡。

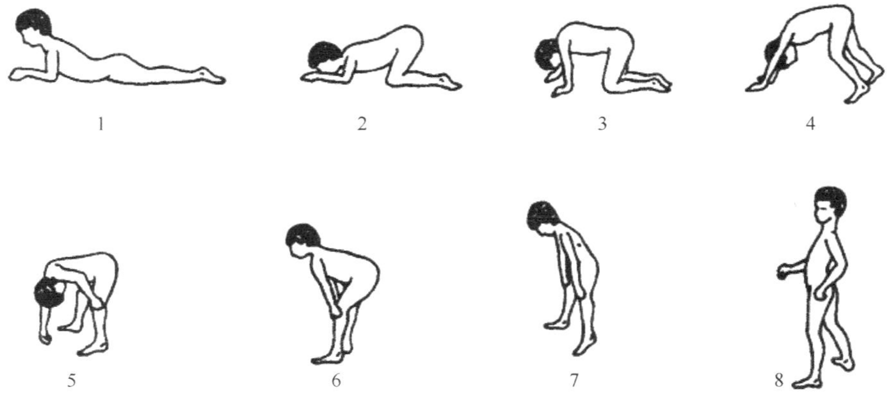

图 6.22　假肥大型肌营养不良患儿的 Gowers 征

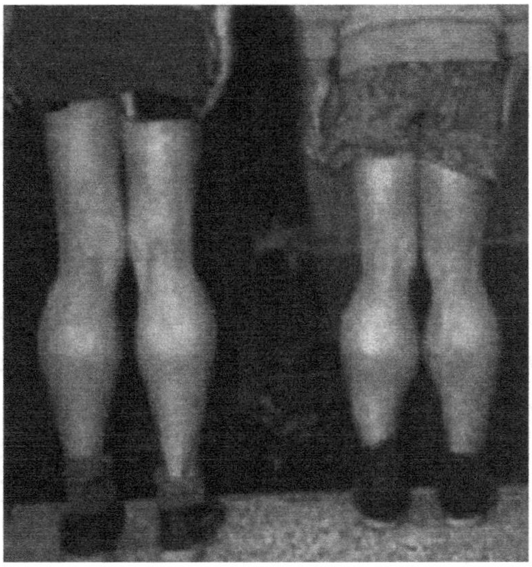

图 6.23　Duchenne 型肌营养不良患儿双侧腓肠肌假性肥大

DMD 的基因是迄今为止所发现的最大基因之一，估计长度为 2300kb，定位于 Xp21.1，占整条 X 染色体的 1.5%，基因包含有至少 70 个外显子，编码分子质量为 400kDa 的蛋白质，即 *dystrophin*。*dystrophin* 基因的缺失是 DMD 发生的主要原因，其余为重复、点变变等。

（三）Y-连锁遗传

遗传性状或遗传病基因位于 Y 染色体上，并随着 Y 染色体而传递，因此只有男性才表现。这类基因只由父亲传给儿子，再由儿子传给孙子，女性不会出现相应的遗传性状或遗传病，这种遗传方式称为 Y-连锁遗传（Y-linked inheritance）。由于这些基因控制的性状，只能在雄性个体中表现，这种现象又称为限雄遗传（holandric inheritance）。

迄今报道Y-连锁遗传病及异常性状仅10余种。如外耳道多毛症：患者外耳道中可长出2～3cm 的黑色硬毛，常可伸出耳孔外（图 6.24）。

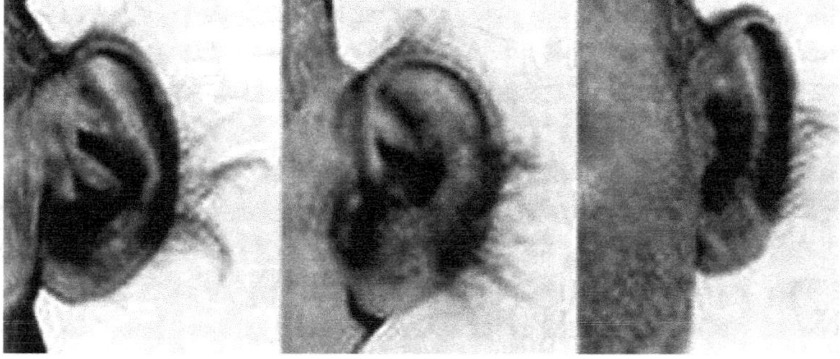

图 6.24　外耳道多毛症

第二节　自由组合规律

孟德尔在总结一对相对性状遗传规律的基础上，按照由简单到复杂、由分析到综合的研究思路进一步研究两对性状的遗传，得出自由组合规律（the law of independent assortment）。

一、自由组合规律

孟德尔将具有两对相对性状差异的亲本（如黄色、圆粒豌豆和绿色、皱粒豌豆）杂交，F_1代全部表现显性性状（黄、圆），F_1代自交后的F_2代则出现性状的分离。在F_2代出现的4种类型的个体中，有两种是原有的亲本组合（黄、圆与绿、皱），称为亲组合（parental combination），另外两种是亲本所没有的组合（黄、皱和绿、圆），称为重组合（recombination）。在这个杂交实验中，黄和绿是一对相对性状，圆和皱是另一对相对性状。统计分析结果表明，在F_2代中两种亲组合黄、圆与绿、皱分别占9/16和1/16，两种重组合黄、皱和绿、圆各占3/16。

为了解释上述结果，孟德尔提出遗传因子自由组合（独立分配）假说，即不同对遗传因子在形成配子时的分离是独立的，它们彼此的组合是自由搭配的。

现代遗传学研究认为，自由组合定律的实质是：两对或两对以上的等位基因位于非同源染色体上时，在生殖细胞形成过程中，同源染色体上的等位基因分离，非同源染色体上的非等位基因自由组合，以均等的机会组合到同一个生殖细胞中，从而形成了F_2代不同比例的表现型。

二、人类性状的自由组合

染色体是基因的载体，非同源染色体通过细胞的减数分裂和精卵结合而随机组合，因此，非同源染色体上的基因也随着非同源染色体的随机组合而进行自由组合。人类一些性状的遗传，同样遵循孟德尔的自由组合定律。

例如，与人类的听觉有关的两对等位基因*D*、*d*和*E*、*e*，其中，*D*是显性，控制耳蜗正常发育，*d*是隐性，纯合时在胚胎期耳蜗不能正常发育而造成先天性耳聋；显性基因*E*控制听神经正常发育，隐性基因*e*纯合时，听神经不能正常发育，造成先天性耳聋。如果一对夫妇是听觉正常的杂合体，则他们子女的基因型如图6.25所示。由于*D*对*d*完全显性，*E*对*e*完全显性，因此在上述夫妇的子女中，听觉正常的占9/16（1*DDEE*、2*DdEE*、2*DDEe*、4*DdEe*），先天性耳聋的占7/16（1*DDee*、2*Ddee*、1*ddEE*、2*ddEe*、1*ddee*）。

P　　*DdEe* 听觉正常　×　*DdEe* 听觉正常

↓

1*DDEE*　2*DdEE*　2*DDEe*　4*DdEe*　1*DDee*　2*Ddee*　1*ddEE*　2*ddEe*　1*ddee*

图6.25　听觉正常夫妇及其子女的基因型

人类的棕色眼（*A*）对蓝色眼（*a*）是显性，有耳垂（*B*）对无耳垂（*b*）也是显性。如果一对夫妇的基因型是*AaBb*（男）和*aaBb*（女），则他们子女的基因型如图6.26所示。由于丈夫是两对自由组合基因的杂合体（*AaBb*），产生数目相等的4种配子（*AB*、*Ab*、*aB*、*ab*），妻子是*aaBb*杂合体，产生*aB*和*ab*配子，数目相等。因此，在他们子女中，3/8是棕色眼有耳垂（2*AaBb*、1*AaBB*），1/8是棕色眼无耳垂（1*Aabb*），3/8是蓝色眼有耳垂（2*aaBB*、1*aaBb*），1/8是蓝色眼无耳垂（1*aabb*）。

P　*aaBb* (女) 蓝色眼有耳垂　×　*AaBb* (男) 棕色眼有耳垂

↓

2*AaBb*　1*Aabb*　2*aaBB*　1*aabb*　1*AaBB*　1*aaBb*

图 6.26　蓝色眼有耳垂和棕色眼有耳垂夫妇及其子女的基因型

如果一个家系中同时存在两种单基因遗传病，控制这两种疾病的基因位于不同对的染色体上，它们将按照孟德尔自由组合规律独立传递，从而在后代中出现不同的患者类型。例如，短指是常染色体显性遗传病，白化病是常染色体隐性遗传病。如果以 *A* 表示短指基因，*b* 表示白化基因，则基因型分别为 *AaBb* 和 *aaBb* 夫妇的子女基因型如图 6.27 所示。

P　*AaBb* (男) 父亲短指　×　*aaBb* (女) 母亲正常

↓

精子类型 / 卵子类型	1*AB*	1*Ab*	1*aB*	1*ab*
1*aB*	1*AaBB* 短指	1*AaBb* 短指	1*aaBB* 正常	1*aaBb* 正常
1*ab*	1*AaBb* 短指	1*Aabb* 短指白化	1*aaBb* 正常	1*aabb* 白化

图 6.27　两种单基因遗传病的自由组合

第三节　连锁与交换规律

染色体是基因的主要载体。但是，每种生物的染色体数量都是有限的，往往只有几条或几十条，而每种生物中控制性状的基因数量远远多于染色体的数量，因此，每条染色体上分布有几个、几十个乃至成百上千个基因。基因位于同一染色体上的现象称为连锁（linkage）。如果一条染色体上所有的基因都随该染色体作为一个整体向后代传递，则称为完全连锁（complete linkage），这种情况比较少见，因为一条染色体上的非等位基因在形成配子时往往要发生交换或互换（crossing over），所以在形成的配子中，除亲型配子外，还有少数的重组型配子，这种现象称为不完全连锁（incomplete linkage）。

一、连锁与交换规律

连锁与交换现象是由美国的胚胎学家和遗传学家摩尔根（Thomas Hunt Morgan，1866～1945 年）用黑腹果蝇（*Drosophila melanogaster*）为材料进行杂交实验发现的，被确定为遗传的第三定律。连锁与交换定律（the law of linkage and crossing-over）的基本内容是：位于同一条染色体上的两个或两个以上的基因在遗传时，联合在一起的频率大于重新组合的频率，即 F_2 代中亲组合类型比预期数多，重组合类型比预期数少。重组类型的产生是由于配子形成过程中，同源染色体非姐妹染色单体对应节段交换的结果。

连锁和交换是生物界普遍存在的现象，位于同一条染色体上的基因是相互连锁的，构成一个连锁群（linkage group）。绝大多数的生物在配子形成过程中，同一连锁群的各对等位基因之间都可能发生不同程度的交换，虽然影响交换的因素很多，如温度、性别、射线、化学物质等，但一般来说，交换率的大小与同一对染色体上的两对等位基因之间的距离密切相关。两对等位基因之间的距离越远，发生交换的机会越大，交换率越高；若两对等位基因之间的距离越近，则发生交换的机会越小，交换率就越低。因此可以用交换值来确定基因在染色体上的相对距离，通常以1%的交换值（1cM）作为一个相对距离单位。在同一对染色体不同等位基因之间，可根据交换率的不同，推测出基因在染色体上的相对位置，绘制出基因的连锁图（linkage map）。

二、人类的连锁遗传

人类的基因组大约有几万个基因，分布在 24 条不同染色体上，因此，每条染色体上都有数目不等的、大量的基因存在，连锁与交换也是人类普遍存在的遗传现象。

一个典型的常染色体基因连锁的例子是指（趾）甲髌骨综合征（nail-patella syndrome）基因和 ABO 血型基因的连锁。指（趾）甲髌骨综合征是一个显性的先天性畸形综合征。它的特征包括缺损的指甲，桡骨头部脱臼，小的髌骨，肠骨上有角质突起物，眼距过宽，睑下垂等。控制指（趾）甲髌骨综合征的基因与 ABO 血型基因都在 9 号染色体上，因此指（趾）甲髌骨综合征总是和 ABO 血型一起遗传。在图 6.28 所示的一个家系中，指（趾）甲髌骨综合征基因（N）与 A 型血基因（I^A）同在 9 号染色体上，通过交换它们可以分到两条 9 号染色体上，在 A 型血的子女中，大部分将同时是指（趾）甲髌骨综合征患者，只有小部分个体的指（趾）甲和髌骨正常。

P　　NI^A/ni 甲髌A型血　×　ni/ni 正常O型血

↓

	NI^A	ni	Ni	nI^A
ni	NI^A/ni（亲组合） 指（趾）甲髌骨综合征 A 型血	ni/ni（亲组合） 正常 O 型血	Ni/ni（重组合） 指（趾）甲髌骨综合征 O 型血	nI^A/ni（重组合） 正常 A 型血

图 6.28　染色体基因的连锁与交换

除了上述的连锁遗传之外，人类常染色体的连锁遗传还包括：某一形式的卵圆红细胞过多的贫血症基因位点和罗猴（rhesus monkey）血型基因（Rh）位点、常染色体显性遗传的上睑下垂基因位点与 MNSs 基因位点、Duffy 血型位点与某一形式的先天性白内障基因位点、在不同时期表达的血红蛋白多肽链基因（β 多肽链基因、δ 多肽链基因、胎儿血红蛋白 HbF 基因和 β-珠蛋白生成障碍性贫血症基因）、过氧化氢酶基因位点与结合珠蛋白基因位点等。

连锁使基因能比较稳定地向后代传递，保持遗传的稳定性。在形成配子的减数分裂过程中，同源染色体的对应节段之间往往会发生交换，从而导致连锁基因的重组，通过互换使配子中的基因组发生变化，从而为生物进化和自然选择提供更丰富的遗传资源。

连锁遗传往往表现出某些性状之间的相关性，这在人类遗传尤其在进行运动员选择方面具有重要意义。

思 考 题

1. 解释名词：连锁、不规则显性遗传、延迟显性遗传、半合子、限雄遗传。

2. 短指和白化病分别为 AD 和 AR，并且基因不在同一条染色体上。现有一个家庭，父亲为短指，母亲正常，而儿子为白化病。请写出父母及其子女的基因型。

3. 一对夫妇表型正常，妻子的弟弟为白化病（AR）患者。假设白化病基因在人群中为携带者的频率为 1/60，请计算这对夫妇生育白化病患儿的概率。

4. 先证者为一男性多指患者，他的父母和哥哥、姐姐都正常。他的祖母、伯父也是多指，他的祖父、叔叔、姑姑均正常。

（1）绘出家系图。

（2）判断遗传方式。

（3）写出先证者及其父母的基因型。

5. 有人调查 100 000 个新生婴儿，发现有 12 个新生儿表现某种相同的单基因突变，为了计算该突变基因的自发突变率，你认为调查者还需调查哪些材料和数据？如何计算？

6. 孟德尔的成功经验主要有哪些？

7. 为什么说基因的显性是相对的，而分离现象具有更重要的意义？

8. 单基因遗传的主要遗传方式有哪些？

9. 一个白化病（AR）患者与一基因型正常的人婚配，后代是患者的概率为多少？后代是携带者的概率是多少？

10. 显性遗传分为哪几种类型？

11. X-连锁隐性遗传有哪些主要特点？

12. 举例说明人类的连锁遗传现象。

主要参考文献

蔡绍京，徐珊. 2001. 医学遗传学. 北京：科学出版社
陈竺. 2001. 医学遗传学. 北京：人民卫生出版社
程罗根. 2005. 人类遗传学. 南京：南京师范大学出版社
程罗根. 2013. 遗传学. 北京：科学出版社
龚瑶琴，邵常顺，郑红，等. 1994. 白化病的遗传流行病学研究. 遗传学报，21（3）：169-172
黎青，孙筱放，胡冬贵，等. 2001. 地中海贫血基因诊断和产前基因诊断. 中国优生与遗传杂志，9（4）：7-8，126
李海丰，俞光荣. 2003. 软骨发育不全. 国外医学·骨科学分册，24（3）：167-170
李增烈，廖宁逊. 2009. 家庭性结肠息肉病. http://www.yxlw.org/html/neike/20091117/24868.html [2012-10-17]
刘雯，左伋. 2003. 医学遗传学. 3 版. 上海：复旦大学出版社
人类遗传学基础编写组. 1987. 人类遗传学基础. 北京：高等教育出版社
唐艳平. 2003. 医学遗传学. 武汉：湖北科学技术出版社
王培林. 2000. 遗传病学. 北京：人民卫生出版社
王正询. 2002. 简明人类遗传学. 北京：高等教育出版社
姚荷生. 1979. 人类遗传和遗传病. 南京：江苏科学技术出版社
余其兴，赵刚. 2000. 人类遗传学导论. 北京：高等教育出版社
袁智敏. 2002. 人类染色体数目畸变类型及其产生机理. 山西职工医学院学报，12（4）：2-3
张静敏，王世雄. 2001. 21-三体综合征临床与机制研究进展. 临床儿科杂志，19（1）：53-55
张誌，何蕴韶. 2004. 苯丙酮尿症分子遗传学研究进展. 遗传，26（5）：729-734

赵寿元，黄裕泉，单祥年，等. 1996. 人类遗传学概论. 上海：复旦大学出版社
甄一松，丰谢攀，史海波，等. 2001. 在线人类孟德尔遗传数据库（OMIM）. http: //www.docin.com/p-698134660.html [2013-9-7]
周云. 1986. 遗传与优生手册. 辽宁：辽宁大学出版社
朱泓，杨祖菁. 2010. 软骨发育不全的产前诊断进展. 海南医学，21（9）：118-121
左伋. 2001. 医学遗传学. 4 版. 北京：人民卫生出版社
Scriver C R，Hurtubise M，Konecki D，et al. 2003. What a locus-specific knowledgebase can do. Hum Mutat，21（4）：333-344

7
第七章　线粒体遗传

线粒体（mitochondria）是存在于真核细胞中的一种重要细胞器，是能量产生与转换的场所，还参与脂肪酸及少量蛋白质的合成。1894 年，Regaud Altman 首次发现线粒体；1897 年，Carl Benda 对其正式命名；1963 年，Margit M. Nass 和 Sylvan Nass 首次在鸡卵母细胞中发现线粒体中存在 DNA；同年，Gottfried Schatz 分离到完整的线粒体 DNA（mitochondrial DNA，mtDNA），从而人类开始了对 mtDNA 的探索。

第一节　人类线粒体基因组

线粒体有自己的一套遗传系统，同时也受核基因控制。人类线粒体 DNA 是独立于细胞核染色体外的又一基因组。1981 年，剑桥大学的 Everett Anderson 小组测定了人 mtDNA 的完整 DNA 序列，称为“剑桥序列”。人 mtDNA 是一个长为 16 569bp 的双链闭合环状分子，外环含 G 较多，称重链（H 链），内环含 C 较多，称轻链（L 链）。有性生殖中受精方式决定了线粒体遗传属母系遗传。近年来，人们发现线粒体不仅在细胞的生长代谢中起重要作用，而且 mtDNA 突变是许多人类疾病的重要病因。早期已有一些学者提出某些疾病可能为细胞质遗传，但直到 1987 年，Douglas C. Wallace 等通过对线粒体 DNA 突变和 Leber 视神经病（Leber's hereditary optic neuropathy，LHON）之间关系的研究后，才明确地提出线粒体 DNA 突变可引起人类的疾病，目前已发现人类 100 余种疾病与线粒体 DNA 突变有关。

一、线粒体基因组的结构

人类的每一个体细胞含有数百个线粒体，每个线粒体内有 2～10 个拷贝的双链线粒体 DNA，线粒体 DNA 占到了细胞总 DNA 的 1%。mtDNA 为闭环双链状 DNA 分子，不与组蛋白结合，分为编码区与非编码区两个功能区，编码区为保守序列，不同种系间 75%的核苷酸具同源性，此区包括 37 个基因：2 个基因编码线粒体核糖体的 rRNA（16S、12S），22 个基因编码线粒体中的 tRNA，13 个基因编码与线粒体氧化磷酸化（oxidative phosphorylation，OXPHOS）有关的蛋白质，这 13 个基因序列都以 ATG（甲硫氨酸）为起始密码，并有终止密码结构，长度均超过可编码 50 个氨基酸多肽所必需的长度，其中的 3 个基因产物为构成细胞色素 c 氧化酶（cytochrome c oxidase，COX）复合体（复合体Ⅳ）催化活性中心的亚单位（COXⅠ、COXⅡ和 COXⅢ），这 3 个亚基与细菌细胞色素 c 氧化酶是相似的，其序列在进化过程中是高度保守的；2 个为 ATP 合成酶复合体（复合体Ⅴ）F_0 部分的 2 个亚基（A6 和 A8）；7 个为 NADH-CoQ 还原酶复合体（复合体Ⅰ）的亚基（ND1、ND2、ND3、ND4L、ND4、ND5 和 ND6）；还有 1 个编码的结构蛋白质为 $CoQH_2$-细胞色素 c 还原酶复合体（复合体III）中细胞色素 b 的亚基。非编码区也称控制区（control-region，CR）或 D 环区（displacement loop region，D-loop），由 1122bp 组成，与 mtDNA 的复制及转录有关，包含 H 链复制的起始点（O_H）、H 链和 L 链转录的启动子（P_{H1}、P_{H2}、P_L）及 4 个保守序列（分别在 213～235bp、299～315bp、346～363bp 和终止区 16 147～16 172bp）。

目前已知，L 链仅编码 8 种 tRNA 和 1 种小分子的 mRNA，其余的均为 H 链编码（图 7.1）。

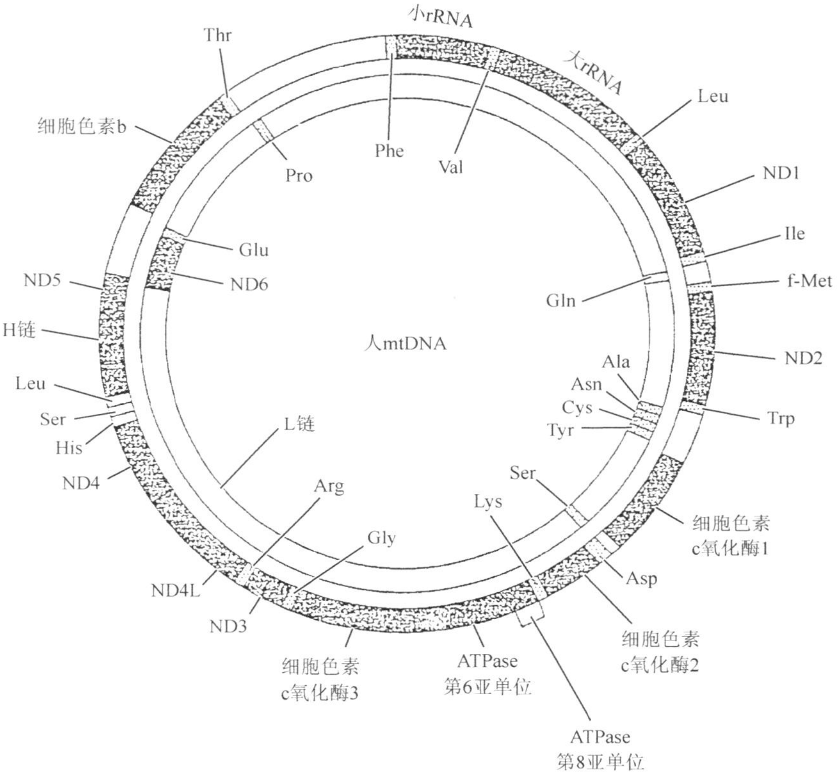

图 7.1　人类线粒体基因组

二、线粒体 DNA 的遗传学特征

与核基因组相比，线粒体基因组具有下列主要特点。

1. 半自主性

线粒体有自己的遗传物质，所以有人将 mtDNA 称为人类 25 号染色体，也有人将其称为 M 染色体，约占细胞总 DNA 的 1%。mtDNA 编码线粒体中部分蛋白质和全部的 tRNA、rRNA，能够独立进行复制、转录和翻译，但所含信息量小，呼吸链-氧化磷酸化系统的 80 多种蛋白质亚基中，mtDNA 仅编码 13 种，绝大部分蛋白质亚基和其他维持线粒体结构和功能的蛋白质都依赖于核 DNA（nuclear DNA，nDNA）编码，在细胞质中合成后，经特定转运方式进入线粒体。此外，mtDNA 基因的表达受 nDNA 的制约，线粒体氧化磷酸酶化系统的组装和维护需要 nDNA 和 mtDNA 的协调，二者共同作用参与机体代谢调节，因此线粒体是一种半自主细胞器，受线粒体基因组和核基因组两套遗传系统共同控制（图 7.2），nDNA 与 mtDNA 基因突变均可导致线粒体中蛋白质合成受阻，细胞能量代谢缺陷。

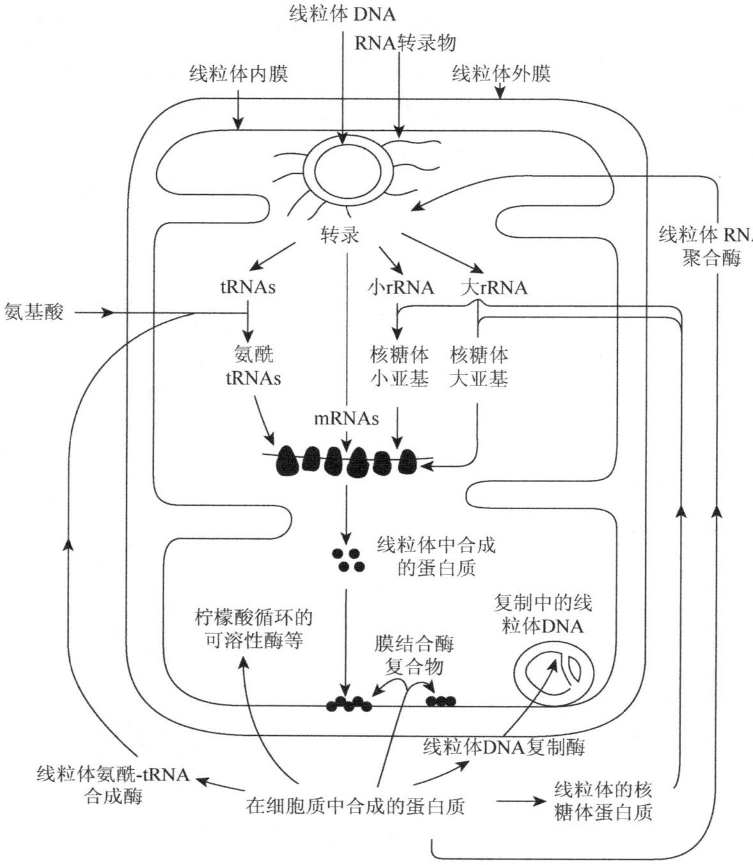

图 7.2　线粒体与细胞核的相互关系示意图

2. 基因排列紧密

与核 DNA 不同，线粒体 DNA 的 2 条链都被转录和翻译。各基因之间无间隔区，排列极为紧凑，部分区域还出现重叠，即前一个基因的最后一段碱基与下一个基因的第一段碱基相衔接，利用率极高。无启动子和内含子，缺少终止密码子，仅以 U 或 UA 结尾。基因间隔区只有 87bp，占 mtDNA 总长度的 0.5%。人类 mtDNA 转录时，每条链从各自的一个启动子区开始，以相同的转录速度，合成 H 链和 L 链两条不同的巨大的 RNA 分子，通过核酸酶切割成为各个基因的 mRNA、tRNA 或 rRNA。

3. 遗传密码子与通用密码子不同

在线粒体遗传密码子中，有 4 个密码子与核基因的“通用”密码子不同，如表 7.1 所示。

表 7.1　人类“通用”密码子和线粒体遗传密码子之间的区别

密码子	“通用”密码子	线粒体密码子
UGA	终止密码	色氨酸
AUA	异亮氨酸	甲硫氨酸
AGA	精氨酸	终止密码
AGG	精氨酸	终止密码

4. 母系遗传

一个卵母细胞拥有10万～20万个线粒体，每个线粒体至少含有几个DNA分子。但每个精子只有几百个线粒体，成熟的精子含有非常少的细胞质，几乎没有线粒体。因此，人类受精卵中的线粒体绝大部分来自卵子，像这种只通过女性传递的遗传方式称为母系遗传（maternal inheritance）。

5. tRNA的兼用性较强

在胞液内有30或30种以上与氨基酸对应的tRNA，而在线粒体中仅用22个tRNA来识别48个密码子。

6. 同质性与异质性

在正常组织细胞中，所有的mtDNA都是一致的，称为同质性（homoplasmy）。如果mtDNA发生突变，将造成在同一细胞或同一组织中有两种或两种以上的mtDNA，既有突变型mtDNA，又有野生型mtDNA，故称为异质性（heteroplasmy）。

异质性细胞经过有丝分裂和减数分裂，随机分配到两个子细胞中的突变型mtDNA和野生型mtDNA的比例会发生变化，mtDNA基因型分布向纯合突变型和纯合野生型漂变，经过多次分裂逐步达到同质性。

7. mtDNA突变率极高

由于mtDNA缺乏组蛋白的保护，线粒体亦缺乏DNA损伤修复系统，mtDNA的突变率较高，比核DNA的突变率高10～20倍。另外，mtDNA的多态现象比较普遍，任何两个人的mtDNA，平均1000个碱基对中有4个不同，最高的变化率可达3%（约70个碱基被取代），尤其D环区是线粒体基因组中进化速度最快的DNA序列，极少有同源性，而且参与的碱基数目不等，其16 024～16 365nt（nt：核苷酸）及73～340nt两个区域为多态性高发区，分别称为高变区Ⅰ（hypervariable region Ⅰ，HVⅠ）及高变区Ⅱ（hypervariable region Ⅱ，HVⅡ），这两个区域的高度多态性导致了个体间的高度差异，适用于群体遗传学研究，如生物进化、种族迁移、亲缘关系鉴定等。

8. mtDNA具有阈值效应

虽然线粒体的突变率极高，但是有害的突变会通过选择而被消除，因此线粒体遗传病并不多见。另外，线粒体遗传病的发生有一阈值（threshold），只有当突变的mtDNA达到一定的比例时，才有受损的表型出现，引起某种组织或器官功能的异常，其表型与氧化磷酸化缺陷的严重程度及各种器官系统对能量的依赖程度密切相关。由于脑、骨骼肌、心肌、肾脏、肝脏对能量的依赖性依次降低，因此，最先受损的是中枢神经系统，其后是肌肉、心脏、胰腺、肾脏和肝脏。

9. 遗传瓶颈

人的每个卵母细胞大约有10万个线粒体，当卵母细胞成熟时，绝大多数线粒体会丧失，数目减少到 100 个以下。这种线粒体数目从 10 万个锐减到少于 100 个的过程称为遗传瓶颈（genetic bottleneck）。此后，经过胚胎细胞前期分裂、繁殖的线粒体会达到每个细胞至少含有 1 万个。

10. mtDNA 可以稳定地整合到核基因组中

在特定的条件下，核 DNA 序列和 mtDNA 序列可以在细胞内游走，从而可造成 mtDNA 对核基因组的插入。在人的胎盘组织、白细胞等基因组中均发现整合的 mtDNA。mtDNA 对核基因的插入可能激活原癌基因或抑制癌基因的活性，导致细胞的分化增殖失控，最终形成肿瘤。

第二节　线粒体 DNA 的突变与线粒体病

细胞内各种活动所需的能量是由 ATP 提供的，ATP 主要来源于线粒体的氧化磷酸化过程。线粒体 DNA 的缺失或点突变，使编码线粒体氧化代谢过程必需的酶或载体发生障碍，糖原和脂肪酸等不能进入线粒体充分利用和产生足够 ATP，导致能量代谢障碍和产生复杂的临床症状，人们将这一类病称为“线粒体病”（mitochondriopathy），也被称为线粒体细胞病（mitochondrial cytopathy）。自从 1988 年发现第一个 mtDNA 突变以来，已发现 100 多个与疾病相关的点突变、200 多种缺失和重排，大约 60%的点突变影响 tRNA，35%影响多肽链的亚单位，5%影响 rRNA。mtDNA 基因突变可影响 OXPHOS 功能，使 ATP 合成减少，一旦线粒体不能提供足够的能量则可引起细胞发生退变，甚至坏死，导致一些组织和器官功能的减退，出现相应的临床症状。

一、线粒体 DNA 的突变

（一）主要突变类型

mtDNA 突变类型主要包括点突变、大片段重组和 mtDNA 数量减少。

1. 点突变

点突变（point mutation）发生的位置不同，所产生的效应也不同。已知的由 mtDNA 突变所引起的疾病中，2/3 的点突变发生在与线粒体内蛋白质翻译有关的 tRNA 或 rRNA 基因上，使 tRNA 和 rRNA 的结构异常，导致呼吸链中多种酶合成障碍；点突变发生于 mRNA 相关的基因上，可导致多肽链合成过程中的错义突变，进而影响氧化磷酸化相关酶的结构及活性，使细胞氧化磷酸化功能下降。

2. 大片段重组

mtDNA 的大片段重组包括缺失和重复，以缺失较为常见。大片段的缺失往往涉及多个基因，可导致线粒体 OXPHOS 功能下降，产生的 ATP 减少，从而影响组织器官的功能。mtDNA 的缺失可能是 mtDNA 分子中同向重复序列的滑动复制或同源重组引起的。

3. mtDNA 数量减少

mtDNA 数量的减少可为常染色体显性或隐性遗传，即提示该病由核基因缺陷所致线粒体功能障碍。

与遗传性疾病相关的 mtDNA 突变主要是点突变，与衰老相关的主要是 mtDNA 的缺失突变。不管是 mtDNA 的点突变还是片段缺失都可以导致线粒体内 tRNA 的种类不全及 mRNA 的不足，使多种蛋白质合成受阻，影响线粒体的功能。

（二）mtDNA 突变的机制

1. 氧化损伤

根据突变细胞系的不同，可分为生殖细胞系突变和体细胞系突变两种。mtDNA 的体细胞系突变与氧自由基损伤关系密切。这是因为 mtDNA 是唯一存在于人胞质中的 DNA 分子，在线粒体内膜上合成，而氧化磷酸化场所也在线粒体内膜。正常细胞呼吸时，有 1%～5%的氧会逃逸出呼吸链而形成活性氧（reactive oxygen species，ROS），且在缺血、缺氧等因素损伤时，产生的 ROS 会更多，加上 mtDNA 是裸露的，缺乏组蛋白和 DNA 结合蛋白的保护，因此 mtDNA 极易受到氧化损伤。

自由基可攻击 mtDNA 碱基，也可攻击糖基。攻击糖基时，脱氧核糖链上一核糖被夺取氢，然后导致链断裂，碱基逸失；自由基攻击 mtDNA 碱基的方式主要是直接使碱基氧化修饰，氧化修饰后的碱基在复制过程中容易出现错配而导致突变。例如，脱氧鸟嘌呤核苷（deoxyguanosine，dG）可被氧化成 8-oxo-dG（8-oxo-7，8-dihdro-2′de-oxyguanosine），在 mtDNA 复制过程中 8-oxo-dG 很容易错配，并且错配后稳定存在，从而为一些变性疾病奠定基因水平的基础。对于 mtDNA 而言，这些碱基、糖基的改变最终可导致点突变、缺失或插入突变。目前发现的与疾病相关的 mtDNA 的 tRNA 基因点突变就有 70 余种。

4977bp 缺失是这些缺失中最普遍和研究最多的类型。缺失发生在 mtDNA 8483～13 459nt，8470～8482nt 及 13 447～13 459nt 为核酸序列完全相同的 13bp 重复区（ACCTCCCTCACCA），目前认为该重复区可能是 mtDNA 4977 缺失发生的结构基础。mtDNA 4977 缺失片段包括 ATPase8、ATPase6、COⅢ、ND3、ND4 和 ND5 等编码的基因，缺失的发生使线粒体氧化磷酸化复合物Ⅰ的第 5 亚单位基因与复合物Ⅴ（ATPase）的第 8 亚单位基因融合，影响线粒体的氧化磷酸化。缺失突变型 mtDNA 比完整的野生型 mtDNA 长度小，其复制速度快，具有增殖优势，导致细胞中缺失突变 mtDNA 分子比例随年龄增长渐进性积累增加。细胞可以通过反馈增加线粒体的个数或 mtDNA 的拷贝数来弥补 mtDNA 氧化损伤对细胞造成的影响，但是这种弥补是有限的。

2. 细胞抗氧化机制的削弱

在氧自由基产生的同时，机体细胞可以通过抗氧化酶：超氧化物歧化酶（superoxide dismutase，SOD）、过氧化氢酶（catalase，CAT）、谷胱甘肽过氧化物酶（glutathione peroxidase，GSH-PX）等使其灭活。哺乳动物细胞在胞浆存在 Cu、Zn-SOD，在线粒体内有 Mn-SOD。随着年龄增大，Cu、Zn-SOD、CAT、GSH-PX 活性也降低，Mn-SOD 的活性在 60 岁前增高，而后开始下降，而且 Mn-SOD/CAT、Mn-SOD/GSH-PX 活性比随年龄增大而增加。这表明自由基清除酶在 60 岁以前可以有效清除自由基，但 60 岁后，自由基的产生与清除就会失衡，而产生氧化应激。由此可见，自由基清除酶的功能下降与氧化应激的不断增强，对于人类衰老进程中发生的 mtDNA 氧化损伤起着重要的作用。抗氧化酶产生保护的机制极为复杂，就 DNA 而言，唯一有效防御自由基的措施是非酶性的，组蛋白和紧密完整的染色体结构可以有效地保护 DNA，然而 mtDNA 却缺乏组蛋白及 DNA 结合蛋白的保护，这是 mtDNA 对氧化损伤敏感性较核 DNA 高的重要原因之一。

（三）mtDNA 的修复机制

以前多数研究者认为，mtDNA 缺乏有效的修复机制，然而近年来，不断地研究发现线粒体还是具有一定的 DNA 氧化损伤修复能力的。主要修复机制如下。

1. 碱基切除修复

这种修复机制被证实是通过一种 DNA 糖基酶来实现的，这种酶可以识别损伤的碱基，裂解其糖苷键。在细菌与哺乳动物细胞中有 3 种蛋白质参与鸟嘌呤核苷损伤修复：8-oxo-Gua DNA 糖基酶/AP 水解酶（Fpg Pro 或 MutM）；A DNA 糖基酶（MutY），这种酶可以识别并切除与 8-oxo-Gua 错配的碱基 A；8-oxo-dGTP 酶（MutT），此酶可以水解 8-oxo-d GTP，生成 8-oxo-dGMP。这样，损伤的鸟嘌呤核苷就不会再插入新合成的 DNA 中。目前，Fpg Pro 与 MutT 类似物已经从线粒体中分离出来，线粒体中是否存在 MutY 类似物仍需进一步探讨。

2. 核苷切除修复

这一过程需要多种酶复合体同时参与，最终导致一段寡核苷酸链的切除。这一复杂的修复过程目前还未在线粒体中发现。但已证实线粒体可以修复 4-硝基喹啉（4-nitroquinoline）诱导的 DNA 损伤，而在核内 4-硝基喹啉的损伤是通过核苷切除修复途径修复的。

3. 重组修复

田鼠的 mtDNA 可以通过重组修复去除 cisplatin（含重金属化合物）引起的链内交联。最近发现人心肌细胞的 mtDNA 可以通过重组来修复损伤。因此认为，mtDNA 拥有一定的自我修复能力，然而大量研究显示，mtDNA 遭受比核 DNA 高数十倍的突变率，这可能是因为一方面线粒体中氧化应激水平太高了，另一方面是其自我修复能力大大低于核 DNA。

（四）核基因突变导致线粒体功能异常

核 DNA 也参与编码呼吸链关键性复合酶，并且对 mtDNA 起调控作用。尽管 mtDNA 突变的发生率比核 DNA 的突变发生率要高 10～20 倍，但编码线粒体蛋白质的核 DNA 的相应基因若有缺陷或发生突变也同样可以影响到线粒体的功能。

二、线粒体疾病

线粒体疾病是由于 mtDNA 或/和核 DNA 发生基因突变，线粒体内酶功能缺陷，ATP 合成障碍，不能维持细胞的正常生理功能所致的一大类疾病。线粒体病的一个重要特征是呈母系遗传。

除线粒体基因组缺陷可直接导致的疾病外，编码线粒体蛋白质的核 DNA 突变也可引起线粒体病，但这类疾病表现为孟德尔遗传方式。目前发现还有一类线粒体疾病，可能涉及

mtDNA 与 nDNA 的共同改变，认为是基因组间交流的通信缺陷。

（一）线粒体疾病的分类

1. 生化分类

生化分类是根据线粒体所涉及的代谢功能来进行的，常分为以下 5 种类型：底物转运缺陷、底物利用缺陷、Krebs 循环缺陷、电子传递过程缺陷和氧化磷酸化偶联缺陷（表 7.2）。

表 7.2　疾病的生化分类

生化缺陷类型	生化机制
底物转运缺陷	肉碱棕榈酰基转移酶（CPT）缺陷；肉碱缺陷（肉碱转运体缺陷）
底物利用缺陷	丙酮酸脱氢酶复合体（PDHC）缺陷；β-氧化缺陷
Krebs 循环缺陷	延胡索酸酶缺陷；乌头酸酶缺陷；α-酮戊二酸脱氢酶缺陷
电子传递过程缺陷	复合体Ⅰ缺陷；复合体Ⅱ缺陷；复合体Ⅲ缺陷；复合体Ⅳ缺陷；复合体Ⅰ、Ⅲ和Ⅳ联合缺陷
氧化磷酸化偶联缺陷	Luft’s 病；复合体Ⅴ缺陷

2. 遗传分类

遗传分类是根据缺陷的遗传原因来进行的，可分为核 DNA（nDNA）缺陷、mtDNA 缺陷及 nDNA 和 mtDNA 联合缺陷 3 种类型（表 7.3）。

表 7.3　线粒体疾病的遗传分类

缺陷位置	遗传方式	遗传特征	生化分析
nDNA 缺陷			
组织特异基因	孟德尔式	组织特异综合征	组织特异单酶病变
非组织特异基因	孟德尔式	多系统疾病	广泛性酶病变
mtDNA 缺陷			
点突变	母性遗传	多系统、异质性	特异单酶病变 广泛性酶病变
缺失	散发	PEO、KSS、Pearson	广泛性酶病变
nDNA 和 mtDNA 联合缺陷			
多发性 mtDNA 缺失	AD/AR	PEO	广泛性酶病变
mtDNA 缺失	AR	肌病、肝病	组织特异多酶病变

注：PEO 为进行性眼外肌麻痹；KSS 为眼肌病；Pearson 为骨髓/胰腺综合征

（二）mtDNA 突变引起的疾病

mtDNA 与 nDNA 有不同的遗传特性，因此 mtDNA 突变所引起疾病的遗传方式、病因、病程也有其自身特性。由于线粒体基因组和生化的复杂性，线粒体疾病发病机制非常复杂，表型很不一致。不同的 mtDNA 突变可导致相同疾病，而同一突变也可引起不同表型，并且通常与突变 mtDNA 的异质性水平和组织分布相关（表 7.4，图 7.3）。

表 7.4 mtDNA 突变相关的疾病

突变	相关基因	表型
3 243nt	$tRNA^{Leu(UUR)}$	MELAS、PEO、NIDDM/耳聋
3 256nt	$tRNA^{Leu(UUR)}$	PEO
3 271nt	$tRNA^{Leu(UUR)}$	MELAS
3 303nt	$tRNA^{Leu(UUR)}$	心肌病
3 260nt	$tRNA^{Leu(UUR)}$	心肌病/肌病
4 269nt	$tRNA^{Ile}$	心肌病
5 730nt	$tRNA^{Asn}$	肌病（PEO）
8 344nt	$tRNA^{Lys}$	MERRF
8 356nt	$tRNA^{Lys}$	MERRF/MELAS
15 990nt	$tRNA^{Pro}$	肌病
8 993nt	*A6*	NARP/LEIGH
11 778nt	*ND4*	LHON
4 160nt	*ND1*	LHON
3 460nt	*ND1*	LHON
7 444nt	*COX1*	LHON
14 484nt	*ND6*	LHON
15 257nt	*Cyt6*	LHON

1. Leber 遗传性视神经病

Leber 遗传性视神经病（LHON）是德国眼科医生 Theoder Leber（1840～1917 年）于 1871 年首次报道的。本病的主要症状为视神经退行性病变，故又称 Leber 视神经萎缩。患者多在 18～30 岁发病，男女发病比例为 4∶1。个体细胞中突变 mtDNA 超过 96%时发病，少于 80%时男性患者症状不明显。临床表现为双侧视神经严重萎缩引起的急性或亚急性双侧中央视力丧失，可伴有神经、心血管、骨骼肌等系统异常，如头痛、癫痫及心律失常等。

诱发 LHON 的 mtDNA 突变均为点突变。1988 年，Wallace 等发现 LHON 患者 OXPHOS 复合物 Ⅰ（NADH 脱氢酶）的 ND4 亚单位基因第 11 778 位点的碱基由 G 置换为 A（G11778A，称 Wallace 突变），使 ND4 的第 340 位上一个高度保守的精氨酸被组氨酸取代，ND4 的空间构型改变，NADH 脱氢酶活性降低和线粒体产能效率下降，视神经细胞提供的能量不能长期维持视神经的完整结构，导致神经细胞退行性病变、死亡。大约 50%的 LHON 病是由该位点引起的。近年来，已相继报道了 10 多种点突变与本病的发生相关（表 7.5），它们分布在 *ND1*、*ND2*、*ND3*、*ND4*、*ND6*、细胞色素 b 等基因中，有些突变可单独引起 LHON，有些必须与其他突变配合作用才发生 LHON。

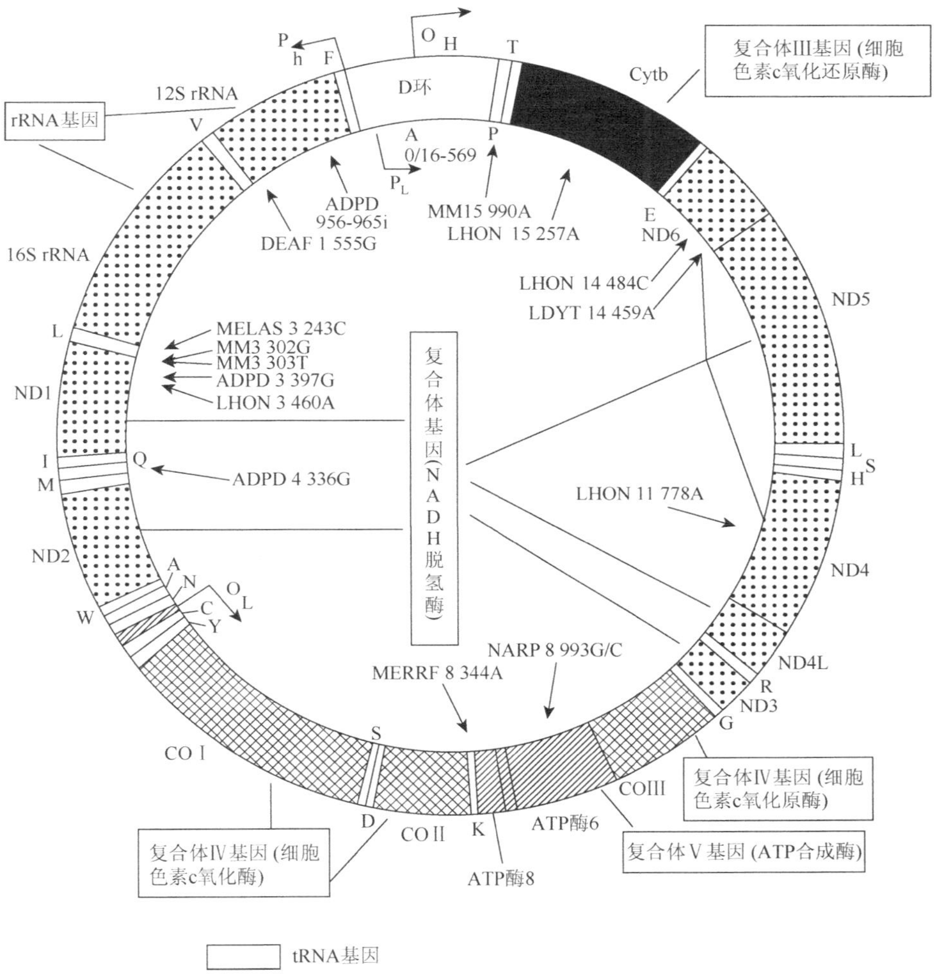

图 7.3 mtDNA 基因和突变位点

LHON. Leber 遗传性视神经病；AD. Altheimer 病；PD. 帕金森病；MERRF. 伴有破碎红纤维的肌阵挛癫痫；MELAS. 线粒体脑肌病合并乳酸血症及卒中样发作；NARP. 神经源性肌软弱、共济失调并发色素性视网膜炎；LDYT. Leber 肌张力障碍；DEAF. 聋哑；MM. 线粒体肌病

表 7.5 与 LHON 病相关的 mtDNA 突变

mtDNA 突变	相关基因
11 778nt（G→A）	*ND4*
15 257nt（G→A）	*Cyb6*
7 444nt（G→A）	*COX* I
4 160nt（T→C）	*ND1*
3 460nt（G→A）	*ND1*
3 394nt（T→C）	*ND1*
14 484nt（T→C）	*ND6*
mtDNA 协同突变	这些突变与各种组合时可致 LHON
15 812nt（G→A）	
13 708nt（G→A）	

5 244nt（G→A）
4 917nt（A→G）
4 216nt（T→C）

利用 LHON 患者的特异性 mtDNA 突变，可进行该病的基因诊断。例如，mtDNA 第 11 778 位 G→A 是 LHON 患者最常见的突变类型，该突变可导致原有的限制性内切核酸酶 *sfa*NⅠ的切点消失，正常人 mtDNA 经 *sfa*NⅠ酶切后产生 915bp、679bp 两个片段，而 LHON 患者 mtDNA 经酶切后只产生 1590bp 片段。

2. 线粒体脑肌病

线粒体脑肌病（mitochondrial encephalomyopathies，ME）是一组由于线粒体功能缺陷引起的多系统疾病，以中枢神经和肌肉系统病变为主，特征是呼吸链酶活性正常的肌纤维与酶活性缺失的肌纤维混合。患者各种组织内 mtDNA 的突变类型、分布各不相同，所以表现出不同的症状，多表现为肌力低下、易疲劳、小脑失调、耳聋、痴呆、代偿性高乳酸血症等。根据临床表现，将线粒体脑肌病分为：伴有破碎红纤维的肌阵挛癫痫（myoclonic epilepsy and ragged red fibers，MERRF），线粒体脑肌病合并乳酸血症及卒中样发作（mitochondrial encephalomyopathy with lactic acidosis，and stroke-like episodes，MELAS），Kearns-Sayre 综合征（KSS），慢性进行性眼外肌瘫痪（chronic progressive external ophthalmoplegia，CPEO），神经源性肌软弱、共济失调并发色素性视网膜炎（neurogenic muscle weakness，ataxia，and retinitis pigmentosa，NARP）和 Leigh 综合征（Leigh syndrome，LS）等几种。

3. 线粒体心肌病

线粒体心肌病累及心脏和骨骼肌，患者常有严重的心力衰竭，常见临床表现为劳动性呼吸困难，心动过速，全身肌无力伴全身严重水肿，心脏和肝脏增大等症状。

mtDNA 的突变和缺失与某些心肌病有关，如 3260 位点的 A→G 突变可引起母系遗传的线粒体肌病和心肌病；4977 位点的缺失多见于缺血性心脏病、冠状动脉粥样硬化性心脏病等；扩张性心肌病和肥厚性心肌病均可见 7436 位点的缺失等。

4. 帕金森病

帕金森病（parkinson disease，PD）又称震颤性麻痹（paralysis agitans），是一种晚年发病的神经系统变性疾病，患者表现为运动失调、震颤、动作迟缓且常常错误等，少数患者有痴呆症状。患者脑组织，特别是黑质中存在 4977bp 长的一段 DNA 缺失，缺失区域从 *ATPase8* 基因延续到 *ND5* 基因，结果导致多种组织细胞内的线粒体复合体Ⅰ、Ⅱ、Ⅲ甚至Ⅳ都存在功能缺陷，进而引起神经元中能量代谢障碍。

帕金森病的遗传机制比较复杂，大多数病例是自发的和集中在家庭中，大多数观点认为单纯的基因或环境毒物很少能直接引起 PD，大部分病例是基因和环境甚至更多因素共同作用的结果。

5. 其他与线粒体有关的病变

（1）衰老

衰老的一个重要特征是线粒体功能的衰减。大量的研究证实，衰老与线粒体氧化磷酸化酶活性降低及分裂终末的组织中突变 mtDNA 积累密切相关，mtDNA 突变类型包括缺失、点突变、插入、重复和 D 环区域出现小片段重叠，尽管这 5 种突变中的任何一种很少达到 1%，但在衰老组织中可同时存在其中的几种突变，大大增加突变型 mtDNA 的比例。研究表明，心肌扩张患者随着年龄的增长，体内 419kb mtDNA 缺失的比例增大，比同龄健康人高 8～2000 倍。辅酶 Q（CoQ）是线粒体呼吸链中最重要的组成部分。但它在组织中的含量与年龄密切相关。80 岁老人的心、肺、肾中所含 CoQ 大约是 20 岁年轻人的一半。由此可见，衰老与线粒体功能减弱有关。

（2）肿瘤

各种肿瘤和肿瘤细胞系中发现了体细胞 mtDNA 突变，这些突变能通过细胞生成能量的改变、线粒体氧化压力的增加和/或调节凋亡而导致肿瘤。有些因素的作用可使 mtDNA 游离出线粒体膜外（如细胞内线粒体受损伤崩解），而细胞内核酸降解酶活性下降，不能有效地清除游离于胞质中的 mtDNA 分子，mtDNA 有可能像致瘤病毒那样通过核膜，随机整合到 nDNA 中，激活原癌基因或抑制抗癌基因，使细胞增殖分化失控，导致癌变。mtDNA 是致癌物作用的重要靶点，众多研究结果显示，化学致癌物与 mtDNA 的结合比 nDNA 更充分。

所有肿瘤的线粒体 DNA 突变有 4 个特点：①大部分突变为碱基的替换，也有碱基的缺失或插入；②在蛋白质编码区都有突变发生；③D 环链区是突变频率最高的位点；④线粒体 DNA 同质性突变在肿瘤发生中有重要作用。

（3）糖尿病

与线粒体糖尿病有关的 mtDNA 突变类型较多，如 $tRNA^{Lys}$ 的 A8296G、12S rRNA 的 G1438A、T1310C 等点突变、8kb 重复突变和 10.4kb、7.7kb 及 7.6kb 缺失突变等。$tRNA^{Leu(UUR)}$ 基因 3230～3304 是热点突变区域，包括 $tRNA^{Leu(UUR)}$ 的 A3243G、C3256T、T3264C、G3316A，其中 A3243G 突变最为常见。

（4）冠心病

在冠脉狭窄、心肌细胞缺血和反复出现低血氧时，可使 mtDNA 出现不可逆性损害，产生永久性心肌细胞氧化功能障碍，因此，心肌缺血与 mtDNA 突变互为因果关系。

冠心病患者 mtDNA 5.0kb 片段的缺失是正常人的 7～220 倍，7.4kb 片段和 10.4kb 片段的缺失率也比正常人高。

三、mtDNA-核 DNA 与疾病

虽然线粒体有自己的遗传系统，但是线粒体中的大多数酶或蛋白质是由核 DNA 编码的，线粒体的复制、转录、翻译等都受核 DNA 的控制。因此，有些核基因突变也会表现线粒体功能的障碍，这类疾病也归入线粒体疾病。

这类疾病主要表现为线粒体功能障碍，以孟德尔方式遗传。编码线粒体蛋白质的基因缺陷或与线粒体蛋白质转运有关的核基因突变都会引起人类的线粒体疾病。如鸟氨酸氨基转移酶（ornithine δ-aminotransferase，OAT）是一个单体性线粒体基质酶，催化鸟氨酸和谷氨酸 γ-半醛之间的相互转化。OAT 的基因定位于 10q26，以常染色体隐性方式遗传。OAT 活性的缺陷会引起脉络膜和视网膜变性而导致失明，可能是 OAT 的基因突变改变了 OAT 蛋白的构象并阻止其进入线粒体基质所致。

思　考　题

1. 解释名词：母系遗传、同质性、异质性、遗传瓶颈、阈值效应。
2. 简述人类线粒体基因组的结构特点。
3. 为什么说线粒体是半自主性细胞器？
4. 简述 nDNA 在线粒体遗传中的作用。
5. 线粒体疾病有哪些主要类型？
6. 线粒体 DNA 有哪些遗传特征？

主要参考文献

程罗根. 2005. 人类遗传学. 南京：南京师范大学出版社

孙洪兆，艾洪滨，李云龙. 2008. 人类 mtDNA 的研究进展. 生物学通报，43（5）：4-6

孙洪兆，赵术珍. 2011. 人类的线粒体疾病. 齐鲁师范学院学报，26（5）：147-150

唐艳平. 2003. 医学遗传学. 武汉：湖北科学技术出版社

王培林. 2000. 遗传病学. 北京：人民卫生出版社

狭叶柴胡. 2007. 线粒体基因突变机制及其相关疾病的研究进展. http: //tieba.baidu.com/p/161291170 [2007-1-6]

左伋. 2001. 医学遗传学. 4 版. 北京：人民卫生出版社

Chandrase K K，Hatanpaa K，Rapoport S I，et al. 1997. Decreased expression of nuclear and mitochondrial DNA-encoded genes of oxidative phospho-rylation in association neocortex in Alzheimer disease. Brain Res Mol Brain Res，44：99-104

Croteau D L，Bohr V A. 1997. Repair of oxidative damage to nuclear and mitochondrial DNA in mammalian cells. J Biol Chem，272（41）：25 409-25 412

Fosslien E. 2001. Mitochondrial medicine-molecular pathology of defective oxidative phosphorylation. Annals of Clinical and Laboratory Science，31（1）：25-67

Francois S，Daniel C，Tom K. 1993. Prospects for the genetics of human longevity. Human Genet，91：519

Grishko V，Solomon M，Wilson G L，et al. 2001. Oxygen radical-induced mi-tochondrial DNA damage and repair in pulmonary vascular endothelial cell phenotypes. Am J Physiol Lung Cell Mol Physiol，280（6）：1300-1308

Kajander O A，Karhunen P J，Holt I J，et al. 2001. Prominent mitochondrial DNA recombination intermediates in human heart muscle. EMBO Rep，2（11）：1007-1012

Li D，Zhang W，Zhu J，et al. 2001. Oxidative DNA damage and 8-hydroxy-2-deoxyguanosine DNA glycosylase/apurinic lyase in human breast cancer. Mol Carcinog，31（4）：214-223

Lu C Y，Lee H C，Fahn H J. 1999. Oxidative damage elicited by imbalance of three radical scavenging enzymes is associated with large-scale mtDNA deletions in aging human skin. Mutat Res，423（1-2）：11-21

Nass M M，Nass S. 1963. Intramitochondrial fibers with DNA characteristics. Journal of Cell Biology，19：593-629

Rabilloud T，Strub J M，Carte N，et al. 2002. Comparative proteomics as a new tool for exploring human mitochondrial tRNA disorders. Biochenistry，41（1）：144-150

Read C Y，Calnan R J. 2000. Mitochondrial disease：beyond etiology unknown. J Pediatr Nurs，15（4）：232-241

sense. 2011. 人类线粒体 DNA 突变与肿瘤发生的关系. http: //blog.sina.com.cn/s/blog_4a69cfef0100qm8g.html [2011-4-20]

Shoubridge E A. 2001. Nuclear genetic defects of oxidative phosphorylation. Hum Mol Genet，10（20）：2277-2284

Souza Pinto N C，Croteau D L，Hudson E K，et al. 1999. Age-associated in crease in 8-oxo-deoxyguanosine glycosylase/AP lyase activity in rat mitochondria. Nucleic Acids Res，27（8）：1935-1942

Suliman H B，Carraway M S，Velsor L W，et al. 2002. Rapid mtDNA deletion by oxidants in rat liver mitochondria after hemin exposure. Free Radic Biol Med，32（3）：246-256

Wei H Y，Lee C F，Lee H C，et al. 2001. Increases of mitochondrial mass and mitochondrial genome in association with enhanced oxidative stress in human cells harboring 4’977 BP-deleted mitochondrial DNA. Ann N Y Acad Sci，928：97-112

8 第八章 多基因遗传

人类的有些遗传性状或某些遗传病的变异是连续的，相对性状存在着一系列中间过渡类型，个体间仅仅存在有数量或程度上的不同，而无类型或本质的差别，这类性状称为数量性状（quantitative character）。数量性状的遗传基础不是一对主基因，而是几对基因，每一对基因对遗传性状或遗传病形成的作用是微小的，故称为微效基因（minor gene）。但是，若干对基因作用积累之后，可以形成一个明显的表型效应，称为累加效应（additive effect）。这些基因也称累加基因（additive gene），因此这种性状或疾病的遗传方式称为多基因遗传（polygenic inheritance）或多因子遗传（multifactorial inheritance，MF）。同时由于上述的遗传性状或遗传病的发生，不仅取决于两个以上微效基因的累加作用，还受环境因子的影响，因此这类性状也称为复杂性状或复杂疾病（complex disease），如人的身高、智能、血压、糖尿病、精神分裂症、哮喘、多发硬化症等。

第一节 数量性状的多基因遗传

单基因遗传中所涉及的遗传性状或遗传病都是由一对等位基因控制的，遵循孟德尔遗传规律，相对性状的差异明显，变异是不连续的，这类性状称为质量性状（qualitative character）。数量性状和质量性状之间既有区别又有联系。

一、数量性状的表现特点

与质量性状相比，数量性状具有 3 个明显特点。

1）数量性状的变异呈现连续性。多基因遗传性状的变异在群体中的分布是连续的，有一个峰，即平均值。不同个体间的差异只是量的变异，如果将群体中个体的变异分布绘成曲线，则这种变异呈正态分布，因此在描述这类性状时，通常要用一定的数量来表示。

2）等位基因之间大多数没有显隐性关系，数量性状的遗传一般不出现孟德尔式的分离比。

3）比质量性状更容易受环境影响。

二、多基因假说

数量性状的遗传具有与质量性状不同的遗传特点，数量性状的遗传似乎不能直接用孟德尔定律来分析。在 1901～1918 年，科学家通过大量的遗传研究证明，数量性状也是由孟德尔遗传因子控制的，但这类性状的遗传基础是多基因。1909 年，Nilsson-Ehle 通过小麦粒颜色的遗传分析有力地证明了数量性状遗传的多基因理论。

Nilsson-Ehle 认为，数量性状是许多彼此独立的基因作用的结果，每个基因对性状表现的效果较微，但其遗传方式仍然服从孟德尔的遗传规律。而且还假定：①各基因的效应相等；②各个等位基因的表现为不完全显性或无显性，或表现为增效和减效作用；③各基因的作用是累加的。

三、人类的多基因遗传

（一）人体身高的遗传

身高是指从头顶点至地面的垂距，一般以厘米或米作为度量单位。身高的遗传研究不仅可以阐明与人体生长发育相关的生理过程，而且在人类学、遗传医学、运动学、个体识别等领域都有非常重要的意义。

身高属于多基因遗传，有数量性状遗传的特点，决定身高的基因有多少对，目前还不能肯定。一般来讲，个子高的父母生的孩子也是高个，个子矮的父母生的孩子也是矮个。图 8.1 是人类身高的分布曲线，人的身高只有 1 个峰值，极矮和极高的个体只占少数，大部分个体接近平均身高，而且呈现出由矮向高的逐渐过渡，说明人类的身高接近正态分布。1926 年，英国科学家 Francis Galton 提出人体身高“平均值的回归”理论：如果双亲身高平均值高于群体平均值，子女平均值就低于其双亲平均值，但接近群体身高平均值；如果双亲身高平均值低于群体平均值，则子女身高高于其双亲平均值，但接近群体身高平均值。

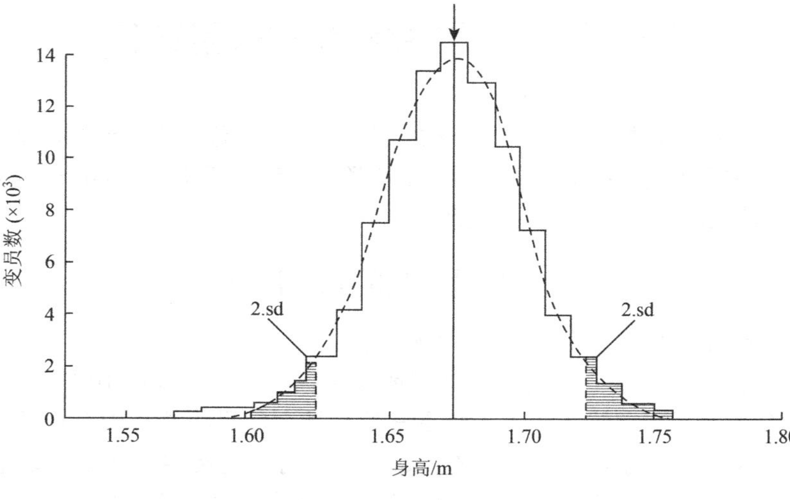

图 8.1　人类身高的变异分布

遗传对身高的影响不超过 80%，据统计，孩子的身高，从父亲那里遗传 35%，从母亲那里遗传 35%，剩下的 30%决定于环境。与这个数字相应，高个子的父母生下的孩子 70%的概率是高个，相反，矮个子的父母生下的孩子 70%是矮个。还有一种说法认为，孩子的身高相比较而言与母亲的身高关系更密切一些。以父母身高预测子女身高的近似公式如下。

儿子身高（cm）＝（父身高+母身高）×1.082/2

女儿身高（cm）＝（父身高×0.923+母身高）/2

因此，影响身高的因素主要包括两部分，一是遗传因素，二是环境因素。

1. 遗传因素

一个民族或家族的成员，其身高相近。如白种人普遍较黄种人身材高大。一个家族中，如果父母身材高大，子女往往较高。这可以说是先天因素，即与遗传有关。近几年的研究发现，人的身高似乎表现为显性遗传，双生儿身高无显著差异，遗传因素占 80%。根据国外测定，男子身高的遗传率是 79%，女子是 92%。

身高相关候选基因的选择主要集中在一些影响个体身高生长发育的激素控制基因及影响骨代谢的基因，主要包括多巴胺 D2 受体基因（dopamine D2 receptor，*DRD2*）、维生素 D 受体基因（vitamine D receptor，*VDR*）、雌激素受体基因（estrogen receptor，*ESR*）、芳香化酶基因（aromatase，*CYP19*）、*CYP17* 基因（cytochrome P450 c 17 α gene）、Y 染色体特异性生长基因（Y specific growth gene）等。

采用全基因组扫描（genome-wide scan）技术，Joel N. Hirschhorn 通过对瑞典、芬兰、加拿大等 4 个地区近 500 个家系的连锁分析，发现了 6q24-25、7q31.3-36、12p11.2-q14 和 13q32-33 等 4 个区域与身高存在连锁关系，其他专家也分别报道 3p26、7pter、9pter 等区域与身高相关。

2. 环境因素

环境因素即后天因素，主要包括：①营养因素，如食物中钙、磷的合理比例，有助于长高；②疾病的影响，如垂体疾病，其合成的生长激素过多或过少，均可影响身高；性激素促使骨骼发育，如过早产生大量性激素（性早熟），则少年时期个子长得快，而发育成熟之后反而比同年龄的人矮；如果成人的身高只停留在 5～6 岁儿童身高水平但智力正常者，称为侏儒，是一种单基因遗传病；③情绪波动，睡眠减少，生活无规律，均可影响全身发育和内分泌器官的机能而导致身体发育异常；④体育锻炼可以增强体质，有利于长高。有人统计，经常参加体育锻炼的青少年，较不参加体育锻炼的青少年可高出 4cm 左右。

（二）智力的遗传

智力是一种特殊的性状，是由观察、记忆、想象、注意集中、思考、判断、应用与创新等多种互相联系的因素构成的一种综合能力。这些能力发展了，智力水平自然就提高了。有位心理学家做了一个形象的比喻：观察力好像智力的眼睛，记忆力好像智力的“储存器”，思维力像中枢，想象力如同翅膀，创造力如同智力转换为物质能量的“转换器”。从这个比喻中，可以看出，智力是由多种要素构成的。一般地说，智力的发展取决于遗传、环境和教育三大因素。

1. 遗传因素

人智力的高低，要以大脑为物质基础，而大脑的结构和生理功能是遗传基因控制的，这是决定智力的先决条件。从以下的 3 方面证据可以看出遗传因素对智力的影响。

（1）双生子法调查的结果

研究表明，无论是分开抚养还是一起抚养的同卵双生子，其智商（intelligence quotient，IQ）的相关性都大于异卵双生子（表 8.1，表 8.2），说明在智商的形成中，遗传因素起着比环境因素更重要的作用。

表 8.1 隔离抚养的同卵双生子的 IQ 相关性

相关性/%	配对数目	研究年份	相关性范围/%
70	19	1937	68～77
75	37	1962	74～76
69	12	1965	64～73
75	42	1990	69～78
平均 74			

表 8.2 家族中平均 IQ 的相关性[a]

关系	相关性/%	研究对数	相关性范围/%
同一个体两次测试	90	88	NA
一起抚养的同卵双生子	86	4 672	58～95
分开抚养的同卵双生子	72	110	69～75
一起抚养的双卵双生子	60	5546	20～87
分开抚养的双卵双生子	52	34	NA
一起抚养的兄弟姐妹	47	26 473	11～90
分开抚养的兄弟姐妹	24	203	23～25
一起生活的父母和其子女	42	8 433	5～87
分开生活的父母和其子女	22	814	9～38
一起生活的被收养的子女	29	345	5～38
配偶	33	3 817	16～74

a. 资料取自对智力 111 个独立的研究；NA 表示数据无法获得

（2）智力是多基因遗传

许多研究实例都已经证明智力是多基因遗传，在人群中呈正态分布，其遗传度在 50%～60%。智力遗传度的大小与人们对智力的定义及测量方法有关。唐久来等采用 Holzinger 的改良遗传度（h^2）计算方法和 Vogel 等的 3 种遗传度计算方法（h_1^2、h_2^2、h_3^2），对合肥市 30 对同卵双生子（MZ）、30 对异卵双生子（DZ）和 60 对条件基本相同的群体对照组（control pairs，CP）做了 IQ 的遗传度（heritability）研究。结果表明，应用 Holzinger 的改良公式计算，儿童 IQ 的遗传度为 0.643，其中，学前组为 0.656，学龄组为 0.630；应用 Vogel 等的 3 种公式计算，平均遗传度为 0.618，其中，学前组为 0.645，学龄组为 0.591。两种计算方法结果均表明，学前组儿童 IQ 遗传度均高于学龄组，这可能与年龄越小受环境因素影响越少有关，符合多基因遗传的特点。

（3）基因突变或染色体畸变能够导致智力缺陷或智能发育不全

由于单基因突变和染色体畸变引起的智力缺陷几乎与环境因素毫无关系或关系很小。如半乳糖血症、苯丙酮尿症等先天性代谢障碍引起的白痴如果没有及时发现和治疗，就会导致终身的不可逆性的痴呆。又如家族性阿尔茨海默病（family Alzheimer's disease，FAD）是一种确定的常染色体显性遗传病，其早发型和晚发型的基因都已定位于 21 号和 19 号染色体上。有一条额外的 21 号染色体的患者如 21-三体综合征，其主要表现就是以智力低下为主要特征的先天性痴呆。由染色体畸变所导致的疾病中大多数都有智力障碍和缺陷，可见遗传因素对智力形成的重要性。遗传物质对智能影响的研究已经有了比较明确的结果，在 12 号、14 号、21 号、19 号、15 号、4 号、5 号、6 号及 X 染色体都发现了与智能缺陷相关的基因（表 8.3）。

表 8.3　部分影响人类智能的基因及染色体定位

智能障碍	基因	染色体
苯丙酮尿症	苯丙氨酸羟化酶（*PAH*）	12
阿尔茨海默病	淀粉样前体蛋白（*APP*）	21
（早发型）	早老素-1（*PS1*）	14
	S182	14
阿尔茨海默病	载脂蛋白（*Apo-E*）	19
（晚发型）	*STM1*	1
	早老素-2（*PS2*）	21
Down 病	*SOD1* 等	21（三体）
精神发育迟缓	不详	X
阅读不能	不详	15
Huntington 舞蹈病		4
遗传学脊髓小脑共济失调	*SCA*	6
	9q13-12.1	9
猫叫综合征	5P15.2D5S13-D5S18	5（缺失）
47，XXY 综合征		多一条 X
48，XXXY 综合征		多 2 条 X 或 XY

还有一项科研成果可以证明遗传对智力的先天作用，那就是两性之间的智力差异。英国的帕克儿童医院人类发展研究所的一项研究结果表明，男女之间的智力差异，与各自所含的不同染色体（即决定男女性别的遗传基因）有关。在人的 23 对染色体中，只有 1 对性染色体在不同性别中存在差异，正是这 1 对极其细小的遗传物质使大脑产生了两个半球的偏侧性差异，影响了大脑的结构，从而导致了男女智力的差异。这种差异在婴儿时期就能表现出来，男性婴儿的注意力容易集中在眼睛所看到的物体上，如色彩、图形；而女性婴儿却对耳朵所听到的声音感兴趣。女孩在生理发育上早于男孩，因此心理发展也占优势。例如，女孩开始说话要比男孩平均早 2～3 个月，这种优势一般要保持到青春期之前。小学的女生往往用语言上的优势，以记忆、背诵的方法来获取知识，并且能取得好成绩；男孩子在小学阶段大多赶不上女孩。在思维能力方面，女孩子在考虑问题时常常带有浓厚的感情色彩，侧重于形象思维；而男孩子考虑问题具有广泛、灵活的特性，创造性较强，偏向于逻辑。因此，在中学阶段，所学的知识越来越深奥，需要较强的逻辑思维能力，故男生会渐渐赶上女生，甚至超过女生。而这些差别与遗传所造成的染色体差异有直接关系。因此，可以证实遗传对智力的先天性影响。

（4）智力的测量

智力的测量目前尚没有统一的标准，大多数国家用智商（智力商数）IQ 表示，即通过一系列标准测试测量人在其年龄段认知能力（“智力”）的得分。历史上第一个实用的智力测验发表于 1905 年，是由心理学家比纳（Alfred Binet，1857～1911 年）和医生西蒙（Theodore Simon，1873～1961 年）创造的，根据这套测验的结果，将一般人的平均智商定为 100，正常人的智商，根据这套测验，大多在 85～115。智力等级与智商的关系如表 8.4 所示。

$$\text{智商（IQ）}=\frac{\text{智力年龄（M.A）}}{\text{实际年龄（O.A）}}\times 100\%$$

表 8.4　智力等级表

智力等级	智商值/分
天才	140～200
很聪明	120～139
聪明	110～119
正常	90～99
智力低下	70～89
愚蠢	50～69
呆子	25～49
白痴	0～24

由于智商的构成是智力年龄是否与其生活年龄相适应的结果，因此人们要正确对待 IQ 测试。例如，如果 3 岁的儿童达到 6 岁的智商，他的智力就超前发展，这不一定是一种好现象。但是，如果 6 岁的儿童只达到 3 岁的智商，就要引起注意并应加强培养和训练。根据韦氏测验法（Wechsler intelligence scale，是美国 David Wechsler 于 1939 年主持编制的系列智力测验量表，是目前世界上应用最广泛的智力测验量表），智力可分为 4 部分：身体的发展、知觉的发展、语言的发展和社会性（即技能）的发展。通过对这 4 部分的综合评估，判断儿童是否平衡发展，分辨出何种领域发展快，哪部分发展慢，从而编制出适合不同儿童的教育课题，这就是因材施教。

2. 环境因素

虽然有充分的证据表明智力与遗传相关，但是并非智商系数高的夫妇所生的孩子就一定聪明过人，因为智力同人体许多其他性状一样，是遗传因素与环境因素（学习、训练等）共同作用的结果。如果一个人虽然生来就有发育良好的大脑，倘若不从胎儿期、新生儿期、幼儿期就进行教育，不通过感官将大量信息传入大脑，就会使本身的优越条件丧失无遗，他（她）的智商（IQ）仍然是很低的，狼孩就是明显的例证。

孕妇在怀孕期间患有风疹、水痘等病毒性疾病，怀孕期受到过量放射线的照射，有妊娠中毒症及其他全身性的疾病等，都可能影响到胎儿的正常发育。这些因素一方面直接造成胎儿脑发育障碍，使大脑细胞发育不完善；另一方面也影响骨髓、内分泌等系统的发育，反过来又影响了脑的发育。而且吸烟、酗酒的妇女所生的孩子智力多数迟钝。

分娩时的产伤，新生儿早期的脑创伤和中枢神经系统的感染等，难产、产钳助产、负压吸引、严重窒息、脐带绕颈等造成头颅的机械性压迫，都会影响脑的发育，从而影响智力发育。

因此，既不能夸大遗传的作用而忽视环境的影响，也不能强调后天教育的作用而否认先天遗传的作用，只有二者兼顾，才是智力正常发育的基础。

（三）寿命的遗传

长寿从古至今一直是人类追求的目标，那么人的寿命到底有多长？有学者认为，人体的自然寿命有3种计算方法：第一种是按性成熟期的8～10倍计算，人体的性成熟期是14～15岁，寿命应该是112～150岁；第二种是按生长期的5～7倍计算，人的生长期一般是20～25年，寿命就应该是100～175岁；第三种是按细胞分裂周期乘50～55次来计算，人体细胞的分裂周期是2.4年，人的自然寿命为120～132岁。按上述计算，人人都应活过百岁，但根据世界各地的资料统计，这个推论目前很难达到。

就全球而言，现代女子的平均寿命比男子长3.5年。在一些发达国家，男女平均寿命的差距更大。例如，在美国女子要比男子多活7年9个多月；在前苏联，女子要多活10年。有人通过统计学研究提出，女人之所以比男人寿命长，与性染色体差异有关。在X染色体上有抵抗不利于寿命因素的基因，女人有两条X染色体，而男子只有一条，不利寿命的因素相对增加，因而年老的女性比男性多。

人的寿命长短受多种因素的影响，但长寿者与短寿者往往有家族性倾向，这说明寿命与遗传有关。寿命的长短变化很大，呈正态分布，很可能是多基因决定的。人的寿命受极复杂的基因系统所控制，每个功能部件几乎均由主效基因、微效基因及调控基因等构成。

人类的长寿与衰老是生命过程中的一对矛盾体。长寿与衰老基因，犹如肿瘤发病过程中的癌基因与抑癌基因，细胞凋亡过程中的促凋亡基因与抑凋亡基因等的相互制约，衰老相关基因亦应有“长寿基因”和“衰老基因”之分。“长寿基因”并不是指某个基因，而是泛指那些具有延长寿命或延缓衰老的基因。越来越多的长寿相关基因被揭示和报道，例如，*Klotho*基因、*Sirt1*基因、*Sirt2*基因、*Sirt3*基因、*Sirt4*基因、*Sirt5*基因、*Sirt6*基因和*Sirt7*基因等。*Klotho*基因位于13q12，基因全长50kb，有5个外显子，该基因过表达可延长生命，低表达则加速衰老。沉默信息调节因子（silent information regulator，SIR）家族的7个成员（*Sirt1*～*Sirt7*）在DNA损伤修复、细胞周期调节和抗衰老等过程中发挥作用。*Sirt1*位于10q21.3，全长33kb，在糖代谢、脂代谢、调节胰岛素分泌中发挥重要作用，因此在人类抗衰老过程中具有重要意义。*Sirt2*位于19q13.1，有16个外显子，Sirt2蛋白主要存在于少突胶质前体细胞胞质中，其功能有利于预防细胞过分化和早衰。*Sirt3*位于11p15.5，长度为21kb，在抗细胞凋亡方面有重要作用。*Sirt4*是一个对能量限制敏感和减缓衰老的关键性基因，在糖脂代谢平衡的维持中扮演着关键性的角色。*Sirt5*基因与能量代谢和细胞凋亡有着密切的关系，可影响人体的功能和衰老。*Sirt6*基因的超表达对人类的抗衰老具有重要作用。*Sirt7*能够控制肿瘤进展甚至逆转癌症，使机体恢复健康，并延长寿命。另据报道，载脂蛋白Eε4等位基因是许多疾病，如心血管病、阿尔茨海默病的易感基因，所以该基因可被称为“短寿易感基因”，在长寿老人中分布明显偏低。

随着老年生物学的发展和研究的不断深入，科学家相信，细胞对时间具有记忆功能并且控制着衰老进程，长寿是由体内的许多“生物钟”决定的。目前，衰老生物学家已发现两种“生物钟”，一种是化学“生物钟”，称褪黑激素（melatonin），可以调节生物节律、提高免疫功能、改善应激水平、降低患心脏病的危险性、缓和部分癌症的发展进程；另一种是分子“生物钟”，存在于人体细胞内46条染色体的每条染色体的末端，通常称为端粒，细胞每分裂一次，端粒区的DNA分子就缩短一些，到一定程度细胞就衰老死亡。

衰老实际上是细胞关闭了某些基因。衰老的遗传基础是大量基因甲基化使其表达失活或衰变、端粒变短、三联体扩增渐变、复制或转录错误及突变等衰退过程积累的结果。死亡的遗传基础主要有编程性、自然衰老性及特定基因组反馈调节能力解体致死3种情况。

如何使关闭的基因重新启动，是长寿研究的重要课题。因此，学者将延长寿命的希望寄托在遗传工程上。科学家在螟虫染色体上发现一个决定寿命的基因，命名为长寿 1 号基因，该基因能使螟虫的平均寿命延长 70%，长寿 1 号基因在年轻细胞中比在衰老的细胞中活跃，它还能使酵母菌的寿命延长 1/3。后来有人发现，人体某些细胞里也有类似长寿 1 号基因的表达。人类的基因组计划和蛋白质组计划有望揭示人类细胞的全部秘密，然后再通过基因工程，使人类的自然寿命达到 100 岁或更长。

寿命作为一种表型，它也是遗传与环境相互作用的结果。广义的环境包括社会因素与生存环境因素，如生态环境、家庭、嗜好、饮食、运动、睡眠、心情、精神状况等。所以不同地区与社会条件下，群体的平均寿命是有差异的。

第二节　多基因遗传病

多基因遗传病（polygenic disease）是指受多对基因所控制的遗传病，疾病的形成还受到环境因子的影响，故也被称为多因子疾病（multifactorial disorders）。多基因遗传病的发病率比单基因遗传病高得多，大多超过 1/1000。多基因遗传病有一定的遗传基础，常常表现出家族倾向，患者同胞的发病率不是 1/2 或 1/4，而是 1%～10%。目前已知的多基因遗传病有 100 多种，其中许多还属于常见病，如高血压、冠心病、动脉粥样硬化、哮喘、糖尿病、胃及十二指肠溃疡、精神分裂症、风湿病、癫痫等，以及唇裂、腭裂、脊柱裂等先天畸形等，15%～20%的人患多基因遗传病。

一、易感性、易患性与发病阈值

在多基因遗传病的发生中，遗传因素和环境因素的共同作用决定了一个个体患某种遗传病的可能性，称为易患性（liability）。人类易患性是一种数量性状，其变异呈正态分布。一般群体中，易患性很高或很低的个体都很少，大部分个体都接近平均值。易感性（susceptibility）特指由遗传因素决定的患病风险，仅代表个体所含有的遗传因素；但在一定的环境条件下，易感性高低可代表易患性高低。当一个个体易患性高到一定限度就可能发病。这种由易患性所导致的多基因遗传病发病的最低限度称为发病阈值（threshold）。阈值将群体中连续分布的易患性变异分为两部分，一部分是正常群体，另一部分是患病群体（图 8.2）。阈值标志着在一定的环境条件下，患者所必需的最低致病基因数量，所以多基因遗传性状亦属于阈值性状。

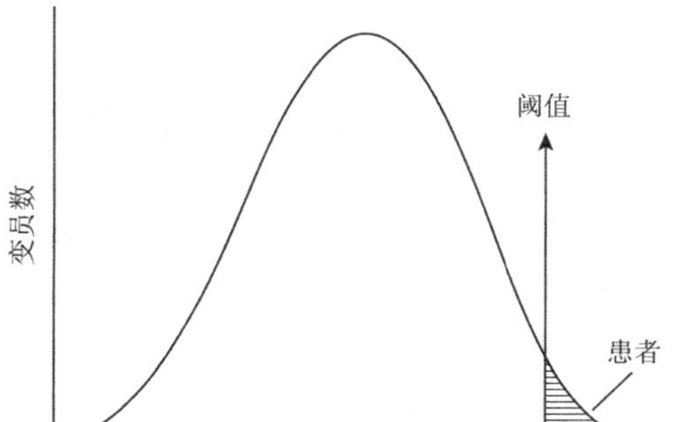

图 8.2　群体易患性变异分布图

一个个体的易患性高低是无法测量的，一般只能根据婚后所生子女的发病情况做粗略的估计。然而，一个群体的易患性平均值，则可以从该群体的患病率（易患性超过阈值的部分）作出估计。简单地说，如果群体中患病率高，说明这个群体中引起该病的基因数量多，也可以说该群体的易患性高，因此其平均值距离阈值就近。相反，群体中患病率低，则群体中致病基因数量少，易患性低，其平均值距离阈值就远。衡量的尺度可以用正态分布平均值与标准差的已知关系，由患病率估计群体的阈值与易患性平均值之间的距离，这距离即以正态分布的标准差作为衡量单位。根据正态分布曲线下的总面积为 1（即 100%），可推算得到均数加减任何数量标准差的范围内，曲线与横轴之间的面积占曲线下总面积的比例。正态分布数据包括均数（μ）和标准差（σ）与正态分布曲线下面积的关系（图 8.3）。

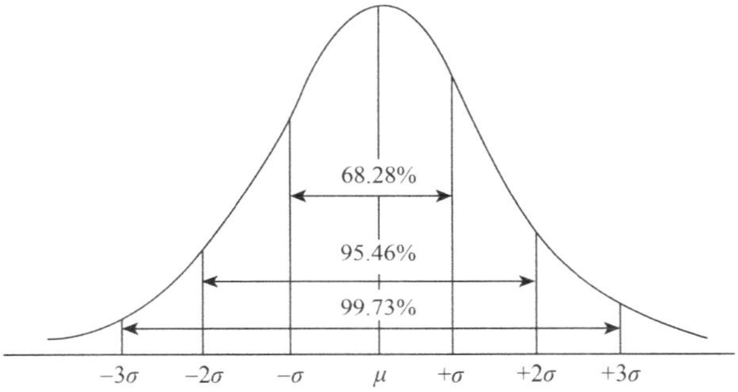

图 8.3　μ 和 σ 关系图解

在 $\mu\pm\sigma$ 范围内，包括全部面积的 68.28%。超出此范围，即两侧尾部面积占 31.72%，其中右侧尾部面积占 15.86%（群体患病率）。

在 $\mu\pm2\sigma$ 范围内，包括全部面积的 95.46%。超出此范围，即两侧尾部面积占 4.54%，其中右侧尾部面积占 2.27%（群体患病率）。

在 $\mu\pm3\sigma$ 范围内，包括全部面积的 99.73%。超出此范围，即两侧尾部面积占 0.27%，其中右侧尾部面积占 0.135%（群体患病率）。

多基因遗传病的正态分布曲线下的面积为总人群，其易患性超过阈值的那部分面积为患者所占的百分数，即患病率。所以人群中某一种多基因病的患病率即为超过阈值的那部分面积。从其患病率就可以得出阈值距离均数（μ）有几个标准差，这只要查正态分布表（表 8.5）即可。在右侧尾部面积代表患病率（图 8.4）。

表 8.5　正态分布的 *X* 和 *a* 值表（Falconer 表）

q/%	*X*	*a*	*q*/%	*X*	*a*	*q*/%	*X*	*a*
0.01	3.719	3.960	0.12	3.036	3.317	0.23	2.834	3.129
0.02	3.540	3.790	0.13	3.012	3.294	0.24	2.820	3.117
0.03	3.432	3.687	0.14	2.989	3.273	0.25	2.807	3.104
0.04	3.353	3.613	0.15	2.968	3.253	0.26	2.794	3.093
0.05	3.291	3.554	0.16	2.948	3.234	0.27	2.782	3.081
0.06	3.239	3.507	0.17	2.929	3.217	0.28	2.770	3.070
0.07	3.195	3.464	0.18	2.911	3.201	0.29	2.759	3.060
0.08	3.156	3.429	0.19	2.894	3.185	0.30	2.748	3.050
0.09	3.121	3.397	0.20	2.878	3.170	0.31	2.737	3.040
0.10	3.090	3.367	0.21	2.863	3.156	0.32	2.727	3.030
0.11	3.062	3.341	0.22	2.848	3.142	0.33	2.716	3.021

续表

q/%	X	a	q/%	X	a	q/%	X	a
0.34	2.706	3.012	1.02	2.319	2.658	1.70	2.120	2.480
0.35	2.697	3.003	1.03	2.315	2.655	1.71	2.118	2.478
0.36	2.687	2.994	1.04	2.312	2.652	1.72	2.115	2.476
0.37	2.678	2.986	1.05	2.308	2.649	1.73	2.113	2.474
0.38	2.669	2.978	1.06	2.304	2.645	1.74	2.111	2.472
0.39	2.661	2.969	1.07	2.301	2.642	1.75	2.108	2.470
0.40	2.652	2.962	1.08	2.297	2.639	1.76	2.106	2.467
0.41	2.644	2.954	1.09	2.294	2.646	1.77	2.104	2.465
0.42	2.636	2.947	1.10	2.290	2.633	1.78	2.101	2.463
0.43	2.628	2.939	1.11	2.287	2.630	1.79	2.099	2.461
0.44	2.620	2.932	1.12	2.283	2.627	1.80	2.097	2.459
0.45	2.612	2.925	1.13	2.280	2.624	1.81	2.095	2.457
0.46	2.605	2.918	1.14	2.277	2.621	1.82	2.092	2.455
0.47	2.597	2.911	1.15	2.273	2.618	1.83	2.090	2.453
0.48	2.590	2.905	1.16	2.270	2.615	1.84	2.088	2.451
0.49	2.583	2.898	1.17	2.267	2.612	1.85	2.086	2.449
0.50	2.576	2.892	1.18	2.264	2.609	1.86	2.084	2.447
0.51	2.569	2.886	1.19	2.260	2.606	1.87	2.081	2.445
0.52	2.562	2.880	1.20	2.257	2.603	1.88	2.079	2.444
0.53	2.556	2.873	1.21	2.254	2.600	1.89	2.077	2.442
0.54	2.549	2.868	1.22	2.251	2.597	1.90	2.075	2.440
0.55	2.543	2.862	1.23	2.248	2.594	1.91	2.073	2.438
0.56	2.536	2.856	1.24	2.244	2.591	1.92	2.071	2.436
0.57	2.530	2.850	1.25	2.241	2.589	1.93	2.068	2.434
0.58	2.524	2.845	1.26	2.238	2.586	1.94	2.066	2.432
0.59	2.518	2.839	1.27	2.235	2.583	1.95	2.064	2.430
0.60	2.512	2.834	1.28	2.232	2.580	1.96	2.062	2.428
0.61	2.506	2.829	1.29	2.229	2.578	1.97	2.060	2.426
0.62	2.501	2.823	1.30	2.226	2.575	1.98	2.058	2.425
0.63	2.495	2.818	1.31	2.223	2.572	1.99	2.056	2.423
0.64	2.489	2.813	1.32	2.220	2.570	2.00	2.054	2.421
0.65	2.484	2.808	1.33	2.217	2.567	2.1	2.034	2.403
0.66	2.478	2.803	1.34	2.214	2.564	2.2	2.014	2.386
0.67	2.473	2.798	1.35	2.211	2.562	2.3	1.995	2.369
0.68	2.468	2.797	1.36	2.209	2.559	2.4	1.977	2.353
0.69	2.462	2.789	1.37	2.206	2.557	2.5	1.960	2.338
0.70	2.457	2.784	1.38	2.203	2.554	2.6	1.943	2.323
0.71	2.452	2.779	1.39	2.200	2.552	2.7	1.927	2.309
0.72	2.447	2.775	1.40	2.197	2.549	2.8	1.911	2.295
0.73	2.442	2.770	1.41	2.194	2.547	2.9	1.896	2.281
0.74	2.437	2.766	1.42	2.192	2.544	3.0	1.881	2.268
0.75	2.432	2.761	1.43	2.189	2.542	3.1	1.866	2.255
0.76	2.428	2.757	1.44	2.186	2.539	3.2	1.852	2.243
0.77	2.423	2.753	1.45	2.183	2.537	3.3	1.838	2.231
0.78	2.418	2.748	1.46	2.181	2.534	3.4	1.825	2.219
0.79	2.414	2.744	1.47	2.178	2.532	3.5	1.812	2.208
0.80	2.409	2.740	1.48	2.175	2.529	3.6	1.799	2.197
0.81	2.404	2.736	1.49	2.173	2.527	3.7	1.787	2.186
0.82	2.400	2.732	1.50	2.175	2.525	3.8	1.774	2.175
0.83	2.395	2.728	1.51	2.167	2.522	3.9	1.762	2.165
0.84	2.391	2.724	1.52	2.165	2.520	4.0	1.751	2.154
0.85	2.387	2.720	1.53	2.162	2.518	4.1	1.739	2.144
0.86	2.382	2.716	1.54	2.160	2.515	4.2	1.728	2.135
0.87	2.378	2.712	1.55	2.157	2.513	4.3	1.717	2.125
0.88	2.374	2.708	1.56	2.155	2.511	4.4	1.706	2.116
0.89	2.370	2.704	1.57	2.152	2.508	4.5	1.695	2.106
0.90	2.366	2.701	1.58	2.149	2.506	4.6	1.685	2.097
0.91	2.361	2.697	1.59	2.147	2.504	4.7	1.675	2.088
0.92	2.357	2.693	1.60	2.144	2.502	4.8	1.665	2.080
0.93	2.353	2.690	1.61	2.142	2.499	4.9	1.655	2.071
0.94	2.349	2.686	1.62	2.139	2.497	5.0	1.645	2.063
0.95	2.346	2.683	1.63	2.137	2.495	5.1	1.635	2.054
0.96	2.342	2.679	1.64	2.135	2.493	5.2	1.626	2.046
0.97	2.338	2.676	1.65	2.132	2.491	5.3	1.616	2.038
0.98	2.334	2.672	1.66	2.130	2.489	5.4	1.607	2.030
0.99	2.330	2.669	1.67	2.127	2.486	5.5	1.598	2.023
1.00	2.326	2.665	1.68	2.125	2.484	5.6	1.589	2.015
1.01	2.323	2.662	1.69	2.122	2.482	5.7	1.580	2.007

续表

q/%	X	a	q/%	X	a	q/%	X	a
5.8	1.572	2.000	11.9	1.180	1.671	18.0	0.915	1.458
5.9	1.565	1.993	12.0	1.175	1.667	18.1	0.912	1.455
6.0	1.555	1.985	12.1	1.170	1.663	18.2	0.908	1.452
6.1	1.546	1.978	12.2	1.165	1.659	18.3	0.904	1.449
6.2	1.538	1.971	12.3	1.160	1.655	18.4	0.900	1.446
6.3	1.530	1.964	12.4	1.155	1.651	18.5	0.896	1.443
6.4	1.522	1.957	12.5	1.150	1.647	18.6	0.893	1.440
6.5	1.514	1.951	12.6	1.146	1.643	18.7	0.889	1.437
6.6	1.506	1.944	12.7	1.141	1.639	18.8	0.885	1.434
6.7	1.499	1.937	12.8	1.136	1.635	18.9	0.882	1.431
6.8	1.491	1.931	12.9	1.131	1.631	19.0	0.878	1.428
6.9	1.483	1.924	13.0	1.126	1.627	19.1	0.874	1.425
7.0	1.476	1.918	13.1	1.122	1.623	19.2	0.871	1.422
7.1	1.468	1.912	13.2	1.117	1.620	19.3	0.867	1.420
7.2	1.461	1.906	13.3	1.112	1.616	19.4	0.863	1.417
7.3	1.454	1.899	13.4	1.108	1.612	19.5	0.860	1.414
7.4	1.447	1.893	13.5	1.103	1.608	19.6	0.856	1.411
7.5	1.440	1.887	13.6	1.098	1.605	19.7	0.852	1.408
7.6	1.433	1.881	13.7	1.094	1.601	19.8	0.849	1.405
7.7	1.426	1.876	13.8	1.089	1.597	19.9	0.845	1.403
7.8	1.419	1.870	13.9	1.085	1.593	20.0	0.842	1.400
7.9	1.412	1.864	14.0	1.080	1.590	20.1	0.838	1.397
8.0	1.405	1.858	14.1	1.076	1.586	20.2	0.834	1.394
8.1	1.398	1.853	14.2	1.071	1.583	20.3	0.831	1.391
8.2	1.392	1.847	14.3	1.067	1.579	20.4	0.827	1.389
8.3	1.385	1.842	14.4	1.063	1.575	20.5	0.824	1.386
8.4	1.379	1.836	14.5	1.058	1.572	20.6	0.820	1.383
8.5	1.372	1.831	14.6	1.054	1.568	20.7	0.817	1.381
8.6	1.366	1.825	14.7	1.049	1.565	20.8	0.813	1.378
8.7	1.359	1.820	14.8	1.045	1.561	20.9	0.810	1.375
8.8	1.353	1.815	14.9	1.041	1.558	21.0	0.806	1.372
8.9	1.347	1.810	15.0	1.036	1.554	22.0	0.772	1.346
9.0	1.341	1.804	15.1	1.032	1.551	23.0	0.739	1.320
9.1	1.335	1.799	15.2	1.028	1.548	24.0	0.706	1.295
9.2	1.329	1.794	15.3	1.024	1.544	25.0	0.674	1.271
9.3	1.323	1.789	15.4	1.019	1.541	26.0	0.643	1.248
9.4	1.317	1.784	15.5	1.015	1.537	27.0	0.613	1.225
9.5	1.311	1.779	15.6	1.011	1.534	28.0	0.583	1.202
9.6	1.305	1.774	15.7	1.007	1.531	29.0	0.553	1.180
9.7	1.299	1.769	15.8	1.003	1.527	30.0	0.524	1.159
9.8	1.293	1.765	15.9	0.999	1.524	31.0	0.496	1.138
9.9	1.287	1.760	16.0	0.994	1.521	32.0	0.468	1.118
10.0	1.282	1.755	16.1	0.990	1.517	33.0	0.440	1.097
10.1	1.276	1.750	16.2	0.986	1.514	34.0	0.412	1.075
10.2	1.270	1.746	16.3	0.982	1.511	35.0	0.385	1.058
10.3	1.265	1.741	16.4	0.978	1.508	36.0	0.358	1.039
10.4	1.259	1.736	16.5	0.974	1.504	37.0	0.332	1.020
10.5	1.254	1.732	16.6	0.970	1.501	38.0	0.305	1.002
10.6	1.248	1.727	16.7	0.966	1.498	39.0	0.279	0.984
10.7	1.243	1.723	16.8	0.962	1.495	40.0	0.253	0.966
10.8	1.237	1.718	16.9	0.958	1.492	41.0	0.228	0.948
10.9	1.232	1.714	17.0	0.954	1.489	42.0	0.202	0.931
11.0	1.227	1.709	17.1	0.950	1.485	43.0	0.176	0.913
11.1	1.221	1.705	17.2	0.946	1.482	44.0	0.151	0.896
11.2	1.216	1.701	17.3	0.942	1.479	45.0	0.126	0.880
11.3	1.211	1.696	17.4	0.938	1.476	46.0	0.100	0.863
11.4	1.206	1.692	17.5	0.935	1.473	47.0	0.075	0.846
11.5	1.200	1.688	17.6	0.931	1.470	48.0	0.050	0.830
11.6	1.195	1.684	17.7	0.927	1.467	49.0	0.025	0.814
11.7	1.190	1.679	17.8	0.923	1.464	50.0	0.000	0.798
11.8	1.185	1.675	17.9	0.919	1.461			

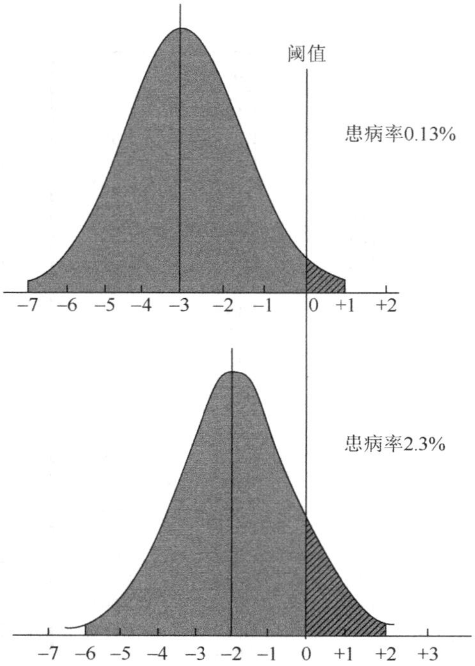

图 8.4　易患性平均值与阈值图解

二、遗　传　度

在多基因遗传病中，易患性的高低受遗传因素和环境因素的共同作用，其中遗传因素在多基因遗传病发生中的作用大小可用遗传度来衡量。遗传度或遗传力（heritability）的含义是多基因累加效应对疾病易患性变异的贡献大小，一般用百分率（%）来表示。遗传度愈大，表明遗传因素对病因的贡献愈大。如果一种多基因疾病完全由遗传基础决定其易患性变异和发病，遗传度就是 100%，这种情况是极少见的；如果遗传度为 70%～80%，则表明遗传因素在决定疾病易患性变异上起主要作用，而环境因素的作用较小；如果遗传度为 30%～40%，表明在决定疾病易患性变异上，环境因素起重要作用，而遗传因素的作用不显著，不会出现明显的家族聚集现象。人类部分性状的遗传度如表 8.6 所示。

表 8.6　人类一些性状的遗传力（度）

性状	遗传力	性状	遗传力
身材	0.81	理科天赋	0.34
坐高	0.76	数学天赋	0.12
体重	0.78	文史天赋	0.45
口才	0.68	拼写能力	0.53
IQ（Binet）	0.68	先天性幽门狭窄	0.75
IQ（Otis）	0.80	精神分裂症	0.80
唇裂	0.76	糖尿病	0.75
高血压	0.62	冠状动脉病	0.65

计算人类多基因遗传病的遗传度在临床上有重要意义，其计算方法有两种，即 Falconer 公式和 Holzinger 公式。

（一）Falconer 公式

Falconer 公式（Falconer method，一级亲属发病率法）是根据先证者亲属的发病率与遗传度有关而建立的。在多基因遗传病中，易患性一部分是由遗传决定的，因此患者亲属的发病率与亲属级别呈直线回归关系，即亲缘系数越大，亲属发病率越高。亲属发病率越高，遗传度越大。所以可通过调查先证者亲属发病率和一般人群的发病率，算出遗传度（h^2 或 H）：

$$h^2=b/r$$

已知一般人群的发病率时，用下式计算回归系数 b：

$$b=\frac{X_g-X_r}{a_g}$$

缺乏一般人群的患病率时，可设立对照组，调查对照组亲属的患病率，用下式计算回归系数 b：

$$b=\frac{p_c(X_c-X_r)}{a_c}$$

式中，b——亲属易患性对先证者易患性的回归系数；r——亲属系数（一级亲属指一个人与其双亲、子女和同胞之间，其基因有 1/2 的可能性是相同的；二级亲属指一个人与其叔、伯、姑、舅、姨、祖父母和外祖父母之间，其基因有 1/4 的可能性是相同的；三级亲属指一个人与其表兄妹、堂兄妹、曾祖父母之间，其基因有 1/8 的可能性是相同的）；X_g——一般群体易患性平均值与阈值之间的标准差数；X_c——对照组亲属中的易患性平均值与阈值之间的标准差数；X_r——先证者亲属易患性平均值与阈值之间的标准差数；a_g——一般群体易患性平均值与一般群体中患者易患性平均值之间的标准差数；a_r——先证者亲属易患性平均值与先证者亲属中患者易患性平均值之间的标准差数；q_g——一般群体发病率；q_c——对照亲属发病率，$p_c=1-q_c$；q_r——先证者亲属发病率。

X_g、X_r 和 a_g、a_r 均可由一般群体患病率、对照亲属患病率和先证者亲属患病率查 Falconer 表（表 8.5）得到。

例如，有人调查先天性房间隔缺损在一般群体中的患病率为 1/1000（0.1%），在 100 个先证者的家系中调查，先证者的一级亲属共有 669 人（双亲 200 人，同胞 279 人，子女 190 人），其中有 22 人（A_r）发病，依次求得先证者一级亲属的患病率为 22/669×100%＝3.3%（q_r），然后查 Falconer 表。按群体患病率查得 X_g 和 a_g，再根据亲属患病率查得 X_r 和 a_r，然后代入公式求出 b 值。

$$b=\frac{X_g-X_r}{a_g}=\frac{3.090-1.838}{3.367}=0.37$$

将 b 值代入公式：$h^2=\frac{b}{r}=\frac{0.37}{0.5}=0.74=74\%$

以上计算结果表明，遗传因素对先天性房间隔缺损发生的贡献为 74%，经显著性检验，该遗传度有统计学意义。

在缺乏一般人群患病率数据时，可选择与病例组匹配的对照组，调查对照组亲属的患病率，用先证者亲属和对照亲属的患病率计算遗传度。对江苏启东肝癌的调查发现，肝癌患者一级亲属 6591 人中，有 359 人（A_r）发病，其患病率为 5.45%（q_r）；在年龄和性别均与患者相应的无病对照者的 5227 名一级亲属中，有 54 人患肝癌，患病率 q_c =0.0103=1.03%。$p_c=1-q_c$ =0.9897，分别查得 X_r、X_c 和 a_r、a_c，然后代入公式求出 b 值。

$$b=\frac{p_c(X_c-X_r)}{a_c}=\frac{0.9897(2.315-1.603)}{2.655}=0.2654$$

以上计算结果表明，遗传因素对肝癌发生的贡献超过 50%，经显著性检验，该遗传度有统计学意义。

（二）Holzinger 公式

Holzinger 公式（Holzinger formula）（1929 年）是根据遗传度越高的疾病，一卵双生的患病一致率与二卵双生患病一致率相差越大的原理而建立的。

一卵双生是由一个受精卵形成的两个双生子，他们的遗传基础相同，发育环境则可能存在差异；二卵双生是由两个受精卵形成的两个双生子，他们的遗传基础不同（其差异程度与一般同胞间相同），发育环境也可能存在差异。患病一致率是指双生子中一个患某种疾病，另一个也患同样疾病的频率。

$$h^2=\frac{C_{MZ}-C_{DZ}}{100-C_{DZ}}$$

式中，C_{MZ} 为一卵双生子的同病率；C_{DZ} 为二卵双生子的同病率。

例如，对躁狂抑郁性精神病的调查表明，在 15 对一卵双生子中，共同患病的有 10 对；在 40 对二卵双生子中，共同患病的有 2 对。依此来计算一卵双生子的同病率为 67%，二卵双生子的同病率为 5%。代入上式：

$$h^2=\frac{C_{MZ}-C_{DZ}}{100-C_{DZ}}=\frac{67-5}{100-5}=0.65=65\%$$

以上结果表明，在躁狂抑郁性精神病中，遗传因素的贡献为 65%。

三、多基因遗传的主要特点与多基因遗传病

（一）多基因病的主要特点

1）包括某些常见病和常见先天畸形，每种病的发病率均高于 0.1%，人群中受累的人数约占 1/5。

2）多基因遗传病有明显的家族聚集倾向，患者亲属患病率高于群体患病率，而且随着与患者亲缘关系级别变远（或亲缘系数增大）而患病率剧减，向群体患病率靠拢。在相当多的多基因遗传病中，群体患病率（q）常在 0.1%～1%，遗传度为 70%～80%。患者一级亲属的再患风险可利用 Edwards（1960）公式进行评估，即患者一级亲属再发风险 q_r 是群体患病率 q_g 的平方根，即 $q_r=\sqrt{q_g}$；当遗传度低于 70%～80%时，患者一级亲属再发风险低于群体患病率的平方根；当遗传度高于 70%～80%时，一级亲属再患风险高于群体患病率的平方根。例如，唇裂的群体患病率为 0.17%，其遗传度为 76%，患者一级亲属再发风险 $q_r=\sqrt{0.0017}\approx 4\%$；如果遗传率为 100%时，患者一级亲属的再发风险上升到 9%；如果遗传

度在 50%时，患者一级亲属的再发风险下降到 2%。由此可见，多基因遗传病的再发风险与疾病的遗传度高低有关。群体患病率、遗传度和患者一级亲属患病率之间的相互关系如图 8.5 所示，从中可以估计多基因病的发病风险率。

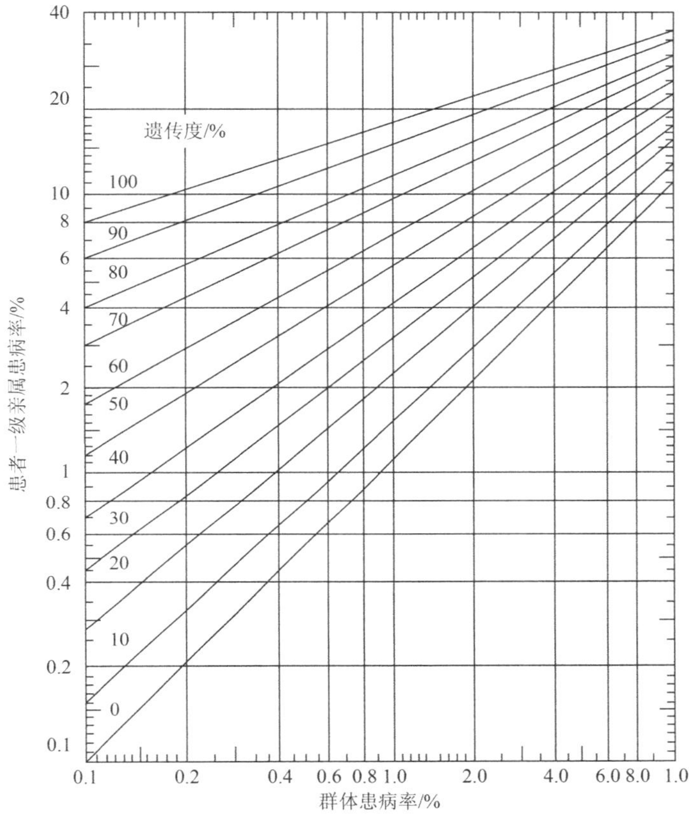

图 8.5　群体中患病率、遗传度和患者一级亲属患病率之间的相互关系

3）近亲婚配时，子女患病风险增高，但不如染色体隐性遗传显著，这可能与多因子的积累效应有关。

4）畸形越重，再发风险越大，说明遗传因素起着重要作用。

5）当一种多基因性状频率在不同性别有明显差异时，发病率高的性别其阈值低，发病率低者其阈值高（图 8.6）。

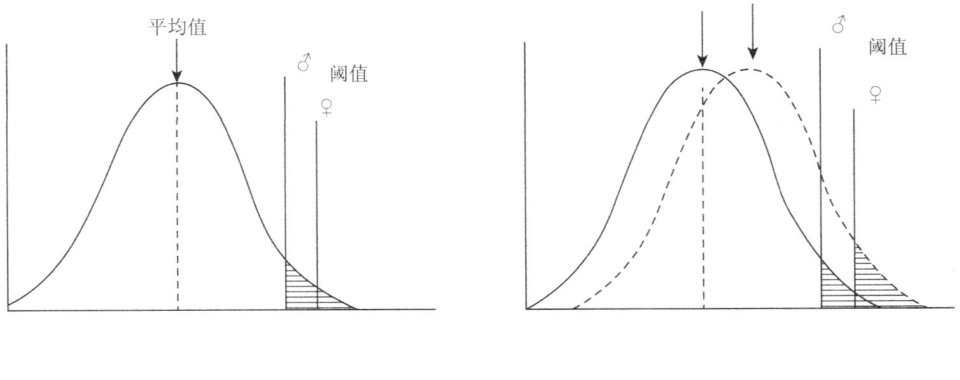

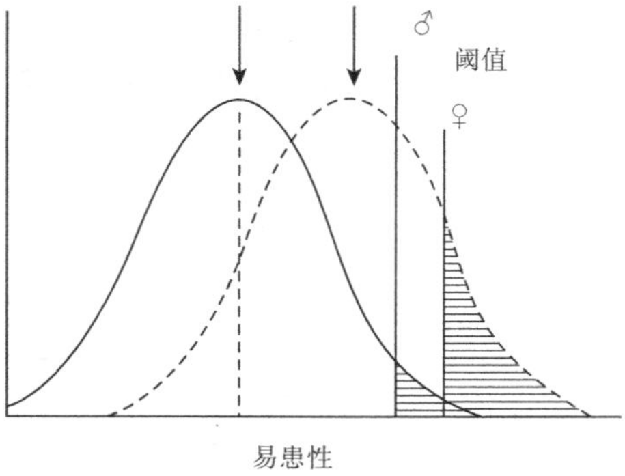

图 8.6　阈值有性别差异的易患性分布（先天性幽门狭窄）

（二）唇裂和腭裂

唇裂（cleft lip）和腭裂（cleft palate）是口腔颌部常见的先天畸形。这两种畸形可单独存在，也可合并发生（图 8.7）。单纯唇裂或唇裂合并腭裂的情况多发生于男性（男女比例为 1.6∶1），其发病率还表现出种族差异（黄种人为 1.7‰，白种人为 1.0‰，黑人为 0.4‰）。而单纯腭裂的情况少见，其发病率约为 0.45‰，女性发病率稍多于男性（男女比例为 0.7∶1），无明显的种族差异。

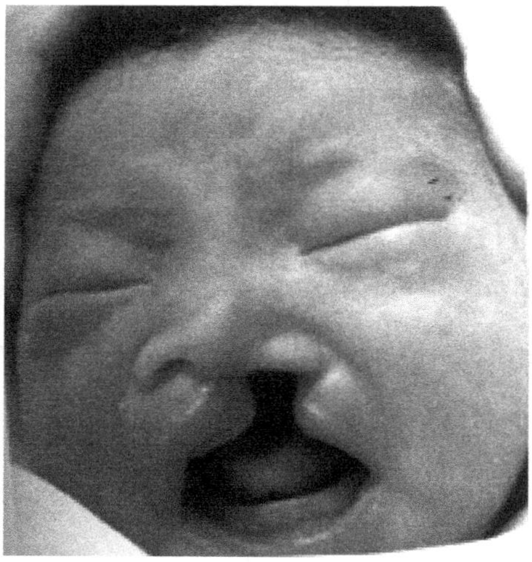

图 8.7　唇裂合并腭裂患儿

通过连锁分析和测序的方法，发现了许多唇腭裂易感基因或可能的遗传位点。如干扰素调节因子 6(interferon regulatory factor-6，IRF-6)、叉头转录因子 E1(forkhead transcription factor E1，FOXEl）(9q21）等。全基因组关联研究结构表明，8q24、10q25（VAX1）、17q22（NOG）等与唇裂和腭裂高度相关。

（三）精神分裂症

精神分裂症（schizophrenia，SP）简称分裂症，旧称早发痴呆（dementia praecox），是一

种较为常见的病因不明的精神障碍性疾病。多在青壮年时期发病，具有特征性的思维、情绪和行为互不协调、联想散漫、情感淡漠、言行怪异、幻觉、妄想、脱离现实等多方面的障碍，一般无意识及智力障碍，病程多迁延，进展缓慢。除少数患者可自然缓解外，如不经适当治疗，部分患者最后可陷于精神衰退状态。

精神分裂症的终身发生率为 1%，城乡之间发病率有差异，城市居民发病率（7.11%）明显高于农村（4.26%）。经济收入高低不同有差异，收入水平低的发生率（10.16%）高于经济收入水平高的居民（4.75%）。女性发生率高于男性（比例为 1.6∶1）。

精神分裂症是一种非经典的孟德尔遗传的多基因遗传病，涉及的遗传因素十分复杂，近年来经过大量的家系研究、双生子研究、寄养子女研究显示，遗传因素在精神分裂症的发病过程中起着非常重要的作用，其遗传度为 70%～85%。精神分裂症也有一定的环境因素，如妊娠期间病毒感染、营养不良、出生时并发窒息甚至出生的季节性及社会环境等，都有可能诱发精神分裂症。

精神分裂症的发生存在着遗传基础，这已是不可置疑的事实。细胞遗传学家从 20 世纪 60 年代开始，对精神分裂患者进行了大量的染色体研究工作。近半个世纪以来，已经报道的精神分裂症患者染色体异常类型包括：①脆性染色体畸变，已发现的脆性位点有 8q24 和 19p13；②相互易位 t（1；7）（p22；q22）；③部分三体，异常片段在 5q11-q13、5p14.1 及 8 号三体；④倒位异常，9p11-9q13、4p15.2-q21；⑤缺失异常，22q11.1、5q21-q23.1；⑥非整倍体等。这些染色体畸变只出现在个别精神分裂症患者，因而并非是该病的特异性变异。目前，尚未得到染色体畸变与精神分裂相关的证据，但染色体畸变部位的发现，将有助于精神分裂症易感基因的筛选及定位。

在关联性分析方面，国内外的遗传学研究主要涉及精神分裂症与染色体脆性部位、姊妹染色单体交换、补体的多态性、HLA、多巴胺受体（dopamine D1-5 receptor，DRD1-DRD5）基因多态性、5-羟色胺受体 2A（5-hydroxytryptamine type 2a-receptor，5-HT2A）基因多态性、KCa_3、儿茶酚-O-甲基转移酶（catechol-O-methyltransferase，COMT）、细胞色素 P450（cytochrome P450，CYP）、载脂蛋白 E（apolipoprotein E，ApoE）等可能存在的关联。

在全基因组扫描寻找精神分裂症相关基因方面，采用已知多态性短串联重复标记（STR）进行全基因组扫描，进而进行遗传连锁分析、连锁不平衡分析，已初步筛选到一些可能的易感基因位点被怀疑为精神分裂症相关基因候选区：1q、5q、6p、6q、8p、11q、13q、15q、18p、19p、22q 和 Xp 等。但由于各实验室的基因组扫描结果相差较大，加上各种族或民族患者之间存在着遗传异质性，易感基因位点或突变型可能不同，使得精神分裂症相关基因的定位至今没有结论。目前比较普遍认为，本病的易感基因最有可能分布在 1 号、2 号、4 号、5 号、6 号、8 号、10 号、11 号、13 号、15 号、18 号和 22 号染色体上（表 8.7）。

（四）糖尿病

糖尿病（diabetes mellitus，DM）是一种以慢性高血糖和糖脂代谢、蛋白质代谢紊乱为主要特点的内分泌疾病，其发病原因主要为胰岛素分泌相对不足和胰岛素抵抗，随病程进展可出现心血管、肾、眼及周围神经等病变。

表 8.7　精神分裂症可能的易感基因候选区

染色体	易感基因候选区	参考文献
1	1q42	Ekelund et al. 2004. Mol Psychiatry
	1q22-31，1q41-44	Hwu et al. 2003. Mol Psychiatry
	D1S2833，D12833	Gasperoni et al. 2003. Am J Med Genet
	D1S206，D1S425	Cai et al. 2002. 中华医学遗传学杂志
	D1S2709，D1S245	Ekelund et al. 2001. Hum Mol Genet
	1q33.2	Gurling et al. 2001. Am J Hum Genet
	1q42	Blackwood et al. 2001. Am J Hum Genet
	1q21-22	Linda et al. 2000. Science
2	q2l-q22（D1S1653-D1S1679）	Brzustowicz et a1. 1998. Science
	2q37	Wijsman et al. 2003. Mol Psychiatry
	2q12-13	Mowry et al. 2000. Am J Med Genet
4	4q21	Paunio et al. 2004. Hum Mol Genet
5	5q33.2	Gurling et al. 2001. Am J Hum Genet
	5q21-31	Straub et al. 2002. Mol Psychiatry
6	D6S1017	Matthysse et al. 2004. Am J Med Genet
	6p22.3	Schwab et al. 2003. Am J Hum Genet
	6p25-24，6p23-22	Straub et al. 2002. Mol Psychiatry
	6p21.31	Schwab et al. 2002. Am J Med Genet
	6p24，D6S309	Bailer et al. 2000. Neuropsychobiology
	D6S260	Schwab et al. 2000. Mol Psychiatry
	6p23（D6S309-D6S1578）	Lindholm et al. 1999. Am J Med Genet
	6q16-q24	Kaufmann et al. 1998. Am J Med Genet
	6p	Wildenauer et al. 1996. Nat Genet
	D6S470	SCLG. 1996. Am J Med Genet
	6pter-p22	Wang et al. 1995. Nat Genet
	6p22	Schwab et al. 1995. Nat Genet
	6p24-22	Antonarakis et al. 1995. Nat Genet
8	8p22.1-22	Gurling et al. 2001. Am J Hum Genet
	8p21，D8S1771	Pulver et al. 2000. Mol Psychiatry
	8p22-21	Kendler et al. 2000. Am J Psychiatry
	8p21-22	Blouin et al. 1998. Nat Genet
	D8S560，8p22-21	Shaw et al. 1998. Am J Med Genet
	8pter-8q12	Kaufmann et al. 1998. Am J Med Genet
	8p23-21	Kendler et al. 1996. Am J Psychiatry
	D8S133	SCLG. 1996. Am J Med Genet
	8p22-21	Pulver et al. 1995. Am J Med Genet
10	10q22.3	Fallin et al. 2003. Am J Hum Genet
	D10S1714	Schwab et al. 2000. Mol Psychiatry
11	11q21	Gurling et al. 2001. Am J Hum Genet
13	13q32	Pulver et al. 2000. Mol Psychiatry
	13q32	Blouin et al. 1998. Nat Genet
	13q12-14	Shaw et al. 1998. Am J Med Genet
	13q32	Lin et al. 1997. Hurn Genet
	13q14.1-q32	Lin et al. 1995. Psychiatry Genet
15	15q13-14	Liu et al. 2000. Mol Psychiatry
18	18q12	Maziade et al. 2001. Mol Psychiatry
22	22q11.2，22q12.1	Takahashi et al. 2003. Am J Med Genet
	D22S683	Takahashi et al. 2003. Am J Med Genet
	D22S279，D22S276	Jorgensen et al. 2002. Am J Med Genet
	D22S283	DeLisi et al. 2002. Am J Psychiatry
	22q11	Blouin et al. 1998. Nat Genet
	22q	Shaw et al. 1998. Am J Med Genet
	22q12	Gill et al. 1996. Am J Med Genet
	D22S278	Wildenauer et al. 1996. Cold Spring Harb Symp Quant Biol
	22q12-q13.1	Pulver et al. 1994. Am J Med Genet

糖尿病患者人数正随着人民生活水平提高、人口老化、生活方式改变及诊断技术的进步而迅速增加。欧美人群 DM 患病率达 2%～3%，我国已上升到 3.1%（1996 年）。据 1997 年 WHO 报告，全世界约有 1.35 亿 DM 患者，预测到 2025 年将上升到 3 亿。在发达国家 DM

是继心血管疾病和肿瘤的第三大非传染性疾病。DM 已成为世界上第五位死亡主因，成为严重威胁人类健康的全球性公共卫生问题。

DM 的病因及发病机制尚未完全阐明。1999 年 WHO 咨询委员会采纳了美国糖尿病协会（American Diabetes Association，ADA）1997 年提出的关于更新 DM 分型和诊断标准的建设及报告内容。新的 DM 分型中废除 DM 过去沿用的胰岛素依赖性 DM（insulin dependent DM，IDDM）和非胰岛素依赖性 DM（non-insulin dependent DM，NIDDM）的名称，并以阿拉伯数字 1 和 2 取代过去 I 型和 II 型 DM 中的罗马数字 I 和 II，取消与营养相关性糖尿病（MRDM），将其归为特殊类型中胰腺外分泌疾病所致的 DM。2 型 DM 的发病率占 90%～95%。

1 型糖尿病（type 1 diabetes mellitus，T1DM）属于自身免疫性疾病，这类患者由于胰岛 β 细胞膜上 HLA-II 类基因异常表达，使得 β 细胞成为抗原递呈细胞。在环境因素（病毒感染等）作用下，免疫反应被激活，产生自身抗体，导致胰岛细胞炎症，演变而成为 DM。

2 型糖尿病（type 2 diabetes mellitus，T2DM）的发病多为植物神经类型，表现为副交感神经张力增加，交感神经张力减弱导致低血糖倾向及多吃、肥胖。2 型 DM 患者随年龄增长，出现胰岛 β 细胞数目减少，胰岛素分泌缺陷或终末器官对胰岛素产生抗性，导致糖尿病。老化过程中胰岛素原合成减少 16%～39%。1 型和 2 型 DM 的主要特征如表 8.8 所示。

表 8.8 1 型 DM 和 2 型 DM 主要特征比较

特征	1 型 DM	2 型 DM
发病年龄	通常小于 40 岁	通常大于 40 岁
胰岛素分泌	无	部分有
胰岛素抵抗	无	有
自身免疫	有	无
肥胖	不常见	常见
单卵双生一致性	0.35～0.50	0.90
同胞再发风险	1%～6%	10%～15%

糖尿病是由多种遗传和环境因素相互作用而引起的一组慢性代谢异常综合征，其病因和发病机制非常复杂。已经证实，糖尿病的发生和基因的变异有着紧密的关系，主要依据如下：①欧美文献认为 25%～50%的糖尿病患者有家族史，国内研究发现 8.7%的糖尿病患者有家族史；②近亲较远亲发病率高；③幼年型的遗传率为 70%～80%，成年型为 40%；④单卵双生子的发病一致率为 45%～96%，而双卵双生子为 3%，如统计 43 岁以上的研究对象，则单卵双生子的一致率达 100%。

1 型糖尿病发病早，多是单一的基因突变，如 *KCNJ11*、*ABCC8*、*INS* 和 *GCK* 等基因突变导致的。Julie L. Davies 等对 1 型 DM 采用患病同胞分析方法，用分布在整个基因组上的 290 个遗传标记进行基因组扫描，在众多筛查的基因型（55 000 个）中，患病同胞对显示显著共有标志者，存在 20 个不同染色体区，其中有 10 个候选区显示共有标志的显著性达 $P<0.005$ 水平，如表 8.9 所示。

表 8.9　经患病同胞对分析 1 型 DM 易感基因

基因座位	染色体定位区域	被选作的遗传标记	最高 lod 值	相对风险	易感性/%
$IDDM_1$	6p21.3	HLA-DQB	7.3	3.1	42
$IDDM_2$	11p15.5	INSVNTR	2.1	1.3	10
$IDDM_3$	15q26	D15S107	?	?	?
$IDDM_4$、$IDDM_5$	11q13	FGF3	3.4	1.3	?
$IDDM_6$、$IDDM_7$	6q24q27	ESR	2.0	?	?
$IDDM_8$	18q21	D18S64	—	—	—
$IDDM_9$	2q31	D2S152	—	—	—
$IDDM_{10}$	6q27	D6S264	—	—	—
$IDDM_{11}$	3q21-q25	D3S1576	—	—	—
$IDDM_{12}$	10q11.2-q11.2	D10S193	—	—	—
$IDDM_{12}$	14q24.3	D14S48	—	—	—
$IDDM_{14}$	2q33	D2S1391	—	—	—
$IDDM_{13}$	2q34	D2S301	—	—	—
$IDDM_{14}$	未定	未定	—	—	—
$IDDM_{14}$	6q21	D6S238	—	—	—

2 型糖尿病发病晚，是多基因遗传病，并且受环境因素的重要影响。对 2 型 DM 易感基因的研究目前主要采用两种方法，即候选基因法和以基因组扫描为基础的定位克隆法。目前国际上已经研究过近 250 多种候选基因，但只发现少数几个在特殊的 DM 类型中呈现出一定的相关性。Melanie M. Mahtani 在观察分析芬兰地区的 2 型 DM 家系中发现，12q 的 D12S1349 存在 2 型 DM 易感基因，并命名为 NIDDM2。另外，载脂蛋白 A2 被认为是 2 型 DM 的候选基因。近年来研究发现在 20 号染色体长臂上存在许多重要的 2 型 DM 的候选基因，已报道的有肝细胞核因子 4a（HNF-4a MODY1）、磷酸烯醇丙酮酸羧激酶（PCK）基因、ASP（agouti signaling protein）、HNF-3β、磷脂酶 C-G1（PLCG1）和 CCAAT 增强子结合蛋白 B（C/EBP-β）等。

思　考　题

1. 解释名词：质量性状、数量性状、微效基因、遗传度、易患性。
2. 简述多基因学说的要点。
3. 简述智力与遗传的关系。
4. 谈谈你对儿童智力开发的认识。
5. 人类的身高属于数量性状，假设人类身高差别决定于 3 个基因座 A、B、C 相应的 3 对基因 *A* 和 *a*、*B* 和 *b*、*C* 和 *c*。群体中基因型为 *AABBCC* 的个体身高为 184cm，*aabbcc* 的个体身高为 152cm。*A* 基因使身高增加 8cm，*B* 基因使身高增加 5cm，*C* 基因使身高增加 3cm。试求群体中下列婚配类型后代的各种高度比例是多少？

（1）*AABBCC*×*aabbcc*；（2）*AABbCc*×*aaBbCC*；（3）*AaBbCc*×*AaBbCC*。

6. 简述精神分裂症的遗传特点。
7. 糖尿病有哪些类型？请比较它们的主要特征。
8. 唇裂在我国人群中的发病率为 1.7/1000，经对有先证者的家系调查，患者一级亲属

1002 人中，有 44 人发病，试求我国人群中唇裂的遗传度。

9. 精神分裂症的群体发病率为 0.16%，遗传度大于 70%。现有一女性患者与正常男性婚配，试估计婚后子女中的发病风险。

10. 根据目前的研究成果，简述衰老的遗传基础。

主要参考文献

阿周存，李合，张思仲. 2001. 精神分裂症候选基因研究进展. 国外医学・遗传学分册，24（1）：30-33

陈竺. 2001. 医学遗传学. 北京：人民卫生出版社

程罗根. 2005. 人类遗传学. 南京：南京师范大学出版社

杜传书. 1989. 医学遗传学基础. 北京：人民卫生出版社

高江原. 2010. 人类智能的遗传学分析. 现代医药卫生，26（6）：885-886

胡存安. 2004. 精神分裂症的发病相关因素. 神经疾病与精神卫生，4（3）：238-240

梁小锋，郑秀芬，霍塞虎，等. 2006. 成人身高个体差异的遗传学研究进展. 中国优生与遗传杂志，14（3）：1-3

林乔，吴斌，李炜弘，等. 2005. 远古至唐中国人长寿者的遗传分析. 现代中西医结合杂志，14（4）：421-423

刘金香. 1999. 谈遗传因素对人类智力的影响. 江西教育学院学报（自然科学），20（3）：47-49

刘金香. 2004. 遗传因素对人类精神活动的影响. 江西教育学院学报（综合），25（6）：22-24

任春久，张瑶，崔为正，等. 2013. 氧化应激在 2 型糖尿病发病机制中的作用研究进展. 生理学报，65（6）：664-673

沈建华，刘建. 2004. 精神分裂症的遗传学基因研究. 中国优生与遗传杂志，12（4）：5-7

宋永恒，沈勋章. 2009. 人体身高遗传学研究与运动员基因选材. 中国优生优育，15（4）：202-207

唐久来，郭晓东，余世成，等. 1994. 儿童智商的遗传度研究. 中华儿科杂志，32（5）：293-295，319

唐艳平. 2003. 医学遗传学. 武汉：湖北科学技术出版社

王培林. 2000. 遗传病学. 北京：人民卫生出版社

文佳冰，张文广. 2013. 唇腭裂发病机制的研究进展. 医学综述，19（12）：2183-2186

咸宁，余筱燕，邢文华，等. 2002. 精神分裂症：分子遗传学、DNA 芯片及遗传咨询. 中国优生与遗传杂志，10（2）：6-8，23

许琪. 2004. 精神分裂症遗传易感性研究进展. 基础医学与临床，24（5）：497-503

杨燕丽，孟雁，方福德. 2005. 孟德尔遗传糖尿病研究进展，中国医学科学院学报，27（3）：382-387

张大洋，林雄斌. 2013. 长寿基因在人类抗衰老领域中的研究现状. 医学综述，19（16）：2904-2906

张咸宁，苏婧. 2001. 精神分裂症易感基因的研究现状. 国外医学・精神病学分册，（2）：69-73

赵建刚，贺林. 1999. 长寿和衰老基因及相关基因研究进展. 生命科学，11（2）：84-86，65

赵寿元，黄裕泉，单祥年，等. 1996. 人类遗传学概论. 上海：复旦大学出版社

郑丽，徐涛. 2012. 糖尿病研究进展. 生命科学，24（7）：606-610

左伋. 2001. 医学遗传学. 4 版. 北京：人民卫生出版社

Hirschhorn J N，Lindgren C M，Daly M J，et al. 2001. Genomewide linkage analysis of stature in multiple populations reveals several regions with evidence of linkage to adult height. Am J Hum Genet，69：106-116

9

第九章　免疫与遗传

免疫（immune）是机体防御细菌、病毒或异体大分子等抗原性异物侵害的一种保护性生理反应，其作用是识别并排除抗原性微生物及其产物、体内衰老和病变细胞及突变细胞等，以维持体内环境的平衡和稳定。人体的免疫系统是由淋巴器官和免疫活性细胞组成的。骨髓、胸腺、脾脏和淋巴结都是重要的免疫组织或器官。遍布全身的像蜘蛛网似的淋巴管，沟通了全身组织与淋巴结的联系，血管又把它们与血循环相连接。因此，身体的任何部分都处在免疫系统的监护之下。

免疫反应包括非特异性免疫和特异性免疫。非特异性免疫是指对所有病原微生物都有一定程度的抵抗力，这种抵抗力是先天遗传的，又称天然免疫或先天性免疫。它包括细胞（巨噬细胞、白细胞、血小板等）、体液（补体、溶菌酶、干扰素等）和机械屏障（皮肤、黏膜等）的免疫作用；特异性免疫是指个体对某一种或某一类微生物或其产物所产生的特异性抵抗力，包括体液免疫和细胞免疫。

人类体细胞免疫学特性的研究是人类遗传学的重要内容。自从应用人类红细胞与血清间的同种凝集反应检出了 ABO 血型以来，免疫学和遗传学的关系日益密切。例如，人的白细胞抗原（HLA）系统的研究为同种异体脏器的移植提供了理论基础，同时也可揭示它与某些遗传性疾病发生的关联。免疫球蛋白重链和轻链遗传控制的研究则为阐明免疫球蛋白的多样性来源开辟了新的途径。因此，用遗传学的原理和方法系统研究免疫反应中各个因素的遗传控制机制，进而阐明基因、抗原和抗体三者的关系，同时又用免疫学的方法来识别个体间的遗传差异（如血型、表面抗原等）作为遗传分析的指标，这就是免疫遗传学（immunogenetics）主要的研究任务。

第一节　红细胞抗原遗传

红细胞抗原实质上是红细胞膜抗原。红细胞膜由脂质、蛋白质和多糖三部分构成，红细胞抗原根据化学结构分成 3 类：糖脂质、膜内蛋白和糖蛋白。

一、血 型 抗 原

血型抗原是存在于人类红细胞膜上的主要抗原，是一种跨膜蛋白。ABO 血型是第一个被发现的人类血型系统，是由奥地利著名医学家、生理学家 Karl Landsteiner 和他的学生发现的。在把人的血液相互混合时，Landsteiner 发现有时混合得很好，有时则发生凝聚现象。因此他认为人的血液不止一种类型，而是有不同的类型，并称为血型。1901 年，他将人的血液分成 A、B、C（按字母顺序命名）3 个类型。1902 年他的学生 Altred von Decastello 和 Adriano Sturli

发现了第 4 种血型，即 AB 血型。1910 年，Emil Freiherr von Dugem 和 Ludwig Hirschfeld 研究发现，第 3 种血型（当时的 C 血型）没有凝结（agglutination），因此建议将第 3 种血型更名为 O 型，取自德语的 Ohne，意思是“没有”，并提出将这种血型系统命名为 ABO 血型。迄今为止，在人类中已经发现了 23 个遗传上互相独立的血型系统，共计 160 余种血型（表 9.1）。

表 9.1 23 个红细胞血型系统

编码	系统命名	系统符号	抗原数	基因命名	染色体定位
001	ABO	ABO	4	*ABO*	9q34.1-q34.2
002	MNS	MNS	40	*GYPA*、*GYPB*、*GYPE*	4q28-q31
003	P	P1	1	*P1*	22q11.2-qter
004	Rh	Rh	45	*RHD*、*RHCE*	1p36.2-p34
005	Lutheran	LU	18	*LU*	19q12-q13
006	Kell	KEL	22	*KEL*	7q23
007	Lewis	LE	3	*FUT3*	19p13.3
008	Duffy	FY	6	*FY*	1q22-q23
009	Kidd	JK	3	*JK*	18q11-q12
010	Diego	DI	9	*AEI*	17q12-q21
011	Yt	YT	2	*ACHE*	7q22
012	Xg	XG	1	*XG*	Xp22.32
013	Scianna	SC	3	*SC*	1p36.2-p22.1
014	Dombrock	DO	5	*DO*	未知
015	Colton	CO	3	*AQP1*	7p14
016	Landsteiner-Wiener	LW	3	*LW*	19p13.2-cen
017	Chido/Rodgers	CH/RG	9	*C4A*、*C4B*	6p21.3
018	Hh	H	1	*FUT1*	19q13
019	Kx	KX	1	*KX*	Xp21.1
020	Gerbich	GE	7	*GYPC*	2q14-q21
021	Cromer	CROM	10	*DAF*	1q32
022	Knops	KN	5	*CR1*	1q32
023	Indian	IN	2	*CD44*	11p13

（一）ABO 血型系统

ABO 血型系统（ABO blood type）是正常人血清中已知唯一存在天然抗体的血型系统。按照国际命名法则规定，以红细胞膜上的抗原类型或抗原的有无作为分类血型的依据。在 ABO 血型系统中，凡红细胞膜上含有 A 抗原的人，其血型为 A 型；含有 B 抗原的人，其血型为 B 型；红细胞膜上既有 A 抗原又有 B 抗原的人，其血型为 AB 型；红细胞膜上两种抗原都没有的人，其血型为 O 型。

除红细胞外，许多其他组织细胞中（如淋巴细胞、血小板、内皮细胞和上皮细胞等）也存在该系统的抗原，因此红细胞外的 ABO 系统又称为组织血型（histo-blood group）抗原，它是输血和器官移植中重要的血型系统；ABO 血型的抗原在各种体液（脑脊液除外）中也存在。如在血清、胃液、精液、卵液、囊肿液和羊水中都有发现，尤其是唾液中的含量较为丰富。当然并非每个人的体液中都含有分泌的血型物质，遗传学上把体液中含有分泌血型物质的人称为分泌型（secretion group）。在汉族中 80%为分泌性，20%为非分泌型。

1. ABO 血型的遗传

ABO 血型属于质量性状，完全符合孟德尔式遗传规律。ABO 抗原物质由 3 组基因（I^A-I^B-*i*、*H-h* 和 *Se-se*）所编码，这 3 组基因各有自己的座位，其中 I^A-I^B-*i* 位于 9q34.1-q34.2，长约 18kb，有 7 个外显子，6 个内含子，与胸苷激酶连锁。基因 I^A、I^B 有 7 个单碱基差异，其中 3 个属于同义突变，4 个属于错义突变，导致编码的酶蛋白有 4 个氨基酸残基不同。基因 *i* 由于单碱基缺失导致移码突变，使终止密码提前出现（图 9.1）。*H-h* 与 *Se-se* 紧密连锁，位于 19 号染色体上。

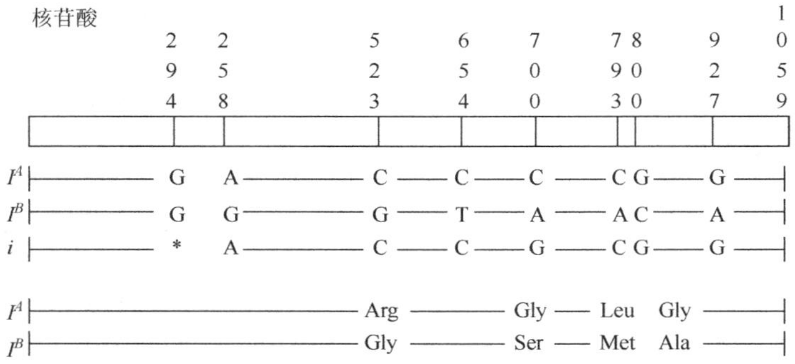

图 9.1　基因 I^A、I^B 和 *i* 的分子差异

I^A 基因的编码产物为 *N*-乙酰半乳糖胺转移酶，该酶的作用是将 α-*N*-乙酰半乳糖胺转移到 H 抗原上形成 A 抗原决定簇；I^B 基因的编码产物为 α-D-半乳糖转移酶，该酶的作用是将 D-半乳糖转移到 H 抗原上形成 B 抗原决定簇。I^A、I^B 均为显性基因，而 *i* 基因则为隐性基因（无编码产物）。I^AI^B 基因型的个体表现出共显性，既有 A 抗原，也有 B 抗原，形成 AB 型血型。*ii* 基因型的个体既无 A 抗原，也无 B 抗原，形成 O 型血型。$I^A I^A$ 和 I^Ai 形成 A 型血型；I^BI^B 和 I^Bi 形成 B 型血型（表 9.2，图 9.2）。

表 9.2　ABO 血型系统的基因型及其表型

血型表型	基因型	抗原（在细胞膜上）	抗体（在血清中）	基因和产物
A	I^AI^A，I^Ai	A	*β*（抗 B）	I^A（9q34），*N*-乙酰半乳糖胺转移酶
B	I^BI^B，I^Bi	B	*α*（抗 A）	I^B（9q34），D-半乳糖转移酶
AB	I^AI^B	AB	—	二者兼有
O	*ii*	—	*α*、*β*	*i*（9q34）

红细胞上 H 物质的合成受控于 FUT1 遗传座位上的 *H* 基因，其产物是 α-（1，2）岩藻糖转移酶，该酶的作用是将 L-岩藻糖转移到前体物质（precursor substances，PS）上形成 H 抗原（图 9.2）。在部分人的唾液和其他分泌物中发现了抗原分子的可溶性形式，其合成受控于 FUT2 座位上的分泌基因（*Se*、*se*），*Se* 基因产物为 L-岩藻糖转移酶，在分泌腺中发挥作用，基因型为 *SeSe* 或 *Sese* 的个体为分泌型（体液存在抗原），基因型 *sese* 为非分泌型。FUT1 和

FUT2 均存在于 19 号染色体长臂上（19q13.3）。

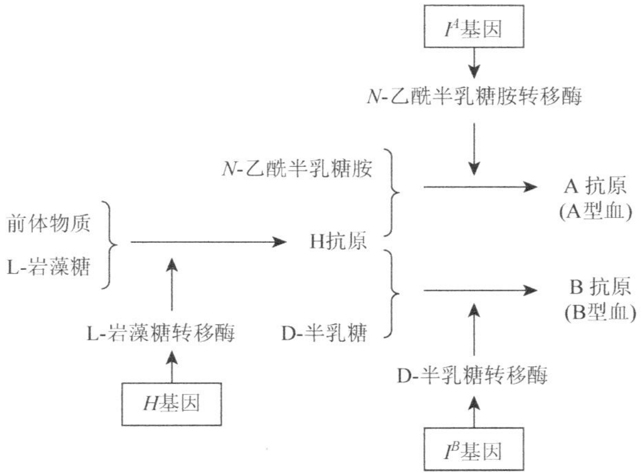

图 9.2　ABO 血型系统抗原合成途径示意图

2. 孟买血型

1952 年，Bhende 在印度孟买发现了一个特殊的血型家系，此家系中有一个奇特的“O”型女性个体，既无 A、B 抗原，也没有 H 物质，但其血清中有抗 A 抗体。与 A 型血的人婚配后生有 AB 型子女。研究发现，这种“O”型个体中 H 抗原是阴性的，*H* 基因突变为无效的 *h* 基因，不能产生 H 抗原。尽管这样的个体可能含有 I^A 或/和 I^B 基因，但不能产生 A 抗原或/和 B 抗原，但其 I^A 或/和 I^B 基因可以遗传给下一代。这种特殊的“O”型称为孟买型（Bombay phenotype），用 Oh 表示（图 9.3）。

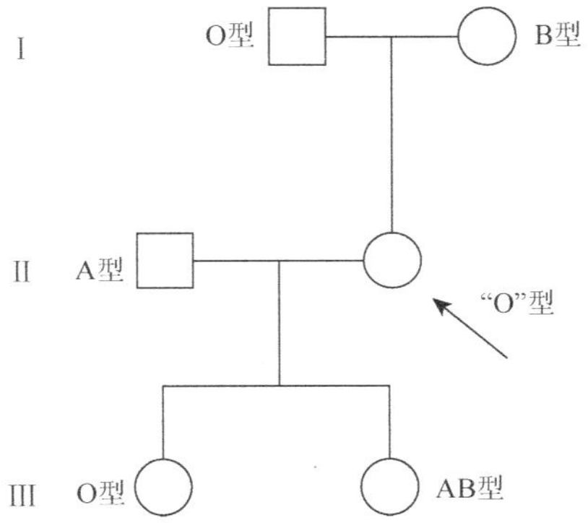

图 9.3　一个孟买个体的家系

孟买血型的人，体内没有 H 抗原，无论其是否拥有 A、B 血型的等位基因，A 抗原或 B 抗原都无法合成。这种血型的个体只能接受其他孟买血型个体的输血，而不能接受任何 ABO 血型的血液，因为这些血液中至少含有 A、B、H 抗原中的一种，对他们来说均为外源抗原，从而引起自身免疫反应。

3. ABO 血型的分布

ABO 血型的分布因国家、民族和地理位置的不同而有较大差异（表 9.3，表 9.4）。

表 9.3　不同人群 ABO 血型的比例（%）

人群	A	B	AB	O
美国白人	45	8	4	43
美国黑人	29	17	4	50
汉族人	31	28	10	31
维吾尔族人	29	31	28	11
印度人	21	40	8	31
韩国人	34	27	11	28
日本人	38	22	9	31

表 9.4　我国 5 个民族 ABO 血型系统的表型频率和基因频率

民族	调查人数	表型频率				基因频率		
		A	B	O	AB	I^A	I^B	i
汉族	40 980	0.313 1	0.280 6	0.308 6	0.097 7	0.232 5	0.211 7	0.555 8
维吾尔族	1 513	0.292 2	0.319 2	0.275 0	0.113 6	0.228 4	0.246 8	0.524 8
壮族	1 487	0.212 5	0.255 7	0.472 8	0.039 0	0.135 2	0.172 7	0.692 1
回族	1 355	0.272 3	0.283 4	0.359 4	0.084 9	0.198 3	0.205 2	0.596 5
哈萨克族	885	0.228 2	0.298 3	0.379 7	0.093 8	0.164 5	0.207 2	0.628 3

1982 年的调查资料显示，我国人群中 ABO 血型的分布特点是：北方各省及海南省 B 型基因频率高，云贵两省及长江流域 A 型基因频率高；广东、广西、福建、台湾 O 型频率高，且 A 高于 B；西藏地区 O 型频率高，但 B 高于 A。

（二）Rh 血型系统

1940 年，Landsteiner 和 Wiener 发现了人红细胞上的 Rhesus（Rh）系统的抗原。他们将恒河猴（rhesus monkeys）的红细胞注入家兔体内，发现被免疫的兔子血清内含有一种抗体，这些兔血清可使恒河猴红细胞发生凝集反应，说明恒河猴的红细胞含有某种抗原，称为 Rh 因子，经其免疫的家兔血清中则含有 Rh 抗体。经检查发现，85%欧洲血统人的红细胞可以被兔抗恒河猴血清所凝集，说明这些人具有 Rh 因子，称之为 Rh 阳性（Rh^+），其余 15%人的红细胞则不被凝集，称为 Rh 阴性（Rh^-）。我国各民族中：汉族人 99%以上都是 Rh^+，Rh^- 不到 1%。我国一些少数民族 Rh^- 比例高于汉族，例如，维吾尔族 Rh^- 占 4.9%，乌孜别克族 Rh^- 占 8.7%，苗族 Rh^- 占 12.3%，塔塔尔族 Rh^- 占 15.8%。

Rh 血型系统的遗传机制长期以来是一个争议的问题，以前主要有以 Fisher-Race（CDE）和 Wiener（RH-Hr）为代表的两种不同命名法和遗传假说。直到 20 世纪 80 年代，由于分子克隆和测序技术的应用才解开了 Rh 遗传之谜。编码 Rh 抗原的基因位于 1 号染色体短臂（1p36.2-p34），基因座位由两个相关的结构基因 *RHD* 和 *RHCE* 组成，*RHD* 基因和 *RHCE* 基因具有高度同源性，分别含 10 个外显子和 9 个内含子，总长 69kb（图 9.4）。已知有 60 多种等位基因，以 *D*、*C*、*E*、*c*、*e* 最为重要。

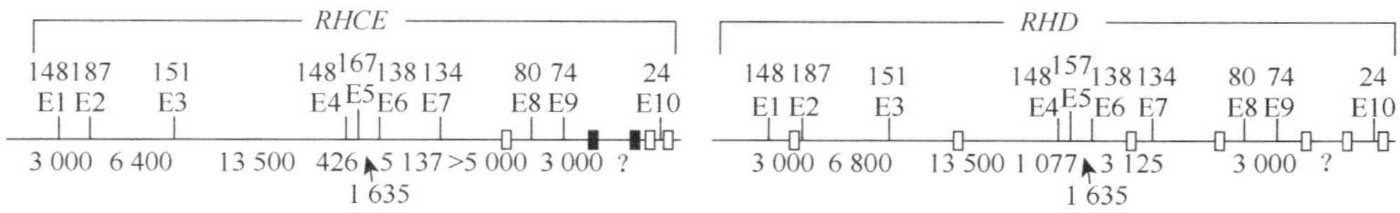

图 9.4 *RHCE-RHD* 基因结构

E. 外显子；E 上方数字表示外显子大小，下方数字表示内含子大小

RHD 基因产物为 417 个氨基酸的肽（D/d 抗原），有 D^+和 D^-两种表型，造成 Rh^-的最常见的原因是由于整个 *RHD* 基因缺失，也可由 *D* 基因突变而不产生 D 抗原。*RHCE* 基因产物也可为 417 个氨基酸的肽，通过不同的剪切机制编码了 C/c 和 E/e 蛋白，可形成 cE、ce、Ce 和 CE 4 种抗原。*RHD* 和 *RHCE* 两个基因紧密连锁，单倍型排列有 8 种形式，即 *Dce*、*dce*、*DCe*、*dCe*、*DcE*、*dcE*、*DCE* 和 *dCE*，均为共显性基因。

有研究报道，*d* 基因实际上是 *D* 基因的突变或缺失，为无效基因。在发现的 5 种抗原中，D 的抗原性最强，其次为 E、C、c、e。Rh 阳性个体既有 *RHD* 基因，也有 *RHCE* 基因，而 Rh 阴性个体仅有 *RHCE* 基因。从结构上来说，C、c、E、e 都是一条跨膜 12 次的肽链（图 9.5），由于某些位点氨基酸的变化而表达出不同的抗原表位（但不含 D 抗原表位），因而可被不同基因编码。D 抗原也是一条跨膜 12 次的肽链（图 9.6），也有抗原表位变化（但不含 C、c、E、e 抗原表位），由 *RHD* 基因编码。

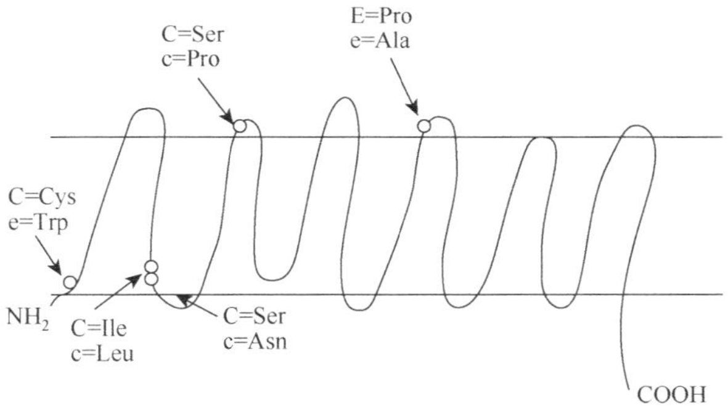

图 9.5 RHCE 的蛋白结构图

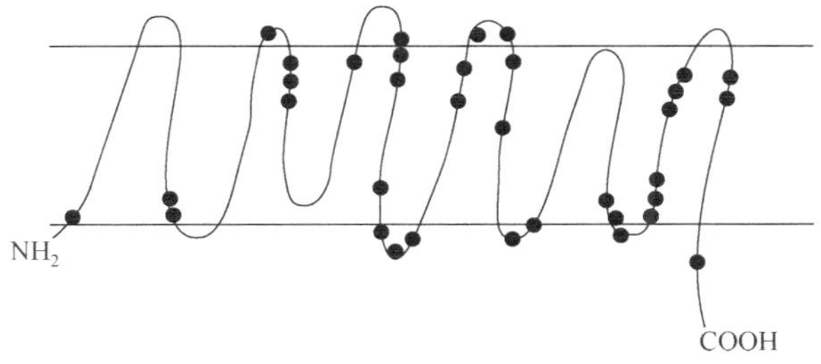

图 9.6 RHD 的蛋白结构图

二、新生儿溶血症

新生儿溶血症（hemolytic disease of the newborn，HDN）或称胎儿有核细胞增多症（erythroblastosis fetalis），是由胎儿与母亲的红细胞抗原不相容所致，胎儿细胞进入母体引起

免疫应答，母体产生的 IgG 进入胎儿血循环，导致对胎儿红细胞的大量破坏，引起胎儿或新生儿的免疫性溶血。在妊娠 2 个月时，5%～10%孕妇外周血中可以找到胎儿红细胞；妊娠 7～9 个月时，有 10%～20%的胎儿血液进入母体循环，其数量在 0.1～30ml。新生儿溶血症的症状大多数比较轻，并且出生时无明显贫血，几天后出现贫血和黄疸，少数病例可导致死胎、流产或早产；或出生后即表现出贫血、水肿、肝脾肿大、腹水、心脏扩大，死亡率较高，幸存者常有神经系统发育障碍和运动能力障碍。

在所有红细胞血型系统中，由 ABO 血型不合所导致的新生儿溶血症最为常见，约占 85%；其次为 Rh 血型系统，约占 14.5%，其他血型系统则极少。

（一）ABO 血型不相容溶血症

在 ABO 血型系统中，任何母婴 ABO 血型不合均可引起溶血，但实际上，新生儿溶血症 90%以上发生在 O 型母亲的 A 型或 B 型胎儿。其主要原因是：如果母亲是 O 型，胎儿是 A 型或 B 型，分娩过程中由于胎、母屏障的损伤，导致母亲抗 A 或抗 B 抗体进入胎儿血循环，引发溶血。虽然母体中抗 A 或抗 B 的抗体均为 IgM，这种特异性免疫球蛋白一般不能通过胎盘屏障进入胎儿体内，但是有少数人能够产生 IgG 型抗 A 或抗 B 抗体，由于 IgG 分子质量小，能够通过胎盘进入胎儿循环使胎儿红细胞凝聚破坏，因此当母亲是 IgG 抗 A 或抗 B 的 O 型血时，胎儿就易产生溶血。胎儿体内的血清和组织中 A 抗原和 B 抗原对进入体内的抗体有一定的吸收作用，在一定程度上也降低了溶血病的发病。

ABO 血型不相容溶血症多数症状较轻，出生时无明显贫血，几天后逐渐出现贫血和黄疸，容易误诊为新生儿生理性黄疸。少数重症病例可严重贫血引起胎儿水肿，导致死胎、流产或早产。

我国人群中 O 型频率在 30%左右，ABO 新生儿溶血症的发病率约为新生儿的 1/140（约 0.7%）。在胎儿、母亲 ABO 血型不相容妊娠中，只有大约 2.6%发生溶血病。

（二）Rh 血型不相容溶血症

Rh 血型是输血和临床医学中与 ABO 血型同样重要的血型系统，也是造成新生儿溶血症的重要抗原。与 ABO 血型系统不同的是，Rh 抗原没有天然抗体，只有通过输血或妊娠时，胎儿 Rh^+的红细胞进入母体循环，发生免疫作用后才能产生抗体。因此，Rh 溶血病好发于母亲是 Rh 阴性而新生儿是 Rh 阳性的新生儿中，当 Rh 阴性的孕妇妊娠 Rh 阳性的胎儿时，可因接触 Rh 阳性胎儿红细胞而被致敏，母体所产生的抗体，经胎盘进入胎儿体内，导致新生儿溶血症。

Rh 溶血病很少发生于第一胎，因为进入母体的胎儿细胞数量少，产生的抗体也少，不至于引起胎儿或新生儿溶血。在第一次分娩时（或自然流产、人工流产、剖宫产等），由于胎盘损伤、渗血，可有一定数量的胎儿细胞进入母体，使其致敏。当再次妊娠时，进入母体的胎儿细胞虽然数量不多，但由于是“再次免疫”，几天之内就可以产生足够量的抗体，并且是容易穿透胎盘的 IgG 型抗体，因而造成胎儿溶血。

如果母亲在妊娠第一胎前接受过 Rh 阳性血液的输血，或当年母亲本人出生时，有其母亲 Rh 阳性血液进入，使其已经致敏，这种情况就有可能导致第一胎胎儿溶血。

由于我国 Rh 阴性个体很少，因此发病比例并不高，但病症较 ABO 新生儿溶血重，常导致胎儿宫内死亡或新生儿黄疸。为了防止 Rh 溶血病的发生，可在第一胎出生后 72h 内给予母亲抗 D 血清制剂注射，以破坏母体内的胎儿细胞，再次妊娠到 29 周时，再次注射抗 D 血清制剂，可有效地防止 Rh 溶血病。对 Rh 阴性个体的各种原因流产、宫外孕及输过 Rh 阳性血液者，也应该注射抗 D 血清制剂。另外一种预防措施是，在 Rh^- 血型的母亲第一胎分娩后的 48～72h，给母亲注射 Rh 阳性的 γ 球蛋白，即给了产妇一种抗体，使得进入母亲血液内的胎儿细胞在未来得及刺激母亲机体产生抗体之前，就同注入的抗体发生了反应，扫除了 Rh 抗原，使母体不产生抗体，这样就能保证第二胎及其以后的孩子免受其害。

第二节　白细胞抗原遗传

同一物种某个个体的组织移植到另一个在抗原组成上不相容的个体时，就会引起免疫反应，导致移植被排斥，这就是组织不相容性。引起这种排斥的抗原便称为组织不相容性抗原（inhistocompatibility antigen）或移植抗原（transplantation antigen）。机体大部分组织都有组织相容性抗原，它是细胞膜上的蛋白质，决定着移植过程中的免疫反应。人体有多种组织相容性抗原，但引起免疫排斥反应的强弱各不同。引起强烈排斥反应的抗原称为主要组织相容性抗原（major histocompatibility antigen），如白细胞抗原；引起较弱排斥反应的抗原则称为次要组织相容性抗原（minor histocompatibility antigen），如 H-Y 抗原等。

在脊椎动物中，主要组织相容性抗原受控于一组紧密连锁的基因群组成的复合体，称为主要组织相容性复合体（major histocompatibility complex，MHC），为超基因家族。不同动物的 MHC 在结构上略有不同，其命名亦异。如人类的主要组织相容性系统最早是在白细胞上发现的，这些抗原主要集中在白细胞膜上，因此称为人类白细胞抗原（human leucocyte antigen，HLA），小鼠的 MHC 称为 H-2（图 9.7）。20 世纪 60 年代以来，陆续发现 MHC 不仅编码移植抗原，还编码血清补体成分，控制调节免疫应答、免疫识别和支配免疫细胞各亚群的协同作用。

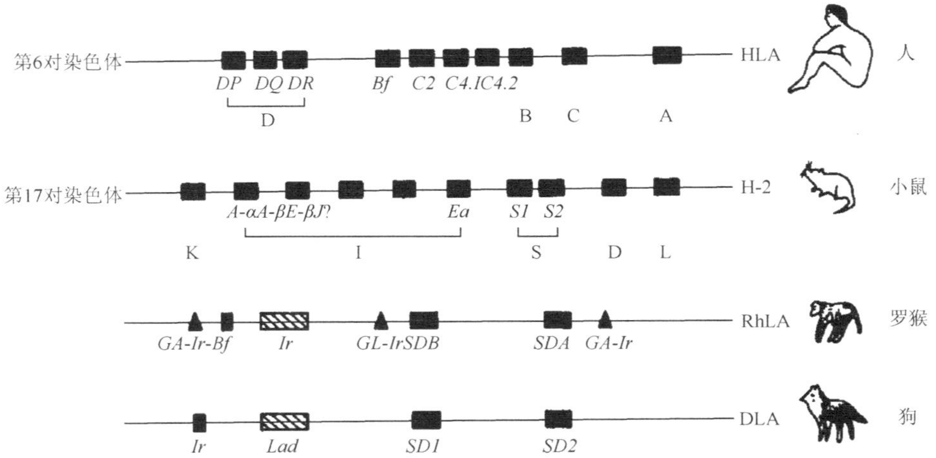

图 9.7　人、小鼠、罗猴和狗的 MHC 及其基因模式图

SD. 血清学鉴定；*Ir*. 免疫应答基因；C2、C4、Bf. 补体成分；*GL-Ir*. 对谷-赖多聚体应答的基因；*GA-Ir*. 对谷-丙多聚体抗原应答的基因；*Lad*. 淋巴细胞激活基因

一、HLA 基因系统

人的 HLA 基因系统定位于 6p21-6pter，是目前所知的人类最复杂的基因簇，长约 36 000kb，估计占人类整个基因组的 1‰。其有 224 个基因位点，其中 128 个为功能基因，

具有表达产物。每个位点都有很多复等位基因，所有基因均为共显性。根据其编码 HLA 分子的分布、多态性与功能不同，将 HLA 区域内的基因座分为与小鼠 H-2 相似的Ⅰ类、Ⅱ类和Ⅲ类基因（图 9.8，表 9.5）。此区域结构具有以下几个特点：①是免疫功能相关基因最集中、最多的一个区域，128 个功能基因中有 39.8%基因产物具有免疫功能；②是基因密度最高的一个区域，平均 16kb 就有一个基因；③是多态性（polymorphism）最丰富的一个区域（这为器官移植选择供体带来了困难），也是理想的遗传标记区域；④是与疾病关联最为密切的一个区域。

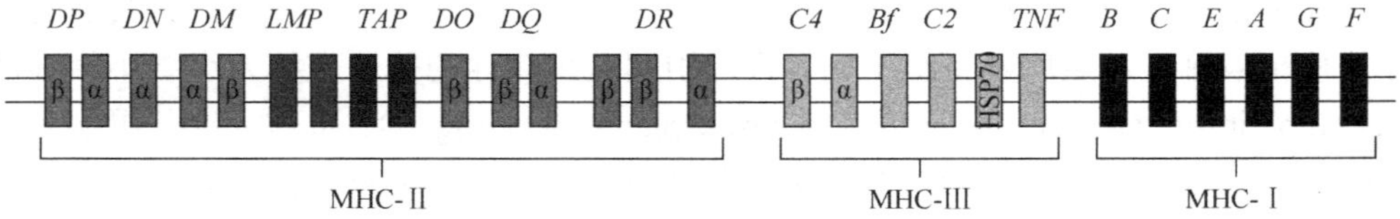

图 9.8　人类 HLA 区域的基因排列图

表 9.5　HLA 中的基因及其分类

HLA-Ⅰ类区域	HLA-Ⅱ类区域	HLA-Ⅱ类区域	HLA-Ⅲ类区域
HLA-A	*HLA-DRA*	*HLA-DQB3*	*C2*
HLA-B	*HLA-DRB1*	*HLA-DOB*	*Bf*
HLA-C	*HLA-DRB2*	*HLA-DMA*	*Bf*
HLA-E	*HLA-DRB3*	*HLA-DMB*	*Bf*
HLA-F	*HLA-DRB4*	*HLA-DNA*	*Bf*
HLA-G	*HLA-DRB5*	*HLA-DPA1*	*Bf*
HLA-H	*HLA-DRB6*	*HLA-DPB1*	*Bf*
HLA-J	*HLA-DRB7*	*HLA-DPA2*	*Bf*
HLA-K	*HLA-DRB8*	*HLA-DPB2*	*Bf*
HLA-L	*HLA-DRB9*	*TAP1*	
HLA-X			
MIC	*HLA-DQA1*	*TAP2*	
	HLA-DQB1	*LMP2*	
	HLA-DQA2	*LMP7*	
	HLA-DQB2		

（一）HLA-Ⅰ类基因区

在复合体中位于远离着丝粒的一端，产物是 HLA-Ⅰ类抗原分子。由 4 个部分的基因组成（图 9.9）。

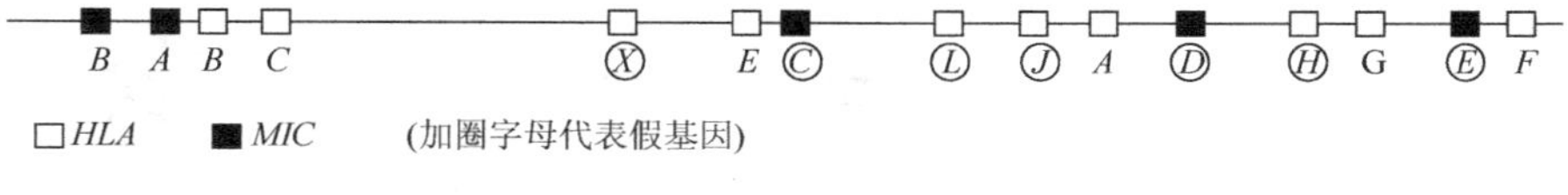

图 9.9　编码Ⅰ类抗原的基因排列示意图

1. 经典基因

经典基因由 *HLA-A*、*HLA-B*、*HLA-C* 组成，是 3 个发现最早的基因位点。它们负责编码 HLA 类抗原分子的重链（α 链）。抗原广泛分布于几乎所有有核细胞表面，其主要功能是提呈经处理的内源性抗原肽给 CD8 阳性 T 淋巴细胞。各位点的等位基因数量多，其中 *HLA-A* 697 个，*HLA-B* 1109 个，*HLA-C* 381 个。

2. 非经典基因

非经典基因由 *HLA-E*、*HLA-F*、*HLA-G* 组成。等位基因数量均很少，抗原局限性分布。

3. 假基因

假基因由 *HLA-L*、*HLA-H*、*HLA-J* 和 *HLA-X* 组成，这些基因均因突变无表达产物。

4. *MIC* 基因

MIC 基因由 *MIC-A*、*MIC-B*、*MIC-C*、*MIC-D* 和 *MIC-E* 组成。其中，*MIC-A*、*MIC-B* 为功能基因，其他为假基因。*MIC-A* 具有高度多态性，有 51 个等位基因，与 *HLA-B* 基因之间存在高度连锁不平衡，主要表达在胃肠道细胞上，并受到热休克蛋白的调节，MIC-A 分子是 NK 细胞抑制性受体 NKG2D 的配体。其他 *MIC* 基因未发现等位基因。

HLA-Ⅰ类抗原属血清鉴定抗原（serologically-definedantigen），简称 SD 抗原。分布于所有有核细胞（如 T 细胞、B 细胞、巨噬细胞等）的细胞表面，Ⅰ类抗原分子是由相对分子质量为 4.4×10^6 的重链（α 链）通过其第 3 个结构域与相对分子质量为 1.2×10^4 的轻链（β_2 微球蛋白链，β_2m）非共价结合而成，其多态性取决于 α 链的第 1、2 结构域，β_2m 无多态性。α 链基因有 8 个外显子，分别为肽链的不同区域编码。α 链由胞外区、跨膜区和胞内区组成。胞外区包括 α_1、α_2 和 α_3，α_1 和 α_2 形成一个封闭的肽结合巢，可以容纳 8～12 个氨基酸；α_3 与 β_2m 非共价结合（图 9.10）。

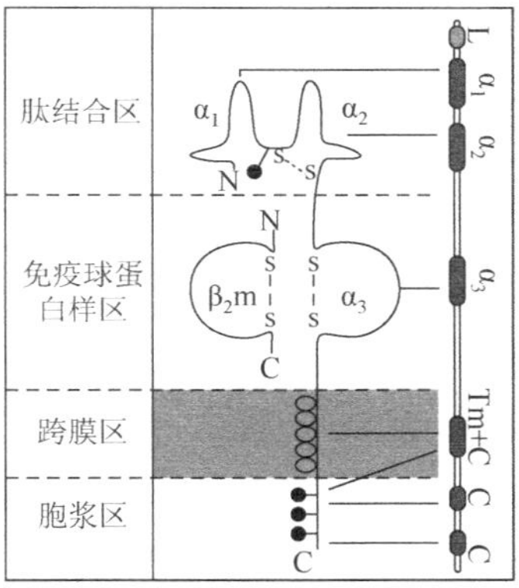

图 9.10 MHC-Ⅰ类抗原分子及其编码基因结构

（二）HLA-Ⅱ类基因区

在复合体中位于近着丝粒一端，由经典基因和非经典基因组成（图 9.11），编码的产物是 HLA-Ⅱ类抗原分子。

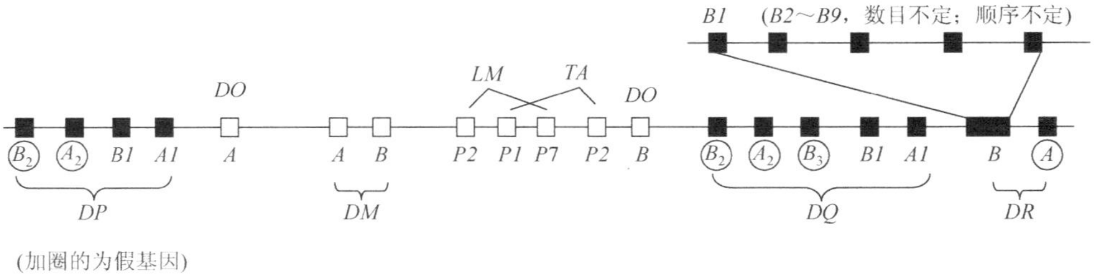

图 9.11 编码Ⅱ类抗原的基因排列示意图

1. 经典基因

经典基因由 *DR* 区、*DQ* 区和 *DP* 区组成。

DR 区含有：*DRA* 和 *DRB*，*DRB* 又可细分成 *DRB1*～*DRB9*，其中 *B1*、*B3*、*B4* 和 *B5* 为功能基因，其他为假基因。*DRB1* 的等位基因已知达 603 个，是Ⅱ类区域中多态性最丰富的区域。不同个体携带的 *DRB* 基因位点数不同，但所有个体均有 *DRB1*。*DRA* 基因编码 DR 分子重链（α 链），*DRB1* 编码 DR 分子的 β_1 链，与 DRA 编码的 α 链共同组成血清学方法可检出的 *DR1*～*DR18* 抗原特异性。

DQ 区含有：*DQA1*、*DQB1*、*DQA2*、*DQB2*、*DQB3*，其中 *A1* 和 *B1* 是功能基因，共同编码 DQ 分子。*DQA1* 的等位基因有 20 个，*DQB1* 的等位基因有 45 个。*DQA1* 和 *DQB1* 为功能基因，编码 DQα 链和 DQβ 链，构成 DQ 分子；具有高度多态性。*DQA2*、*DQB2* 为假基因，无表达产物。

DP 区含有：*DPA1*、*DPA2*、*DPB1*、*DPB2*，其中 *A1*、*B1* 均是功能基因，编码 DP 分子的 α、β 链。*DPA2* 和 *DPB2* 为假基因，无产物表达。

DR、DQ、DP 分子表达在 B 淋巴细胞、巨噬细胞、朗汉斯细胞、胸腺上皮细胞及激活的 T 细胞表面，主要功能是将经过加工处理的外源性抗原肽递呈给 $CD4^+$ T 淋巴细胞，引起免疫应答。

2. 非经典基因

非经典基因由 *DM*、*TA*、*LM* 和 *DO* 区组成。

DM 区域有 2 个基因，即 *DMA*、*DMB*。*DMA* 基因和 *DMB* 基因具有多态性，*DMA* 有 4 个等位基因，*DMB* 有 6 个等位基因。*DM* 编码的蛋白质分子与 DR 分子结构相似，DM 分子在外源性抗原递呈中起重要作用。

Ⅱ类抗原也是一种蛋白质异二聚体，由 α 重链（相对分子质量为 3.4×10^4）和 β 轻链（相对分子质量为 2.9×10^4）非共价结合而成。每条链都有 2 个细胞外结构域、1 个跨膜结构域和 1 个胞质结构域（图 9.12）。

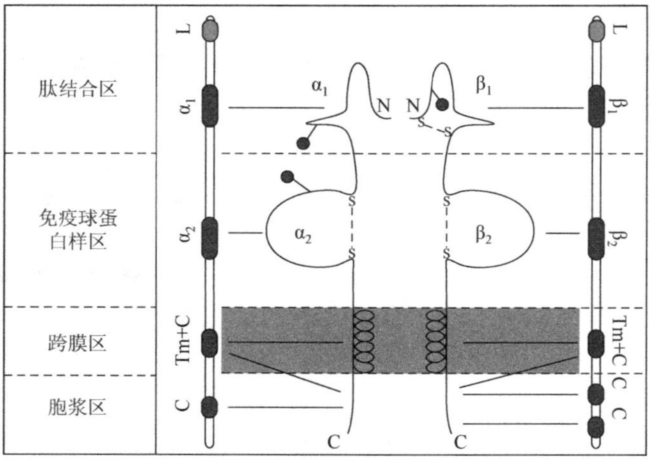

图 9.12　MHC-Ⅱ类抗原分子及其编码基因结构

（三）HLA-Ⅲ类基因区

HLA-III类基因区，是人类基因组中基因密度最大的区域。由多种类型的基因组成（图 9.13）。

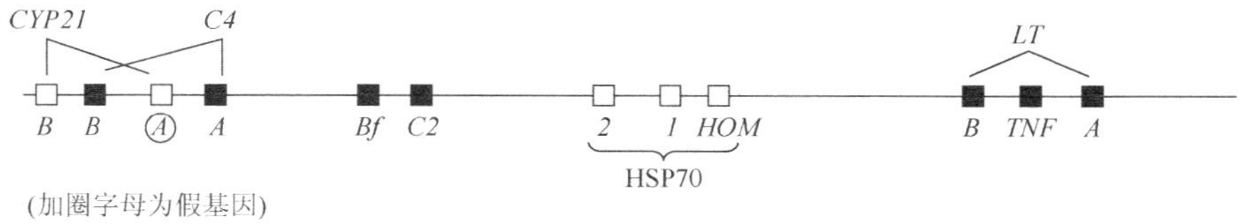

图 9.13　编码III类抗原的基因排列示意图

1. 补体基因

补体基因有 *C2*、*C4* 和 *Bf*（B 因子）。

C2 与 *Bf* 结构相似，但同源性只有 39%，而且长度相差较大。*C4* 具有多态性，可由 1～3 个组成单倍型，*C4A* 与 *C4B* 高度同源（94%），*C4A* 通常为长基因（22kb），*C4B* 则有长基因（22kb）和短基因（16kb）两种形式，长基因是由 *C4B* 基因的第 9 内含子插入了 6.5kb 片段所致。*C4* 的多态性是由于不等交换产生的。*C4* 等位基因具有高频率不表达特性，*C4* 为 5%～15%，*C4B* 为 10%～20%。

2. 其他位点

其他位点有 *TNF*、*LTA*、*LTB* 基因、21-羟化酶基因、热休克蛋白基因。

CYP 编码 21-羟化酶，由 *CYP21A* 和 *CYP21B* 组成；*HSP70* 编码热休克蛋白；*TNF* 编码肿瘤坏死因子（tumor necrosis factor，TNF）；*LTA* 编码淋巴毒素 α，*LTB* 编码淋巴毒素 β。

二、HLA 的单倍型遗传与重组

在同一条染色体上的 *HLA* 基因的组合称为 *HLA* 单倍型（HLA haplotype）。由于各位点紧密连锁，重组频率很低，因此在 HLA 遗传过程中，单倍型作为一个完整的遗传单位由亲代传给子代。子女总是得到一条父亲的单倍型和一条母亲的单倍型。所以，父子（女）或母子（女）之间必有一条相同的单倍型，即 HLA 半相同。同胞之间可分为 HLA 相同（identical）、HLA 半相同（semi-identical）和 HLA 不相同（non-identical）3 种情况（图 9.14）。

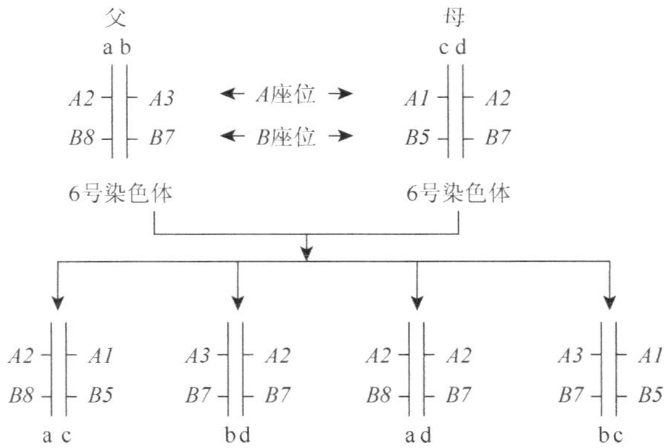

图 9.14　HLA 抗原单倍型遗传示意图

a、b、c、d 代表单倍型；*A1*、*B8* 等代表抗原特异性

HLA 多基因座组成的单倍型并非完全随机，有些基因比其他基因更多地连锁在一起，称为连锁不平衡（linkage disequilibrium）。例如，在白人中 *A1* 的基因频率为 0.12，*B8* 的基因频率为 0.17，*A1* 和 *B8* 基因出现在同一单倍型的预期频率为 0.12×0.17＝0.02，但实际观察到的基因频率为 0.09。*HLA* 的连锁不平衡与对某些疾病的易感有关。

紧密连锁的 *HLA* 基因偶尔也会发生交换，在后代中出现新的单倍型。在图 9.15 的系谱中，第 5 个子女的新单倍型，是由母亲的第 6 对同源染色体的 *B* 基因座与 *A* 基因座之间发生了交换重组产生的。

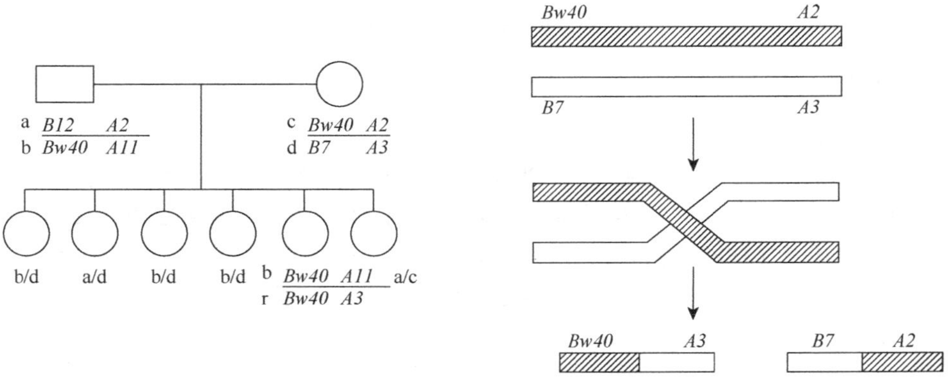

图 9.15　单倍型的交换与重组

三、HLA 抗原与器官移植

器官移植（organ transplantation）是将一个人健康的器官移植到患者体内的复杂手术，目的是替换患者因疾病丧失功能的器官。器官移植是当代医学的一项重大成就，胃、心脏、肝脏、肾脏、小肠等移植均在不同程度上取得成功。器官移植患者的生存率和生活质量显著提高，器官移植技术已经成为公认的治疗各种终末期器官疾病的有效手段。

根据器官移植供、受双方的遗传关系，器官移植分为：自体移植（autograft）、同系移植（isograft，即同卵双生子之间的移植）、同种异体移植（allograft，即同一物种不同个体之间的器官移植）和异种移植（xenograft，不同物种个体之间的器官移植）。

器官移植所面临的最大难题之一是排斥反应。当供体和受体之间存在抗原差异时，受体的免疫系统就能够识别异己而引发强弱不等的排斥，这种过程称为组织不相容性（histoincompatibility）。在排斥反应中，HLA 系统起着最重要的作用，另外红细胞血型也发挥了重要作用。

HLA 抗原的相似程度是器官移植成功与否的关键。在器官移植时，首先应从同胞兄弟姊妹中找 HLA 相同的同胞，如果是同卵双生子，则在理论上移植的成功率是 100%；其次是选择 HLA 半相同的同胞或父母；移植尸体器官时应选择有尽可能多的相同抗原的接受者。

由于 HLA 的高度多态性，决定了不同个体间差异的多样性，因此在人群中，特别是无血缘关系的人群中，找到 HLA 相同的概率非常低，故在进行器官移植前，供体必须进行严格的组织配型，使受体和供体之间的 HLA 尽可能地相近，最大限度地减少排斥反应。HLA 单倍型提示人们在器官移植时，首先应该在同胞中寻找 HLA 抗原完全相同的供体，因为他们有 1/4 的可能性完全相同，当然如果是同卵双生就应该没问题了，其次在近亲中寻找，最后在人群中寻求。

骨髓含有免疫活性细胞，进行骨髓移植时，不仅受者免疫系统要识别骨髓移植物为“非己”，骨髓移植物本身也要识别受者细胞为“非己”，因而相互发生攻击，产生移植物抗宿主病（graft-versus-host disease，GVH）。因此，骨髓移植的组织配型要求更高。

为帮助患者检索配型相合的捐献者并提供移植相关服务等，受卫生部（现为国家卫生和计划生育委员会）委托，1992 年，中国红十字会开展了中国非血缘关系骨髓移植供者资料检索库工作。2001 年 3 月，中国红十字会重新启动中华骨髓库（China marrow donor program，CMDP）的建设工作。目前，全国已经建立了 31 家省级分库，30 家 HLA 组织配型实验室，6 家 HLA 高分辨分型确认实验室和 1 家 HLA 质量控制实验室，还建立了中华骨髓库的官方网站和官方微博。

四、HLA 与疾病关联

很多自身免疫性疾病的发生都与遗传有关。迄今已发现 70 多种疾病与 HLA 基因多态性相关联，其中大多数的自身免疫性疾病与 HLA-Ⅱ类基因关联。关联是指两个遗传性状在群体中实际同时出现的频率高于随机同时出现的频率的现象。HLA 与疾病关联是指 HLA 与某种遗传病在群体中实际同时出现的频率高于随机同时出现的频率的现象。例如，①携带 HLA-DR4 的人患类风湿关节炎的风险比正常人高 9 倍；②1 型糖尿病携带 *HLA-DR3* 和 *HLA-DR4* 基因的白种人发病率是正常人的 20 倍（表 9.6）。在这些关联疾病中，HLA 抗原可能不是病因，但它可作为某种遗传标记，即某种遗传病发生总是伴随着 HLA 系统某一基因缺陷，故称遗传标记。

表 9.6　HLA 和疾病的相关性

疾病	HLA 抗原	相对危险性 RR
强直性脊柱炎	Ⅰ类 B27	>100
青少年类风湿性关节炎	B27	24
Reiter 病	B27	30～50
牛皮癣性关节炎	B17	6
	Cw6	9
Behcet 综合征	B51	10～15
发作性睡眠	Ⅱ类 DR2	20
寻常天疱疮	DR4	24
1 型糖尿病	DR3/DR4	20
多发性硬化症	DR2	4
全身性红斑狼疮	Ⅲ类 C4AQO	6
全身性硬化症	C4BQO	11
	C4AQO	9

HLA 与疾病关联的作用机制目前尚不清楚，主要有如下几种学说。

1）分子模拟学说（molecular mimicry hypothesis）：HLA 分子可能与某种病原体分子结构上有相似之处，因此可能导致两种后果，如下。①机体对这种病原微生物产生交叉免疫耐受，不能产生有效的免疫应答，保护了病原微生物；②病原微生物刺激机体产生相应的抗体，损伤了具有共同抗原的组织细胞。如强直性脊柱炎（ankylosing spondylitis，AS）患者细胞表面 B27 抗原与肺炎菌的成分有一段共同的氨基酸序列；与胰岛素依赖性糖尿病相关的风疹病毒膜蛋白上存在与患者 MHC-Ⅱ类抗原 β 链上相同的氨基酸序列等。

2）受体学说（receptor hypothesis）：即 HLA 抗原可能作为病原体的受体，二者结合导致机体损伤，或与膜受体相似而竞争性结合激素。如小鼠 MHC-Ⅱ类抗原是乳酸脱氢酶病毒（lactate dehydrogenase virus，LDV）的受体。

3）连锁不平衡学说：*HLA* 基因不是疾病易感性基因，而仅仅是作为可供检出的遗传标记，但是与真正的易感性基因紧密连锁在一起。如几乎所有发作性睡眠病患者都是 DR2、DQ1，先天性肾上腺肥大症患者体内缺乏固醇-21 羟化酶，常为 HLA-B47 等。

4）自身抗原提呈学说：HLA-Ⅱ类分子在结合并提呈抗原到反应性 T 细胞的过程中，Ⅱ类抗原表达过少或过多，不同亚区的 α 链和 β 链发生错配，形成新的抗原性，产生了自身组织的损伤。

5）免疫耐受（immunological tolerance）学说：机体免疫系统在接触某种抗原后产生的特异性免疫无应答或低应答，表现为再次接触同种抗原时，不发生可查见的反应，但对其他抗原仍保持正常免疫应答。

第三节　抗体的基因结构及其重排

参与免疫反应的重要物质是免疫球蛋白（immunoglobulin，Ig），它是由 B 淋巴细胞转化来的浆细胞所产生的抗体（antibody，Ab）。通常人体接触多种抗原物质的刺激而产生大量的免疫球蛋白分子。

一、免疫球蛋白

在机体受到抗原刺激的免疫应答中，B 淋巴细胞产生一类糖蛋白能与相应抗原特异结合，产生各种免疫效应。1964 年，国际卫生组织把具有抗体活性、化学结构与抗体类似的一类球蛋白统一命名为免疫球蛋白，它们主要存在于血清中，参与体液免疫。

（一）免疫球蛋白的基本结构

尽管免疫球蛋白种类繁多，但是基本结构相似，都是由两条轻链（light chain，L）和两条重链（heavy chain，H）组成（图 9.16）。L 链 N 端约 1/2（从 1～108 氨基酸残基）存在较大差异，称为轻链可变区（light variable region，V_L），其余部分氨基酸具有较大保守性，称为轻链恒定区（light constant region，C_L）。H 链 N 端约 1/4（从 1～123 氨基酸残基）为可变区（V_H），其余部分为恒定区（C_H）。免疫球蛋白的轻链可变区由 3 个超变区（hyper variable region，HVR）和 4 个支架区（framework region，F）组成（图 9.17），根据恒定区的不同，将轻链分成 κ（kappa）链和 λ（lambda）链两种类型，正常人血清中，两种轻链的比例为 κ∶λ=2∶1；重链的可变区（V_H）有 3～4 个超变区，恒定区（C_H）约占整个肽链的 3/4，分成 C_H1、C_H2 和 C_H3 共 3 个片段。L 链和 H 链组成结合抗原的可变区（variable region fragment，Fv），加上第一恒定区组成抗原结合片段（antigen biding fragment，Fab），两对 C_H2、C_H3 组成恒定区片段（constant fragment，Fc），Fab 与 Fc 间有铰链区（hinge）相连。当抗体与抗原结合时，此区可在一定程度上自由旋转，以适应不同距离的抗原决定簇。

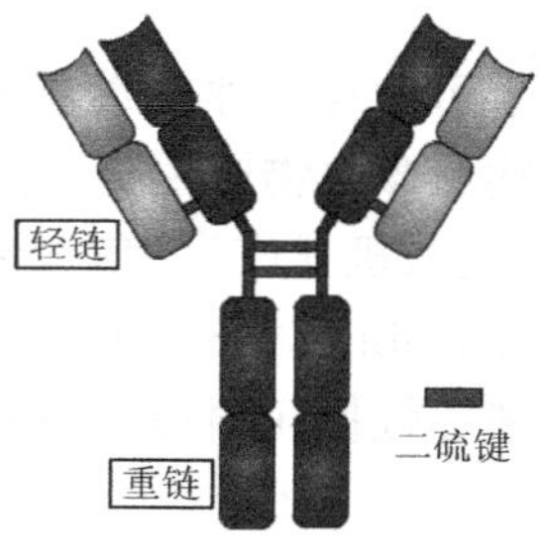

图 9.16　免疫球蛋白分子结构模式

图 9.17 可变区区段组成示意图

FR. 框架区；CDR. 互补决定区（complementarity determining region），又称为高变区（HVR）

构成抗体的免疫球蛋白是一大类具有免疫活性的球蛋白，分布于血清、体液和组织细胞表面，根据 Ig 重链抗原性的差异通常分为 5 种，即免疫球蛋白 IgG、IgA、IgM、IgD 和 IgE，每种免疫球蛋白的分子结构和免疫功能都有一定区别。

（二）免疫球蛋白基因的结构

编码免疫球蛋白的基因有 3 个不同的基因家族，重链 *H* 基因分布在 14q32.3，轻链 *κ* 基因位于 2p12，轻链 *λ* 基因位于 22q11.1。*Ig* 基因主要包括：L、V、D、J、C 五类基因片段（图 9.18）。

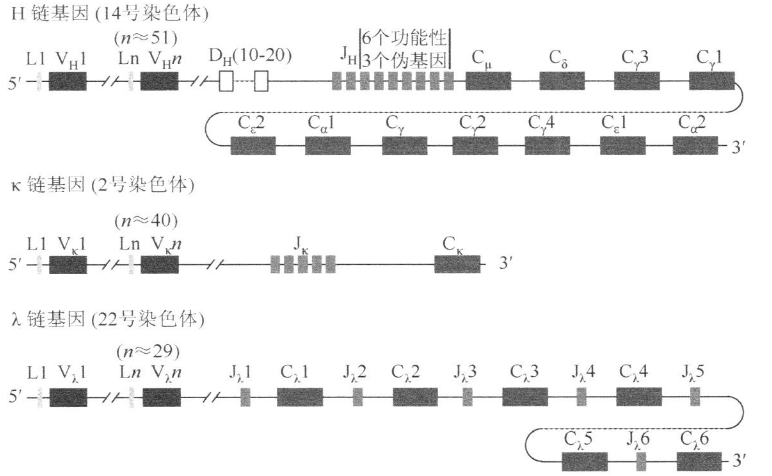

图 9.18 人类 *Ig* 基因结构示意图没改完

L（leader）. 信号肽，通过其向内质网外运输；V（variable）. 可变区，编码 Ig 可变区肽链；D（diversity）. 多变区，编码 Ig 多变区肽链；J（joining）. 连接区，V 区肽段的一部分；C（constant）. 恒定区，编码 Ig 恒定区肽链（H、L）

二、免疫球蛋白基因的表达

B 细胞胚系 DNA 上有许多组成免疫球蛋白分子的基因，这些基因在受到不同抗原刺激后发生重排，随机重排翻译成大量的具有不同特异性的免疫球蛋白。

（一）轻链基因的表达

胚胎 DNA 的轻链基因分为 V、J、C 3 段，只有在 B 淋巴细胞发育过程中经过 V_L-VJ 的基因重组才能形成有表达活性的轻链基因。

1. κ-链基因的表达

κ-链基因位于 2p12，可变区大约 150 个片段，可变区与恒定区之间有 5 个连接片段，V/J 的接头有 10 种灵活性，因此通过不同区段的重排将会产生 7500（150×5×10）种不同组合的 κ-链（图 9.19）。

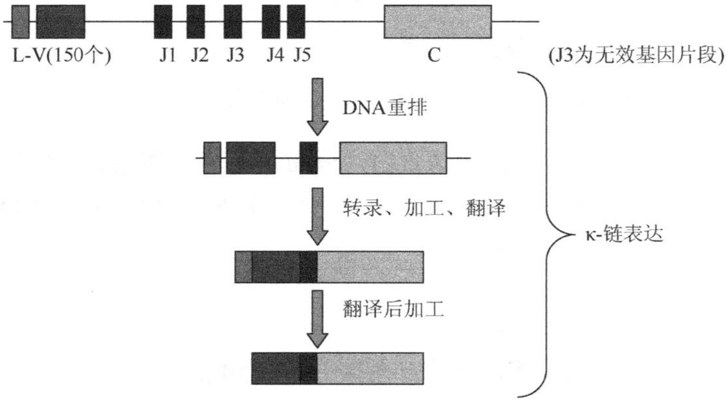

图 9.19 κ-链基因的结构与重排

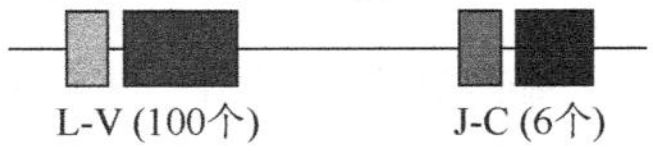

图 9.20 λ-链基因的结构

2. λ-链基因的表达

λ-链基因（图 9.20）位于 22q11，λ-链表达中排列组合数远低于κ-链。

（二）重链基因的表达

人类的重链基因簇定位在 14 号染色体长臂末端（14q32），在未分化的胚胎细胞中，免疫球蛋白的重链基因簇被分隔为 L、V、D、J 和 C 共 5 组基因片段，其中 V 基因片段的数目很多，在每个 V 片段的 5′端都有前导序列。重链可变区多肽的编码序列不在 V_H 或 J_H，而是由 D（diversity）基因片段负责。D 位于 V_H 和 J_H 之间，是一个由相关序列串联而成的多基因家族。重链基因也要经历类似于轻链的重排才能成为有活性的重链基因。

重链基因的可变区有 80 个片段，D 区有 50 个片段，J 区有 6 个片段，恒定区有 10 个片段，因此，通过不同区段的重排将会产生 2 400 000（80×50×6×10×10）种不同组合的重链（图 9.21）。不同的轻链再与不同的重链随机组合，将可以产生 180 亿种（2 400 000×7500）不同类型的免疫球蛋白。

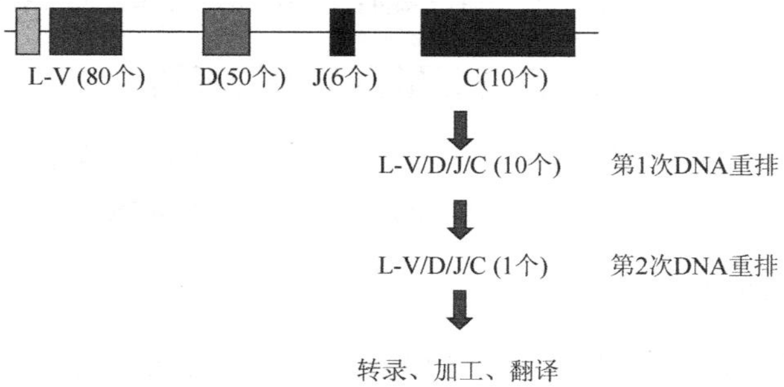

图 9.21 重链基因的结构与重排

（三）等位排斥

在 B 淋巴细胞的分化过程中，免疫球蛋白基因的轻链和重链基因重排表达时，一对等位基因中只有一个基因能发生有表达功能的重排和转录，而在另一条同源染色体上的等位基因则不能表达，这种现象称为等位排斥（allelic exclusion）。在一个克隆的 B 细胞中只有一个轻链基因的表达，称为同型排斥（isotypic exclusion）。等位排斥现象可能与免疫球蛋白基因的重排有关。在胚胎细胞分化和淋巴细胞成熟过程中，基因的重排是按照一定的顺序进行的：先重链基因，后轻链基因。

重链基因的重排次序是先拼接成 DJ 节段，然后是 DJ 与 V 拼接成 VDJ，编码一个完整的 V 区。在 D 与 J_H 重排时，一般总是最下游的 D 优先和最靠近的 J 节段重排，而后才是第二个 D 与 J_H 重排，当 DJ 拼接完成以后，最靠近 D 的 V_H 才优先与 DJ 重排。等位排斥只发生在 V 与 DJ 重排阶段，一旦一个同源染色体经过重排实现了 V 与 DJ 的拼接，它就会阻止另一同源染色体 DNA 的重排。如果第一个重排中 V-DJ 连接失败，不能形成有效重排，细胞将会提供另一个重排的机会，用作 V-DJκ 错接的补救系统。

轻链基因的重排次序是 Vκ 先与 Jκ 拼接，而后才是 VκJκ 和 Cκ 相接。在 κ 型和 λ 型轻链中，总是 κ 链基因的重排先于 λ 链基因，只有在不能形成有效的 κ 链基因重排时，才会启动 λ 轻链基因的重排。轻链基因的等位排斥是在其中一个等位基因实现有效重排后才反馈抑制另一等位基因重排。第一个等位基因不能有效重排则失去这种反馈抑制能力，使另一个基因的重排启动。

（四）重链基因的类别转换

脊椎动物和人体受到某种特定抗原刺激后，首先合成的抗体分子是 IgM，随后是 IgG 及其他的抗体分子，出现最晚的是 IgA。这些抗体都有相同的抗原专一性，但生理效应不同。研究表明这些 Ig 分子的 V_H 区是相同的，差别在于 C_H 区。在淋巴细胞分化成熟过程中，V_H-D-J_H 基因片段连接成完整的 V_H 基因后，与 $C\mu$ 基因重组，产生一个有功能的 IgM 的重链基因，负责 IgM 重链的合成。V_H-D-J_H 也可以从靠近 $C\mu$ 的位置转换到靠近 $C\gamma$ 或其他 C_H 基因的附近，使 V_H-D-J_H 与 $C\gamma$ 或其他 C_H 基因重组，产生编码 IgG 或其他的 Ig 的重链基因。在这种 DNA 水平的转移重排过程中，原先基因中 J 片段 3′侧和将被重组的 C_H 片段（如 $C_{\gamma 1}$）5′侧的其他 C_H 基因片段就都被切除。由同一个 V_H 基因先和一个 $C\mu$ 基因连接，共同形成一个有功能的转录单位，然后又转换与另一个 C_H 基因连接以产生另一类别的转录单位的过程就称为类别转换（class switching）（图 9.22）。

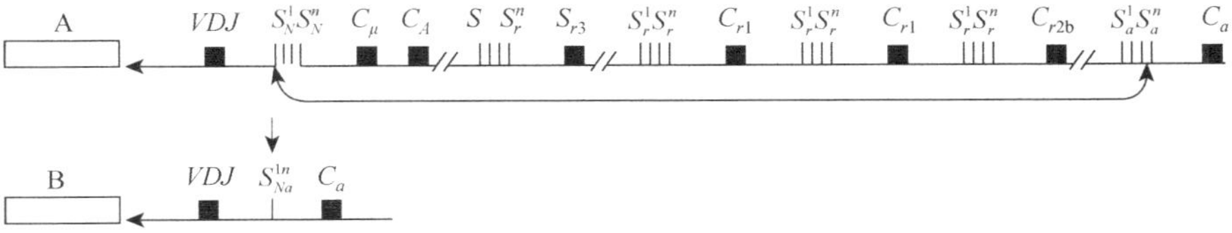

图 9.22　重链基因的类别转换

思考题

1. 解释名词：单倍型、主要组织相容性复合体、类别转换、同型排斥、免疫、等位排斥、新生儿溶血症、超变区。

2. 为什么两个 O 型血的人婚配，有可能会出生 A 型血的子女？

3. 某个女人和某个男人结婚，生了 4 个孩子，有下列的基因型：$iiRRL^ML^N$，$I^AiRrL^NL^N$，$iiRRL^NL^N$，$I^BirrL^ML^M$，他们父母亲的基因型是什么？

4. 为什么 HLA 在人群中表现出高度多态性？
5. HLA 基因系统有几种类型基因？请简要描述各类基因的功能。
6. 简述免疫球蛋白多样性的遗传机制。
7. 简述免疫球蛋白的基本组成和结构。
8. 请简述免疫球蛋白轻链和重链基因的基本结构。

主要参考文献

程罗根. 2005. 人类遗传学. 南京：南京师范大学出版社
杜传书. 1989. 医学遗传学基础. 北京：人民卫生出版社
格兰特·颠蒂恩. 2001. DNA 和命运. 李恭楚，等译. 上海：上海科学技术出版社
李德山. 2010. 基因工程制药. 北京：化学工业出版社
刘金香. 1999. 谈遗传因素对人类智力的影响. 江西教育学院学报（自然科学），20（3）：47-49
沈关心. 2005. 微生物学与免疫学. 5 版. 北京：人民卫生出版社
唐久来，郭晓东，余世成，等. 1994. 儿童智商的遗传度研究. 中华儿科杂志，32（5）：293-295，319
唐艳平. 2003. 医学遗传学. 武汉：湖北科学技术出版社
王亚馥，戴灼华. 1999. 遗传学. 北京：高等教育出版社
王正询. 2002. 简明人类遗传学. 北京：高等教育出版社
徐华，彭进. 2004. ABO 血型基因研究进展. 临床输血与检验，6（1）：77-80
余其兴，赵刚. 2000. 人类遗传学导论. 北京：高等教育出版社
张贵寅. 2001. 人类红细胞血型抗原的遗传. 中国实用妇科与产科杂志，17（10）：593-594
赵刚，彭惠民. 1998. 医学遗传学教程. 北京：科学出版社

10

第十章 肿瘤与遗传

肿瘤（tumor）泛指由一群生长失去正常调控的细胞形成的新细胞群（neoplasm），或指由于细胞异常增殖所形成的细胞群。肿瘤形成后可在原位继续生长，也可转移并进入其他组织器官，最终导致组织损伤和器官衰竭而死亡。肿瘤可以看作在个体遗传素质的基础上，尤其是在个体对肿瘤的遗传易感性基础上，致癌因子引起细胞遗传物质结构或功能异常的结果。这种异常大多数不是由生殖细胞遗传，而是由体细胞中新发生的基因突变所致，发生突变的癌前细胞在一些促癌因素的作用下发展为肿瘤。因此，肿瘤可以被认为是一种体细胞遗传病。

第一节 肿瘤的类型

肿瘤是一类疾病的总称，在临床上分为良性肿瘤（benign tumor）和恶性肿瘤（malignant tumor）两大类型。良性肿瘤生长缓慢，危害性小；恶性肿瘤发展快，常导致个体死亡。

一、良性肿瘤

良性肿瘤是指机体内某些组织的细胞发生异常增殖，呈膨胀性生长，生长比较缓慢，绝大多数不会恶变。良性肿瘤对局部的器官、组织只有挤压和阻塞的作用，一般不破坏器官的结构和功能，也很少发生坏死和出血。良性肿瘤的瘤体多呈球形、结节状。周围常形成包膜，因此与正常组织分界明显，用手触摸，推之可移动，手术时容易切除干净，摘除不转移，很少有复发。

虽然良性肿瘤生长比较缓慢，比较容易通过手术摘除，对机体影响较小，但是，有些良性肿瘤对人体的危害却很大。例如，当良性肿瘤生长在身体要害部位而空间又有限时，同样可造成致命的后果。如头颅内、甲状腺上及纵隔的巨大良性肿瘤等。另外，有些良性肿瘤会发生恶变，如甲状腺腺瘤、乳腺纤维瘤、子宫瘤、胃肠道的平滑肌瘤、软组织的纤维瘤、滑膜瘤、韧带纤维瘤等，这些肿瘤一旦变成恶性，其后果与恶性肿瘤相同。

二、恶性肿瘤

目前已发现的 200 多种恶性肿瘤，几乎涉及所有类型的细胞、组织和器官系统，其中约85%是癌，起源于上皮细胞，如皮肤癌、胃癌、乳腺癌等；2%是肉瘤，来源于结缔组织、骨和肌肉组织的细胞，如骨肉瘤、横纹肌肉瘤、淋巴肉瘤、神经肉瘤等；约 5%为淋巴瘤，来源于免疫系统特别是脾及淋巴结的白细胞；约 3%为白血病，来源于骨髓造血细胞。肉瘤多发生于年轻人，恶性程度比癌更大，死亡率更高，有的发病后数月甚至数天即死亡，但癌的发病率比肉瘤高 9 倍，一般把恶性肿瘤统称为癌症。

三、癌细胞的生物学特性

癌是一群不随生理需要反常生长的不成熟的细胞集团，它大量消耗人体营养，破坏人体正常组织，严重危害机体，并且到处扩散转移。癌细胞是由正常细胞转化而来，但在形态、代谢和功能上都与正常细胞不同。癌细胞主要表现有如下生物学特性。

1. 生长的自主性

癌细胞失去了对正常细胞生长和增殖调节信号的反应，在不同程度上脱离机体控制，往往表现为不间断地生长繁殖和分化不良。这种特征称为癌细胞的自主性或自主性生长。癌细胞不受周围组织制约，进行独立细胞分裂，优先夺取养料，使患者消瘦衰弱，并且会侵压周围的健康组织，引起其他病症。

2. 侵袭性和转移性

癌细胞的表面可发生一系列改变，细胞黏着和连接相关的成分（如细胞外基质，extracellular matrix，ECM；细胞黏附分子，cell adhesion molecular，CAM）发生变异或缺失，相关信号通路受阻，细胞间的黏着性降低，细胞失去与细胞间和细胞外基质间的连接，因此癌细胞常易离散（图 10.1）、溶解和侵入周围的组织，或侵入血管、淋巴管，随血流或淋巴液播散到远处，在新的部位形成瘤块，给治疗带来困难，严重危害生命。

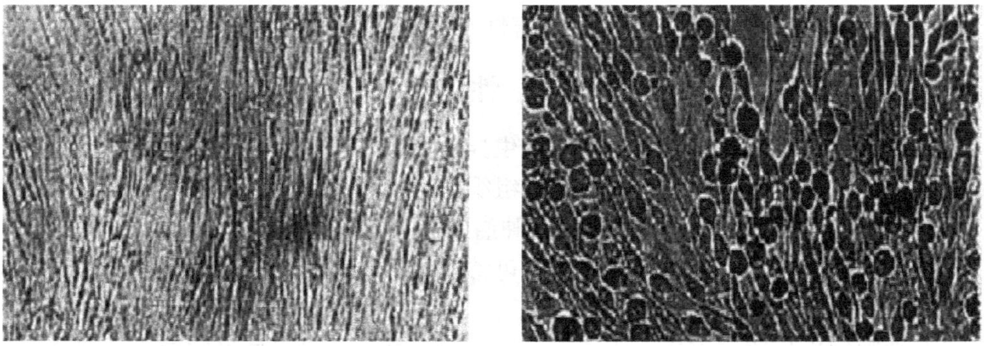

图 10.1　正常组织细胞（左）与癌细胞（右）

3. 去分化特性

癌细胞往往丧失对正常细胞分化调节机制的反应，且缺乏成熟的形态与功能，处于去分化状态。目前已知肿瘤细胞中可以表达 20 多种胎儿同工酶，据此可以进行癌症早期诊断。例如，胎儿甲种球蛋白（α-fetoprotein，αFP 或 AFP，甲胎蛋白）是胎儿所特有的，但在肝癌细胞中也表达，因此可用于肝癌早期鉴定的标志特征。

4. 接触抑制丧失

正常细胞在体外培养时表现为贴壁生长和汇合成单层后停止生长的特点，即接触抑制现象（contact inhibition），而肿瘤细胞即使堆积成群，仍然可以生长。

5. 可移植性

正常细胞移植到宿主体内后，由于免疫反应而被排斥，多不易存活。但是肿瘤细胞移植到同种动物或免疫缺陷动物体内时，它仍能再次生长，发展为与原发肿瘤完全相同的肿瘤组织。例如，人的肿瘤细胞可移植到鼠类体内，形成移植瘤。

第二节　肿瘤发生中的遗传因素

大量的证据表明，肿瘤的发生与遗传和环境有着密切的关系。各种环境因素直接或间接地作用于体细胞的遗传物质，引起染色体或 DNA 的改变，在此基础上，体细胞去分化并无限制地增殖而形成肿瘤细胞。尽管人们都接触各种致癌因子，却并不是人人都会得肿瘤。因此，人体肿瘤的发生是有一定的遗传基础的，它是一种体细胞遗传病。许多肿瘤都有家族集中现象，一些肿瘤的发生具有明确的种族倾向性，这些都说明肿瘤是有遗传基础的。

一、肿瘤发病率的种族差异

不同种族的人遗传素质不同，在不同人种、不同民族中，各种肿瘤的发病率可有显著差异，主要表现如下。

1）同一肿瘤在不同人种发病率不同。例如，鼻咽癌在新加坡的中国人、马来人和印度人中发病率的比例为 13.3∶3∶0.4，中国人鼻咽癌的发病率比印度人高 30 倍，比日本人高 60 倍，而且这种高发病率并不随中国人移居他国而明显降低，世界上 80%左右的鼻咽癌发生在我国，持广东方言的居民是鼻咽癌的最高发人群，鼻咽癌因而又被称为“广东瘤”（Canton tumor）。

2）不同人种也有各自不同的高发肿瘤。如中国人鼻咽癌的发病率位居世界各民族之首，欧美人乳腺癌的发病率较高，而日本人松果体瘤发病率比其他民族高 11～12 倍。

二、肿瘤的家族集聚现象

调查资料显示，有些肿瘤具有集聚在某些家族中的现象。癌家族和家族性癌是恶性肿瘤家族聚集现象的不同表现。

（一）癌家族

癌家族（cancer family）是指一个家族有较多成员患一种或几种解剖部位类似的癌。在这样的家族中表现出恶性肿瘤的发病率高，患者的发病年龄较早，肿瘤的发生部位不局限于同一组织或器官，肿瘤在家族中呈常染色体显性遗传。

最早对癌家族进行调查的是法国外科医生 Paul Broca。1866 年，他报告了他的妻子家族中癌症的发病情况，在他妻子的家族中，母亲和 4 个女儿及 13 个外孙女中，有 9 人相继死于乳腺癌，6 人死于其他癌症。

也有人报道过另外一个最典型的癌家族，该家族的 10 个支系中有 842 名后代，共有 95 名癌症患者，其中结肠癌有 48 人，子宫内膜癌有 18 人，这两种癌症占多数。在 95 名患者中，有 72 人为双亲之一患癌，男患者为 47 人，女患者为 48 人，接近 1∶1，符合常染色体显性遗传。

（二）家族性癌

家族性癌（familial carcinoma）是指一个家族中多个成员所患有的某种恶性肿瘤。如结肠癌，12%～25%的结肠癌患者有结肠癌的家族病史，因此结肠癌可以认为是家族性癌。

家族性癌的特点是家族内的近亲发病率显著高于普通群体，表现家族集聚现象。据报道，美国患乳腺癌、结肠癌、子宫内膜癌、前列腺癌、肺癌的成年患者，其一级亲属患同种癌的机会比普通群体高 3 倍。膀胱瘤、卵巢癌、胃癌及肝癌等肿瘤也表现家族集聚现象。

另外，在对 77 对患白血病的双生子调查中发现，同卵双生者发病一致率非常高；在另一调查中，20 对同卵双生子均患同一部位的同样肿瘤。这些都说明遗传因素在肿瘤发病中的作用。

三、肿瘤的遗传易感性

某些遗传缺陷或疾病具有易患某些肿瘤的倾向性，称为肿瘤的遗传易感性（hereditary predisposition to cancer 或 genetic susceptibility to cancer）。例如，先天愚型患者急性白血病的发病率比正常人群高 15～18 倍；无丙球蛋白血症（Bruton 型）患者易患白血病和淋巴系统肿瘤等。

具有较高肿瘤易感性的人群并不是简单地从上代继承可以直接引起肿瘤的突变基因，而往往是正常基因的缺失或突变，或与肿瘤发生有间接关系的基因突变。

但是，遗传物质的变异只是决定了个体肿瘤易感性增高，并非直接引起细胞癌变，只有在环境因素导致其他突变基因参与下才诱发肿瘤。个体的肿瘤遗传易感性是由特定的基因-染色体组合决定的。虽然对这些“易感基因”（predisposing gene）及其如何发挥作用还不很清楚，但有一些事例表明它们可能通过生化的、免疫的和细胞分裂的机制促进肿瘤发生。例如，对肺癌的研究表明，吸烟是肺癌发生的重要诱因，但不是每个吸烟者都患肺癌。在人群中，由于不同个体的遗传基础不同，芳烃羟化酶（aryl hydrocarbon hydroxylase，AHH）的活性也不同，而 AHH 的活性与肺癌的遗传易感性相关联。调查显示，该酶呈低诱导活性、中等诱导活性和高诱导活性的个体分别占肺癌患者的 4%、30%、66.6%，说明此酶活性越高，把烟草中的前致癌物活化为致癌物的可能性越大，肺癌的发病风险也越高。

肿瘤遗传易感性的研究内容包括染色体的稳定性，DNA 修复，癌基因或抗癌基因的结构改变及其遗传多态性，免疫监护系统，以及药物代谢酶系的遗传多态现象等。研究的主要目的就是将易感个体从人群中筛选出来进行肿瘤预防，降低肿瘤的发生率和死亡率。

四、肿瘤发生的遗传基础

双生子调查、系谱分析、遗传流行病学和染色体分析都已证实肿瘤的发生具有明显的遗传基础，它们有的呈单基因遗传，有的呈多基因遗传，有的与染色体畸变有关，有的构成了遗传综合征的一部分。

（一）单基因遗传的肿瘤

有一些主要由遗传决定的肿瘤，可能是由一个基因突变引起的。人类单基因遗传的肿瘤种类虽然不少，但在全部人类肿瘤中所占的比例不大。根据等位基因所在染色体和基因性质的不同，单基因遗传的肿瘤常分成以下几种类型。①常染色体显性的有：视网膜母细胞瘤、直肠多息肉症、I 型神经纤维瘤、腺癌等。②常染色体隐性的有：共济失调-毛细血管扩张症，Bloom 综合征等。③X 伴性遗传的有：多细胞基细胞癌，某种多发性脂瘤等。单基因遗传的肿瘤往往发病较早，但临床上并不多见。

1. 视网膜母细胞瘤

视网膜母细胞瘤（retinoblastoma，RB）是眼球后部视网膜的恶性肿瘤。多见于幼儿，大部分患者（70%）2 岁前就诊，发病率为 1/21 000～1/10 000。肿瘤的恶性程度很高，可随血循环转移，也能直接侵入颅内，多累及双眼（图 10.2）。

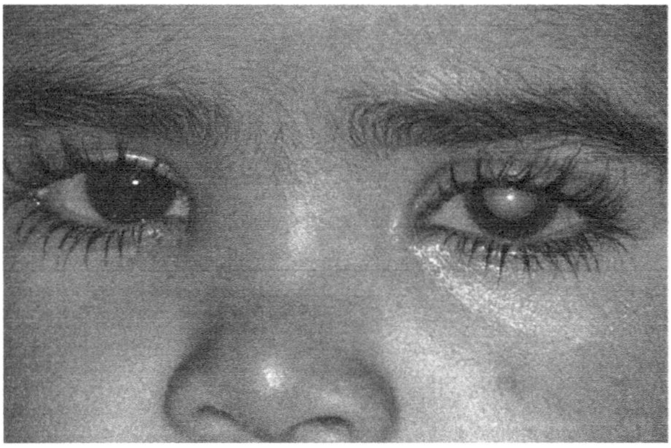

图 10.2 视网膜母细胞瘤

肿瘤长入玻璃体内，致瞳孔内出现黄白色光反射（“猫眼”）

视网膜母细胞瘤可分为遗传型和散发型两种类型（图 10.3）。遗传型约占 40%，是由于父母患病或携带突变基因或由于父母的生殖细胞突变所致，在患儿出生时全身细胞已有一次

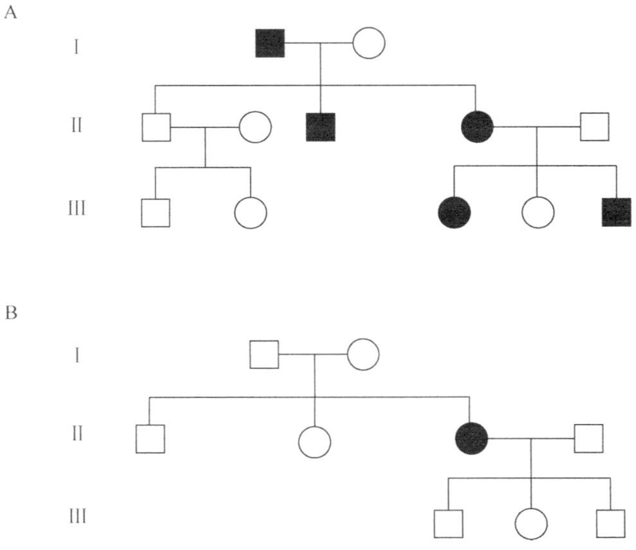

图 10.3 视网膜母细胞瘤家系

A. 常染色体显性（AD）遗传家系；B. 散发性病例家系

视网膜母细胞瘤基因（*Rb1*）的突变。散发型约占 60%，是患者本人 *Rb1* 基因两次体细胞突变的结果，属非遗传型。双侧患者中有的可见一条 13 号染色体长臂 1 区 4 带缺失（图 10.4），这一区带正是视网膜母细胞瘤 *Rb* 基因定位之处（13q14）。

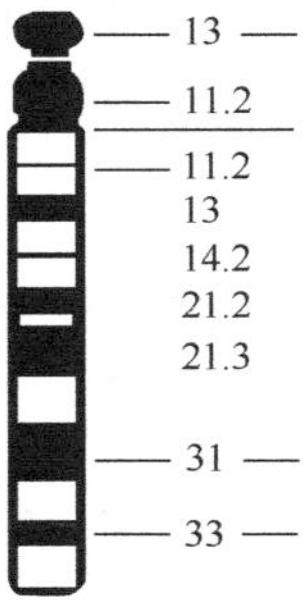

图 10.4　13 号染色体模式图

2. Ⅰ型神经纤维瘤

Ⅰ型神经纤维瘤（neurofibromatosis，NF1）患者沿躯干的外周神经有多发的神经纤维瘤，皮肤上有浅棕色的“牛奶咖啡斑”，如果有 6 个以上直径超过 1.5cm 的“牛奶咖啡斑”即可诊断为该病。腋窝有广泛的雀斑。少数患者肿瘤还有恶变倾向，3%～15%的神经纤维瘤可恶变为纤维肉瘤、鳞癌、神经纤维肉瘤等。现知与 NF1 发生密切相关的是一个肿瘤抑制基因，称为 *NF1* 基因，定位于 17q11.2。

目前，已知至少有 200 种单基因决定的性状或疾病具有不同程度地易患肿瘤的倾向，这类疾病可称为遗传性癌前疾病（precancerous disease）。

（二）多基因遗传的肿瘤

多基因遗传的肿瘤大多是一些常见的恶性肿瘤，这些肿瘤的发生是遗传因素和环境因素共同作用的结果。如乳腺癌、胃癌、肺癌、前列腺癌、子宫颈癌等，患者一级亲属的患病率都显著高于群体患病率。

1. 乳腺癌

乳腺癌（mammary cancer）是由乳腺管上皮细胞恶变产生的女性最常见的恶性肿瘤之一，很容易转移到周围的淋巴系统中。乳腺癌分为两种类型：遗传型和散发型。遗传型者多为闭经前型，患者常有良性乳腺病、甲状腺病、卵巢的雌激素过多。一般群体中女性乳腺癌的发病率为 2.3%，患者一级亲属的发病率为 6.7%；两侧发病患者的一级亲属发病率为 17%。

2. 胃癌

胃癌（gastric cancer）是源自胃黏膜上皮的恶性肿瘤。胃癌的发生与环境因子、癌基因的表达及抑癌基因的丢失和失活有着密切的关系。患者的一级亲属胃癌发病率可比对照高 3～4 倍，A 型血的个体胃癌发病率比其他血型者高 20%。在我国，胃癌是一种最常见的消化道恶性肿瘤。

3. 肺癌

肺癌发生于支气管黏膜上皮。肺癌与多种环境因子和遗传因子的作用有着密切的关系。患者的一级亲属伴重度吸烟者，其肺癌发病率比无亲属关系的重度吸烟者或一级亲属不吸烟者都要高 10 倍以上。肝中芳烃羟化酶（AHH）的活性对肺癌的发生有重要影响，AHH 可把潜在的致癌物活化为致癌物。重度吸烟的肺癌患者 AHH 的高活性或中等活性者多于正常人，而 AHH 低活性者少于正常人；不吸烟的肺癌患者 AHH 高活性、中活性或低活性者皆与正常人相同。AHH 的诱导活性在人群中具有遗传多态性，人群中 45%呈低诱导，46%呈中等诱导，9%呈高诱导。目前认为，AHH 诱导的多态性是肺癌易感性的重要遗传因素。

（三）染色体畸变引发的肿瘤

自 1960 年 Nowell 和 Hungerford 首次证明特征性的染色体改变（Ph 染色体）与肿瘤（慢性粒细胞性白血病）相关以来，这方面的研究特别引人注目。人们不仅认识到染色体异常是肿瘤细胞的一大特征，还对肿瘤发生的染色体机制做了大量探索。大量的资料显示，恶性肿瘤与染色体畸变有很密切的关系，几乎所有的肿瘤细胞都伴随着染色体畸变，人们已把染色体畸变看作癌细胞的特征之一。

1. 染色体数目畸变与肿瘤

正常人体细胞为二倍体，肿瘤细胞多数为非整倍体。如果染色体数比 46 多的称为超二倍体（hyperdiploid），比 46 少的称亚二倍体（hypodiploid）。肿瘤细胞染色体的增多或减少并不是随机的，在许多肿瘤中比较常见的是 8 号、9 号、12 号和 21 号染色体的增多或 7 号、22 号、Y 染色体的减少。若染色体数成倍地增加（3 倍、4 倍）称为多倍性，但通常不是完整的倍数，故称为高异倍性（hyperaneuploid），如许多实体性肿瘤染色体数可在 3～4 倍（图 10.5，图 10.6）。

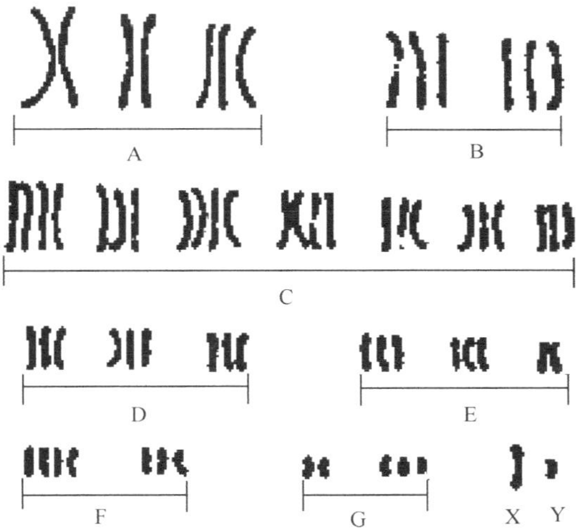

图 10.5　食管癌细胞系 EC-1 染色体核型图

图 10.6　一个癌细胞的染色体共 104 条，包括许多异常的染色体

同一肿瘤的细胞往往由一个突变细胞分裂增殖而来，其染色体常常有共同的异常改变。但是，肿瘤细胞群体会因内外环境的影响而产生变异。肿瘤细胞群通过淘汰和生长优势，逐渐形成多种核型的细胞系，故同一肿瘤的不同细胞的核型，特别是染色体的数目会出现差异。恶性肿瘤生长到一定阶段往往产生出一个或几个较突出的细胞系，每一细胞系内所有细胞的染色体数目和形态都基本相同。在一个肿瘤内，如果某一细胞系的生长占优势，或者说这种细胞系细胞的数目在整个肿瘤细胞中所占的比例最大，那么这种细胞系就称为该肿瘤的干系（stem line）。干系细胞的染色体数目或者说该肿瘤最常见的染色体数目称为

众数（model number）。除干系外，肿瘤中具有其他核型且生长处于劣势的细胞系称为旁系（side line）。如果肿瘤生长的环境改变了，旁系也可发展为干系。如果某一肿瘤的众数细胞所占的比例小于 10%，则这种肿瘤常被看作没有干系，如癌性腹水。有些肿瘤可以有两个或两个以上的干系。

在正常组织中，干系就是以 46 为众数的细胞系，其众数的百分比一般可达 98%～100%。在恶性肿瘤中，众数可以是 46（多为假二倍体），也可为其他数目。但众数细胞百分比较低，一般为 20%～30%。

2. 染色体结构畸变与肿瘤

在肿瘤细胞内常见结构异常的染色体，畸变的类型有多种，常见的有染色体裂隙、断裂、缺失、易位、环状染色体、双微体、内复制、染色体粉碎化和双着丝粒染色体等。如果某一肿瘤的大多数细胞中都具有某种特定类型的畸变染色体，则这种畸变染色体称为标记染色体（marker chromosome）。在肿瘤的一个干系内往往具有相同的标记染色体。标记染色体是癌细胞的特征之一，分为两种类型。

（1）特异性标记染色体

特异性标记染色体指某一类型的肿瘤所特有的标记染色体，它经常出现于某一种肿瘤的细胞内，主要有以下几种。

Ⅰ. Ph 染色体

这是最早描述的标记染色体，1960 年，由 Peter Nowell 和 David Hungerford 在美国费城（Philadelphia）从慢性粒细胞白血病（chronic myeloid leukemia，CML）患者的外周血细胞中发现的，故命名为 Ph 染色体（Philadelphia chromosome）。

Ph 染色体是一种比 G 组染色体还小的近端着丝粒染色体。1971 年，O’Riordan 利用荧光显带法确认，Ph 染色体实际上是 22 号染色体长臂缺失大段后剩余的部分。1973 年，Janet Rowley 发现，缺失下来的那部分通常易位到 9 号染色体长臂的末端，形成 t（9；22）（q34；q11）（图 10.7，图 10.8）。

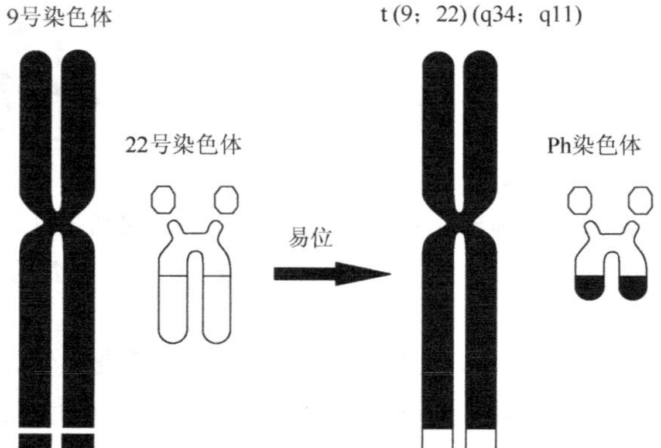

图 10.7　Ph 染色体

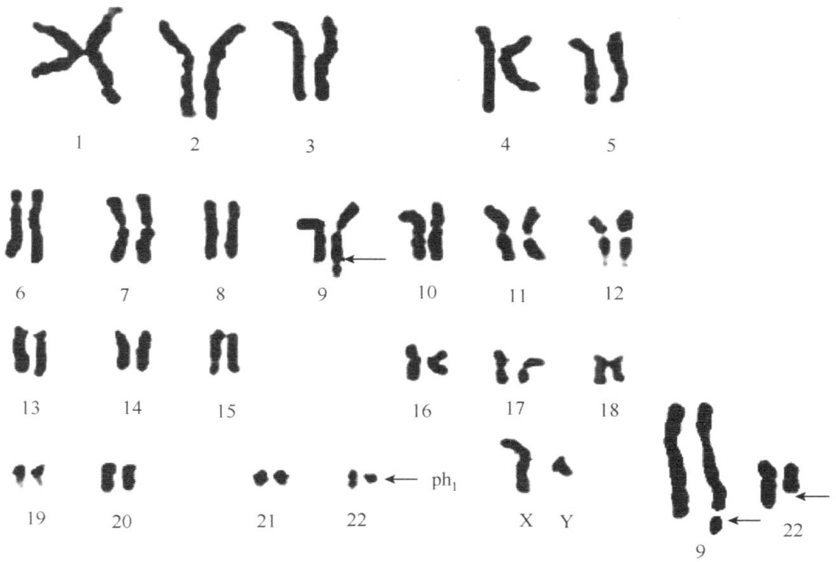

图 10.8　CML 患者的核型

目前的研究表明，易位使 9 号染色体长臂上的原癌基因 *abl* 和 22 号染色体上的 *bcr* 基因重新组合成融合基因。此融合基因增高了酪氨酸激酶活性，从而导致 CML 的发生。约有 95%慢性粒细胞白血病患者为 Ph 阳性，即 Ph 染色体对 CML 是特异性的，它可作为确诊 CML 的主要依据。另外，Ph 染色体可在发病前 5 年多就出现在患者的骨髓细胞中，故有早期诊断价值。还有报告指出，Ph 染色体出现率可随病情的转变而变化，病情严重 Ph 染色体出现率高，如果病情好转，Ph 染色体出现率下降甚至消失，故 Ph 染色体可作为衡量治疗效果的指标之一。

Ⅱ. $14q^+$染色体

$14q^+$染色体是 Burkitt 淋巴瘤（一种常见于非洲儿童的恶性淋巴瘤）所特有的一种畸变染色体。最初由 Yanka Manolova 等在 1972 年发现。后来发现，$14q^+$染色体实际上是 8 号染色体长臂末端的一段易位到 14 号染色体长臂末端形成的，即 t（8；14）（q24；q32）染色体（图 10.9）。现在已知，*c-myc* 基因易位到 14 号染色体的免疫球蛋白重链基因附近，置于免疫球蛋白 H 链基因的启动子控制之下，从而使基因转录活性明显增高。增多的 myc 蛋白使一些控制生长的基因活化，最终导致细胞恶变（图 10.10）。约有 90%的 Burkitt 淋巴瘤患者细胞中可见到$14q^+$染色体。

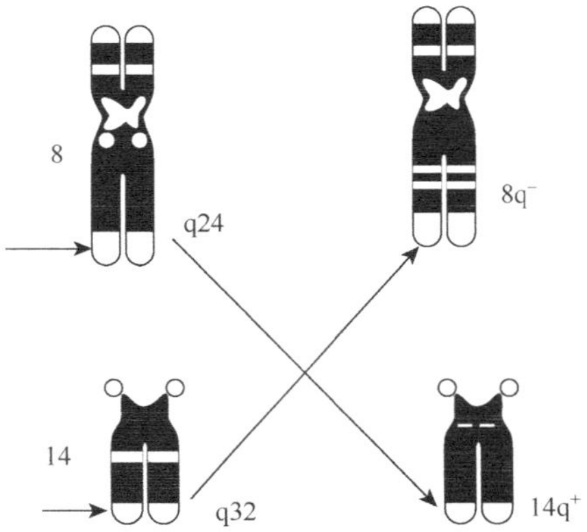

图 10.9　Burkitt 淋巴瘤患者 $14q^+$染色体

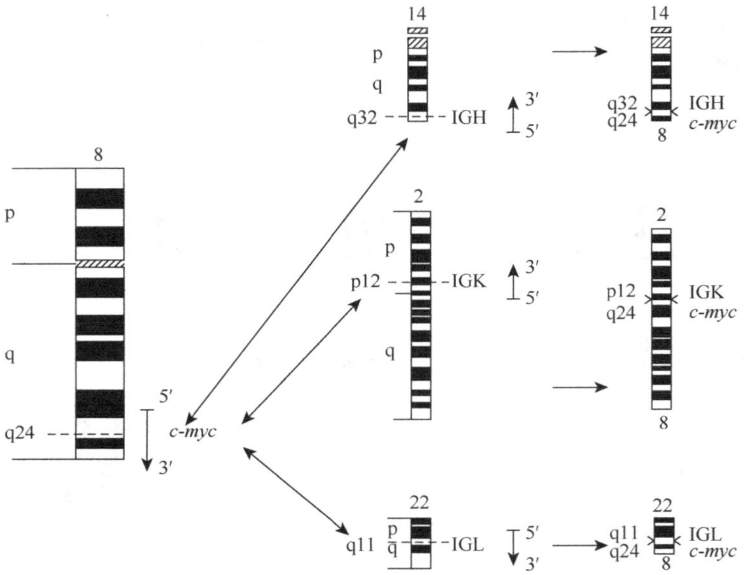

图 10.10　Burkitt 淋巴瘤患者染色体易位导致 *c-myc* 基因活化

（2）非特异性标记染色体

有些染色体异常不属于某种肿瘤所特有，同一染色体可出现在不同肿瘤中，或不同的染色体异常可见于同一肿瘤中，像这样只见于少数肿瘤细胞中，对于整个肿瘤来说不具代表性的染色体称为非特异性标记染色体，常见的有以下几种。

I．双微体

双微体（double minute，DM）多见于神经源肿瘤和小儿肿瘤中，如神经母细胞瘤、神经胶质瘤、胚胎性肉瘤等。

DM 是肿瘤细胞中成对出现的两个直径约 0.5μm 的球状染色体（图 10.11），电镜下发现 DM 由折叠成团的染色质丝组成，两个球状小体大小相似，以染色质丝相互连接。

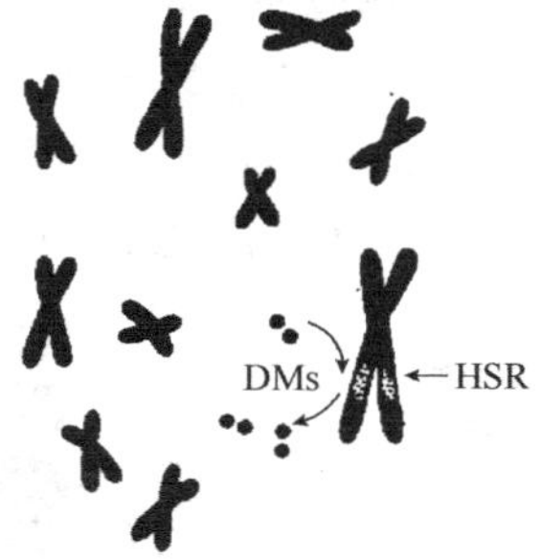

扫这里 看彩图

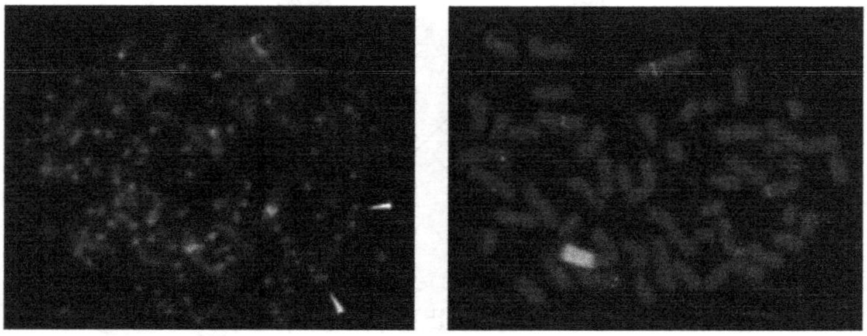

图 10.11　双微体 DMs（上、下左）和均染区 HSR（上、下右）

在一个细胞中 DM 的数目可由 1 对到 50 对不等，可以复制，但它的复制和分离是在缺少着丝粒的情况下进行的。

DM的起源有多种说法，但较新的研究结果证明DM和均一染色质区（homogeneously staining region，HSR）是癌基因扩增的细胞学表现。

Ⅱ. 巨 A 染色体

巨 A 染色体又称为巨大亚中着丝粒标记染色体。20 世纪 60 年代以来，各国的研究者分别在精原细胞瘤（Martinean，1966）、乳腺癌、鼻咽癌（区宝祥，1973）、鼻咽癌的原淋巴细胞株（夏家辉等，1978）等肿瘤细胞中发现了这种标记染色体。夏家辉等通过 G 带技术证明巨 A 染色体是由 1 号染色体的长臂与 3 号染色体的短臂易位而成，即 t(1；3)(q44；p11)。

Ⅲ. 巨大近端着丝粒标记染色体

巨大近端着丝粒标记染色体（large acrocentric marker，LAM）比正常细胞中最大的近端着丝粒染色体（13 号）还要大。已在多种肿瘤细胞中发现过 LAM，如胃癌、结肠癌、鼻咽癌、肺癌、喉癌、宫颈癌、卵巢癌、膀胱癌和黑色素瘤等。LAM 的产生机制还有待于研究。

五、癌　基　因

与肿瘤发生相关的基因分为两大类：一类称为癌基因（oncogene），它们能促进细胞的生长和增殖；另一类称肿瘤抑制基因（tumor-suppressor gene）或抑癌基因，它们能调节细胞的生长和分化而抑制肿瘤的发生。这两类基因的作用正好相反，它们的异常，或增强细胞生长和增殖，或去除正常的生长抑制，结果都会导致肿瘤的发生。

（一）癌基因类型

在致瘤病毒、人体和动物肿瘤中都发现了能导致细胞恶性转化的核酸片段，称为癌基因。来自病毒的称为病毒癌基因（viral oncogene，*v-onc*），来自细胞的称为细胞癌基因（cellular oncogene，*c-onc*）或原癌基因（proto-oncogene，*POG*），它们具有转化的潜能，可被激活成为癌基因。后来发现从酵母菌到人类的正常细胞，几乎都有与之类似的片段。这种进化上的高度保守性表明它们具有重要的生物学意义。在个体发育的早期，它们与细胞的生长分化等正常功能有关，但在发育的后期却停止表达或者表达水平很低。如果这类基因受到某种因素的影响而被激活，它们就会异常表达，指导合成与细胞癌变有关的蛋白质，从而使正常细胞转化为恶性细胞。癌基因可分为两类：病毒癌基因和细胞癌基因。

1. 病毒癌基因

病毒癌基因是位于反转录病毒基因组内的一段核苷酸序列上。最早发现的病毒癌基因是鸡 Rous 肉瘤病毒的 *v-src* 基因，以后又发现了与之同源的、见于正常鸡细胞的细胞癌基因（*c-src*）。许多癌基因都以最先见于的病毒来命名，如见于猴肉瘤病毒（*Simian sarcoma*）的称为 *sis* 基因，见于鸟类髓细胞增多症病毒（*Myelocytomatosis*）的称为 *myc* 基因等。迄今已在反转录病毒中发现了 20 多种不同的病毒癌基因。

2. 细胞癌基因

细胞癌基因是指脊椎动物和人类的正常细胞中所具有的与病毒癌基因同源的 DNA 序

列。最早发现的人类癌基因是 *H-ras* 基因，它是通过用人膀胱癌细胞系提取的 DNA 片段转染小鼠细胞，引起后者恶性转化而证实。以后在其他许多肿瘤和白血病也证明了人癌基因的存在。

（二）癌基因的功能

目前，已发现的原癌基因有 100 多种，其中有许多已定位于人类染色体。这些基因与细胞的生长、增殖等基本功能有关。它们或编码生长因子、生长因子受体和蛋白激酶而在生长信号的传递和细胞分裂中发挥作用；或者编码 DNA 结合蛋白而参与基因的表达或复制的调控（表 10.1）。因此，可以按原癌基因的产物将其分为若干类型。

表 10.1　一些重要的癌基因

癌基因	激活机制	肿瘤发生	原癌基因
生长因子类			
v-sis		神经胶质瘤/纤维肉瘤	PDGF β-链
int-2	原病毒插入	乳腺癌	FGF 家族成员
KS3	DNA 转染	Kaposi 肉瘤	FGF 家族成员
HST	DNA 转染	胃癌	FGF 家族成员
int-1	原病毒插入	乳腺癌	可疑的生长因子
缺乏蛋白激酶活性的受体类			
mas	DNA 转染	乳腺癌	血管紧张肽受体
酪氨酸激酶类：膜内在蛋白质、生长因子受体			
EGFR	扩增	鳞状细胞癌	酪氨酸蛋白激酶 EGFR
v-fms		肉瘤	酪氨酸蛋白激酶 CSF-IR
v-kit		肉瘤	酪氨酸蛋白激酶干细胞因子 R
v-ros		肉瘤	酪氨酸蛋白激酶
MET	重排	MNNG 治疗的人骨癌细胞系	酪氨酸蛋白激酶 HGF/SFR
TRK	重排	结肠癌	酪氨酸蛋白激酶 NGFR
NEU	点突变	神经母细胞瘤	酪氨酸蛋白激酶
	扩增	乳腺癌	
RET	重排	甲状腺癌 Men2A、Men2B	酪氨酸蛋白激酶 GDNFR
酪氨酸激酶类：与膜有关的			
src		结肠癌	酪氨酸蛋白激酶
v-yes		肉瘤	酪氨酸蛋白激酶
v-fgr		肉瘤	酪氨酸蛋白激酶
v-fps		肉瘤	酪氨酸蛋白激酶
v-fes		肉瘤	酪氨酸蛋白激酶
BCR/ABL	染色体易位	慢性粒细胞白血病	酪氨酸蛋白激酶

续表

癌基因	激活机制	肿瘤发生	原癌基因
G 蛋白类			
H-RAS	点突变	结肠癌、肺癌、胰腺癌	GTP 酶
K-RAS	点突变	急性粒细胞白血病、甲状腺癌、黑素瘤	GTP 酶
N-RAS	点突变	癌、黑素瘤	GTP 酶
gsp	点突变	甲状腺癌	$G_6\alpha$
gip	点突变	卵巢癌、肾上腺癌	$G_1\alpha$
GEF 蛋白家族			
Dbl	重排	弥散性 B 细胞淋巴瘤	GEF 的 ρ 和 Cdc42Hs
Ost		骨瘤	GEF 的 ρA 和 Cdc42Hs
Tiam-1		转移性、癌基因性 T 细胞淋巴瘤	GEF 的 Rac 和 Cdc42Hs
Vay	重排	造血细胞恶性肿瘤	GEF 的 Ras?
Lbc	癌基因性	粒细胞白血病	GEF 的 ρ
丝氨酸/苏氨酸激酶：细胞质的			
v-mos		肉瘤	丝氨酸/苏氨酸蛋白激酶
v-raf		肉瘤	丝氨酸/苏氨酸蛋白激酶
pim-1	原病毒插入	T 细胞淋巴瘤	丝氨酸/苏氨酸蛋白激酶
细胞质调控因子			
v-crk			SH-2/SH-3 衔接子
核蛋白质家族			
v-myc		髓细胞瘤样癌	转录因子
N-myc	基因扩增	神经母细胞瘤、肺癌	转录因子
L-myc	基因扩增	肺癌	转录因子
v-myb		成髓细胞瘤病	转录因子
v-fos		骨瘤	转录因子 AP1
v-jun		肉瘤	转录因子 AP1
v-ski		癌	转录因子
v-rel		淋巴细胞白血病	突变型 NFκB
v-ets		成髓细胞瘤病	转录因子
v-eRB1A		成红细胞增多症	突变型硫氧还蛋白受体

1. 蛋白激酶类细胞癌基因

这类癌基因的产物为某种生长因子受体，与生长因子结合后，形成蛋白质酪氨酸激酶，触发细胞内的一系列反应。例如，$ERBB_1$ 癌基因的产物为表皮生长因子受体。

2. 信号传递蛋白类细胞癌基因

它们的产物有两种类型：一类是蛋白质酪氨酸激酶，可把 ATP 末端的磷酸基转移到其他蛋白质的酪氨酸残基上，从而改变其功能，影响细胞的生长和分化，例如，*src* 癌基因与膜相联系，其产物影响胚胎发育、细胞骨架和细胞外形；另一类是蛋白质丝氨酸/苏氨酸激酶，位于细胞之内，可把 ATP 末端的磷酸基转移到其他蛋白质的丝氨酸或苏氨酸残基上，改变其功能，影响细胞的生长和分化，例如，*pim* 癌基因就属于本家族。

3. 生长因子类细胞癌基因

生长因子类细胞癌基因的产物是某种生长因子，刺激细胞增生。例如，*sis* 癌基因的产物是血小板生长因子（PDGF）β 链，可促进间质细胞的有丝分裂。

4. 核内转录因子类细胞癌基因

核内转录因子类细胞癌基因的产物多与细胞核结合，调节某些基因转录和 DNA 的复制，促进细胞的增殖。例如，*myc* 癌基因的产物与 DNA 结合后可引起 DNA 的复制。

（三）癌基因的激活

细胞中原癌基因可以通过一些机制而被激活，从而使细胞癌变。不同的癌基因其激活的机制与途径不同，一般分为 4 类（表 10.2，图 10.12）。

表 10.2　原癌基因激活的机制

机制	被激活的基因类型	结果
调节突变	生长因子基因	表达或分泌的增加
结构突变	生长因子受体、信号转导蛋白	持续的细胞增殖信号
易位、反转录病毒插入	核内癌基因	过量表达
基因扩增	核内癌基因	过量表达

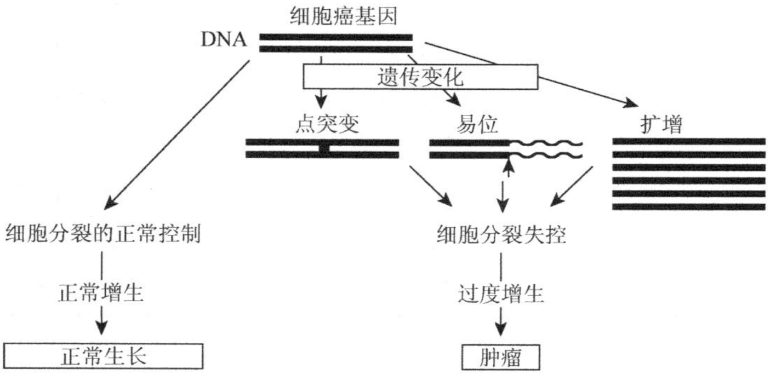

图 10.12　细胞癌基因的激活途径

1. 点突变

体细胞内的原癌基因可以因点突变而成为癌基因，产生异常的基因产物；也可由于点突变使基因摆脱正常的调控而过度表达。因此，突变激活又称为激活的质变模式（qualitative model）。如在膀胱癌细胞株，由于癌基因 *ras* 的第 12 位密码子 GGC 变为 GTC，使甘氨酸变为缬氨酸，结果导致细胞具有转化细胞的特征。现今已在膀胱癌、结肠癌等许多肿瘤发现了 *ras* 基因，其能编码一种膜蛋白，称为 p21 蛋白。

2. 染色体易位

由于染色体断裂与重排导致细胞癌基因在染色体上的位置发生改变，使原来无活性或低表达的癌基因易位至一个强大的启动子、增强子或转录调节元件附近，或由于易位而改变了基因的结构并与其他高表达的基因形成所谓的融合基因（fusional gene），进而控制癌基因的正常调控机制的作用减弱，并使其激活及具有恶性转化的功能。易位导致癌基因的重排或融合，产生异常的蛋白质而使细胞转化。如前所述，慢性粒细胞白血病 9；22 易位，形成了一种结构与功能异常的融合基因 *bcr-abl*（图 10.13），它编码的蛋白质能促成细胞的恶性转化。

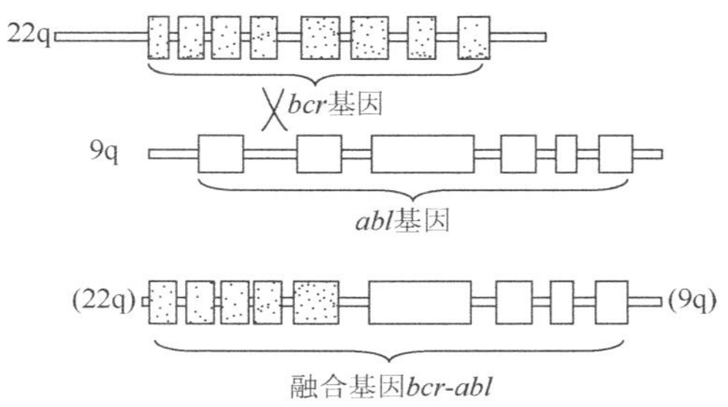

图 10.13 基因融合示意图

3. 基因扩增

原癌基因可因某种原因自身扩增而过度表达。在正常基因组中原癌基因只有单个拷贝，转录的产物有限，所以不会使细胞癌变。在受某种因素影响后，原癌基因通过扩增而增加其在基因组中的拷贝数，当癌基因数量增多后就会导致基因产物的数量也随之增加，从而导致细胞癌变。在肿瘤细胞尤其是神经系统肿瘤中经常可以看到基因扩增（gene amplification）现象。扩增的 DNA 片段在细胞遗传学上往往以均染区和双微体（图 10.11）两种方式存在。前者是在染色体的某一位置上可以看到的串联扩增现象，后者则是一个独立存在的小染色体。例如，在肿瘤细胞中 *c-myc* 癌基因可扩增数百到数千倍。

4. 病毒诱导与启动子插入

原癌基因附近插入病毒或其他强大的启动子而被激活，进行不适当的过量表达，产生过量的与肿瘤有关的蛋白质，导致细胞恶性转化，这种插入使原癌基因没有质的改变，只有量的变化，故称为“启动子插入模式”（promoter insertion model）或“量变模式”（quantitative model）。例如，将鸟类白细胞增生病毒接种到鸡体内，虽然这种病毒本身不含癌基因，但具有一个长末端重复序列，是一个很强的启动子，可激活体内的原癌基因，导致 B 细胞淋巴瘤。

六、肿瘤抑制基因

正常细胞基因组内存在的抑制肿瘤发生的基因称为肿瘤抑制基因（tumor suppressor gene，TSG），又称为抑癌基因（tumor suppressor gene）或抗癌基因（anti-oncogene）或隐性癌基因（recessive oncogene）。在肿瘤细胞与正常细胞杂交研究时发现，正常细胞与肿瘤细胞融合形成的杂交细胞不具备肿瘤细胞的表型，另外还发现正常细胞的染色体可以逆转肿瘤细胞的表型，因此人们提出，正常细胞中可能存在抑制肿瘤发生的基因。自从 1986 年在人类恶性肿瘤中首次发现肿瘤抑制基因 *Rb* 以来，目前已经发现并确认了十几种肿瘤抑制基因（表 10.3），它们的功能是抑制细胞的生长和促进细胞的分化。原癌基因的突变是显性的，而大多数肿瘤抑制基因突变表现为隐性，即当肿瘤抑制基因的两个等位基因突变或缺失而丧失功能，即处于纯合失活状态时，细胞就会因正常抑制的解除而恶性转化。已在不少的肿瘤中证实了相应的抑制基因的存在、缺失及其在肿瘤发病中的作用（表 10.3）。

表 10.3　肿瘤抑制基因及其产物

肿瘤抑制基因	染色体定位	基因产物及其功能	基因异常引起的肿瘤	
			遗传型	散发型
Rb1	13q14	p110 细胞周期调节	视网膜母细胞瘤	小细胞肺癌等
WT1	11p13	锌指蛋白，结合 DNA	Willm 瘤	肺癌等
p53	17p13.1	p53，细胞周期调节	Li-Fraumeni 综合征	肺癌，乳腺癌等
NF1	17p11.2	GTP 酶活化蛋白	Ⅰ型神经纤维瘤	
DCC	18q21	参与细胞表面作用	未知	结肠直癌
APC	5q21		家族性腺瘤息肉	
MCC	5q21-22		家族性腺瘤息肉	

1. 视网膜母细胞瘤的 *Rb1* 基因

Rb1 基因定位于 13q14.1-q14.2，全长约 200kb，有 27 个外显子，基因编码 924 个氨基酸残基的核磷蛋白（$Pl10^{RB1}$），相对分子质量为 110 000。*Rb1* 基因编码的蛋白质调控细胞的分裂与增殖，它可结合于 E_2F 蛋白并使其失活，而 E_2F 蛋白属一种转录因子，它在细胞分裂由 G_1 期进入 S 期中是一个必要蛋白质。*Rb1* 基因不仅在视网膜细胞中表达，也在其他组织中有表达。如 85%的小细胞性肺癌、10%～30%乳腺癌、膀胱癌和前列腺癌中都发现 *Rb* 基因失活。

在临床上，视网膜母细胞瘤分为遗传型和散发型两种类型（表 10.4）。1971 年，Alfred Knudson 提出二次突变学说（two hit hypothesis）对两种类型视网膜母细胞瘤的表现差异进行解释。主要论点为：一个正常细胞要转化为癌细胞，必须经历两次或两次以上的突变。第一次突变可能发生在生殖细胞或由父母遗传而来，也可能发生在体细胞；第二次突变则发生在体细胞。正常人是 *Rb1Rb1* 纯合子，遗传型的个体已获得来自生殖细胞的突变基因，形成杂合子 *Rb1rb1*，由于 *rb1* 为隐性，杂合子 *Rb1rb1* 仍具抑癌功能，因此是携带者，出生时全身所有细胞已有一次基因突变，肿瘤易患性升高，若在出生后某个视网膜母细胞再发生一次突变（第二次），形成纯合子 *rb1rb1*，就会转变成肿瘤细胞，故遗传型视网膜母细胞瘤发病早，并多为双侧发病或多发性。非遗传型的视网膜母细胞瘤的发生则需要一个细胞在出生后积累两次突变，且这两次突变都要发生于同一座位，这种情况出现的可能性相对较小，因而非遗传型视网膜母细胞瘤发病晚，多为单侧发病。由于这些突变只发生于体细胞中，故不遗传。

表 10.4　视网膜母细胞瘤的两种类型

遗传型视网膜母细胞瘤	散发型视网膜母细胞瘤
双侧	单侧
早发（1.5 岁前）	晚发（2 岁以后）
家族性（AD）	散发性

肿瘤细胞基因组中特定染色体上标记基因由正常一对减少为一个成为杂合体，并进一步完全缺失了该基因，成为缺失纯合体。这种现象称为杂合性丢失（loss of heterozygosity，LOH），是肿瘤发生中出现的二次突变。

2. *p53* 基因

p53 基因定位于 17p13.1，其编码的蛋白质含 375 个氨基酸残基，N 端 73 个氨基酸残基为调控活性区域，其中含与 mdm-2 细胞周期蛋白结合的区域，*p53* 基因受 *mdm-2* 基因编码蛋白的调控，缺失 *p53* 功能的肿瘤组织有高表达的 *mdm-2* 基因。p53 为核内磷酸化蛋白，作为转录因子调控其他蛋白质的活性，达到对细胞周期和细胞凋亡的控制。一定的外界刺激如 DNA 损伤、应激等可引起细胞内 p53 蛋白水平升高，激活一系列下游靶基因的转录，诱导细胞周期 G_1 期阻断、诱导细胞凋亡、诱导细胞分化、保护基因组的完整性及抑制肿瘤细胞的生长等（图 10.14）。

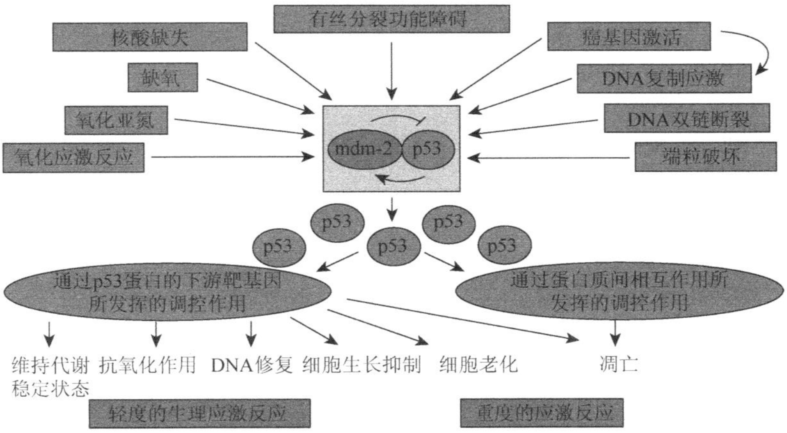

图 10.14　p53 的信号通路简图

p53 基因的突变常发生在结肠癌、乳腺癌、肝癌、肺癌等多种肿瘤中，*p53* 基因的变异与 50%的肿瘤发生相关。

另外还有一些与 *p53* 相关的基因在人类肿瘤细胞中也发生突变，Cipl 蛋白的合成受 *p53* 的控制，肿瘤组织也发现它的突变，*p16* 基因也有突变发生。所以许多人类肿瘤有控制细胞周期（即起负调作用）基因的突变，如 *Rb1*、*p53*、*mdm-2*、*Cipl*、*p16* 和 *cyclinD*。因此，细胞周期控制因子的失活对肿瘤的发生是很重要的。

p53 的功能形式为一个四聚体，*p53* 基因座上的两个等位基因均参与编码四聚体中的亚基，一个 *p53* 等位基因的突变可以使整个 *p53* 的活性丧失，*p53* 的基因突变就表现为“显性失活（dominant negatives）”的特征。

通过对家族性肿瘤如 Wilms 瘤、家族性肠息肉瘤、I 型神经纤维瘤、Li-Fraumeni 综合征等的研究，还定性了其他一些肿瘤抑制基因，如表 10.5 所示。

表 10.5　肿瘤抑制基因与肿瘤发生

肿瘤抑制基因	相关的遗传性癌变综合征	存在体细胞突变的癌	编码蛋白质的功能
Rb1	家族性视网膜母细胞瘤	视网膜母细胞瘤、骨瘤、小细胞肺癌、乳腺癌、前列腺癌、膀胱癌、胰腺癌、食道癌等	转录调控子；与 E2F 结合
TPP53（即 *p53*）	Li-Fraumeni 综合征	近 50%种类的癌（如前列腺癌、神经瘤）	转录因子；调控细胞周期和凋亡
p16/NK4A	家族性黑素瘤、家族性胰腺癌	25%～30%种类的癌（如乳腺癌、肺癌、胰腺癌、膀胱癌）	cdk 抑制因子（如 cdk4、cdk6）
$p14^{Arf}$（$p19^{Arf}$）	家族性黑素瘤	近 15%种类的癌	p53 蛋白；改变 *p16/NK4A* 基因的可读框
APC	家族性结肠息肉（FAP）、Gardner 综合征、Turcot 综合征	结肠癌、硬纤维瘤	调节胞质溶胶中的 B-catenin 蛋白水平：与微管结合
WT-1	WAGR 综合征、Denys-Drash 综合征	Wilms 瘤	转录因子
NF-1	Ⅰ型神经纤维瘤	黑素瘤、神经瘤	p21ras-GTP 酶
NF-2	Ⅱ型神经纤维瘤	神经鞘瘤、脑（脊）膜瘤、室管膜瘤	连接细胞骨架
VHL	Von Hippel-Lindau 综合征	肾癌、成血管细胞瘤	调控蛋白质的稳定性
BRCA1	遗传性乳腺癌及卵巢癌	近 10%的卵巢癌、极少数乳腺癌	DNA 修复；形成 Rad51 和 BRCA2 复合体；调控转录
BRCA2	遗传性乳腺癌（包括女性和男性）及胰腺癌（？）等	极少数胰腺癌等?	DNA 修复；形成 Rad51 和 BRCA1 复合体
MEN-1	多发性内分泌腺瘤Ⅰ型	甲状旁腺瘤、垂体瘤、胰腺腺瘤	未知
PTCH	Gorlin 综合征、遗传性基底细胞癌综合征	基底细胞皮肤癌、成神经管细胞瘤	声波刺激因子的转膜受体光面蛋白质的负调控子
PTEN/MMAC1	Cowden 综合征；家族性青少年型息肉综合征（散发病例）	胶质瘤、乳腺癌、前列腺癌、甲状腺滤泡癌、头颈鳞癌	磷酸肌醇 3-磷酸酶；蛋白质酪氨酸酶
DPC4	家族性青少年型息肉综合征	近 50%的胰腺癌、5%～10%的结肠癌，其他癌中罕见	TGF-β 信号转导途径的转录因子 1
E-CAD	家族性扩散型胃癌	扩散型胃癌、小叶乳腺癌，其他癌（如卵巢癌）中罕见	细胞粘连分子
LKB1/STK1	Peutz-Jeghers 综合征	极少数结肠癌	丝氨酸/苏氨酸蛋白激酶
EX71	遗传性多发性外生骨疣	未知	糖基转移酶；延长硫酸乙酰肝素链
EXT2	遗传性多发性外生骨疣	未知	糖基转移酶；延长硫酸乙酰肝素链
TSC1	结节性硬化	未知	未知；定位细胞质颗粒
TSC2	结节性硬化	未知	可能为 Rap1 和 rab5 的 GTP 酶激活蛋白；高尔基体定位
MSSH2、*MLHl*、*PMS1*、*PMS2*	遗传性非息肉型结肠癌	结肠癌、目癌、子宫内膜癌	DNA 错配修复

第三节　肿瘤发生中的其他因素

大量资料表明，肿瘤的发生与环境有着密切的关系。环境中能诱发肿瘤的因素主要有3类：①物理致癌因素，如紫外线、X射线等；②化学致癌因素，包括人体摄入、吸入的各种致癌的化学物质；③生物致癌因素，如各种致肿瘤病毒、某些霉菌等。

一、化学因素

环境中的某些化学物质以某种方式作用于人体后，使细胞失去生长的控制形成肿瘤，这些化学物质称为致癌剂（carcinogen）。人类对环境化学致癌物质的认识最早来自临床观察。1775年，英国医生Percival Pott报道，清扫烟囱的工人易患阴囊癌（carcinoma of scrotum），并指出这与接触煤烟有关；1876年有报道指出，接触煤焦油工人的皮肤癌发病率上升；1915年，日本病理学家山极（Yamagiwa）和石川（Ichikawa）用煤焦油涂抹家兔的耳朵，数月后诱发了皮肤癌，从而开了实验致癌研究的先河。1973年，Cesare Maltoni证明氯乙烯可在老鼠中引起肝血管肉瘤（angiosarcoma），1974年，John Creech发现氯乙烯引起人同样的肝肿瘤。人类从长期的生活实践中发现，环境中的许多化学物质具有致癌作用。

常见的化学致癌物按其化学结构分成7大类。

1. 多环芳烃

这是一类由多于2个的苯环组成的碳氢化合物及其衍生物，由4～5个苯环组成的并杂有5碳环的烃类一般有较强的致癌作用。这类化合物多来自工业和生活的废气、烟草的烟雾。在食物烧烤煎炸过程中脂肪等有机物也可以经过一系列复杂的化学反应生成多环芳烃。

2. 芳香胺

芳香胺与染料、农药的合成有关。如职业接触苯胺可诱发人的膀胱癌。

3. 烷化剂

此类化合物比较活泼，能使核酸、蛋白质烷基化，具有明显的致癌和致突变作用。如氮芥、硫芥、乙撑亚胺等被用作肿瘤化疗药、杀菌剂和灭霉剂等。

4. 亚硝胺

亚硝胺是一类强致癌剂，与人类肿瘤的发生关系密切，可存在于某些食品和药品中。一些微生物可促进亚硝胺的合成，如我国食管癌高发地区，在居民常食用的酸菜中，由于白地霉的作用，产生了致癌的二乙基亚硝胺。

5. 氨基偶氮染料

这类化合物含有偶氮基（—N═N—），如邻苯甲胺、奶油黄（二甲基氨基偶氮苯）等均具有实验致癌作用。

6. 天然化学致癌物

一些霉菌毒素如黄曲霉素 B1、杂色曲霉毒素、黄乙精等；植物毒素如苏铁素、黄樟素等均具有致癌作用。

7. 重金属

一些重金属及其化合物如镍、六价铬、砷和镉等可诱发人和实验动物肿瘤。

确定化学物质对人体有无致癌作用主要依据 3 方面的资料。

1）通过人群流行病学调查证明该物质使接触人群的肿瘤发病率明显提高。

2）进行动物致癌实验。

3）进行短期检测遗传毒性的实验。

如果 3 方面的资料都获得阳性实验结果，即可认为该种（类）化学物质是人类的致癌物质，如芳香胺、联苯胺、多环芳烃、苯并芘、砷、石棉、黄曲霉毒素、吸烟、氮芥、非那西丁等。如果缺乏流行病学资料，则可定为是动物致癌剂或可疑致癌物，如亚硝胺、甲醛、DDT、糖精等。如有充分的流行病学证据而无动物致癌证据时，亦不能否定其为人类致癌剂，因为这可能是物种反应的差异。有些化学物质，结构与被肯定的致癌物相似，动物实验有某些阳性结果，但无资料证明对人有致癌性，则可称为潜在致癌物，如某些农药、某些激素和药物等。

二、物理因素

物理因素包括长期的慢性刺激、紫外线照射、各种辐射、机械刺激、创伤及热刺激等，都可能与癌变有关。例如，放射工作者经常接触射线，由于防护不当，易发生皮肤癌、骨肉瘤和白血病；电离辐射和紫外线可能诱发白血病和皮肤癌；日本长崎和广岛两地的原子弹受害者的白血病和皮肤癌的发病率都很高。

三、生物因素

很多科学工作者认为肿瘤的病因是病毒，因为在有些动物的癌细胞中发现有病毒颗粒。致瘤病毒分为以下两类。

（一）致瘤性 RNA 病毒

早在 20 世纪 70 年代研究者发现有 20 多种反转录病毒（retrovirus）属于 RNA 病毒，它们能将正常的哺乳类培养细胞转化为癌细胞，如 Harvey 肉瘤病毒、Maloney 肉瘤病毒、Rous 肉瘤病毒等。

（二）致瘤性 DNA 病毒

有些 DNA 病毒，如乳头瘤病毒、多瘤病毒和猴空泡样病毒等均有致癌作用。

四、肿瘤促进因子

肿瘤促进因子本身没有致癌作用，但低剂量长期反复作用可加速启动肿瘤的形成。它的作用主要是改变基因表达、增加 DNA 合成、诱发基因扩增、增加超氧化合物、抑制代谢协同和激活蛋白激酶 K 等，促进因子的作用是可逆的。最早发现有促肿瘤作用的物质是巴豆油成分——佛波酯类化合物。促进因子的作用具有相对的组织特异性，如糖精与巴比妥分别是膀胱和肝脏肿瘤的促进因子。

第四节　肿瘤发生的遗传学说

肿瘤的发生需要一定的遗传基础。环境中的致癌因子或许只对具有特殊遗传素质的人有致癌作用。环境中各种致癌因子只有通过改变人体遗传物质的结构或功能，才能使正常细胞转化为癌细胞。所以，肿瘤的发生是环境因素与遗传因素相互作用的结果，是一个非常复杂的过程，人们对其发生机制仍不了解，目前主要有以下几个主要学说。

一、肿瘤的单克隆起源学说

致癌因子引起体细胞基因突变，使正常细胞转化为前癌细胞，然后在一些促癌因素的作用下，发展成为肿瘤细胞。肿瘤通常是单个瘤细胞增殖的后代，即克隆起源。这一观点已被同工酶和遗传标记的分析得到了很好的证实。例如，雌性哺乳类动物有两条 X 染色体，在卵裂的后期，其中的一条 X 染色体随机失活。当女性癌症患者为 6-磷酸葡萄糖脱氢酶（glucose 6-phosphatedehydrogenase，G-6-PD）的杂合体时，她的一部分体细胞为 G-6-PD$^-$，而另一部分体细胞为 G-6-PD$^+$；分析单个原发癌（如宫颈癌或乳腺癌）后发现，所有的癌细胞都是一种类型，即 G-6-PD$^-$或 G-6-PD$^+$，而周围的正常细胞都有两种类型。如果女性患者有多个原发肿瘤（如家族性息肉综合征），则一部分原发性瘤细胞是 G-6-PD$^-$，而另一部分的原发性瘤细胞是 G-6-PD$^+$。

二、二次突变学说

一些细胞的恶性转化需要两次或两次以上的突变。第一次突变可能发生在生殖细胞或由父母遗传得来，为合子前突变，也可能发生在体细胞；第二次突变则均发生在体细胞本身，这就是两次突变（击中）学说。该学说认为，肿瘤是否是遗传型是由两次突变的时期或阶段决定的（图 10.15）。如果第一次突变发生在生殖细胞或由父母遗传而来，则所有的体细胞实质上都是潜在的前癌细胞，任何体细胞若再发生第二次突变就会转化为癌细胞，所形成的肿瘤属遗传型，这种肿瘤的发生就具有家族性、多发性（多种肿瘤伴随发生）、双侧性（在身体上对称发生）和早发性（发病年龄较早）；如果第一次突变发生在某个体细胞，则这个细胞成为前癌细胞，若在这个细胞及其克隆后代再发生第二次突变也可能形成肿瘤，但是这种肿瘤是非遗传型的，并表现出散发性、单发性和单侧性等特点。二次突变学说最初用来分析视网膜母细胞瘤、肾胚胎细胞瘤等儿童肿瘤的发病原因和规律，得到了较满意的临床检验效果，但是对肿瘤发生中的各种遗传因素和环境因素的作用解释得较粗糙。

三、肿瘤的多步骤遗传损伤学说

肿瘤的发生是一个复杂的过程。既有癌基因的激活，又有肿瘤抑制基因的缺失或失活。研究表明，肿瘤的发生是多步骤遗传损伤积累的产物，通常涉及的基因不止一个。肿瘤发生的多步骤学说认为，一个正常细胞要经过多次遗传损伤打击后才能转变成恶性细胞。据研究，肿瘤发生的过程至少可分为如下几个阶段。

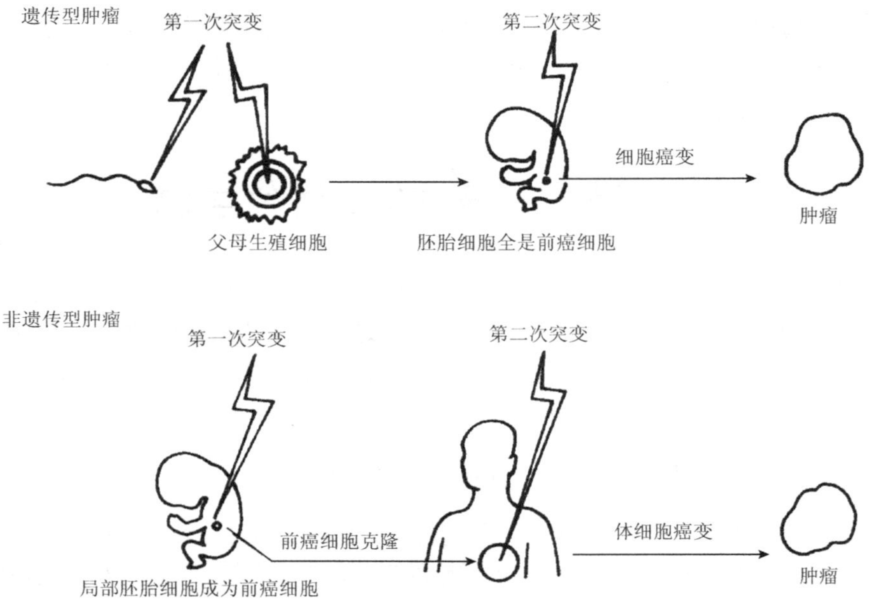

图 10.15　二次突变学说及其对遗传型肿瘤和非遗传型肿瘤发生机制的解释

1. 启动

启动（initiation）阶段是在启动因子作用下，细胞产生不可逆的遗传结构改变，使之具有发展成癌细胞克隆的潜能。大部分启动因子具有诱变作用。

2. 促进

促进（promotion）阶段的特征是可逆的。促进因子如巴豆油、佛波酯等促进已启动细胞的增殖，引起基因表达的改变，最终导致癌细胞形成。

3. 演进

经过启动和促进阶段的癌细胞，进一步发生分子水平和细胞水平的遗传结构改变，导致基因表达的异常，产生恶性表型，如去分化、生长加速与浸润转移等（图 10.16）。演进（progression）是一个不可逆的过程，并可能存在主要作用于演进过程的化学物质——演进因子。若同时具有启动、促进和演进作用的化学物质称为完全性作用因子。

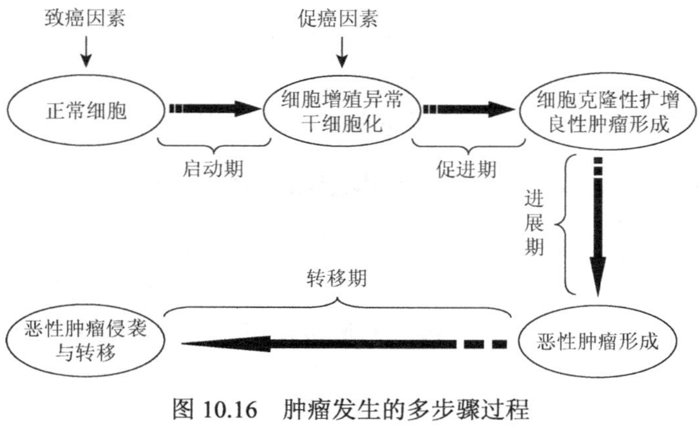

图 10.16　肿瘤发生的多步骤过程

恶性肿瘤的转移是一个复杂的过程，包括瘤细胞由原发肿瘤脱落，进入细胞外基质和血管或淋巴管，并在远处适宜的组织中生长。近年来的研究发现，存在着促进转移的转移基因（metastatic gene）和抑制转移的基因（metastasis suppressor gene）。

细胞的癌变至少需要两种致癌基因的联合作用。每个基因的改变只能完成其中的一个步骤，另一些基因的变异最终完成癌变过程。美国麻省理工学院的 Hartmut Land 等（1983）发现，若只用 *EJ-HA-RAS* 癌基因，仅能诱导体外培养的大鼠胚胎成纤维细胞发生过量增殖，但并未出现癌变。若将 *RAS* 癌基因与 *v-myc* 病毒癌基因共同转染，则能使这些细胞转化为癌细胞。说明细胞癌变至少需要两种致癌基因的联合作用，每一个基因的改变只完成其中的一个步骤，另一些基因的变异最终完成癌变过程。目前的认识是，细胞癌变往往需要多个癌相关基因的协同作用，要经过多阶段的演变，其中不同阶段涉及不同的癌相关基因的激活与失活。不同癌相关基因的激活与失活在时间上有先后顺序，在空间位置上也有一定的配合，所以癌细胞表型的最终形成是这些被激活与失活的癌相关基因共同作用的结果。多步骤致癌除包括原癌基因的激活外，还包括病毒癌基因的整合、抑癌基因的突变或缺失，这些都是多步骤致癌过程的重要环节（图 10.17）。

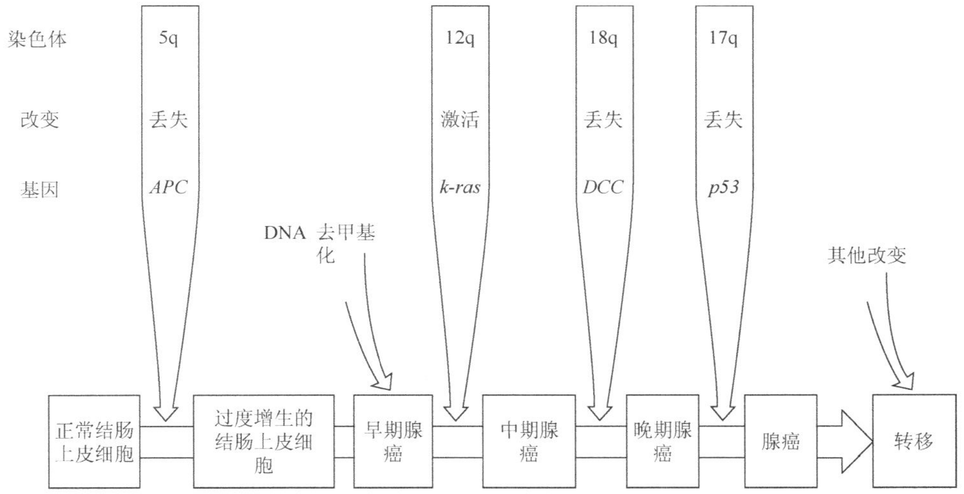

图 10.17　结肠癌发生的各个阶段和肿瘤相关基因的异常

四、癌基因学说

在人的正常细胞中本来就存在着具有发生肿瘤潜在倾向的原癌基因，在某些内外因子的诱导下，原癌基因被激活，导致细胞癌变，形成肿瘤。由于癌基因目前已被大量认识、分离和克隆，因此本学说得到了普遍的认同。

第五节　肿瘤防治的遗传学对策与前景

环境因素和遗传因素的相互作用最终决定了肿瘤的发生，但以何种因素为主，取决于肿瘤类型和患者的遗传背景。人们应根据不同情况建立肿瘤防治的遗传控制或预防对策。

一、发病前阶段的病因预防

（一）遗传易患肿瘤

通常意义上的遗传病，是指可在亲代和子代之间传递的生理或结构异常，从这个意义出发，只有部分肿瘤是遗传的，包括遗传性肿瘤和易发肿瘤的、按孟德尔方式遗传的综合征。在这种情况下，遗传的不是肿瘤本身，而是易发肿瘤的易患性。因此，对于这类肿瘤的预防措施主要是自我保健教育、产前诊断、高风险个体的监测、靶器官的预防性切除、限制高风险个体接触已知致癌剂和诱变剂等。

（二）与环境关系密切的肿瘤

肿瘤是一种由环境因素与遗传因素互相作用的一类疾病。大多数的环境致病因素如饮食、病毒、化学物质、射线的致癌作用都是通过影响遗传基因起作用的。因此保护环境，治理污染，限制接触环境致癌剂与诱变剂，摄入平衡营养，少食熏烤煎炸腌渍的食品，多食蔬菜、水果和谷类、豆类食品，建立良好的生活习惯，不吸烟、酗酒，注意锻炼身体等都是预防肿瘤发生的积极有效措施。

二、肿瘤的早期发现与诊断

对遗传易患人群及暴露于已知致癌剂的人群，应加强遗传咨询，经常性地自查，组织定期检查，注意发现癌前的病理学改变和分子生物学的前兆性改变，从而做到肿瘤的早发现、早治疗。

三、肿瘤的治疗和监护

由于肿瘤的发生是遗传因素与环境因素共同作用的结果，很多机制至今仍不清楚。虽然肿瘤是单个突变细胞无限分裂的结果，但是肿瘤的细胞发生了高度异质化，分化出了不同的细胞群，不同细胞群细胞的遗传基础及对药物的敏感性均存在着较大的差异，因此给药物治疗带来了很大的难度。随着分子生物学和生物工程技术的飞速发展及人类基因组计划的不断深入，肿瘤的基因治疗已取得了一定的进展。

基因治疗是肿瘤治疗的一个新领域，主要运用基因工程技术来修复和纠正肿瘤基因的结构和功能缺陷，或通过增强宿主的肿瘤杀伤能力和机体防御机制来治疗肿瘤。肿瘤基因治疗的目的基因主要包括细胞因子、MHC 分子、协同刺激分子、抗癌基因、反义核酸、肿瘤药物相关基因及病毒基因等。目前的研究领域主要包括肿瘤免疫基因治疗和反义技术治疗等。

（一）免疫基因治疗

免疫基因治疗是指利用基因进行免疫治疗，包括细胞因子基因治疗、基于 DNA 的疫苗、单克隆抗体基因转移等。基因治疗的方案大体包括 4 个方面：①在体外将细胞因子基因导入肿瘤或宿主细胞，利用细胞因子对免疫系统调节作用的增强，使宿主产生有效的抗肿瘤免疫反应；②把对某些化学药物敏感的基因导入肿瘤细胞，使肿瘤细胞获得对药物的敏感性而被杀死；③利用抑癌基因进行肿瘤治疗；④应用遗传工程技术，把正常基因及已知的表达构件导入有缺陷基因的患者体内，并能表达和发挥功能，使基因缺陷引起的各种异常得到不同程度的治疗。

例如，应用遗传工程技术将抗癌的细胞因子（如肿瘤坏死因子，tumor necrosis factor，TNF）基因转入抗癌的效应细胞（如肿瘤浸润淋巴细胞，tumor infiltrating lymphocyte，TIL）中，以增强其抗癌作用。1991 年初，Steven A. Rosenberg 等在得到美国 RAC（美国国家卫生院的重组 DNA 咨询委员会）的准许后，将 *TNF* 基因通过反转录病毒载体导入体外培养的 TIL，然后将 TIL 回输给黑色素瘤患者。

当 TIL 进入体内后能特异性地到达肿瘤部位并表达 *TNF* 基因，合成肿瘤坏死因子，杀伤癌细胞，从而达到基因治疗的目的。这一方案获准对 5 例晚期黑色素瘤患者进行了治疗，其结果是 1 例肿块完全消失，2 例 90%以上的肿块完全消退，另外 2 例在接受治疗后分别存活了 274d 和 327d。

（二）反义技术治疗

反义技术（antisense approach）的原理是通过阻抑从 DNA 至 mRNA 的转录过程或从 mRNA 到蛋白质的翻译过程，而阻断细胞中的蛋白质合成。导入细胞的反义分子充当了“分子解剖刀”的作用，可以去除细胞中某些特定的蛋白质或明显抑制其合成。例如，反义 RNA（antisense RNA）与特异的 mRNA 结合，抑制与肿瘤发生直接相关基因的表达；脱氧寡核苷酸能与双螺旋双链 DNA 专一性序列结合，形成三链 DNA 来阻止基因转录或 DNA 复制，为了与作用在 mRNA 翻译水平的反义 RNA 的反义技术相区别，将三链 DNA 技术称为反基因技术；各种亚类反义物质如反义序列和核酶等可在不同位点阻断转录或翻译过程，从而达到治疗肿瘤的目的。

（三）监测与预后

由于肿瘤细胞很难从机体内彻底清除，肿瘤细胞的快速繁殖使得肿瘤患者在治疗后易复发，因此需要对患者进行监测和预后。肿瘤分子、细胞遗传学的特异性改变可用于临床疗效的监测。如慢性粒细胞白血病患者治愈后 Ph 染色体消失，若复发则 Ph 染色体又重新出现。*N-myc* 和 *C-erbB2* 癌基因扩增，常提示患者预后不良。

思　考　题

1. 解释名词：干系、众数、癌家族、家族性癌、特异性标记染色体、非特异性标记染色体、Ph 染色体、双微体、反基因技术。
2. 试述肿瘤发生的多步骤癌变学说。
3. 简述癌基因的激活途径。
4. 什么是标记染色体？在临床上有何意义？
5. 试述二次突变学说的主要内容。
6. 癌基因按其产物和功能可分为哪几类？试述各类基因的主要功能。
7. 除了遗传因素之外，肿瘤还与哪些因素有关？
8. 简述肿瘤防治的遗传学对策。
9. 简述癌细胞的主要生物学特性。
10. 什么是肿瘤的遗传易感性？遗传易感性研究有何实际意义？

11. 有哪些现象可以说明肿瘤的发生与遗传相关？

12. 简述肿瘤抑制基因的功能特点和临床意义。

主要参考文献

安瑞生，陈晓峰. 2011. 肿瘤基因治疗技术. 中国肿瘤，10（10)：577-579

蔡绍京，徐珊. 2001. 医学遗传学. 北京：科学出版社

陈竺. 2001. 医学遗传学. 北京：人民卫生出版社

程罗根. 2005. 人类遗传学. 南京：南京师范大学出版社

胡楠. 1993. 肿瘤遗传易感性的研究进展. 遗传，15（1)：36-40

李劲，胡文娟，高雯琪，等. 2010. 食管癌细胞系 EC-1 和 EC-109 染色体核型分析. 中南民族大学学报（自然科学版)，29（2)：46-48

凌林. 2007. 肿瘤发生中的遗传因素. http: //www.med126.com/edu/200712/17024.shtml[2007-12-2]

区宝祥. 1973. 有关肿瘤（鼻咽癌）遗传因素问题. 肿瘤防治资料，5：55

苏长青. 2010. 肿瘤的基因治疗：重新燃起的希望. 临床肿瘤学杂志，15（7)：577-583

唐艳平. 2003. 医学遗传学. 武汉：湖北科学技术出版社

王培林. 2000. 遗传病学. 北京：人民卫生出版社

王亚馥，戴灼华. 2000. 遗传学. 北京：高等教育出版社

夏家辉，卢惠霖. 1978. 一条与人体鼻咽癌相关的标记染色体及其由来的初步探讨. 遗传学报，5（1)：19-22

姚敦义. 1990. 遗传学. 青岛：青岛出版社

佚名. 2014. 肿瘤基因治疗. http: //www.bioon.com/biology/Class422/36254.shtml[2014-2-18]

余其兴，赵刚. 2000. 人类遗传学导论. 北京：高等教育出版社

张思仲. 2007. 肿瘤发病的遗传机理. http: //www.bioon.com/Article/medgenetic/308601_2.shtml[2007-8-8]

张自立，彭永康. 2003. 现代生命科学进展. 北京：科学出版社

赵刚，彭惠民. 1998. 医学遗传学教程. 北京：科学出版社

赵寿元，黄裕泉，单祥年，等. 1996. 人类遗传学概论. 上海：复旦大学出版社

珍妮. 2014. 家庭性癌和癌家族的特点. http: //pinpai.wfnews.com.cn/rdgz/2329370.html[2015-3-11]

左伋. 2001. 医学遗传学. 4 版. 北京：人民卫生出版社

Levine A J，Oren M. 2009. The first 30 years of p53：growing ever more complex. Nature Reviews Cancer，9：749-757

Martineau M. 1966. A similar marker chromosome in testicular tumors. Lancet，1：839-842

11 第十一章 人类遗传病

人类的疾病种类繁多，依据疾病与遗传的关系，可以分成以下主要类型。①发病完全取决于环境因素，与遗传无关，如外伤、坏血病（维生素 C 缺乏病）、传染病等。②完全由遗传因素决定的疾病，主要是染色体病和某些单基因病，如白化病、红绿色盲、血友病等。③基本上由遗传决定，但是需要环境中某种（些）因素的诱导才发病，如半乳糖血症、苯丙酮尿症、蚕豆病等。④遗传与环境都发挥作用的疾病。若遗传度＞70%，说明遗传因素起主要作用，如兔唇、腭裂、先天性幽门狭窄、糖尿病、先天性巨结肠、精神分裂症、支气管哮喘等；若遗传度在 50%～60%，说明遗传因素和环境因素同样重要，如脊柱裂、无脑儿、原发性高血压、冠心病等；若遗传度＜40%，说明环境因素是主要的，如先天性心脏病、十二指肠溃疡等。

第一节 遗传病的分类和特点

遗传性疾病或遗传病（genetic disease，hereditary disease）是指由于遗传物质结构或功能改变所导致的疾病。随着人类基因组研究的不断深入，人们逐步对自身的遗传基础及人类疾病与遗传的关系有了更清楚的认识，“遗传病”的概念在不断更新与发展。以往的遗传病概念是指人体生殖细胞或受精卵的遗传物质发生突变或畸变所引起的疾病。近年来由于基因研究的进展，人们认识到人体健康状态或疾病都直接或间接与基因有关，疾病的发生是基因作用和非基因作用的综合过程，任何疾病的发生和发展都是遗传因素和环境因素相互作用的结果。

一、遗传病的分类

人类遗传病的种类繁多，随着对遗传病认识的不断深入，遗传病的分类体系也在不断发展。过去主要有两种分类方法：一是按人体系统分类，如神经系统遗传病、血液系统遗传病、生殖系统遗传病、心血管系统遗传病、泌尿系统遗传病、内分泌系统遗传病等；二是按照遗传方式把遗传病分为基因病和染色体病两种类型，基因病包括单基因病和多基因病，染色体病包括常染色体病、性染色体病、数目异常遗传病、结构畸变遗传病等。现代医学遗传学将人类遗传病分为单基因病、多基因病、染色体病、体细胞遗传病和线粒体遗传病等 5 种类型。体细胞遗传病和线粒体遗传病已分别在第十章和第七章做了详细描述，所以本章主要讨论基因病和染色体病。

二、遗传病的主要特点

遗传病与非遗传性疾病在临床表现上往往是相似的，但是遗传病在发病机制和在家族中的表现方面与非遗传性疾病具有明显的区别，主要有如下主要特点。

1. 遗传病具有垂直传递的特性

遗传病的传播方式是垂直传递，即遗传病通常可由亲代传至子代，不会呈“水平方式”传递，不会延伸至无亲缘关系的个体。这种垂直传递的特性是由于亲代的生殖细胞或受精卵的遗传物质发生变化的结果。但是垂直传递特性并非在所有的遗传病家系中都能观察到，因为有些遗传病患者没有生育能力（如某些染色体病患者），或者活不到生育年龄，该遗传缺陷就不会在家族中继续传播；有些患者可能是家系中首次由突变产生的，而不是从亲代遗传来的；体细胞遗传病，如非遗传性肿瘤是体细胞内遗传物质突变的结果，因此不会传给子代。

2. 遗传病是遗传物质的改变所致

遗传病是由于遗传物质的变异所导致的疾病。发生改变的遗传物质可能是基因，也可能是染色体；可能位于细胞核，也可能位于细胞质；可能在生殖细胞，也可能在体细胞；可能来自于亲代，也可能是自身的遗传变异。

3. 遗传病往往具有终生性的特征

非遗传性疾病往往通过治疗可以治愈，但是遗传病的表现往往是终生的。这是因为遗传病是遗传物质的变异引起的，要治愈这类疾病就必须使发生变异的遗传物质恢复到正常状态。但是，人类的遗传基础非常复杂，人们还没有完全研究清楚，因此还没有办法精准有效地对遗传损伤或遗传变异进行修复或校正，目前的治疗方法主要是通过手术修补形体缺陷，或以服药的方式补偿体内不足的物质或排除体内过多的物质，但是这些治疗方法仅能治表而不能治本。

4. 遗传性疾病通常表现出先天性的特征

先天性疾病（congenital disease）是指个体在未出生之前或生下来时即存在的疾病。如果主要表现为身体外部形态及内脏器官发育不正常，则一般称为先天畸形，如脑积水、无脑儿、脊柱裂、先天性无肛门等。这些先天畸形与遗传有关，所以是遗传病。但是，引起先天性疾病的原因可能是遗传因素，也可能是母体环境因素，如妊娠前三个月由于母亲感染风疹病毒、巨细胞病毒、弓形虫或接触致畸物质而引起的胎儿先天性心脏病、先天性白内障等各种先天畸形或出生缺陷，以及药物引起的畸胎，虽然也是先天性的，但是因为环境因素造成的，这类疾病不会传给后代，所以不是遗传病。当然，也不是所有的遗传病在出生时就表现出症状。例如，Huntington 舞蹈病是一种典型的常染色体显性遗传病，往往要到 35 岁以后才发病，出现步态蹒跚、意向性震颤等临床表现；原发性血色病（primary hematochromatosis）是一种铁代谢障碍疾病，但要铁量积存到 15g 以上时才发病。

5. 遗传病往往有家族性特点

家族性疾病（familial disease）是指表现出家族聚集现象的疾病，即在同一家庭中有两个以上的患者。不少遗传病，特别是显性遗传病，常见家族聚集现象，如多发性家族性结肠息肉等。也有不少的遗传病特别是隐性遗传病和染色体病没有家族史，往往在几代人中只出现个别患者。相反，有些非遗传性疾病，由于家族的成员处于相同的环境条件而同患某种疾病，表现出家族性，如肺结核、肝炎、缺乏维生素 A 引起的夜盲症、甲状腺功能低下所致的痴呆症等。

第二节 基 因 病

基因病是生殖细胞或受精卵的基因发生突变所产生的疾病。基因病分为单基因病和多基因病两大类。

一、单 基 因 病

单基因病（single-gene disorders）是由单基因突变所致的疾病。单基因常常表现出功能性的改变，引起蛋白质分子在结构和功能上发生改变，导致酶、受体、载体等的缺陷，使机体的生化反应和代谢出现异常，反应底物或代谢性中间产物在体内大量蓄积，形成代谢性遗传病。

目前已经发现 3000 余种单基因病，分别由显性基因和隐性基因突变所致。单基因病在群体的发病率低，为 1/10 000～1/1000，但家族发病率高，患者同胞发病率为 1/4 或 1/2，与亲属级别无关。单基因遗传病按照孟德尔法则传递给后代，新突变基因所致的患者可无家族史。根据基因所在的位点和性质的不同，单基因病分为不同类型（详见第六章）。

（一）常染色体显性遗传

常染色体显性遗传的致病基因在常染色体上，在一对等位基因中的一个发生突变，另一个正常的情况下即可发病。致病基因是由双亲中患病的一方传递而来，也可以是生殖细胞发生的新突变基因。患者的子女发病概率相同，均为 1/2。患者的异常性状表达程度可不尽相同，有完全显性、不完全显性、延迟显性、不规则显性等不同表现方式，如多指症、并指症、家族性结肠息肉、家族性高胆固醇血症、软骨发育不全、β-珠蛋白生成障碍性贫血、原发性青光眼、Huntington 舞蹈病等。

（二）常染色体隐性遗传

常染色体隐性遗传是由常染色体上的隐性致病基因所致的遗传病，只有纯合子时才显示症状。若患者的父母双方均为致病基因携带者，子代有 1/4 的概率患病，子女患病概率均等。近亲婚配者的子女发病率会增加。常见的常染色体隐性遗传病有糖原贮积症、脂质贮积症、黏多糖贮积症、γ-球蛋白缺乏症、白化病、苯丙酮尿症、肝豆状核变性（Wilson 病）及半乳糖血症等。

（三）性链锁遗传

性链锁遗传又称伴性遗传，发病与性别有关。根据相关基因的位置和性质，伴性遗传病又分成 X-连锁显性遗传病、X-连锁隐性遗传病和 Y-连锁遗传病等不同类型，如血友病、葡萄糖-6-磷酸盐脱氢酶缺乏症（蚕豆症）、红绿色盲、佝偻病、Y-毛耳等。伴性遗传病在不同性别的发病率有差别，往往表现绞花遗传方式或显性遗传。

二、多基因病

多基因病（polygenic disorders）是由多个基因与环境因子共同作用所引起的疾病，有家族聚集现象，但不表现明显的家系遗传特征。虽然已报道的多基因病只有 100 多种，但每一个病种的发病率都较高，一般为 0.1%～1%，但患者同胞发病远低于 1/2 或 1/4，一般为 1%～10%。多基因病受环境因素的影响比较大，如高血压、冠心病、动脉粥样硬化、哮喘、糖尿病、胃及十二指肠溃疡、精神分裂症、风湿病、癫痫等，以及唇裂、腭裂、脊柱裂等先天畸形（详见第八章）。

第三节 染色体病

染色体病（chromosome disorders）或染色体综合征（chromosomal syndrome）是由于染色体的结构或数目异常所引起的一类疾病。据调查统计，人群中妊娠的 5%～15%有染色体异常，而染色体异常占流产胚胎的 50%以上，占死婴的 0.8%，占新生儿死亡的 0.6%，占新生儿的 0.8%，占一般人群的 0.5%。

一、人类染色体畸变

染色体畸变（chromosome aberration）是指体细胞或生殖细胞内染色体发生的异常改变，包括数目畸变和结构畸变。

（一）染色体数目异常

各种生物的染色体数目都是恒定的。在有性生殖的生物中，体细胞具有两个染色体组（$2n$），生殖细胞具有一个染色体组（n）。但是在特定的条件下，无论是染色体组个数还是染色体组中的各染色体的数量都会发生变化。正常人的体细胞为二倍体（$2n$=46），生殖细胞为单倍体（n=23）。如果人体的体细胞染色体不是 46 条，生殖细胞中不是 23 条时，即表明在这些细胞中发生了染色体数目畸变（chromosomal numerical aberration）。

1. 整倍体畸变

整倍体畸变（euploid aberration）是指细胞中染色体的数量以染色体组为单位增加或减少。单倍体的染色体数为 n（即 23 条）。到目前为止，除了人类正常的精子和卵子属于单倍体外，尚未发现单倍体胎儿或新生儿。正常人体细胞都是二倍体。超过二倍体的整倍体称为多倍体。在人类中已知的多倍体有三倍体和四倍体。三倍体（triploid）细胞中有 3 个染色体组，每对染色体都增加了 1 条，染色体总数为 $3n$。其核型为 69，XXX；69，XXY；69，XYY 及一些嵌合体，如 46，XX/69，XXY 等。三倍体大多在妊娠头三个月就自然流产，很少活到临产。四倍体（tetraploid）细胞中有 4 个染色体组，每对染色体都增加 2 条，染色体总数为 92 条。四倍体胎儿更为罕见，通常只有嵌合体（$2n/4n$）的生存时间比较长一些。

人类多倍体多见于自然流产的胚胎细胞，主要是因为多倍体细胞在有丝分裂时会形成三极或四极纺锤体，染色体的不均等分布，导致细胞分裂后期和子细胞中染色体的不均等分配，破坏子细胞中的基因平衡，干扰胚胎或胎儿的正常发育而导致流产。1977 年，徐道觉等总结的 3194 例自发流产的胎儿中，染色体畸变约占流产儿的 42%，其中 18.4%为三倍体，5%为四倍体，所以三倍体是造成自然流产的常见原因之一。

人类整倍体畸变的原因很复杂，可以归纳为如下几个主要方面。

1）双雌受精：双雌受精（digyny）是指在减数分裂时，卵细胞由于受到某些因素的影响未能形成极体，或第二极体与卵核重新结合，因而在卵子中保留了两组染色体，受精后则形成三倍体合子（图 11.1），可形成核型为 69，XXX 或 69，XXY 的个体。双雌受精形成整倍体畸变的可能性较大。

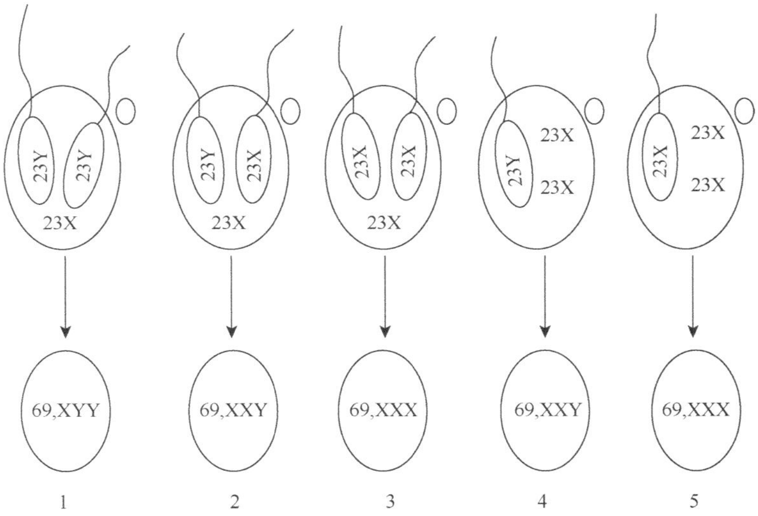

图 11.1　双雄受精和双雌受精

1、2、3. 双雄受精；4、5. 双雌受精

2）双雄受精：双雄受精（diandry）是指 2 个精子同时进入 1 个成熟的卵子受精，形成三倍体合子（图 11.1），其中两组染色体来自父方，另一组来自母方，可形成 69，XXX；69，XXY；69，XYY 3 种核型的受精卵。

3）核内复制：细胞在分裂过程中，核内染色体完成了复制，而细胞核膜不分裂，结果在一个完整核膜内染色体多倍化，形成四倍体（图 11.2）。这种核内复制（endoreduplication）可导致高倍数的多倍体，例如，某些肿瘤细胞中染色体数可达数百条，可能是核内复制的结果。

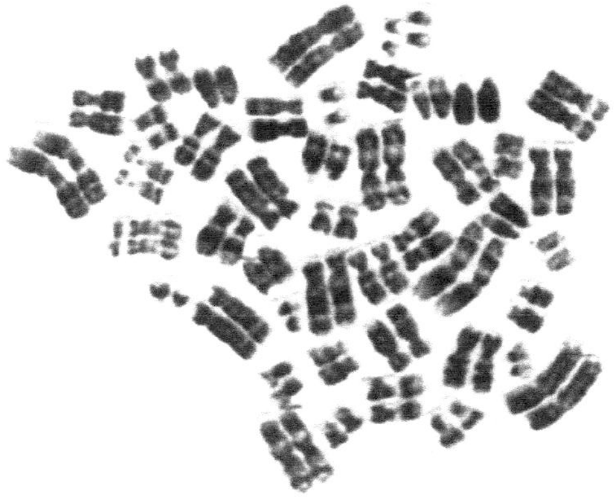

图 11.2　核内复制的染色体

4）嵌合体：嵌合体的产生有两种可能的途径，一种可能是源自三倍体的合子，在早期卵裂中三极纺锤体上染色体分布不规则，形成 $3n/2n/n$ 三种细胞系，但是单倍体细胞系不能成活，留下二倍体和三倍体细胞系，发育成 $3n/2n$ 嵌合体，称为嵌合体（mosaic）；另一个可能是源自一个双受精的三倍体的细胞系与一个正常受精的二倍体的细胞系紧密结合，形成一个 $3n/2n$ 的嵌合体胚胎，称为异源嵌合体（chimera）。

2. 非整倍体畸变

如果一个体细胞内染色体数目的改变不是单倍体的倍数，而是在二倍体的基础上增加或减少 1 条或数条染色体，称非整倍体畸变（aneuploid）。比二倍体少 1 条或多条染色体的非整倍体，称亚二倍体（hypodiploid），而比二倍体多 1 条或数条染色体的非整倍体则称为超二倍体（hyperdiploid）。

1）单体型：单体型（monosomy）细胞内染色体总数为 45 条。由于单体型个体的细胞中缺少了 1 条染色体（2*n*–1），从而严重影响了基因间的平衡性，所以该类型的个体一般难以存活，临床上常见的有 45，X0；45，XX（XY），–21；45，XX（XY），–22。这些个体绝大多数死于胚胎期，只有极少数存活，但仍表现为较严重的畸形。除上述几种类型外，人类尚未发现其他的单体型。

2）缺体：一对同源染色体同时丢失，则称为缺体型（nullisomy）（2*n*–2）。人类缺体型还未见报道，意味着这样的胚胎根本不能存活。

3）三体型：三体型（trisomy）细胞中的某对染色体增加了 1 条（2*n*+1），染色体总数为 47 条。

增加 1 条额外染色体比减少 1 条染色体的危害要轻，但是大量基因的增加，破坏了基因间的平衡，同样严重地干扰了胚胎的发育过程。大约 50%的常染色体三体仅出现在流产胚胎或胎儿中。除最小的 21 号染色体三体外，其他染色体的三体很难活到 1 岁以上，除非是嵌合体。21-三体虽能活到成年，但约半数不到 5 岁即夭折。

性染色体三体型与常染色体三体型相比，临床症状往往较轻，常见的性染色体三体型主要有 47，XXX；47，XXY 和 47，XYY。除 47，XXX 个体大多数无明显症状外，其他个体在性征、体征等方面都表现异常症状。

如果细胞中的某条染色体有部分重复，则称为部分三体。

4）多体型：某对染色体增加了 2 条或 2 条以上者为多体型（polysomy）。染色体数为 48 条或 48 条以上，主要见于性染色体异常，如四体型 48，XXXX；48，XXXY 和五体型 49，XXXXX 等。虽然这样的个体有存活的可能性，但随着额外染色体数目的增加，个体的畸形程度亦随之增加。

5）嵌合体：含有 2 种或 2 种以上不同核型细胞系的个体，称作嵌合体，如 46，XX/47，XXY 型；46，XY/45，X 型等。这样的个体由于含有二倍体细胞，所以出生后新生儿生存机会较大。

非整倍体畸变的机制还不完全清楚，目前认为主要通过 2 种方式产生。

1）染色体不分离：在细胞分裂的中、后期，某一对同源染色体或姊妹染色单体同时进入一个子细胞，称为染色体不分离（chromosome non-disjunction）。细胞分裂时常染色体与性染色体均可发生不分离现象。染色体不分离现象可发生于生殖细胞的第一次减数分裂或第二次减数分裂，也可发生于受精卵的有丝分裂（图 11.3）。

在初级卵母细胞和初级精母细胞进行减数分裂产生卵子和精子的过程中，如果某对染色体发生不分离，同时进入一个子细胞，就产生（*n*+1）和（*n*–1）两种不同类型的配子，这两种配子若与正常的配子结合，则形成三体型（2*n*+1）或单体型（2*n*–1）的合子。如果不分离发生在性染色体，则可形成三体型 47，XXX；47，XXY；47，XYY 和单体型 45，X0；45，Y0，但是，45，Y0 在胚胎发育过程中死亡。若染色体不分离发生在受精卵的早期卵裂阶段，则可形成三体型（2*n*+1）和单体型（2*n*–1）所组成的嵌合体。

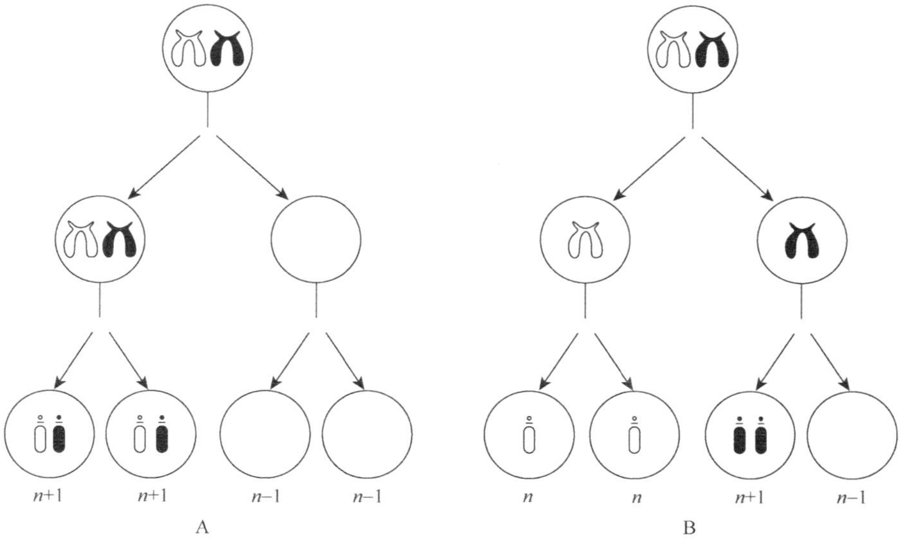

图 11.3　减数分裂中染色体不分离现象

A. 减数分裂Ⅰ同源染色体不分离；B. 减数分裂Ⅱ姐妹染色单体不分离

由于亚二倍体的生存能力低而被淘汰，临床上常见的多为 46/47 型的嵌合体。染色体不分离是造成非整倍体畸变的主要原因。

2）染色体丢失：染色体丢失（chromosome loss）又称为染色体后期迟滞（anaphase lag）。二倍体细胞在细胞分裂的中、后期，染色体向两极移动时，某一条染色体由于偶然的行动迟缓而未能进入任何一个子细胞核，未能进入细胞核内的染色体遗留在细胞质中，逐渐消失，结果使这子细胞核丢失一条染色体而成为单体，另一个细胞为二倍体。若丢失现象发生在配子形成过程中，则可形成 n 和 $n-1$ 两种类型的配子，后者与正常配子结合，则可形成单体型（$2n-1$）个体。而若发生在受精卵早期卵裂阶段，则可形成单体型（$2n-1$）和二倍体（$2n$）两种细胞系所组成的嵌合体。

染色体丢失的机制还不清楚，染色体结构异常可能是造成染色体移动迟缓的原因。

（二）染色体结构畸变

在细胞分裂过程中，由于染色单体发生断裂、重接或互换，就会导致染色体各种形式的结构畸变（chromosomal structural aberation），如缺失（deletion）、重复（duplication）、易位（translocation）、倒位（inversion）、双着丝粒染色体（dicentric chromosome）、环状染色体（ring chromosome）、等臂染色体（isochromosome）和插入（insertion）等。这些染色体的结构变化既可引起基因数量的增减，又可引起基因排列顺序的改变，甚至还可引起基因所属连锁群的变化。

二、人类染色体病

染色体病是由于先天性的染色体数目或结构异常而引起的疾病。根据受累染色体的类型和临床上的表现，一般将染色体病分为常染色体病和性染色体病两大类。

（一）常染色体病

常染色体病（autosomal disease）是指由于人类的 1～22 号染色体结构或数目异常所引起

的疾病。主要包括三体综合征、单体综合征、部分三体综合征、部分单体综合征和嵌合体等5 种类型。每种常染色体病都有不同的临床表现，但都生长发育迟缓、智力发育不良并伴有多发畸形等。

1. 三体型

三体型（trisomy）是指细胞的某对染色体增加了一条（$2n+1$），是染色体在减数分裂后期Ⅰ或后期Ⅱ不分离而造成的。染色体中以 21-三体型、18-三体型和 13-三体型较多，除 17 号染色体外，其余各对染色体均有三体报道。

（1）21-三体综合征

21-三体综合征（chromosome 21-trisomy syndrome）又称为先天愚型或唐氏综合征（Down syndrome，DS），由英国医生 Langdon Down 在 1866 年首次报道。1959 年，法国细胞遗传学家 Jerome Lejeune 发现该病的病因是多了一条 21 号染色体（图 11.4），故称为 21-三体综合征，核型为 47，XX（XY），+21。

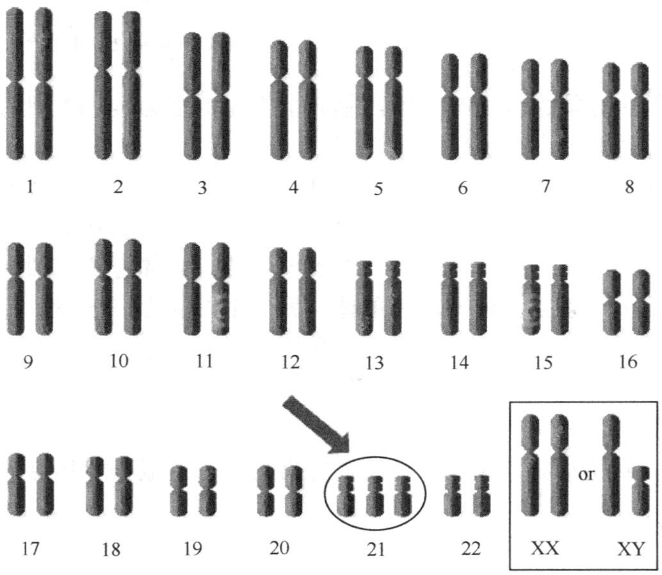

图 11.4　21-三体综合征患者及其核型

21-三体综合征是人类最先确认的也是发病率最高的染色体病，在新生儿的发生率为1/800～1/600，没有种族差异，男性患儿多于女性（1.15∶1）。据估计我国目前大约有 60 万以上的 DS 患儿，全国每年出生的 DS 患儿可多达 27 000 例左右。由于该病常伴有心脏畸形和免疫功能低下，患儿在幼儿期有较高的病死率，故在人群中调查所获得的患病率并不太高。例如，我国上海地区 1979 年的调查结果为 1/4237；哈尔滨地区 1980 年 14 岁以下儿童的患病率为 1/4719。流行病学调查表明，21-三体综合征的发病率与母亲的生育年龄有密切关系（表 11.1，图 11.5）。

表 11.1　21-三体综合征的出生率与母亲生育年龄的关系

母亲年龄/岁	21-三体综合征的发病率
15～19	1/1850
20～24	1/1600
25～29	1/1350
30～34	1/800
35～39	1/250
40～44	1/100
＞45	1/30

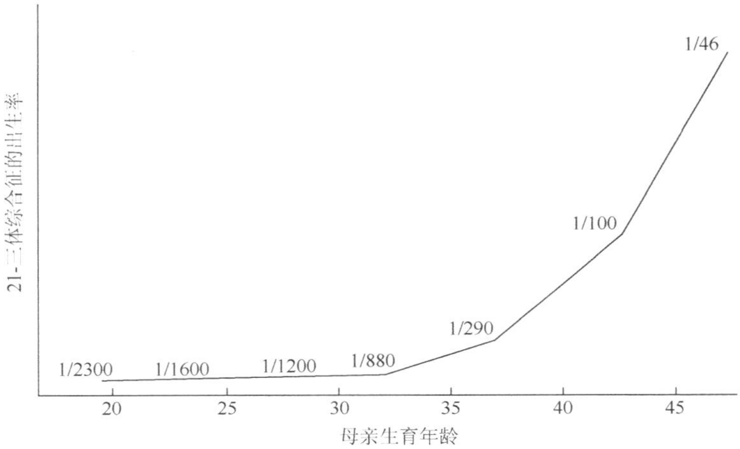

图 11.5　21-三体综合征的出生率与母亲生育年龄的关系

21-三体综合征的主要临床特征有：生长发育迟缓，智力低下。呈特殊面容，眼距宽、眼裂小，外侧上倾；头部小而圆，枕部扁平；耳小而圆，耳轮上缘折叠（图 11.6）；鼻根低平，鼻短，鼻呈扁平状；嘴小唇厚，舌大外伸，常有舌裂，故该病又称为伸舌样痴呆（图 11.7）。男性患者常伴有隐睾，虽能产生精子但数量减少，故一般不育；女性患者常无月经，少数能生育但将此病遗传给后代的风险较高。患者的智商较差。50%的患儿在 5 岁以前死亡，平均寿命仅有 16.2 岁。随着医疗水平的提高，患者寿命明显延长，可达 40 岁左右。

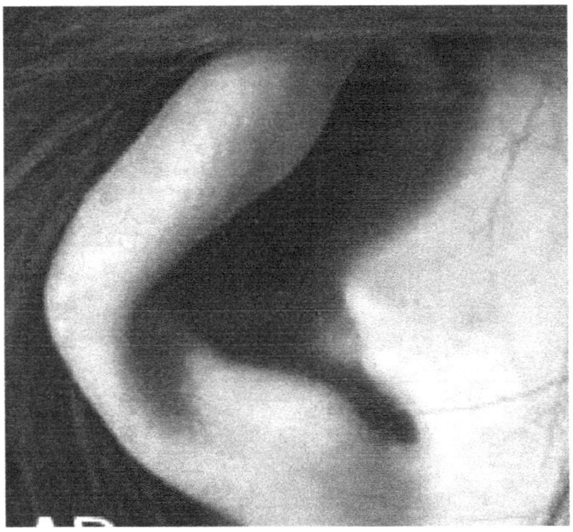

图 11.6　21-三体综合征的耳朵异常

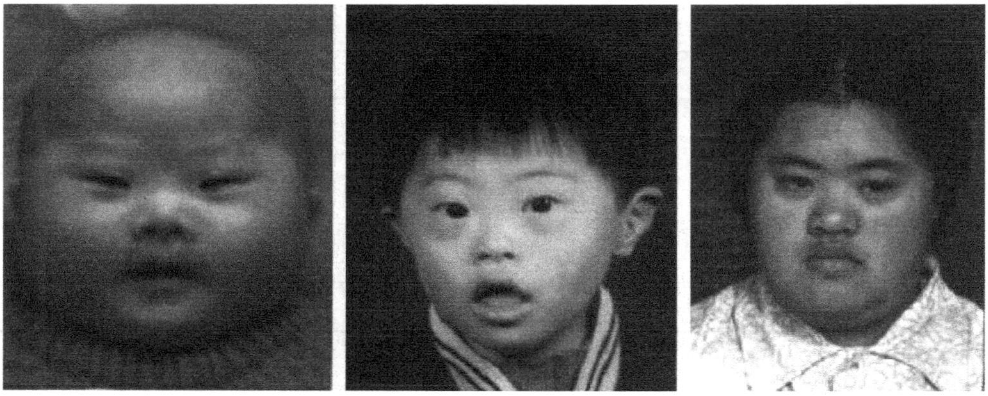

图 11.7　21-三体综合征患者的面部特征

21-三体型的核型主要有三种类型。

1）标准型：是唐氏综合征的标准类型，核型为 47，XX（XY），+21。这类 21-三体综合征占已报道的全部 21-三体综合征的 90%～95%，形成原因主要是配子生成过程中发生了 21 号染色体不分离。染色体不分离发生在母方的病例约占 95%，发生在父方的约占 5%，而且主要为第一次减数分裂不分离。21 号染色体如同其他四对近端着丝粒染色体一样有一个 rRNA 基因群，称为 RNR4。它包含 30 个 rRNA 基因拷贝纵列于次缢痕区（21p12），该处是核仁组织区（nucleolar organizing region，NOR）。它的变异之一称作双核仁组织区（double nucleolar organizing region，dNOR），具有促使减数分裂时发生染色体不分开的作用。

2）易位型：此型占 2.5%～5%，增加的一条 21 号染色体并不独立存在，而是与 D 组或 G 组的一条染色体发生罗伯逊易位，染色体总数为 46，其中一条是易位染色体。最常见的是 D/G 易位，D 组的染色体，多数是 14 号（少数是 13 号或 15 号）染色体与 G 组的 21 号染色体发生易位，如核型为 46，XX（XY），−14，+t（14q21q）（图 11.8），D/G 易位多为罗伯逊易位，半数为散发性，半数为遗传性。其次为 G/G 易位，有两种形式，一种是 21 号染色体和 22 号染色体易位；另一种是 2 个 21 号染色体着丝粒融合形成等臂染色体，如核型为 46，XX（XY），−21，+t（21q21q）（图 11.9）。G/G 易位绝大多数都是散发性，遗传性仅占 5%。

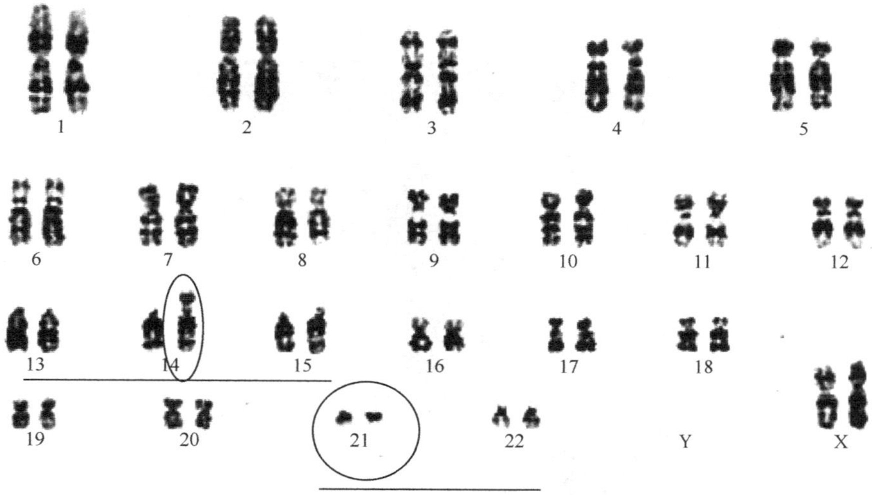

46，XX，t(14；21)

图 11.8　D/G 易位

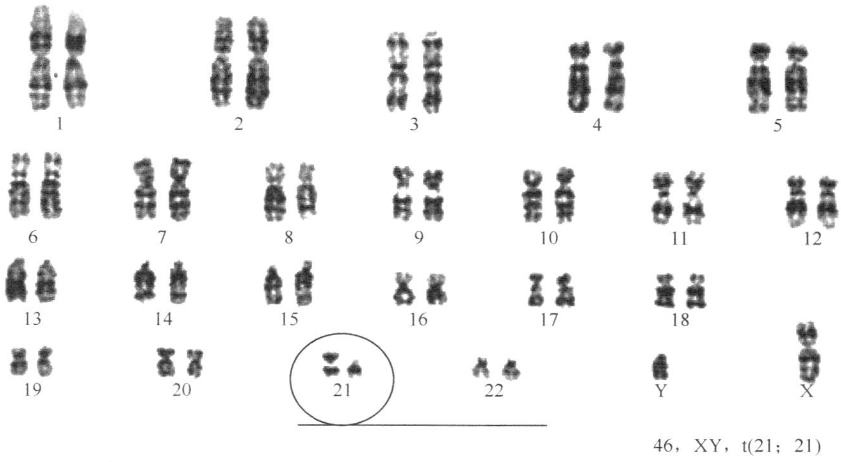

图 11.9　G/G 易位

3）嵌合型：嵌合型（mosaicism，mos）占 2%～4%，核型为 46，XX 或 XY/47，XX（XY），+21，体内有两种不同的细胞，一种是正常细胞 46，XX 或 XY，另一种是 47，XX（XY），+21 三体细胞。

（2）18-三体综合征

18-三体综合征（chromosome 18 trisomy syndrome）首先是由 Edward（1960）描述的，故又称为 Edward 综合征（Edward syndrome）。Yunis 等（1964）证明为 18 号染色体三体型，患者的核型为：47，XX（XY），+18（图 11.10）。

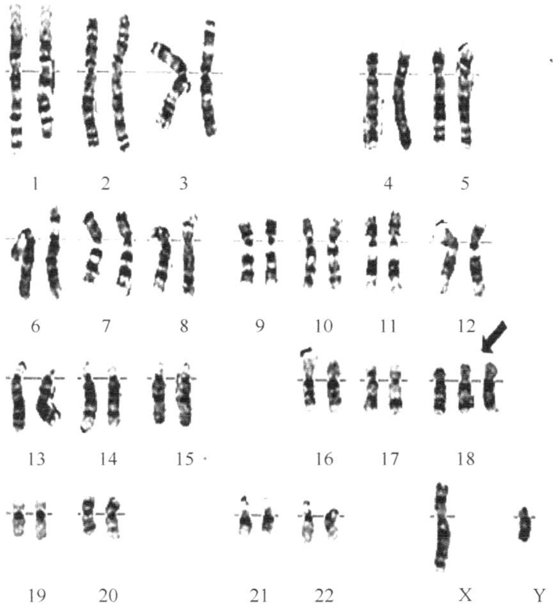

图 11.10　Edward 综合征患者的核型

18-三体综合征患者的临床症状多而复杂，主要有生长迟缓，智力低下，头面部及手足畸形等；患儿出生时体重轻，平均 2200g，发育差；眼裂狭小，枕骨突出，小口及小颌；手呈

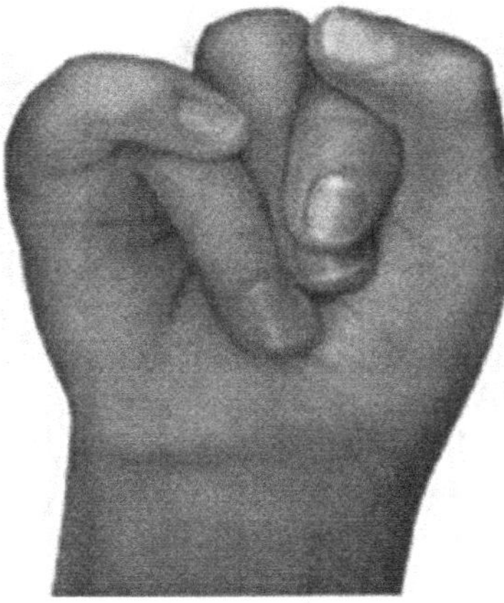

图 11.11　18-三体综合征患者的特殊握拳姿势

特殊握拳姿势，即中指与无名指紧贴掌心，食指和小指压在其上（图 11.11），指甲发育不全；外生殖器常有畸形：男性隐睾，女性阴蒂及大阴唇发育不良。

该病在新生儿中的发病率为 1/7000～1/3500，女性多于男性（4∶1）患儿大多在 2～3 个月内死亡，平均存活期仅 70 余天，少于 10%的患儿能活到 1 岁，极少数活到 10 岁。

本病最常见的染色体畸变是单纯 18-三体，核型为 47，XX（XY），+18，此类核型约占全部患儿的 4/5，其余为各种易位，主要是 18 号与 D 组染色体易位。

（3）13-三体综合征

1957 年，Bartholin 等记述了该病的临床特征。1960 年 Patau 等确认其为 13-三体，故又称为 Patau 综合征（Patau syndrome）。患者的核型为 47，XX（XY），+13（图 11.12）。

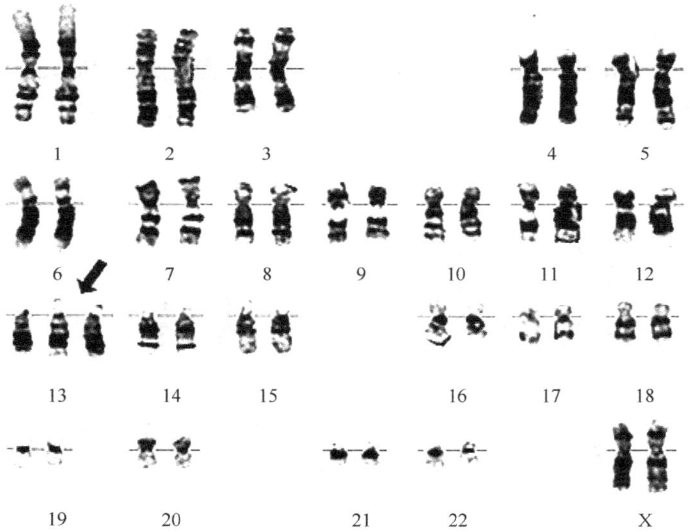

图 11.12　Patau 综合征患者的核型

该病的主要临床症状有：生长发育障碍，智力发育差，小眼球，低耳位。常伴有唇裂、腭裂。性器官发育异常，男性大多隐睾，女性常有双角子宫及卵巢发育不良。其他异常如图 11.13 所示。

75%的 Patau 综合征患者的核型为三体型：47，XX（XY），+13；20%为 D/D 易位型，常见核型有：46，XX，−22，+t（13q22）pat；46，XX，−13，+t（13q）；45，XY，−13，−14，−15，+t（13q14q），+t（13q15q）等。

在新生儿中的发病率约为 1/6000，男性多于女性。多余的 13 号染色体大多来自母方第一次减数不分离，患者畸形比 21-三体和 18-三体症状严重，出生后 45%在一个月内死亡，90%在 6 个月内死亡。

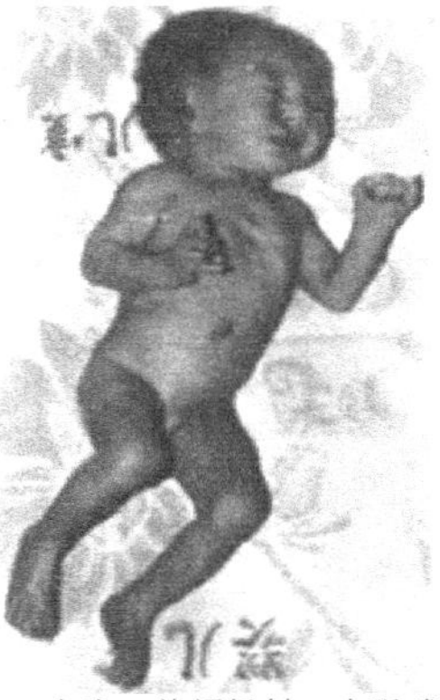

小头，前额低斜，小眼球

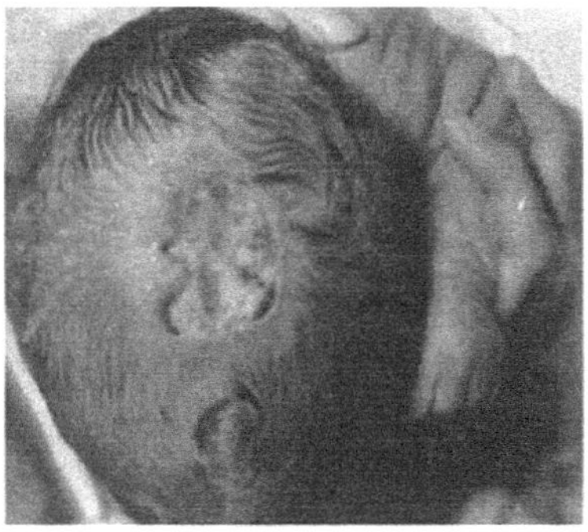

头皮缺损

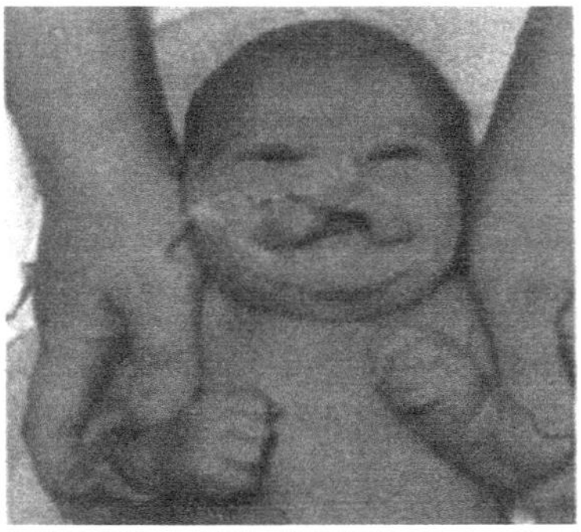

唇裂，腭裂

图 11.13　Patau 综合征患者及其异常

2. 单体型

单体型为某对染色体减少了 1 条（$2n-1$），细胞内染色体总数为 45 条。由于单体型（monosomy）个体的细胞中缺少了 1 条染色体，从而严重影响了基因间的平衡性，所以该类型的个体一般难以存活，临床上常见的有 45，X0；45，XX（XY），–21；45，XX（XY），–22。这些个体绝大多数死于胚胎期，只有极少数存活，但仍表现为较严重的畸形。除上述几种类型外，人类尚未发现其他的单体型。如果同一编号的染色体减少 2 条（$2n-2$），即这对染色体不存在时，则称为缺体型。人类的缺体型还未见报道，意味着这样的胚胎根本不能存活。

21 单体综合征核型为 45，XY，–21，是一种罕见的严重致残的染色体病，自从 Ohama（1972）首次报道后，至今活婴已有多例，通常在 3 周至 20 个月死亡，一例活到 11 岁。患儿常见特征：宫内与出生后生长迟缓，出生重 1590～2150g。小头，高鼻梁，鱼形嘴，颈短，头不能竖直；扶着站立，脚尖着地；隐睾但睾丸组织正常。

3. 部分三体综合征

部分三体综合征多半是因缺失、易位、重复等染色体畸变引起的某条染色体局部片段三体化的结果。1～22 号染色体都有部分三体综合征的记录，据统计有 80 多种。部分三体造成了遗传物质间的不平衡，因此对人体损害严重，绝大多数个体在胎儿期或婴儿期死亡。

（1）3p 部分三体综合征

3 号染色体短臂部分重复，患儿生长发育迟缓，头小而短，小鼻或鼻梁隆起，下唇外翻，招风耳，隐睾，阴茎发育不良，先天性心脏病。

（2）4p 部分三体综合征

患儿智力低下，大嘴，人中长。耳大，位低。乳距宽，脊柱侧弯，多指（趾），通贯手。

4. 部分单体综合征

部分单体综合征是缺失、易位、重复等染色体畸变引起的某条染色体局部片段丢失的结果。目前已发现染色体缺失导致的染色体病大约有 8 种，涉及 1 号、5 号、8 号、11 号、13 号、14 号、16 号、22 号等，如猫叫综合征（cat cry syndrome，5p 综合征）、肾母细胞瘤、多发性骨髓瘤、Langer-Giedion 综合征等。这种染色体畸变对个体的伤害更严重，只有一种

5p 综合征患者病死率相对较低，许多患者仍能活到成年人阶段。这种综合征是由于 5 号染色体短臂 1 区 5 带缺失造成的（图 11.14），1963 年由 Lejeune 等首次报道。患这种综合征的婴儿的啼哭声非常类似小猫的咪咪叫声，因此这种综合征又名猫叫综合征。多数患儿在 2 岁内有此症状，随着年龄的增长，猫叫样哭声会逐渐消失。引起猫叫样哭声的原因众说不一，可能是中枢神经系统形成病变所引起的。患儿出生时体重较轻，生长发育障碍；智力低下，头小且呈满月脸，鼻梁宽而扁平，牙错位，耳下位（图 11.15）。患儿一般到 2 岁才能坐稳，4 岁才能独立行走，多有语言障碍。该病的群体发病率为 1/50 000，受累个体女多于男。

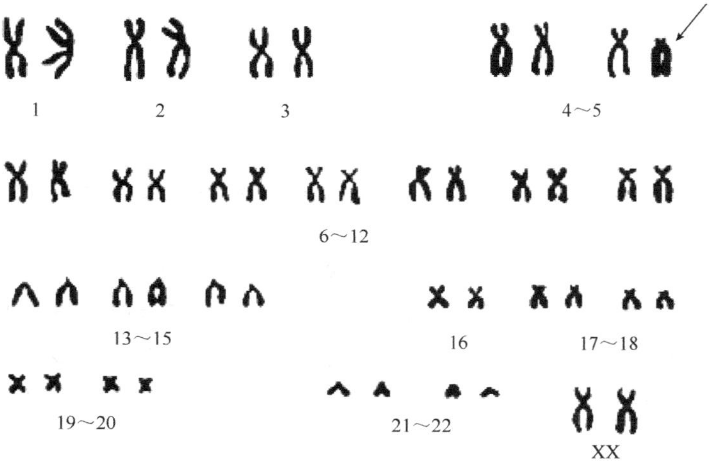

图 11.14　猫叫综合征患者的核型

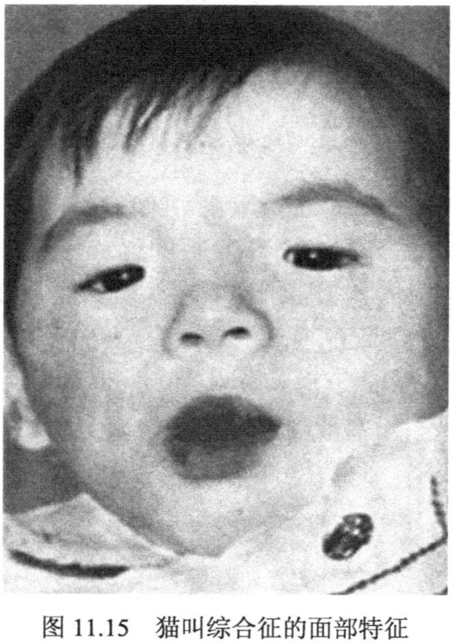

图 11.15　猫叫综合征的面部特征

5. 嵌合体

正常人体细胞都有 46 条染色体，其中有两条是性染色体（XX 或 XY）。但是在人类的异常核型中，有些个体同时具有不同核型的细胞，或者都是异常核型，或者既有正常核型，也有异常核型。一个个体内同时存在两种或两种以上不同核型的细胞系即称为嵌合体（mosaicism）。

嵌合体是在受精卵早期卵裂时某一细胞中的染色体发生数目畸变或结构畸变产生的。数目畸变嵌合体可能是卵裂过程中发生了染色体丢失，也可能是卵裂过程中发生了染色体不分离。若在第一次卵裂时发生染色体不分离，则将在一个个体内产生超二倍体和亚二倍体两个细胞系；如果染色体不分离发生在第二次卵裂之后，则有可能在一个个体内出现二倍体、亚二倍体和超二倍体三个细胞系。在卵裂过程中染色体不分离发生的越晚，正常细胞的比例就越大，个体的症状就越轻。

染色体丢失也是产生嵌合体的机制之一。受精卵卵裂时发生染色体丢失会在一个个体中同时出现二倍体和亚二倍体两种细胞系。

如果在受精卵卵裂过程中发生缺失、重复或易位等结构畸变，也会产生各种嵌合体。还有一些嵌合体同时存在染色体数目畸变和结构畸变的细胞系。

常见的嵌合体大多为 46 条和 47 条染色体的嵌合体。当异常核型的细胞系与正常细胞系嵌合时，患者所表现的症状往往比异常核型的纯合体要轻，而且症状的轻重程度也取决于两种嵌合细胞之间的比例。

嵌合体的描述方式是以一斜线将不同的核型隔开。如：46，XX/47，XX，+21；46，XX/45，XX，t（21；22）（p11；q11）等。

（二）性染色体病

性染色体病（sex chromosome disease）也称性染色体异常综合征，是由于 X 染色体或 Y 染色体先天性数目异常或结构畸变所引起的疾病。这类疾病共同的临床特征是性发育不全或两性畸形及智力低下等，但有些患者仅表现为原发闭经、生殖力下降或智力较差等。

1. 克莱福特综合征

克莱福特综合征（Klinefelter syndrome）也称先天性睾丸发育不全或原发性小睾丸症，由 Harry Klinefelter 在 1943 年首次描述。1959 年 Jacobs 等发现该病患者比正常男性多出一条 X 染色体（图 11.16）。在新生男孩中占 1/1000～2/1000，在身高 180cm 的男性中占 1/260，在精神病患者占 1/100，不育男性占 1/10。

该病患者为男性表现型，自青春期开始，出现临床症状并逐渐加重，其主要特征为身材高（常在 180cm 以上），四肢较长；睾丸小，无精子产生；患者阴毛呈女性分布，无须、无喉结，阴茎发育不良，皮下脂肪堆积，皮肤细嫩。

绝大多数患者的核型为 47，XXY，占 80%以上；10%～15%为嵌合体。常见核型为 46，XY/47，XXY；46，XY/48，XXXY；此外，少数患者核型为 48，XXXY；49，XXXXY 等。嵌合体患者一般表现较轻，正常细胞比例较大时，可有一侧睾丸发育，并有生育能力。一般认为本病的发生是在精子或卵子形成过程中发生了性染色体的不分离。Race 等估计患者多余的 X 染色体有 60%的可能来自母亲，40%的可能来自父亲。Jacobs 等应用 DNA 探针发现 XXY 病例中因父亲第一次减数分裂中不分离占 53%，因母亲第一次减数分裂中不分离占 37%，第二次减数分裂中不分离占 9%。受精卵形成后有丝分裂过程中发生的异常仅占 3%。

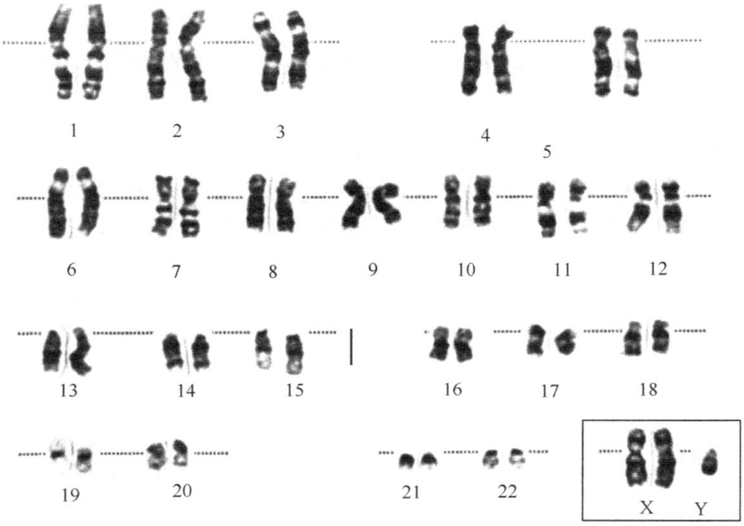

图 11.16　Klinefelter syndrome 患者的核型

2. 特纳综合征

特纳综合征（turner syndrome）又称先天性卵巢发育不全综合征，由 Turner 在 1936 年首先描述。该综合征的发病率在女性新生儿中约占 1/2500，在成年女子中约占 1/3500，在原发闭经患者中约占 1/3。Ford 等在 1959 年发现这种患者少一条 X 染色体。

本病的主要临床特征有：性腺发育不全，原发闭经，子宫发育不良，乳腺发育差，乳头间距宽，外生殖器幼稚型，阴毛、腋毛稀少，患者身材矮小，肘外翻，多在 120～140cm，后发际低，颈短且颈部皮肤呈蹼状（图 11.17）。

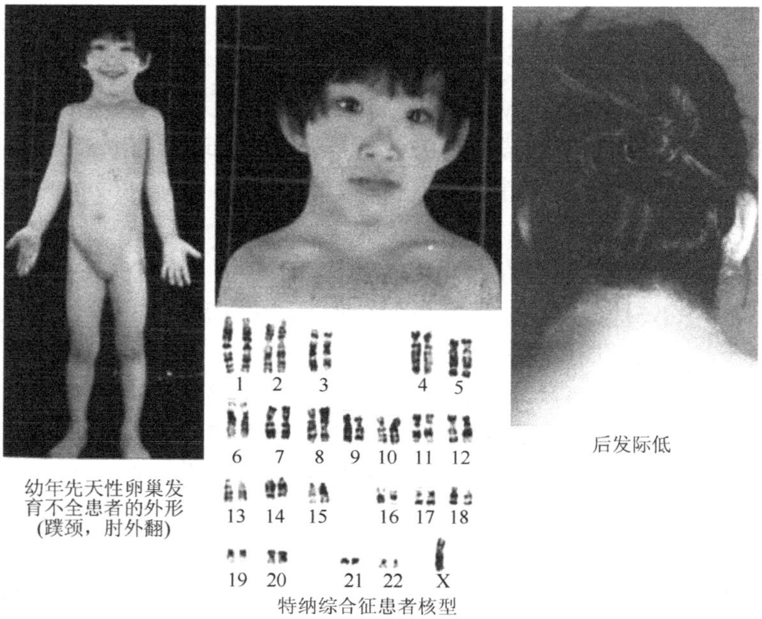

图 11.17　特纳综合征的患者及其核型

3. XYY 综合征

XYY 综合征又称为超雄综合征，由 Sandberg 在 1961 年首先描述，核型为 47，XYY（图 11.18）。在男婴中的发生率为 1/900，在一般男性群体的发生率为 1/1500。在监狱和精神病院中，约有 3% 的男性是该病患者。患者额外的 Y 染色体是由于父亲精子形成时的减数分裂Ⅰ不分离所致。

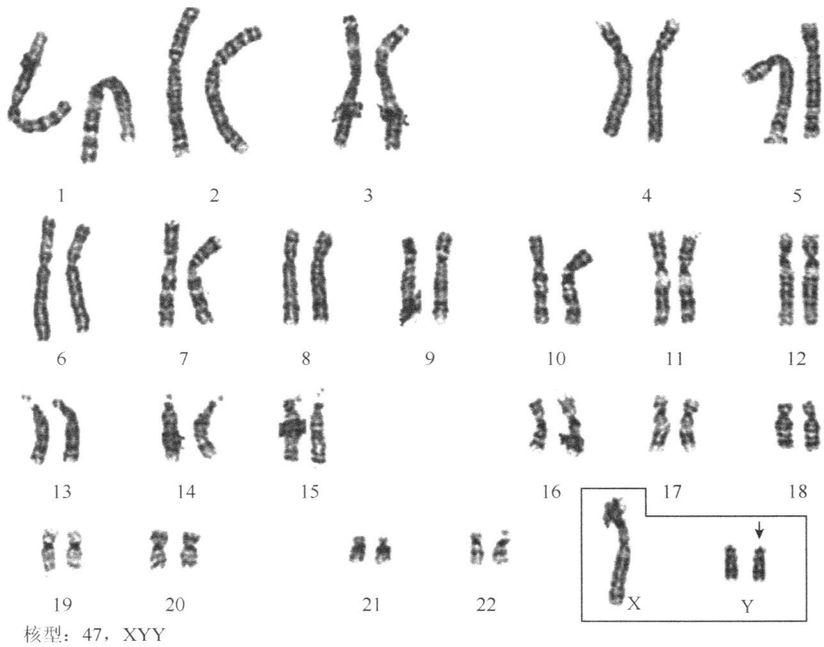

图 11.18　XYY 个体的核型

患者表型为男性且基本正常，主要特征有：身材高大，常在 180cm 以上。而且发病率有随个体身高的增加而升高的趋势，如有人统计，身高在 181～189cm 的男性中，发病率为 1/200；身高在 190～199cm 的男性中，发病率为 1/30；而身高在 200cm 以上的个体，发病率可达 1/10 以上。XYY 个体性器官发育正常，大多数有生育能力，智力正常或轻度低下，多数有性格和行为异常。患者性格粗暴、易冲动，自控能力差，易发生攻击性的行为。

4. X 三体及多 X 综合征

1959 年，Jacobs 首次描述 47，XXX（图 11.19），发病率为 1/1000。随后相继报告 48，XXXX；49，XXXXX。这些具有 3 个以上的 X 染色体的个体称为超雌综合征。70%患者青春期第二性征发育正常，并可生育；另外 30%患者的卵巢功能低下，原发或继发闭经，过早绝经，乳房发育不良。临床特征随 X 染色体数目增多而有加重的倾向。表现身材矮胖，圆脸，斜视，鼻梁扁，鼻孔宽前倾。部分患者月经异常和卵巢功能破坏，个别有生殖能力。

5. X 染色体的结构异常

（1）X 短臂缺失（Xp^{-}）

Xp 远端缺失患者有诸如身材矮小等特纳综合征的特征，但性腺功能正常；Xp 缺失如包括整个短臂，则患者既有特纳综合征的体征，又有性腺发育不全。

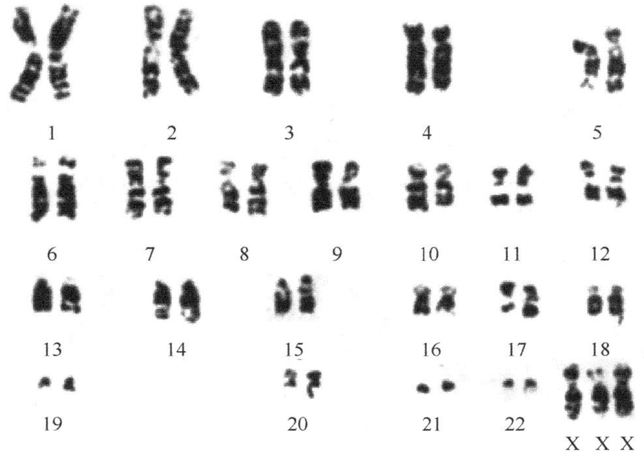

图 11.19　X 三体综合征核型

（2）X 长臂缺失（Xq^-）

缺失在 q22 远端以远者，一般仅有性腺发育不全，原发闭经，不育，而无其他诸如身材矮小等特纳综合征体征；缺失范围较大，包括长臂近端者，除性腺发育不全外，一些患者还有其他体征。

6. 脆性 X 染色体综合征

脆性 X 染色体综合征（fragile X syndrome，fra X）是一种主要表现为智力低下的染色体病，又称为脆性 X 染色体病智力障碍综合征（fragile X chromosome mental retardation syndrome）。该病家系由马丁（Martin）和贝尔（Bell）在 1943 年首报，故又称为马丁-贝尔综合征。

该病患者的外周血淋巴细胞在低叶酸的培养条件下，可出现脆性 X 染色体（fra X）。fra X 是指在 Xq27 和 Xq28 带的交界处具有细丝样部位或裂隙（gap）而使其长臂末端呈现随体样结构（图 11.20）。由于该部位易断裂，表现出脆性，故称为脆性部位（fragile site）。这种脆

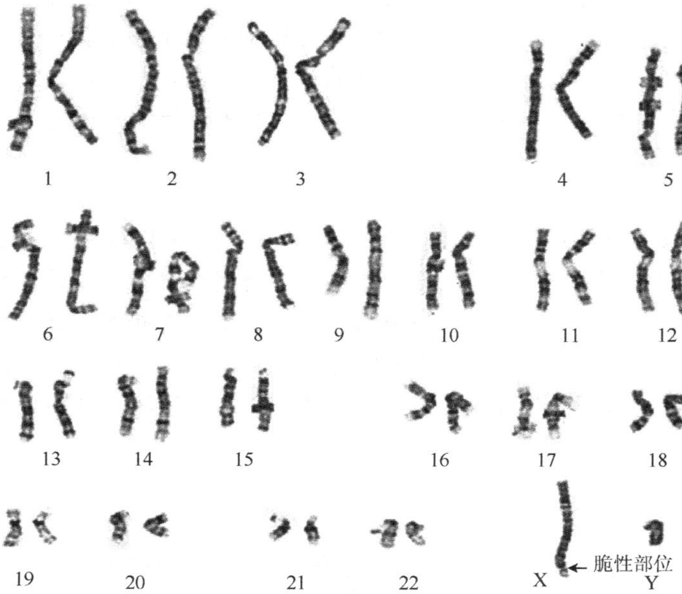

图 11.20　脆性 X 染色体综合征个体的核型

性部位是可以遗传的，而且以孟德尔规律传递。

脆性 X 染色体综合征在男性群体中的发病率为 1/1500～1/1000，有 10%～20%男性的智力低下病例由脆性 X 染色体综合征引起。在 X-连锁智能发育不全的患者中，该病的发病率可达 33%～50%。所以，脆性 X 染色体综合征是发病率仅次于 21-三体综合征的染色体病，其核型可表示为 46，fra X（q27）Y。

脆性 X 染色体综合征在男性患者的主要临床症状为大睾丸，可比正常人大一倍以上（图 11.21A）；大耳，下颌大而前突（图 11.21B），常伴有语言障碍，性情孤僻。大多数患者在青春期前有多动症，但随年龄增长该症状逐渐减轻。

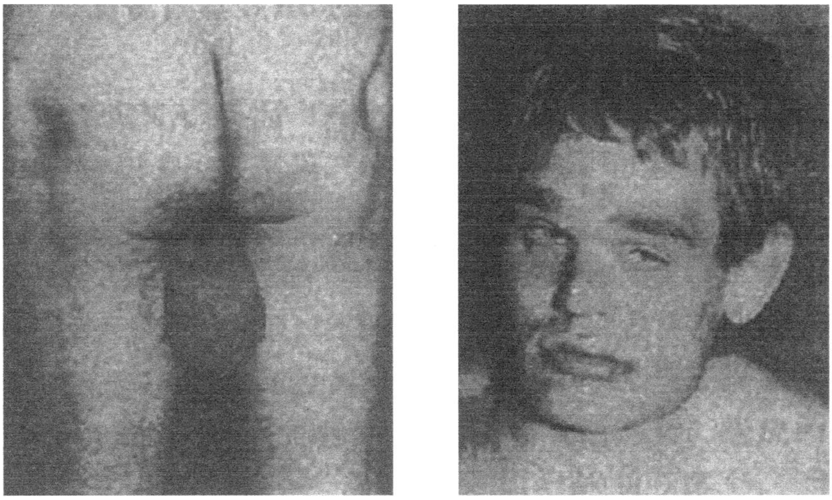

A　B

图 11.21　脆性 X 染色体综合征在男性患者的主要临床症状

A. 患者的大睾丸；B. 患者的面部特征

近年来，已发现 X 染色体的脆性位点 Xq27.3 处存在致病基因 *FMR-1*（家族性智力低下基因），含 17 个外显子，全长 38kb。该基因 3′端广泛的可变剪接可形成不同的 mRNA 和蛋白质，它们具有不同的生化功能，其中只有 4～5 种 mRNA 及其相应的蛋白可在组织中被检测到。在该基因 5′端的不翻译区有一段不稳定的$(CGG)_n$重复序列，对于正常人体，重复序列的拷贝数在 30 左右，fra X 综合征患者则高达 230 以上，且 CGG 重复序列上游 250bp 处的 CpG 岛也被甲基化，这种情况称为全突变（full mutation）。全突变可引起 *FMR-1* 相邻基因的关闭，从而导致该病患者临床症状的出现。对于智力正常男性突变携带者（称为正常男性传递者）和女性携带者，其 CGG 序列的拷贝数为 50～160，相邻的 CpG 岛未发生甲基化，无症状或轻微症状，这种状况称为前突变（premutation）。几乎所有男性患者均有 *FMR-1* 基因内一段$(CGG)_n$重复序列不稳定扩增及 5′端 CpG 岛的异常甲基化，使 *FMR-1* 基因转录及翻译终止，其编码产物——家族性智力低下蛋白（FMRP）减少或缺如。

思　考　题

1. 解释名词：脆性 X 染色体、染色体畸变、核内复制、嵌合体、染色体病、基因病。
2. 遗传病有哪些主要特点？

3. 遗传病有哪些主要类型?

4. 试述 Down 综合征的一般特征。

5. 一对表型正常的夫妇，婚后多次出现自然流产。染色体核型分析表明，夫妇中男方核型正常，女方的核型为 45，XX，t（14; 21）（p11; q11）。如果这对夫妇再次怀孕，其子代可能出现哪几种类型的核型？表现如何?

6. 假肥大型肌营养不良（DMD）是一种 X-连锁隐性遗传病，一个女性的弟弟和舅舅都患 DMD，试问这个家庭中 DMD 基因是否由遗传还是突变而来？谁是肯定的携带者？谁是可能的携带者？这位女性婚后所生儿子中，遗传 DMD 的风险如何?

7. 一个特纳综合征（性腺发育不全）女孩伴有血友病，但其父母外表正常，应如何解释?

8. 一对表型正常的夫妇，生了一个患有红绿色盲的克莱福特综合征（先天性睾丸发育不全）的男孩，应如何解释?

9. 什么是嵌合体？产生嵌合体的可能机制有哪些?

10. 单基因遗传的主要遗传方式有哪些?

11. 如何区别遗传病、先天性疾病和家族性疾病?

主要参考文献

蔡绍京，徐珊. 2001. 医学遗传学. 北京：科学出版社

陈海伟，杨丹. 2012. 人类染色体病研究进展. 赤峰学院学报（自然科学版），2：113-117

陈竺. 2001. 医学遗传学. 北京：人民卫生出版社

程罗根. 2005. 人类遗传学. 南京：南京师范大学出版社

杜传书. 1989. 医学遗传学基础. 北京：人民卫生出版社

杜传书. 2007. 遗传病的分类及发病率. http: //www.bioon.com/Article/medgenetic/308629.shtml[2007-8-8]

龚瑶琴，邵常顺，郑红，等. 1994. 白化病的遗传流行病学研究. 遗传学报，21（3）：169-172

黎青，孙筱放，胡冬贵，等. 2001. 地中海贫血基因诊断和产前基因诊断. 中国优生与遗传杂志，9（4）：7-8，126

李海丰，俞光荣. 2003. 软骨发育不全. 国外医学. 骨科学分册，24（3）：167-170

林志淼. 2012. 遗传病的类型. http: //www.haodf.com/zhuanjiaguandian/zhimiaolin_854368267.htm[2012-11-22]

刘昆，谭信. 2004. 脆性 X 综合征的概况. 中国优生与遗传杂志，12（4）：144-146

刘雯，左伋. 2003. 医学遗传学. 3 版. 上海：复旦大学出版社

马晓丽，孙海基，陈安军，等. 2001. Duchenne 肌营养不良（DMD）的无创伤性产前基因诊所. 中国优生与遗传杂志，9（6）：20-21

人类遗传基础编写组. 1987. 人类遗传基础. 北京：高等教育出版社

任路平，刘国良. 2004. 47，XXY 致性别分化异常. 中国实用内科杂志，24（11）：648-649

唐艳平. 2003. 医学遗传学. 武汉：湖北科学技术出版社

王培林. 2000. 遗传病学. 北京：人民卫生出版社

王正询. 2002. 简明人类遗传学. 北京：高等教育出版社

姚荷生. 1979. 人类遗传和遗传病. 南京：江苏科学技术出版社

余其兴，赵刚. 2000. 人类遗传学导论. 北京：高等教育出版社

袁智敏. 2002. 人类染色体数目畸变类型及其产生机理. 山西职工医学院学报，12（4）：2-3

张传仓. 2001. 脆性 X 智力低下蛋白的研究进展. 国外医学儿科分册，28（2）：57-60

张静敏，王世雄. 2001. 21-三体综合征临床与机制研究进展. 临床儿科杂志，19（1）：53-55

张鋕，何缊韶. 2004. 苯丙酮尿症分子遗传学研究进展. 遗传，26（5）：729-734

赵寿元，黄裕泉，单祥年，等. 1996. 人类遗传学概论. 上海：复旦大学出版社

左伋. 2001. 医学遗传学. 4 版. 北京：人民卫生出版社

Jacobe P A，Hassold T J，Whittington E，et al. 1988. Klinefelter's syndorme：an analysis of the origin of the additional sex chromosome using molecular probes. Ann Hum Genet，52（2）：93-109

Lenz W. 1961. Zur Genetik der Incontinetia pigmenti. Ann Paediats（Basel），196：141

Scriver C R，Hurtubise M，Konecki D，et al. 2003. PAHdb 2003. what alocus-specific knowledge base can do. Hum Mutat，21：333-344

12 第十二章 遗传病的诊断与治疗

遗传病是遗传物质的变异或损伤引起的，这是遗传病与非遗传性疾病的本质差别。遗传物质的改变可以通过遗传学或分子生物学的方法进行检测。人类遗传病种类多、病因复杂。以前人们认为遗传病是不治之症，随着现代遗传学和现代医学的发展，人们已经弄清了一些遗传病的发病过程，从而为遗传病的治疗和预防提供了一定的基础，并不断提出了新的治疗措施。特别是重组 DNA 技术在医学中的广泛应用，遗传病的治疗有了突破性的进展，已从传统的手术治疗、饮食疗法、药物疗法等跨入了基因治疗的新阶段。

第一节 遗传病的诊断

随着医疗卫生事业的快速发展和人们生活水平的不断提高，传染病等非遗传性疾病的发生率明显下降，而人类的遗传性疾病却有逐年增加的趋势，遗传病已成为威胁人类健康的一个重要因素。遗传病的诊断是有效预防和治疗遗传病的前提。

遗传病的诊断是指医生对某病是否为遗传性疾病做出的诊断。遗传病的诊断既有普遍性诊断原则，又有遗传学的特殊诊断手段。普遍性诊断原则采取与一般性疾病相同的诊断方法，通过对病史、症状、体征、实验室检查和其他诊断技术获得的资料，进行归纳分析，然后确定诊断。但是，由于遗传病种类繁多，不同的遗传病存在许多相似的症状和体征，因此要确诊一种疾病是否为遗传病，除采取一般诊断方法外，还需要辅以遗传学的特殊诊断手段，如系谱分析、染色体检查、生化检查、基因诊断、皮纹分析、产前诊断等。根据诊断时期的不同，遗传病的诊断可分为产前诊断、症状前诊断和现症患者诊断三种类别。前两种诊断均可较早地发现遗传病患者或携带者，使医生可以在胚胎早期进行选择性流产以减少患者或携带者出生率，或是在症状出现之前及早采取预防措施或采取治疗措施以控制症状出现的频率及严重程度。

一、临 床 诊 断

临床诊断（临症诊断）为根据患者已出现的临床表现，进行疾病的诊断、分析和遗传方式的判断。所采取的诊断步骤与普通疾病基本相同，包括听取患者的主诉、询问病史、查体等。

（一）病史

由于遗传病多有家族聚集现象，因此病史采集至关重要。除一般病史外，还应着重采集与遗传病家族聚集现象有关的以下项目。

1. 家族史

家族史为整个家系患同种疾病的病史，能充分反映患者父系和母系各家族成员的发病情况。

2. 婚姻史

婚姻史为结婚的年龄、次数、配偶的健康状况及是否为近亲婚配等。

3. 生育史

生育史为生育年龄、子女数目及其健康状况，有无流产史、死产史、早产史、畸胎、新生儿死亡情况等。如果出现异常，还要进一步了解分娩中是否有产伤、窒息等，孕期特别是妊娠早期有无患病毒性疾病、服过致畸药或电离辐射或接触化学物质史。

病史的调查是病因分析的基础，在疾病诊断中具有重要作用。因此，在病史调查时为了排除错误信息，需要注意下列问题。①有些疾病仅凭患者或代诉人对症状体征的描述是不够准确的，需要医生去细致的观察和检查。②患者或代诉人的文化程度、记忆能力、思维方法、判断能力及精神状态都会影响家族史的可靠性。③患者如有重婚、非婚子女、同父异母、同母异父、养子养女等隐私情况，患者或代诉人可能不愿反映真实情况，提供假材料，影响病史的准确性。

（二）症状与体征

症状与体征的出现是患者就诊的主要原因，也是进行遗传病初诊的重要线索。各种遗传病有其特有的临床表现，甚至形成特异性症候群。例如，婴儿出生后 1～2 星期出现黄疸并伴有呕吐和肝脾肿大等症状，应怀疑患有半乳糖血症；如果智力低下伴有眼间距宽、眼裂小、外眼角上斜、口半开、伸舌、流涎等是21-三体综合征的特征。

虽然遗传病和某些普通疾病的症状与体征具有共性，单凭症状和体征是难以作出准确诊断的，但可以得出对疾病的初步印象，为进一步选择其他检查提供帮助。

二、系 谱 分 析

系谱分析（pedigree analysis）是指通过调查某病患者（先证者，proband，propositus）的家庭成员患病情况，绘制成图谱（系谱，详见第一章），经过回顾性分析，确定该病遗传方式的一种手段。系谱分析首先有助于区别遗传病和非遗传病，单基因病或多基因病；其次，有助于遗传异质性疾病（同种疾病临床表现相同，但可能具有不同的基因型）的发现。但是，在系谱分析时需要注意。①系谱本身的准确性和完整性。一个完整的系谱应有三代以上家庭成员的患病情况、婚姻状况及生育情况；还要注意由患者或代诉人因顾虑而提供的虚假资料，影响分析结果的准确性。因此，家族史调查时应尽可能做到详尽、全面、可靠。②由于外显不全而使系谱呈现隔代遗传（skipped generation），有可能将显性遗传病误判为隐性遗传病。③由于存在迟发显性（delayed dominance），有些患者在分析系谱时未表现症状。④各种遗传病存在一定的自然突变率，故应注意，没有家族史的先证者不一定是隐性遗传病，也可能是新突变的显性基因。⑤显性和隐性的概念是相对的，不同遗传标志可以得出不同遗传方式的结论。⑥注意遗传异质性问题，不要将不同疾病误认为同一种疾病。

三、皮 纹 分 析

人体的皮肤由表皮和真皮构成。真皮乳头向表皮突出，形成许多整齐的乳头线，成为一条条突起的条纹，其上有汗腺开口，这些条纹称为嵴纹（ridge）。嵴与嵴之间形成凹陷的沟（furrow），嵴与沟在皮肤表面形成纹理。皮纹是指没有毛囊的光滑皮肤上的纹理，主要分布在手指、掌面、足底和足趾。

皮纹在人胚发育的第 12～13 周左右开始发育，到第 19 周完成，之后就终生不变。通过同卵双生儿的皮纹研究证明，他（她）们的指纹和掌纹从整体的结构上看有相似的特征，说明皮纹的形成与遗传有关。但是，同卵双生儿的皮纹图形不是完全相同，在纹理的排列上总有一定的差别，说明环境因素对皮肤纹理也有一定的影响。因此，在遗传因素和环境因素的相互作用下，人人都具有与众不同的皮纹。皮纹的排列形式是一种多基因遗传，具连续变异性。皮纹研究常以指纹和掌纹为对象，每一个体均有本身特有的指纹和掌纹。

（一）指纹

1. 指纹类型

指纹一般是指手指末端的皮纹。指纹的基本类型可分为三种。

（1）斗形纹

斗形纹（whorl）包括环形、螺形、囊形、绞形、偏形、变形等几种类型（图 12.1）。环形、螺形和囊形俗称斗，绞形和偏形又称双箕。

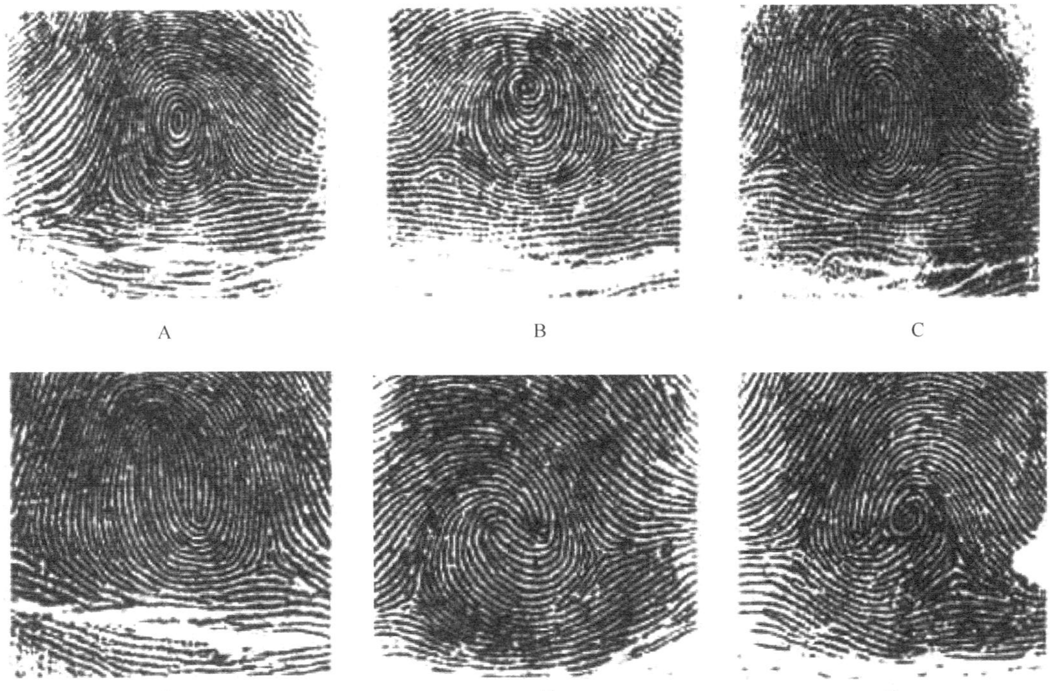

图 12.1　不同类型的斗形指纹

A. 环形；B. 螺形；C. 囊形；D. 绞形；E. 偏形；F. 变形

（2）箕形纹

我国俗称箕形纹（loop）为簸箕，因其纹线自一侧起始，斜向上弯曲后，再归回原侧，形似簸箕。簸箕开口处即箕脚的一侧有呈三方向走行的纹线，称为三叉点。根据箕形纹开口方向的不同，又将其分为正箕或尺侧箕形纹和反箕或桡侧箕形纹。正箕的开口朝向小臂的尺骨（内侧）-向小指；反箕的开口朝向小臂的桡骨（外侧）-向拇指（图 12.2）。

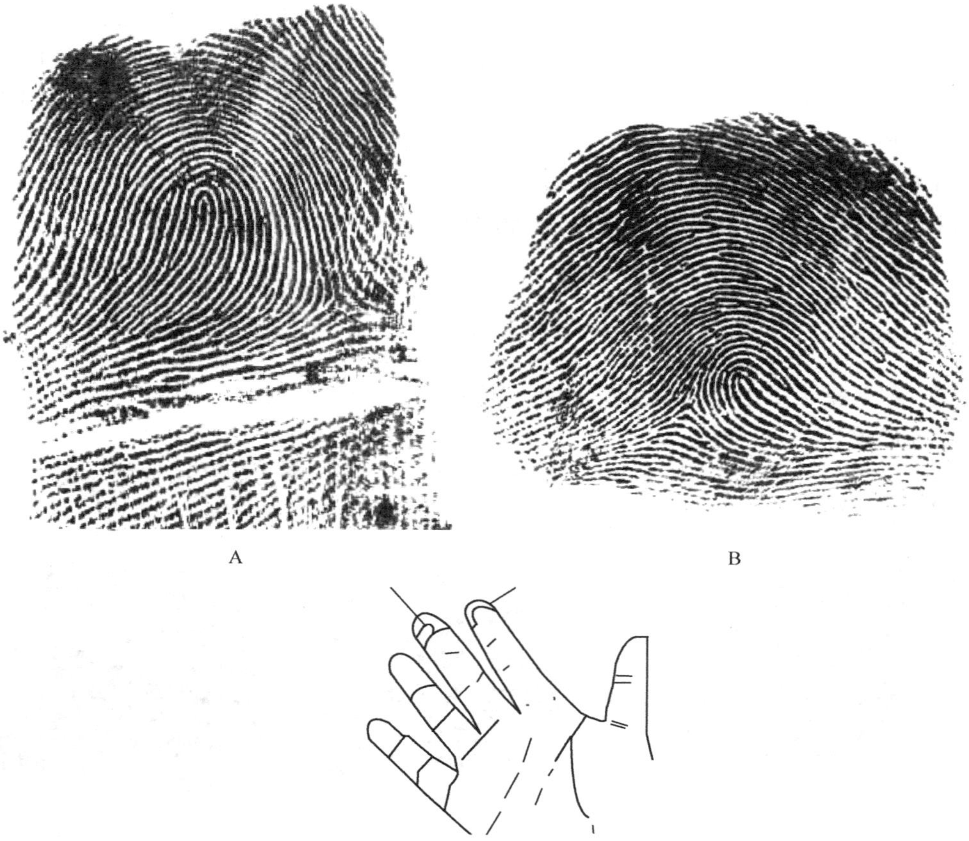

图 12.2　尺箕纹和桡箕纹

A. 尺箕纹；B. 桡箕纹

（3）弓形纹

弓形纹（arch）是一种最简单的指纹图形，全部由弓形的平行纹理所组成，其纹线自一侧走向另一侧，中部隆起如弓形，没有圆心、三叉和开口（图 12.3）。

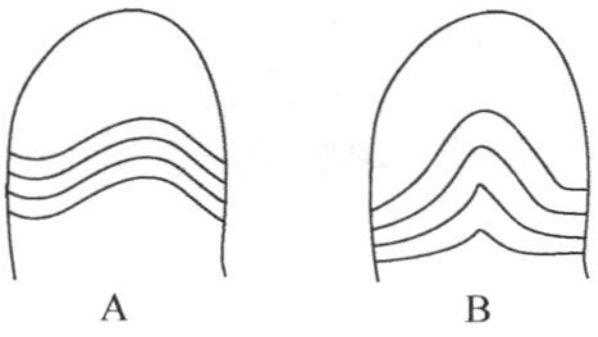

图 12.3　弓形纹模式图

A. 弓形纹；B. 篷帐式弓形纹

2. 正常人各种指纹图形的出现频率

正常人各类指纹出现的频率为：弓形 2.24%，尺箕 48.9%，桡箕 2.19%，斗形 46.67%。东方人的正常指纹图形特点（表 12.1）是：双手指纹以正箕和斗形纹类型最多，而弓形纹和反箕很少见。特别值得注意的是正常人的第 4、5 指的反箕只占 0～1%，而 21-三体综合征患者则多为反箕。不同种族或民族中各类指纹的出现频率也存在一定的差异，部分种族或民族中各种指纹的出现频率如表 12.2 所示。

表 12.1　不同手指的指纹类型比例

指纹类型	手指					总计
	1	2	3	4	5	
弓形纹	3%	10%	8%	2%	1%	4.8%
正箕	65%	36%	72%	58%	86%	63.4%
反箕	0%	23%	4%	1%	0%	5.6%
斗形纹	32%	31%	16%	39%	13%	26.2%

表 12.2　部分种族或民族中各种指纹的出现频率（%）

种族	民族	花纹		
		弓	箕	斗
黄色人种	汉族	1.4 ~ 4.2	46.4 ~ 48	49.1 ~ 51.5
	壮族	1.4	52.9	45.62
	蒙古族	1.5 ~ 2.4	43.4 ~ 46	52.4 ~ 54.3
	日本人	1.2 ~ 3.7	48.7 ~ 53.4	44.2 ~ 50.1
白色人种	英国人	6.8	66.5	26.7

3. 箕纹数目的计算方法

箕纹的计数是从箕形纹或斗形纹的中心点到三叉点的中心画一条直线，然后计算这条直线所经过的纹线数目的一种计数方法（图 12.4）。将左右手指纹计数的嵴纹数相加（弓形纹不予计算），求出总嵴纹数（total ridge count，TRC）。汉族男性约为 145、女性为 122。

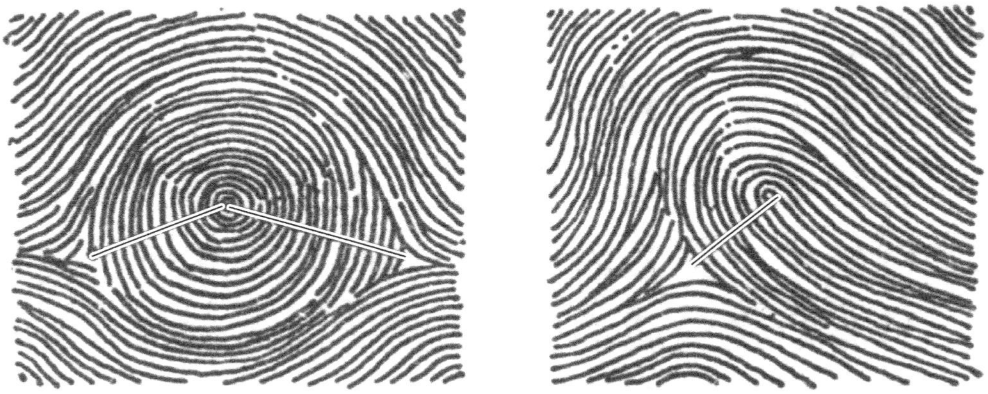

图 12.4　嵴纹数的统计方法

（二）手掌纹

1. 指间花纹

在五个手指缝的掌部各有一指间区，依此为Ⅰ1、Ⅰ2、Ⅰ3、Ⅰ4区，各区均有一定的皮纹型（图 12.5），即指间花纹。

2. 大小鱼际区花纹

大鱼际区是靠近拇指的肥厚肉垫，有的人有类似于斗、箕、弓等纹型，有的人则没有；小鱼际区是在掌的小指侧下方的肉垫（图 12.6）。

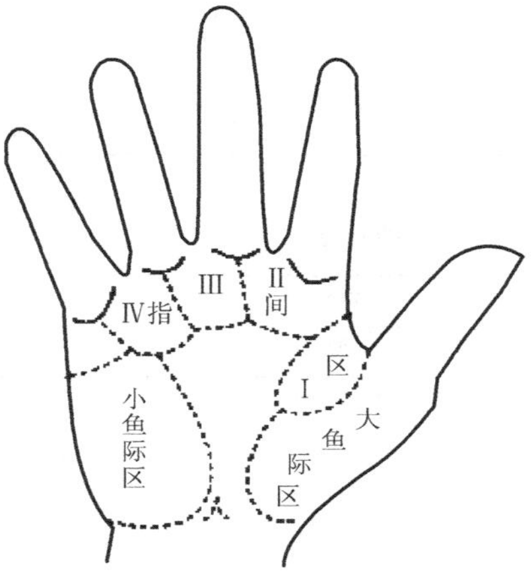

图 12.5　掌部花纹区

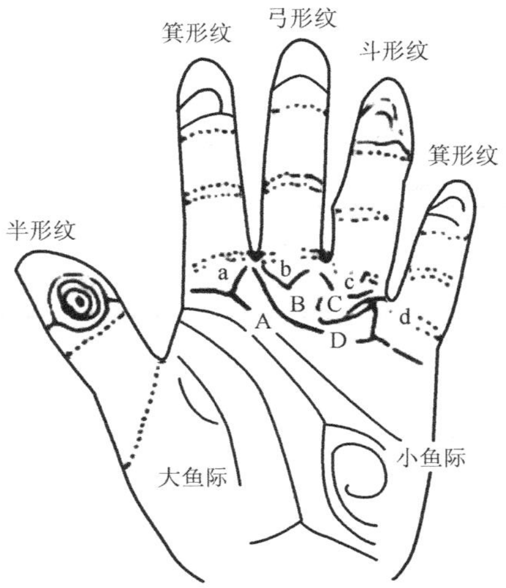

图 12.6　手掌纹与手掌褶

3. 主线式

在第 2、3、4、5 指的基部手掌处，各有一个三叉点，分别称 a、b、c、d 三叉点，这四个三叉点向手心端各引出一条主要皮纹线，称 A、B、C、D 线（图 12.6）。

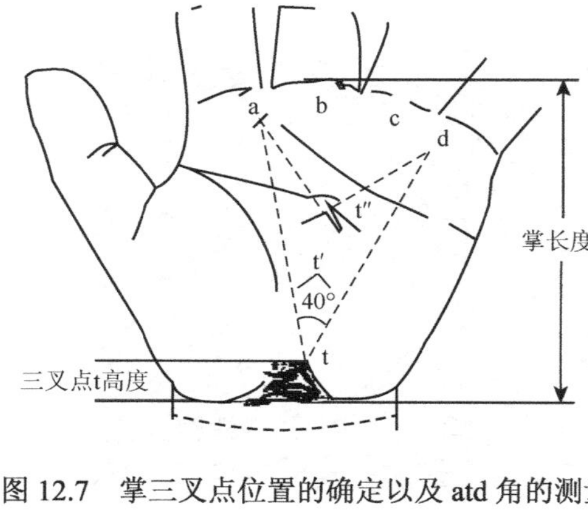

图 12.7　掌三叉点位置的确定以及 atd 角的测量

4. t 三叉与 atd 角

在手掌的基部，大小鱼际之间，有一个三叉，称掌三叉，以 t 表示，测定掌三叉的方法，是测量 t 三叉与 a 三叉和 d 三叉之间的夹角，即 atd 角的大小（图 12.7）。正常人约为 41°，过大或过小，都是不正常的。例如，21-三体综合征的三叉点 t 向掌心移动位置，称为三叉点 t′，at′d 角的平均值约为 70°；13-三体综合征和 18-三体综合征患者的三叉点 t 向掌心移位更远，称为三叉点 t″，t″的位置更高，因此 a t″d 角更大。

5. 皱褶

（1）手掌褶

手掌与各指屈曲面由于关节活动形成皮肤皱褶（flexion creasos）。这些皮肤皱褶虽不是皮纹，但由于某些遗传病也伴有皮肤皱褶的异常，故通常也列入皮纹学观察。正常人手掌有三条明显的皮褶（图 12.8）：①大鱼际褶，又称垂直褶或桡侧纵褶（即相命术的所谓爱情线、智慧线和生命线）；②近侧横褶；③远侧横褶，即从小手指指掌关节外伸向桡侧。各条褶纹有一定走向，而且每个个体不一定相同。这三条褶纹的构型在少数正常人和某些遗传病时会出现变异。

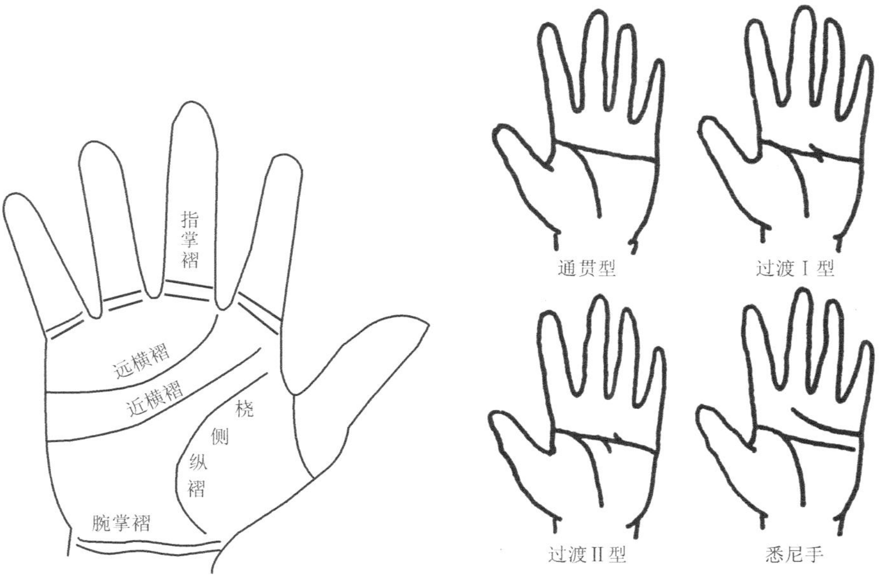

图 12.8　掌褶纹示意图

掌褶纹按中国的统一标准分为 5 种（图 12.8）：①普通型，有三条独立的掌褶纹；②通贯手，又称猿线（simian line），除垂直褶外，其他两条合并成一条褶；③过渡Ⅰ型（桥贯型），除垂直褶外，远侧和近侧横褶借助另一条短褶搭桥彼此相连，横贯全掌；④过渡Ⅱ型（叉贯型），表现与通贯型相似，但在通贯的横褶两侧各有分叉小褶；⑤悉尼手（Sydney hand），除垂直褶外，近侧横褶通贯全掌，而远侧横褶仍保留。

（2）小指褶

正常人小指屈侧有两个屈褶，即为小指褶。

（三）足踇趾球部纹型

脚趾与脚掌均有一定纹型，但对临床有意义的主要是踇趾球部纹型（hallucal patterns）。踇趾球部纹型也有弓、箕、斗等各种花纹，并按照皮纹的胫侧、腓侧和远侧走向分为 7 个主要类型（图 12.9）。

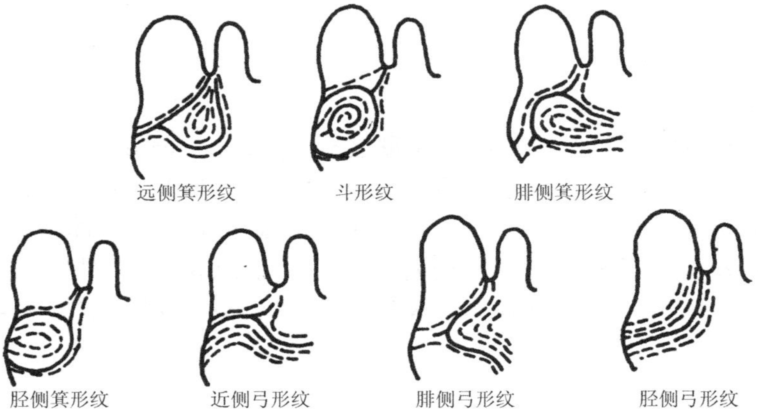

图 12.9　足踇趾球部纹型示意图

（四）皮纹分析是遗传病诊断的一种辅助手段

1. 作为染色体病的初筛方法

临床调查表明，染色体综合征患者往往有异常皮纹（表 12.3），因此在出生后其他临床症状未表现之前即可对个体进行简便、快速地诊断。但是，由于环境因素对皮纹也有一定的作用，正常人有时也会出现异常皮纹，因此，在临床应用时必须综合其他诊断指标才能作出结论。

表 12.3　部分染色体畸变与皮纹的关系

类型	21-三体/%	对照/%	比率/%	18-三体/%	对照/%	比率/%
拇指球胫弓	72	0.5	144.0	40	9.0	4.4
拇指球远箕	32	11	2.9			
双侧 t″	82	3	27.3	29	3.0	9.7
第 5 指一褶	17	＜1	＞17.0	45	＜1.0	45.0
双通贯手	31	2	15.5			
十指尺箕	31	7	4.6			
4～5 指桡箕	13	4	3.3			
大鱼际有花纹	4	11	0.4			
7 个弓形纹				83	1.0	83.0
第 1 指桡箕				16	＜0.5	＞32.0

2. 肿瘤与皮纹异常

一些肿瘤病患者也具有异常的皮纹，其中对鼻咽癌异常皮纹的研究较为详细（表 12.4）。

表 12.4　鼻咽癌患者的异常皮纹

名称	性别	结果
指纹隆线平均数	男	有非常显著增多
	女	有显著增多
手掌大鱼际真实花纹	男	有显著增多
	女	有显著减少
手掌小鱼际真实花纹	女	有显著减少
通贯手	男	有非常显著增多
足蹞指球部斗形纹	女	有显著减少

四、染色体检查

染色体检查或称核型分析（karyotype analysis）（详见第三章）是确诊染色体病的主要方法，可以从形态学的角度直接观察染色体数目、结构等是否出现异常，同时也包括性染色质（X 染色质和 Y 染色质）的检查。一般可考虑进行染色体检查的适应证是：①怀疑患有 21-三体综合征、克氏综合征、Turner 综合征或其他提示染色体病的患者；②原因不明的智能发育不全患者；③男性不育、女性原发性闭经或不育；④习惯性流产妇女及其丈夫；⑤有两性外生殖器畸形者；⑥各种先天畸形需排除染色体异常者；⑦血液系统肿瘤及追踪疗效；⑧接触各种致畸物质（如射线）等需估计其造成危害的程度时；⑨35 岁以上的高龄孕妇；⑩家族中已有染色体异常或先天畸形的个体。

用于染色体检查的标本来源广泛，如外周血、绒毛膜、羊水中的脱落细胞、脐血、皮肤等组织。

五、生 化 检 查

基因控制酶或蛋白质的合成，从而控制着机体的一系列代谢反应，所以基因突变所致的单基因病必然导致酶或蛋白质异常，导致其参与的代谢过程中的中间产物、底物、终产物发生质和量的变化。故通过这些物质的检测可以反映某种基因是否受损从而作出疾病的诊断。

生化检查就是用生化手段定性、定量地分析酶、蛋白质及其代谢产物，是临床上诊断单基因病的首选方法。其中最常见的是检查酶的缺陷。例如，苯丙酮尿症患者血清中的苯丙氨酸浓度增高，尿液中含有苯丙酮酸，可以作为该病的诊断依据；白化病患者可根据毛囊中酪氨酸酶活性降低作出诊断。目前已有 200 种左右的蛋白质和酶活性异常可以通过电泳、层析、免疫、氨基酸顺序分析等技术进行检测。用于检测的材料主要为血清、活体组织（肝、肾、皮肤、甲状腺、肠黏膜等）、尿、粪便、脱落细胞、阴道分泌物及培养的成纤维细胞等。

六、基 因 分 析

基因分析是指以 DNA 或者 RNA 为诊断材料，应用分子生物学技术，直接从 DNA 水平来检测人类遗传性疾病中的基因缺陷，从而作出诊断。人体基因组的类型早在受精卵开始时就已经形成，因此在人体发育的任何时期，不论基因是否已经表达，只要获得受检者的基因组 DNA，应用恰当的 DNA 分析技术，便能鉴定出缺陷的基因，还能发现 DNA 的多态性及遗传病的异质性。

基因分析以探测基因为目标，直接从基因型推断表型，即越过基因产物直接检测基因结构的改变（如单个碱基置换、缺失、插入、DNA 的多态性和遗传病的遗传异质性等），利用基因探针进行检测，灵敏度高、特异性强，属于“病因诊断”，使人们对疾病的诊断模式由传统的表型诊断过渡为现在的基因型诊断或称逆向诊断。机体各种组织的有核细胞都可以作为基因分析的材料，不受取材细胞类型和个体发育阶段的限制，可以用于现症患者的诊断及产前、发病前的早期诊断。

1976 年，美籍华裔科学家简悦威（Yuet Wai Kan）首次用 DNA 重组技术进行镰刀型贫血病的产前诊断，发现珠蛋白生成障碍性贫血症源于基因缺失，因此独创性地发明了 DNA 检测技术，被誉为“基因诊断之父”。1982 年普遍开始试用基因诊断技术，迄今已对数百种遗传性疾病进行基因诊断和产前基因诊断。随着检测人类基因探针的分离和克隆化，以及基因 DNA 序列的阐明，将有更多的单基因遗传病能进行基因诊断。

单独或联用 DNA 点杂交（DNA dot blotting）技术、限制性内切核酸酶图谱分析技术、限制性片段长度多态（restriction fragment length polymorphism，RFLP）分析技术、聚合酶链反应（polymerase chain reaction，PCR）、寡聚核苷酸探针杂交（oligonucleotide probes）等分析技术已成功地对地中海贫血、镰形细胞性贫血（sickle cell anemia）、苯丙酮尿症（phenylketonuria，PKU）、血友病（hemophilia）等疾病做出产前诊断。例如，将 PKU 家系成员的 *Sph* Ⅰ酶切电泳样品按 Southern blot 法与苯丙氨酸羟化酶基因（phenylalanine hydroxylase，PAH）DNA 探针杂交，杂交结果显示 11.0kb、9.7kb、7.0kb 三种不同 DNA 片段。11.0kb 片段是所有成员都有的，而 9.7kb 和 7.0kb 的片段则在各成员中存在差异，通过对家系成员的 RFLP 分析显示，9.7kb 等位片段与 PKU 连锁（图 12.10）。9.7kb 片段的产生是由于位于其中的一个 *Sph* Ⅰ位点由于基因突变而消失，说明 9.7kb 的等位片段携带致病基因（图 12.11）。

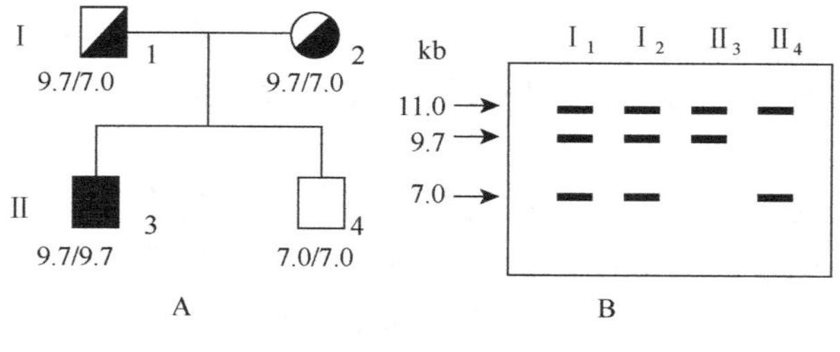

图 12.10　*Sph* Ⅰ对苯丙酮尿症（PKU）家系的 RFLP 分析

A. 系谱；B. RFLP 分析

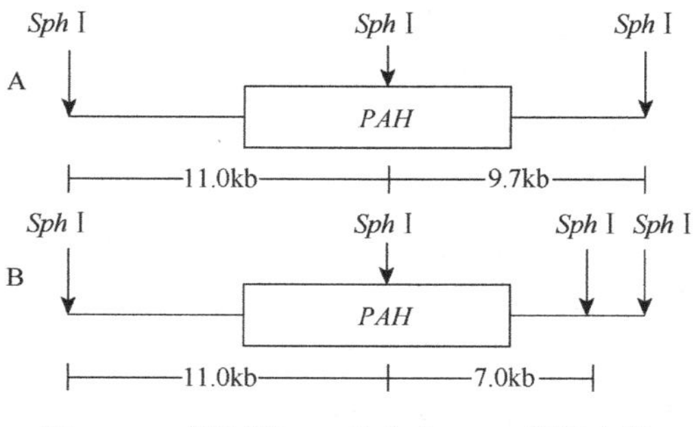

图 12.11　限制酶 *Sph* Ⅰ在人 *PAH* 基因上的酶切位

七、产前诊断

我国每年有 20 万～30 万肉眼可见的先天畸形儿出生，加上出生后数月和数年才显现出来的缺陷，先天残疾儿童总数高达 80 万～120 万，占每年出生人口总数的 4%～6%。我国每年因神经管畸形造成的直接经济损失超过2亿元，21-三体综合征的治疗费超过20亿元，先天性心脏病的治疗费高达120亿元。因此，我国出生缺陷的现状已不仅是一个严重的公共卫生问题，而且已成为影响我国经济发展和人们正常生活的社会问题。因此，对遗传风险高的个体进行产前诊断，是预防遗传病的一道重要防线。

产前诊断（prenatal diagnosis）又称为宫内诊断（intrauterine diagnosis）或出生前诊断（antenatal diagnosis），是对胚胎或胎儿在出生前是否患有某种遗传病或先天畸形作出准确的诊断。产前诊断的适应证的选择原则，一是有高风险而危害较大的遗传病；二是目前已有对该病进行产前诊断的手段。主要目的是通过对胎儿作出是否患有某种疾病的诊断，从而防止有严重遗传病、智力障碍及先天畸形的患儿出生。

（一）产前诊断的对象

根据遗传病的严重程度和发病率的高低，可将产前诊断的对象排列如下。

1）夫妇之一有染色体畸变，特别是平衡易位携带者；或者夫妇染色体正常，但出生过染色体异常的患儿的夫妇。

2）35岁以上的高龄孕妇（或丈夫年龄大于42岁）。

3）夫妇之一有开放性神经管畸形，或出生过这种畸形患儿的夫妇。

4）夫妇之一有遗传性代谢缺陷，或出生过这种患儿的夫妇。

5）X-连锁遗传病基因携带者孕妇。

6）有原因不明的自然流产史、畸胎史、死产或新生儿死亡史的孕妇。

7）B超检查发现异常者（如羊水过多、羊水过少等）。

8）夫妇之一有致畸因素接触史的孕妇；从事放射性或长期接触化学诱变剂的工作者、怀孕前后大量服用不适当的药物或毒品者，以及妊娠前或妊娠3个月内有病毒感染（如弓形虫、巨细胞病毒、风疹病毒、单纯疱疹病毒感染等）的孕妇，都可能诱发染色体畸变、基因突变或胎儿畸形。

9）具有遗传病家族史，又系近亲婚配的孕妇。

虽然具备了上述条件，但如果出现先兆流产、妊娠时间过长、有出血倾向者，则不宜做产前诊断。

（二）目前能进行产前诊断的遗传病

根据产前诊断的结果，医生可以建议孕妇继续妊娠或进行选择性流产。因此，产前诊断可以有效地预防遗传病患儿的出生，降低遗传病的发病率。目前可以通过产前诊断检测的遗传病主要包括以下几种。

1）染色体病。

2）一些特定的酶缺陷所致的遗传性代谢病。

3）可利用基因诊断方法诊断的遗传病。

4）多基因遗传的神经管缺陷。

5）有明显形态改变的先天畸形。

（三）产前诊断的方法

随着遗传学、医学、分子生物学及生物技术等学科的发展，用于产前诊断的方法也越来越多，越来越简便、安全和可靠，目前主要采取如下检测方法。

1. 细胞遗传学诊断

该诊断方法在产前诊断中最常用。以羊水中胎儿脱落细胞、绒毛细胞等为材料，对胎儿的染色体或性染色质进行检查，以确定胎儿是否患有染色体病或鉴定X-连锁遗传病的胎儿性别。确定胎儿的性别和疾病情况，有利于进行选择性流产（selective abortion）。例如，已知孕妇为血友病携带者，可知女胎表型正常（其中50%为杂合体），但男胎是患儿的概率为50%。在无条件确定胎儿是否是患儿时，最好仍进行男胎流产，最大限度地防止遗传病患儿的出生。

2. 生物化学诊断

生物化学诊断为应用生物化学技术测定羊水、绒毛及孕妇血清、尿中等的某些酶的活性或某些代谢产物的水平，以确定胎儿是否患有遗传性代谢病、分子病和激素异常等。例如，甲胎蛋白（AFP）（畸形儿羊水中的AFP值可超出正常的10倍以上）、游离绒毛膜促性腺激素β（free human chorionic gonadotropin-β，Free-HCGβ）、妊娠相关血浆蛋白A（pregnancy-ssociated plasma protein-A，PAPP-A）、乙酰胆碱酯酶（acetylcholinesterase，AchE）、蛋白质（酶）、17-羟化孕酮（17α-hydroxyprogesteron，含量与肾上腺异常有关）、甲状腺素（thyroxine，含量与甲状腺功能有关）等的测定可以初筛开放性神经管畸形或缺陷、21-三体综合征、珠蛋白生成障碍性贫血和异常血红蛋白症等遗传性疾病。

3. 仪器诊断

利用X射线或超声波（A、M、B和超声多普勒仪）、CT、磁共振、胎儿镜等方法观察胎儿的外部形态及骨骼、心脏等内部结构是否正常。B型超声仪具有无创伤、效果好的优点，现已普遍使用。

4. 产前基因诊断

产前基因诊断以羊水细胞、绒毛细胞等为研究材料，进行DNA分析，特别适用于常规诊断方法无法取材或确诊的情况。

（1）羊膜穿刺

卵受精后的几天内，胚胎附着在子宫壁上，被包在一个薄壁的囊内，囊中慢慢地充满主要由胚胎组织和随后的胎儿组织所分泌的液体，这种液体就是胎儿悬浮在其中生长的羊水。羊膜穿刺（amniocentesis）技术就是抽取羊膜囊内的羊水，进行细胞学检查或生化分析。

1）穿刺羊膜的时间：在妊娠12周时，羊水只有50ml左右，16周达170ml，18～20周达500ml，此期间以每周50～100ml增长，这时胎儿脱落的细胞较多，活性羊水细胞量最高，羊水多，胎儿小，周围有较宽羊水带，进针不易刺伤胎儿，所以穿刺羊膜以16～20周（以末次月经开始日算起）最合适。若抽取羊水的时间过早，不但穿刺困难，且羊水细胞过少，培养不易成功；若时间过晚，羊水中胎儿脱落细胞虽多，但活性细胞较少，而且胎儿过大，容易刺伤，如果发现胎儿有问题，再进行人工流产就为时过晚。

2）穿刺的方法：曾经尝试从阴道往子宫内作羊膜穿刺，但易造成流产和羊水污染。后来在腹部作羊膜穿刺，取得了良好效果。

首先，用B超作胎儿定位，在腹壁标记穿刺位置（图12.12）。抽羊水前孕妇排尿，翻身数次，使羊水细胞泛起，以便抽取较多的细胞。然后平躺，腹部经过严格消毒后，在耻骨上4横指左右垂直进针，一般进入7～8cm。拔出针后孕妇稍躺卧休息就可以回家，在两周内避免房事。一次穿刺成功率大约为90%，如果第一次失败，相隔一周再进行第二次穿刺。双胞胎的孕妇抽羊水诊断，穿刺时需分清两个羊膜腔，可在第一个穿刺后注入刚果红（Congo red）作标记，再向另一个羊膜腔穿刺，获得无色羊水为成功。另一种方法是在超声波监视下先后对两个羊膜囊作穿刺检查。

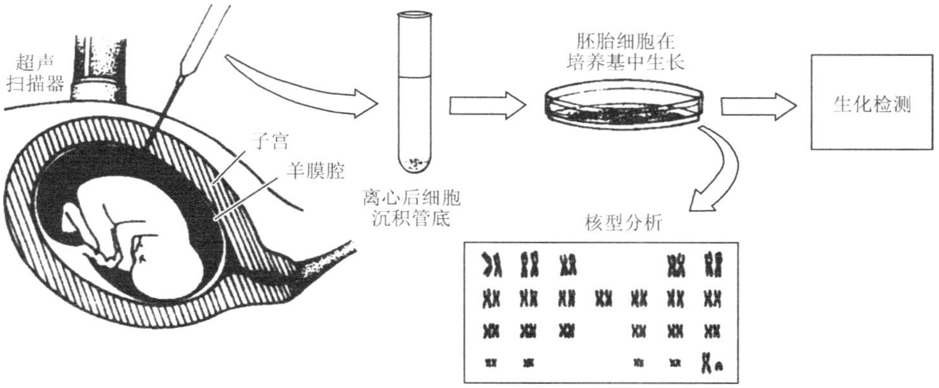

图 12.12　羊膜穿刺示意图

3）胎儿的诊断方法：羊水中有胎儿脱落细胞，经过体外培养之后，可以进行染色体分析、酶和蛋白质检测、性染色质检查、提取DNA作基因分析，也可以不经过培养，用微量技术分析酶和蛋白质，或直接提取DNA作基因诊断（图12.12）。

（2）滋养层细胞检查

滋养层是指在胚胎发育中形成的，直接包围在胚胎周围的羊膜、绒毛膜、绒毛、胎盘等组织。这些组织也是受精卵分裂、分化形成的，细胞的遗传结构与胎儿相同，因此可用于对胎儿的产前诊断。滋养层细胞的采集方法主要有以下两种。

1）绒毛吸取术：绒毛吸取术（chorionic villi aspiration）是通过子宫颈抽吸绒毛组织，或通过子宫镜进行绒毛活检（图12.13）。用特制塑料或金属管从阴道经子宫颈进入子宫，再沿子宫壁到达预定的取样位置即胎盘处，用内管吸取绒毛组织。在绒毛组织中含大量处于分裂期的细胞。

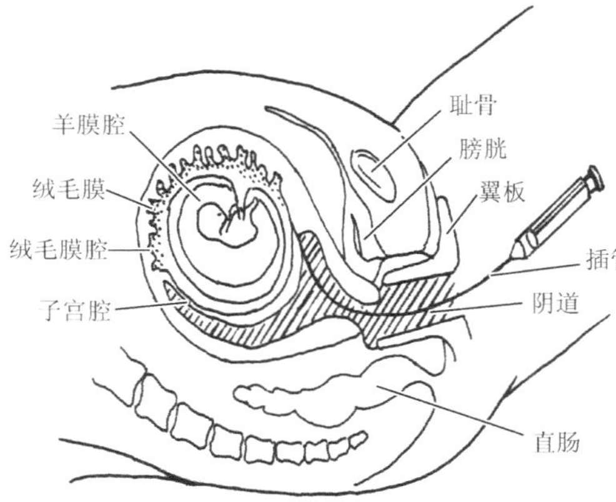

图 12.13　经阴道、子宫颈进入子宫取绒毛样品

胚胎在宫壁生长的规律是：植入后 5 周建立早期胚胎血循环，于 8 周后与基蜕膜相连的叶状绒毛膜参与形成胎盘，而与包蜕膜相连的平滑绒毛膜开始衰退。因此，在 8 周后抽吸的平滑绒毛膜难以培养，故采集绒毛的时间应选择在妊娠 6～7 周内进行（也有人主张 8～12 周内进行）。在 B 超指示下抽吸胚囊周围的绒毛，可提高取材和体外培养成功率，降低流产率。绒毛抽吸量为 10～30mg，可直接或经培养后进行测定分析。

2）通过腹壁穿刺胎盘，采集绒毛组织，经培养后作染色体分析；或采集胎盘血，检查血红蛋白病。

（3）产前诊断的辅助技术

非遗传的先天畸形或遗传缺陷临床表现较晚的胎儿，用前面的技术难以诊断，可采用辅助的方法进行产前诊断。

1）超声波诊断：人体的不同组织具有反射超声波的不同能力，根据超声波探测妊娠子宫时形成的不同回声图像，可对胎儿疾病作出宫内诊断。超声波诊断（ultrasonic diagnosis）是一种简便且损伤极小的产前诊断方法。超声波仪有 A 型与 B 型，A 型超声波仪简单，操作方便，但实观性差，无形象记录，对复杂病变显示难以辨认，所以通常少用。而 B 型超声波仪反射信号光点显示在荧屏为切面声像图，能自动快速扫描，直接观察胎儿形象及胎心等动态，可用来诊断内脏畸形、神经管缺陷、脑积水、水肿儿、葡萄胎、胎儿生长迟缓、双胞胎或多胎妊娠等。此外还可直接对胎心和胎动进行动态观察，并可摄像记录分析，亦可作胎盘定位，选择羊膜穿刺部位，可引导胎儿镜操作，采集绒毛和脐带血标本供实验室检查等。

B 超能详细检查胎儿的外部形态和内部结构，可通过某些细微改变提示染色体异常。例如，股骨短小和颈部皮褶增厚，提示是 21-三体综合征，此特性的敏感性为 82%，特异性为 98%。

2）X 射线：主要是诊断胎儿骨骼与胎儿造影。胎儿骨骼在第 20 周后开始骨化，所以在第 24 周后对胎儿进行 X 射线检查较为适宜。若胎儿患有骨骼异常的先天畸形，如无脑畸形、小头畸形、先天性成骨不全、缺肢畸形等，就可以通过 X 射线检查发现。但是，X 射线本身就是一种重要的致突变和致畸因子，对胚胎发育有损害，因此应避免对妊娠子宫做反复的大剂量 X 射线照射，以免导致胎儿畸变。

3）胎儿镜检查：胎儿镜（fetoscope）又称羊膜囊镜或子宫镜，是一种带有羊膜穿刺的双套管光导纤维内镜（直径约 1.7mm）。胎儿镜检查时，将光导纤维内镜从直径稍粗（约 2.2mm）的引导管内，经孕妇腹壁和子宫壁插入羊膜囊内，从孕妇体外直接“窥视”子宫内的胎儿，可以通过胎儿镜直视胎儿的四肢、面部、五官、脊柱、指（趾）、关节等畸形。胎儿镜的更大用处在于可以用来采集胎儿的组织或血液，诊断胎儿的血红蛋白分子病，如，珠蛋白生成障碍性贫血、血友病、镰形红细胞贫血等。此外，还可以通过胎儿镜给胎儿注射药物，甚至进行手术来实现胎儿治疗。

胎儿镜检测最合适时间是妊娠 15～18 周，这时羊水较多，穿刺对胎儿损伤较小，羊水澄清，视野清晰。

胎儿镜检查时需作手术，被检者承受痛苦，有时会造成胎儿损伤、感染、羊水漏出、母子间血液渗透等并发症，导致 3%～5%的流产。

第二节　遗传病的治疗

遗传病由于其发病机制不同，治疗的方法也各不相同。例如，先天性代谢病主要采用“禁其所忌、去其所余、补其所缺”等疗法，多基因病用药物、外科手术治疗有一定的效果，个别性染色体异常病如克氏综合征早期使用睾酮有助于症状改善等。但是，遗传病的治疗方法有限，通常还只是改善或矫正患者的临床症状，尚无完全根治的方法，有些虽能够治疗，但代价极高，难于普遍应用。近年来，基因治疗已取得了一些突破性进展，正在逐步进入临床，为彻底根治遗传病带来了光明的前景。遗传病的治疗主要采用以下两种主要方案。

一、环境工程疗法

环境工程疗法（environmental engineering）也叫优境学（euthenics），就是采取一些措施，补其所缺、禁其所忌和去其所余。改进或改变致病的环境条件，医治遗传性疾病。

（一）饮食控制疗法

饮食控制疗法的原则是“禁其所忌”。对许多遗传性代谢缺陷的患者来说，由于酶缺乏不能对底物进行正常的代谢，可以通过饮食或其他措施调节代谢的平衡便可得到治疗。但是，需要对疾病尽早诊断，尽早治疗，如果各种症状已经出现时，则难以逆转。

“禁其所忌”是针对因酶缺陷导致底物堆积的患者，制定特殊的食谱，用限制底物摄入量的办法控制病情，以达到治疗疾病的目的。例如，对于苯丙酮尿症，只要在出生后几周内采取饮食疗法，把供给患者的苯丙氨酸量减少到正常人的 1/3，就可使血浆的苯丙氨酸水平近似正常值；或者给苯酮尿症患者口服苯丙氨酸氨基水解酶（phenylalanine aminohydrolase）的胶囊，使在肠内释出的酶将苯丙氨酸转化成苯丙烯酸而减少吸收，使新陈代谢平衡，维持正常的生长与发育。再如半乳糖血症患儿在出生后 3 个月内查出并禁吮乳汁，不仅脑功能可发育正常，而且可避免肝损害。另外，我国长江以南各省均有大约 5%的人患遗传性葡萄糖-6-磷酸脱氢酶缺乏症，临床表现为溶血性贫血，严重时可危及生命。这类患者对蚕豆尤其敏感，进食蚕豆后即可引起急性溶血性贫血，故又称“蚕豆病”。这种病还可引起药物性溶血、感染性溶血和遗传性非球形细胞溶血性贫血等，故平时用药必须慎重。因此，对这类患者应严格禁食蚕豆和接触蚕豆花粉，严禁服用伯氨喹、阿司匹林等药物，便可避免溶血性贫血的发生。

（二）药物疗法

药物疗法主要是根据遗传病的类型，补充缺少的物质，或排除体内过多的物质。

1. 补其所缺

对于因为酶缺乏，不能形成必须代谢产物而发病的遗传病，临床上最有效的疗法是直接补充相应的必需物。例如，有的孩子生下来甲状腺功能就很差，使用甲状腺激素治疗可以防止孩子智力迟钝，治疗是终生的；另一种肾上腺不能制造可的松的遗传病可以造成幼儿早期死亡，这种病也可以终生服用可的松治疗；糖尿病患者，需要终生补充胰岛素；抗维生素 D 性佝偻病患者，需要补充大剂量维生素 D 和磷酸盐；垂体性侏儒患儿，需补充生长激素等。

2. 去其所余

因酶促反应障碍，导致体内贮积过多的代谢产物，可使用各种理化方法将过多的毒物排除或抑制其生成，使患者的症状得到明显的改善。肝豆状核变性（Wilson 氏病）是不能合成正常数量的一种含铜蛋白质的结果，由于缺乏这种能力，从食物中吸收的铜原子就蓄积在脑、肝和其他组织内，从而产生病变。治疗时，在限制摄入铜的同时，可服用二盐酸三乙烯四胺（triethylene tetramine dihydrochloride）、二硫基丙磺酸钠（sodium dimercapto sulfonate）及 D-青霉胺（D-penicillamine），以促使肝及脑内蓄积过多的铜排出体外。羊水中甲基丙二酸含量增高，胎儿可能患甲基丙二酸症，会引起新生儿发育迟缓和酸中毒，应在出生前和出生后给母体和患儿注射大量维生素 B_{12}（VitB_{12}）。

（三）手术疗法

手术治疗是应用外科手术对某些遗传病所造成的畸形或缺陷等病变组织器官加以切除、修补、整形或移植等矫正的治疗方法。主要包括以下几个方面。

1. 切除

遗传病引起的组织过度增长或畸形，通过手术进行切除或矫正，防止恶性病变，可收到较好效果。例如，家族性结肠息肉症的息肉、睾丸女性化患者的隐睾、多指（趾）症的多余指（趾）切除等。球形红细胞增多症，由于遗传缺陷使患者的红细胞膜渗透脆性明显增高，红细胞呈球形，这种红细胞在通过脾窦时极易被破坏而引起溶血性贫血。可以实施脾切除术，脾切除后虽然不能改变红细胞的异常形态，但却可以延长红细胞的寿命，获得治疗效果；狐臭也是一种遗传病，只要将患者腋下分泌过旺的腺体剜掉，即可消除病患；高脂蛋白血症Ⅱa型患者进行回肠-空肠旁路手术后，使患者体内胆固醇水平下降。

2. 修补

对遗传病所造成的畸形可采用手术进行矫正或修补。例如，室间隔缺损、房间隔缺损等先天性心脏病及唇裂、腭裂等口腔部位畸形都可采用手术修补，使缺陷得到矫正。

3. 整形

并指（趾）、白内障、先天性幽门狭窄、外生殖器畸形等病，均可经手术得到矫正。有一种缺少一只或两只耳的遗传病是由父亲或母亲遗传给半数子女的，通过整形手术，可以“重造”缺少的耳等。

4. 移植

移植为利用正常器官和组织替换病损的器官或组织。根据遗传病患者受累器官或组织的不同情况，有针对性地进行组织或器官的移植是治疗某些遗传病的有效方法。例如，对家族性多囊肾，遗传性肾炎等进行肾移植，肾移植也是迄今最成功的器官移植；对胰岛素依赖性糖尿病患者进行胰岛细胞移植；对重型珠蛋白生成障碍性贫血及某些免疫缺陷症患者施行骨髓移植术；对遗传性角膜萎缩症患者施行角膜移植术及对黏多糖代谢障碍所致的黏多糖病患者实施白细胞或成纤维细胞移植等都可以收到一定的治疗效果。此外，由于成功的同种异体移植可以持续提供所缺乏的酶或蛋白质，因此，对于某些先天性代谢病进行器官移植而达到治疗目的越来越受到重视。例如，α_1-抗胰蛋白酶缺乏症患者在进行肝移植治疗后，可使血中的 α_1-抗胰蛋白酶达到正常水平；通过肾移植可以治疗胱氨酸尿症。由于移植物能提供正常的酶原，因此这种移植又称酶移植（enzyme transplantation）。

二、遗传工程疗法

遗传工程疗法（genetic engineering）或基因疗法（gene therapy），是指运用DNA重组技术，将具有正常基因或野生型（wild type）基因及其表达所需序列导入到病变细胞或体细胞中，以代替或补偿缺陷基因的功能，或抑制基因的过度表达，从而达到治疗遗传病的目的。目的基因被导入到靶细胞（target cells）之后，他们或与宿主细胞（host cell）染色体整合成为宿主遗传物质的一部分，或不与染色体整合而位于染色体外，但都能在细胞中得到表达，起到治疗疾病的作用。

（一）基因治疗的种类

根据基因转移的靶细胞或受体细胞的不同，基因治疗可分为体细胞基因治疗和生殖细胞基因治疗。

1. 生殖细胞基因治疗

生殖细胞基因治疗是将正常细胞基因转移到患者的生殖细胞，如精细胞、卵细胞、受精卵或早期胚胎细胞中，使这类细胞中某个异常基因功能得以恢复，最终发育成正常个体。

生殖细胞基因治疗不仅能使生殖细胞受精后产生正常个体，而且还能使该个体的后代也免除患遗传病的痛苦，使有害基因不能在人群中播散，这无疑是最理想的治疗遗传病的途径。虽然已经在某些动物体内获得成功，但在人类还不成熟。

2. 体细胞基因治疗

体细胞基因治疗是将正常外源基因转移到患者特定的体细胞中，使其正常高效表达所缺的某种蛋白质或酶，从而改善患者症状。但是，体细胞基因治疗只限于治疗某种被选择的细胞，并不能阻断遗传病基因传给后代。

体细胞基因治疗的基本操作程序是，首先从患者体内获取合适的体细胞作为靶细胞（常选用的靶细胞是造血干细胞、淋巴细胞、成纤维细胞、肝细胞、肾细胞和内皮细胞等），在体外导入外源正常基因，再将该正常基因整合到靶细胞的基因组中使其得到表达，然后再将该细胞转回到患者体内，实现间接治疗。但是，由于目前对人类的很多基因缺乏了解，很难将外源的正常基因与患者细胞基因组中的致病基因原位整合（特定的位点），以替代突变基因，而只能转移到非特定的位置，进行随机整合，当其有效表达后可弥补异常基因的功能，获得治疗效果，因此，目前的基因治疗效果不理想，而且存在较大的风险。

（二）基因治疗的策略

基因治疗目前仍处于探索阶段，主要采取如下策略。

1. 基因修正

基因修正（gene correction）是原位修复有缺陷基因，将致病基因的突变碱基序列纠正，而正常部分予以保留。通过基因打靶的方式，利用外源DNA与靶细胞染色体上的同源序列相互吸引重组，外源目的基因准确地插入缺损基因中的缺失位点，以达到特异性地修正该基因的表达。这种基因治疗方式最后也能使致病基因得到完全恢复，操作上要求高，实践中有一定难度。

2. 基因替换

基因替换（gene replacement）是用功能正常的外源目的基因去取代突变基因，使致病基因得到永久地更正。这种治疗方法最为理想，但目前由于技术原因尚难达到。

3. 基因抑制和（或）基因失活

利用反义技术能特异地封闭基因表达特性，抑制一些有害基因的表达，以达到治疗疾病的目的，或者导入外源基因去干扰、抑制有害基因的表达，这就是基因抑制和（或）基因失活（gene inactivation）策略。例如，利用反义 RNA、核酶或肽核酸等抑制一些癌基因的表达，抑制肿瘤细胞的增殖，诱导肿瘤细胞的分化。用此技术还可封闭肿瘤细胞的耐药基因的表达，增加化疗效果；向肿瘤细胞导入肿瘤抑癌基因（如 *RB*，*p53*），也可以达到抑制癌基因表达的效果。

4. 基因增补

基因增补（gene augmentation）是将目的基因导入病变细胞或其他细胞，目的基因的表达产物可以补偿缺陷细胞的功能或使原有的某些功能得以加强，在这种治疗方法中。缺陷基因仍然存在于细胞内，目前基因治疗多采用这种方式。

（三）基因治疗的临床应用

随着基因克隆技术的进一步成熟，以及一套合适的基因转移方法的建立，基因治疗已逐步在临床应用并取得了可喜的进展。首例成功的基因治疗是 1990 年腺苷脱氨酶（adenosine deaminase，ADA）缺乏导致的联合免疫缺陷。腺苷脱氨酶缺乏症是一种常染色体隐性遗传病，因 ADA 缺乏，致脱氨腺苷酸增多，改变了甲基化的能力，产生毒性反应，患者 T 淋巴细胞受损，引起反复感染等症状。

1990 年美国国立卫生研究院（National Institutes of Health，NIH）的 Michael Blase 和 French Anderson 将患者的白细胞在体外培养，在培养液中加入含有正常 *ADA* 基因的反转录病毒载体，使白细胞受到感染并获得正常 *ADA* 基因，然后回输给患者。该方案分别于 1990 年和 1991 年，对两例 ADA 缺乏症女孩进行临床基因治疗。第一个患者在 10.5 个月内接受了 7 次基因治疗，第二个女孩接受了 11 次基因治疗。经 *ADA* 基因治疗的这两名患者，未见明显的不良反应，导入的正常 *ADA* 基因已表达，在治疗前患者外周血中 T 细胞的 ADA 活性不到正常水平的 1%，而经过基因治疗后达到了正常水平的 25%，机体的免疫功能明显改善且没有发现明显的不良反应。治疗后，患儿 T 细胞数量上升，细胞和体液免疫功能及临床症状明显改善，随访 5 年仍可在患儿体内的 T 细胞中测得转入的载体序列，其他免疫指标检测也证实其长期作用。

1991 年初，Stephen Rosenberg 等在得到美国国家卫生院的重组 DNA 咨询委员会（Recombinant DNA Advisory Committee of the National Institutes of Health，RAC）的准许后，将肿瘤坏死因子（tumor necrosis factor，TNF）基因通过反转录病毒载体导入体外培养的肿瘤浸润淋巴细胞（tumor infiltrating lymphocyte，TIL），然后将 TIL 回输给黑色素瘤患者。当 TIL 进入体内后能特异性地到达自体肿瘤部位并表达 *TNF* 基因，合成肿瘤坏死因子，杀伤癌细胞，从而达到基因治疗的目的。

2000 年，法国科学家报道，从 2 名患有严重型免疫缺陷症的患儿骨髓中抽取出造血干细胞，以反转录病毒为载体将正常基因导入造血干细胞中，然后回输给患儿。经过 10 个月的随访获得了较满意的效果，患儿的免疫系统达到正常水平。干细胞水平的治疗方案不像成熟的 T 细胞那样需要反复回输，减少了患儿反复注射的痛苦，同时基因表达的水平也明显高于以前的方案。由此可见，干细胞水平的基因治疗将会成为今后发展的方向。

我国在基因治疗方面也取得了可喜的成就。例如，血友病 B 是 XR 遗传病，病人缺乏凝血因子Ⅸ，临床表现为凝血时间长，易出血，轻伤、小手术后常出血不止。发病率为 1/30 000。复旦大学用反转录病毒作载体，将凝血因子Ⅸ基因转移到培养的中国仓鼠卵巢细胞（CHO）中，得到了较好的表达。1990 年又将该基因转移至患者皮肤成纤维细胞中，产生了高滴度有凝血活性的因子Ⅸ蛋白。1991 年又通过上述方法，将凝血因子Ⅸ基因转入 2 名患者体外培养的细胞中，然后回植入患者皮内，已检测到导入体内的因子Ⅸ基因表达。

基因治疗遗传病是一种根本的和有希望的方法。最新的研究表明，基因治疗技术的研究已在遗传病、恶性肿瘤、艾滋病、乙型肝炎、心血管疾病、代谢性疾病等方面取得进展和突破。目前，全球临床方案数达 300 多项，病例数超过 3500 人，其中 61%病例为恶性肿瘤，24%为艾滋病。基因治疗将成为根治遗传病、改善人类遗传素质的重要手段，将为人们展示出它在疾病治疗及预防领域中的辉煌应用前景。

（四）基因治疗面临的主要问题

虽然基因治疗已经在临床上展现了较好的应用前景，但是，由于人们对人类基因组认识的局限性及科学发展水平的限制，基因治疗还面临许多问题和困难。在没有完全解释人类基因组的运转机制，充分了解基因调控机制和疾病的分子机制之前进行基因治疗是相当危险的，主要表现在如下方面。

1. 插入突变

基因治疗尚未发展到定点整合的阶段，随机整合有可能激活原癌基因或使抑癌基因失活，从而引起细胞癌变。所以，插入突变是基因治疗临床试验前首先要考虑的问题。在人类基因治疗史上曾经发生过一些安全事故。例如，1999 年 9 月，一位 18 岁美国青年 Jesse Gelsinger 因鸟氨酸转氨甲酰酶不足症的罕见遗传性疾病而在美国宾夕法尼亚大学人类基因治疗中心接受基因治疗时不幸死亡，这是美国首位明确由基因治疗导致丧生的患者；2002 年，法国连续发现 2 名接受基因疗法的“气泡儿童”出现了类似白血病的症状。2003 年 1 月，美国 FDA 宣布：鉴于法国接受基因治疗的“气泡儿童”患上了白血病，该局决定暂停 27 项类似的基因治疗试验。

2. 免疫原性

临床治疗有时需多次操作，使机体产生免疫反应，排斥携带基因的病毒或靶细胞，给进一步治疗造成困难。

3. 导入基因在受体细胞内的表达水平及稳定性问题

基因进入靶细胞后，基因表达不稳定甚至不表达；靶细胞在复制时，新基因可能被丢失。

4. 伦理问题

体细胞基因治疗符合伦理道德，没有争议。但是生殖细胞基因治疗却存在某些争议。这是因为，生殖细胞的基因治疗可能改变正常人的遗传特征。但是，生殖细胞的基因治疗比体细胞基因治疗更为彻底，因此这是一个不容回避的课题。

基因治疗说起来简单，可事实上是一个相当复杂的问题。首先必须从数万个基因中找出缺陷基因，同时必须制备出相应的正常基因，然后将正常基因转入细胞内替代缺陷基因，并能够进行正常的表达作用。无论哪一种基因治疗，目前都处于初期的临床试验阶段，均没有稳定的疗效和完全的安全性。所以，在基因疗法还没有完善的现阶段，重点应该是积极预防遗传病的发生。

思　考　题

1. 解释名词：遗传工程疗法、环境工程疗法、产前诊断、基因增补、基因替换、基因修正、皮纹、指纹。
2. 试述指纹的主要类型及指纹分析的意义。
3. 在系谱调查时需要注意哪些事项？
4. 在哪些情况下必须作产前诊断？
5. 根据诊断时期的不同，遗传病的诊断可分为哪些类型？
6. 目前对遗传病的治疗措施主要有哪些？
7. 遗传病的诊断除采用常规的诊断方法之外，还应该采用哪些措施？
8. 羊膜穿刺可检查哪些指标？
9. 基因治疗目前面临哪些主要困难？
10. 基因治疗分为哪些类型？请对各种基因治疗方案进行简要评述。

主要参考文献

程罗根. 2005. 人类遗传学. 南京：南京师范大学出版社
杜传书. 1989. 医学遗传学基础. 北京：人民卫生出版社
梁志成. 1992. 遗传优生与生殖工程. 广州：暨南大学出版社
刘海萍，郑连斌，陆舜华. 2010. 云南蒙古族4项人类群体遗传学特征研究. 天津师范大学学报（自然科学版），30（4）：56-58
龙志高. 2012. 染色体病. http://wenku.baidu.com/browse/downloadrec?doc_id=8e17ce7601f69e3143329412&[2012-8-19]
王正询. 2002. 简明人类遗传学. 北京：高等教育出版社
赵刚，彭惠民. 1998. 医学遗传学教程. 北京：科学出版社
中国科学院网站. 2003. 简悦威. http://www.people.com.cn/GB/keji/25509/29829/2110432.html[2003-9-26]
周州，程罗根. 2013. 遗传学实验. 北京：科学出版社
左伋. 2001. 医学遗传学. 4版. 北京：人民卫生出版社

13

第十三章 优生与优育

随着医疗卫生事业的发展，传染病的发生率在不断下降，而遗传病的相对发病率却在增长。中国是出生缺陷高发国家，据全国出生缺陷医院监测数据（监测期限为妊娠满 28 周至产后 7d）显示，我国出生缺陷发生率呈上升趋势。例如，1996 年新生儿出生缺陷发生率为 8.7‰，2010 年上升到 14.9‰，增长幅度达到 70.9%。因此，积极开展优生工作，是一项十分重要的工作。人类从古到今，由不自觉到逐渐自觉地意识到提高自身遗传素质的重要性。然而，真正的优生学直到 19 世纪才得以建立。

第一节 优 生 学

优生学是应用遗传学的原理和方法，研究改善人类的遗传素质，防止出生缺陷，提高人口质量的一门科学。它的任务和目标是在社会、经济及道德观念等制约下，全面研究人类的基本生物学特性，限制和消除进化过程中可能出现的各种不利于人类生存的遗传基因，改善和维护具有积极意义的遗传素质，使后代在体能上、智力上都得到不断增强，从而使整个人类的生物特性日臻完善，健康繁衍。因此，优生学是研究如何改良人类的遗传素质，产生优秀后代的科学。

一、优生学的发展简史

“优生学”(eugenics)一词及这门学科是英国博物学家高尔顿(Francis Galton，1822～1911 年）于 1883 年首创的，本意是“生好的”(well-born)、“在社会控制下能改善或削弱后代种族（遗传）素质的动因。这种遗传素质既包括体格，也包括智力”。虽然优生学作为一门独立而完整的学科时间并不长，但其主要思想和实践却有着极其悠久的历史，优生学的发展可以划分为三个阶段。

（一）优生学的前科学阶段

该阶段为人类诞生的远古到 19 世纪 80 年代。优生实践的历史和人类本身的历史同样悠久。在原始社会及在少数比较原始的地区，就有对生下时有显著残疾的婴儿予以处死的风俗习惯，使那些“疾病基因”不致扩散，从而限制着遗传性疾病的蔓延，这就是一种原始的优生意识。到了氏族社会和封建社会阶段，逐渐形成了排除直系血亲之间婚配的习俗，限制与禁止近亲结婚。例如，罗马皇帝狄奥多西一世（Emperor Theodosius Ⅰ，347～395 年）严令禁止表亲结婚，违者将判罪或被处死；犹太人的宗教律中禁止了几十种亲属婚姻。人类进入有文字的历史阶段之后，优生思想就以各种方式在文化典籍中表达出来、流传下来。其中最著名的是古希腊哲学家柏拉图，在他的《理想国》一书中曾指出择偶和生育年龄对后代健康的影响，认为父 50 岁、母 40 岁以上生的孩子都不能留。他还主张通过对婚姻关系进行控制和调节生育优秀的子女，因此柏拉图被认为是倡导优生的先驱。他的学生亚里士多德在《政治学》一书中主张，政府应用干涉婚姻制度之权，反对早婚，强调孕期保健。我国春秋战国时期的古籍《左传》中有“男女同姓，其生不蕃”的记载，《大戴礼・本命》中有“世有恶疾不娶”的说法等，证明古人已经认识到近亲结婚的后代往往不易存活和繁育。后汉书五十六卷《冯勤传》中还提到选择性婚配可以优生的例子。这些都反映了有关优生学的早期思想和措施。

（二）优生学的半科学阶段

该阶段为 19 世纪 80 年代到 20 世纪 40 年代。19 世纪中叶，达尔文提出“物竞天择，适者生存”的进化学说之后，人们很快就意识到人类作为生物之一，也同样是受大自然的选择而进化的。现代人类文明，包括科学、技术、法律、宗教、伦理、道德等对自然环境和生活方式具有变革性的作用，因此人类的进化就有两种形似对立而实则互为补充的可能。一种可能是，人类文明会创造一种不仅最适者能生存繁殖，就连本来不能存活或繁育的个体也能生存和繁殖后代的环境，从而导致不良的遗传结构在人群中不断累积而增加，导致人类素质的退化；另一种可能是，人类可以运用他们的知识和才能，比大自然更有效地和更成功地改进其后代的遗传素质。高尔顿首先认识到这两种可能性，并于 1883 年正式提出“优生学”的概念，创造了“eugenics”这个词，这是优生学作为一门独立学科出现的标志。1904 年，他发表了著名的《优生学的定义、范围和目的》论文，对优生学的宗旨、任务和重要性等提出了一系列具体措施，奠定了现代优生学的基石。此后，优生学作为一门新兴学科，首先在欧洲国家广为传播，并逐渐为全世界学者所接受。1900 年，伦敦大学成立了第一个优生学研究所；1905 年，德国建立了第一个国际性优生学组织：国际民族卫生学会；1912 年，在英国伦敦召开第一次国际优生学会议，成立了“国际永久性优生委员会”，来自欧洲、美洲的十几个国家的代表出席了会议；1913 年，在法国巴黎召开了第一次优生学委员会会议；1928 年，优生学传入中国，我国在 1988 年成立了优生学会。

由于高尔顿及早期的西方优生学者的历史局限性和遗传学知识的缺乏，过分地强调了人类智能的遗传，他们宣传种族有优劣，将阶级差别与遗传相联系，曾经使优生学走上了歧途。20 世纪初，德国的优生学者提出了种族卫生学，宣传北欧人是优秀人种，防止优秀的雅利安人血统被劣等民族污染等主张，后来发展到与纳粹的排犹种族主义同流合污。德国法西斯主义者以优生学为幌子，大规模屠杀犹太人。欧美少数国家实行的“强迫绝育法”使 15 000 多人丧失生育的权利，其中大多数是黑色人种和异族人。这些都是优生学发展史中抹不掉的阴影。

种族主义和优生学的伪科学成分相结合，为反动政客所利用，带来了严重的恶果，使优生学声誉扫地。但是，优生学的科学成分使优生学仍然充满生命力，优生的科学基础和技术基础在不断扩大，取得了许多重要进展。这些进展主要包括：逐步弄清了近亲结婚的危害、绝育术的出现并作为一项重要的优生措施、人工授精的出现并作为一种可能的积极优生措施加以研究，以及人工流产术的发展等。

（三）优生学的科学阶段

该阶段为 20 世纪 50 年代一直发展到现在和未来。第二次世界大战结束后，对种族主义的伪科学进行了广泛的批判，清除了一度严重玷污优生学的伪科学成分，加上分子生物学、细胞遗传学、发育遗传学、畸形学、卫生医学、环境医学特别是产前诊断技术和遗传咨询的发展，优生学走上正轨，重新受到重视并得到了迅速发展。现代优生学的范围也在不断扩大，已经不局限于只在优生学上考虑下一代的生物素质，而且还要以防止各种非遗传性的先天疾病，乃至产伤、新生儿疾病来保证下一代的生物素质。父母可以借助医学知识和技术选择自身后代的遗传品质和先天品质，优生学的发展进入了新的科学阶段。

二、优生学的研究领域

优生学的研究包括四大领域。

（一）基础优生学

基础优生学主要从生物学和基础医学方面开展优生学研究，弄清导致出生缺陷的因素、发病机制、防治方法和检测手段等。

（二）临床优生学

临床优生学主要从临床医学角度对优生措施展开研究，着重研究劣生的表现、诊断和相应的治疗、预防等。通过婚前、孕前、围产期、分娩时的监护和服务及终止妊娠法等手段，尽可能减少劣生儿的出生；劣生儿出生以后，则通过药物、体疗、心理治疗及外科手术矫形、基因工程的修复、替换基因等治疗，减少劣生对人类的危害。此外，演进性优生学的体外授精、精子库的建立等也属临床优生学范畴。

（三）环境优生学

环境优生学是研究各种环境有害因素（物理性、化学性、生物性）对生殖过程、胚胎/胎儿发育及胎儿出生后生长发育的影响，揭示环境有害因素在出生缺陷上的作用及其发生条件、发生机制，研究、制订和评价环境有害因素发育毒性危险度的方法，提出保护母体健康及胎儿正常发育与胎儿出生后健康成长的卫生标准和相应预防对策的一门学科。随着工业化的发展，环境污染不断加剧，“三废”（废气、废水、废渣）排放量逐年上升，“三致”（致畸、致突变、致肿瘤）大大增加了人类的遗传负荷，加上生态学、环境科学的发展，环境优生学被不断赋予新的内容，并显示越来越重要的实际意义。

（四）社会优生学

社会优生学主要从社会科学和社会运动方面对优生课题进行研究。目前其关键内容包括产前诊断、医学助孕、人工流产、基因治疗等优生措施的法律、道德等方面及以社会为单位的优生工程建设，旨在推动优生立法、贯彻优生政策、开展优生宣传，使优生工作群众化、社会化，实现民族优生的社会目标。

三、优生学的类型

优生的目的是提高人口质量。人们往往把优生学划分为负优生学（negative eugenics）和正优生学（positive eugenics）两大分支。20 世纪 60 年代，以美国学者斯特恩（Curt Stern，1902～1982 年）为代表的优生学家提出了优生学可分为预防性优生学（preventive eugenics）

和演进性优生学（progressive eugenics）的观点。前者研究降低产生不利表型的等位基因频率的途径，后者研究增加或维持产生有利表型的等位基因频率的办法。

（一）演进性优生学或正优生学

演进性优生学研究如何维持和促进人群中有利（优良）基因频率的增长，设法使后代中出现更多在智力和体力上优秀的个体，促进优秀个体的繁衍，即消除不利的和增加有利的等位基因组合的途径。

1. 提倡优选生育

提倡优选生育即鼓励在体格和智力上优秀的个体生育更多的后代（某些国家已在优生法中加以规定），同时劝说遗传高风险个体不留子女或少留子女。例如，近亲、男女双方都曾患过精神分裂症或躁狂抑郁性精神病的人、双方家系中三代内患有相同的隐性遗传病者、常染色体隐性遗传病患者之间都是不宜结婚和生育的。

2. 人工授精

人工授精（artificial insemination，AI）是收集丈夫或自愿捐献者的精液，用人工注射的方法在女方排卵期的前后注入阴道深处、子宫颈口、宫腔内，以达到受孕目的的一种生殖技术。使用丈夫精液的人工授精称夫精授精（artificial insemination by husband，AIH），用自愿献精者精液的人工授精称他精授精（artificial insemination by donor，AID），两者的原理与技术基本相同。

自从 1953 年 Jerome K. Sherman 等报道使用冷冻精液 AI 成功，该技术发展至今已有 200 多年历史。1790 年，英国 John Hunter 为严重尿道下裂患者实行丈夫精子人工授精获得了成功的妊娠。中国是在 20 世纪的 90 年代才开始应用 AI 技术。AI 的精液可以是新鲜的，也可以是液氮冷冻的（−196℃）。用于储存精子备以待用的一套设施称为精子库或精子银行，在精子库中储备有各种智力、身体及外貌良好，本人及家庭均无遗传病的可供选择的优秀精子。

人工授精技术已经得到了比较广泛的应用，仅仅在美国，每年有 5000～10 000 名人工授精婴儿诞生。目前，该技术主要用于男性不育患者、男性显性遗传病患者、夫妇同为隐性遗传病携带者，以及 Rh 血型不合者。人工授精不仅可以使男性不育的家庭获得后代，而且可以降低劣质后代的出生。但是，人工授精必须在严格的管控下实施，要确保每个供精者的精液获得的妊娠数不得超过 5 次，以免因互不知晓的同父异母的子女之间的婚配而造成的严重遗传和社会问题；另外要永久秘密保存供精者的相关身份和健康状况资料，以备接受授精者和人工授精所生后代查阅，但不可告之供精者的姓名。

3. 试管婴儿

试管婴儿（test tube baby）的名词实际上并不确切，应该称之为体外受精及胚胎移植（*in vitro* fertilization and embryo transfer，IVF-EI）。促性腺激素进行卵巢刺激后，在超声指导下使用腹腔镜将已成熟的卵子从腹腔内取出，将其移入试管或培养皿中并与 100 000～200 000 个精子混合，在组织培养的条件下，培育 70h 左右，使卵授精并发育至幼胚（4～8 个细胞）阶段，再将胚胎移植到未来母亲的子宫内，让其着床发育成胎儿（图 13.1）。此项技术适用于女方双侧输卵管闭塞无法进行手术修复或手术失败，而患者子宫内膜及其对脑垂体激素的反应正常者；也可用于精子密度过低、精子活力差或精液量少者；或者是子宫颈因素和免疫因素所致的不孕等情况。IVF-EI 包括促排卵、取卵、体外受精和体外培养、胚胎移植 4 个阶段。由于早期的体外授精及受精卵的培育是在试管或在特制的培养皿内进行的，故俗称“试管婴儿”，这种生殖方式也叫体外发生。此法用以解决女性不育，特别是输卵管闭塞患者。所用的精子或卵子，可以来自夫妻双方，也可以由他人提供。

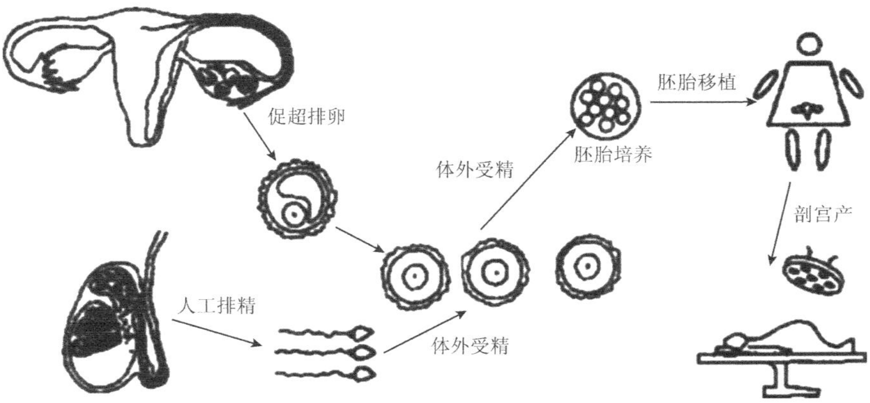

图 13.1　“试管婴儿”产生示意图

早在 1959 年，美籍华人张民觉将 36 个体外受精兔卵植入雌性的子宫中，有 15 只小兔出生；1971 年，开始对人类做试验；1978 年 7 月 25 日，在英国曼彻斯特郊外的奥尔德姆总医院剖宫产下人类历史上第一个试管婴儿，取名路易斯·布朗（Louse Brown），出生时只有 2.61kg，是受精后两天 8 核胚囊期植入子宫内的；1980 年，美国正式门诊开展试管婴儿业务；1985 年，有几个州完成有关的立法；近几年来，由于授精时间推迟使卵细胞受精及卵裂率有很大提高，以及药物诱导多个卵泡发育，收获的卵子及供移植的胚胎增多，使妊娠率提高到 15%～30%。在短短几年中，IVF-ET 成为世界许多中心治疗不育症的常规手段。

1988 年 3 月，北京大学第三医院率先在国内报道了试管婴儿的诞生。随后，湖南医科大学分别于 1988 年 6 月 5 日和 7 日诞生了两例“试管婴儿”。从这以后，在湖南、北京、上海、广州等地相继生下试管婴儿，现已有过万例成功的报道。

4. 单性生殖

由于多细胞生物的分化和发育，是基因组中不同基因在不同时间和空间的程序表达和调控过程，因此，在各分化细胞中的遗传物质应与受精卵相似，每个体细胞均有发育成一个新个体的潜能。

单性生殖就是选择一个优良个体作为亲本，将其体细胞的细胞核（$2n$）取出移入去核的未受精卵中，经过刺激再移入母体子宫，让其发育成与亲本类似的新个体；单性生殖的另外一种策略就是对体细胞进行特殊处理，使之具有和受精卵细胞一样的全能性。从生物学的角度看，单性生殖可以避免双亲婚配后遗传物质的混杂，有利于健康优良基因的传递。人类如果实现单性生殖，可以避免男方致病基因传至后代，也是优生的一种手段。

1997 年 2 月 23 日，英国爱丁堡罗斯林研究所科学家伊恩·维尔穆特（Ian. Willmut）对外宣布：他所领导的研究小组利用克隆技术，从一只成年母羊的乳腺细胞成功克隆出一只与该羊完全一致的小绵羊，取名为“多莉”（Dolly）（图 13.2）。这一消息传出后，不仅在全世界的自然科学界中引起轰动，而且也在全球社会范围和各国政府内引起了极大的反响和争论。“多莉”是世界上第一个采用成年动物的体细胞培育的哺乳动物，标志着高等动物单性繁殖的研究取得了重大进展，因此人们担心，是否会在不久的将来出现克隆人？

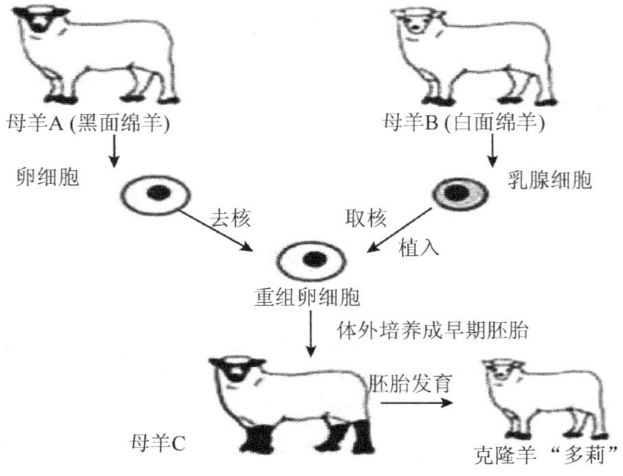

图 13.2 克隆羊的繁育过程

克隆，英文为“clone”，源于希腊文，意思是“生物的无性繁殖系”，即由单个生命体不经受精而繁殖后代。由于克隆个体的遗传物质全部来自于一个生命体，其基因型与亲本完全一致，因此克隆也可以笼统地理解为“复制”。因此，为了保护人类的遗传多样性，维护人类的尊严，应该禁止克隆完整的人。但是，克隆技术的发展，无疑会给人类的生存与健康带来好处。例如，在临床实践中许多人需要移植器官来挽救或延长生命，但是，每个人的器官数量都是有限的甚至是唯一的（如心脏、大脑等），从而极大地限制了器官移植工作的开展。随着克隆技术的发展，人们就有可能通过克隆技术制造“人造大脑”、“人造心脏”、“人造肝”、“人造眼睛”、“人造耳朵”等，从而满足临床器官移植的需要。另外，由于这些器官是利用自身细胞克隆的，因此不会出现排斥反应。

5. 遗传工程

遗传工程为通过工程技术的手段，将某一个体的 DNA 提取出来，经过重组再导入另一个体的细胞中，使之获得新基因或使自身的有缺陷基因得到修复或替换，从而表现出新的表型，使遗传病得到矫正或根除（详见第十二章）。

（二）预防性优生学或负优生学

预防性优生学研究如何降低群体中有害基因的频率，减少以致消除遗传病或先天缺陷儿的出生，即研究如何减少劣生的科学，实质上是预防人类遗传病的问题。在目前情况下，由于人们对遗传病认识的局限性及技术发展水平的限制，人们还很难通过演进性优生措施来达到优生的目的，预防性优生是积极消除遗传病的有效策略。即使在社会经济条件和医学科学水平高度发展的情况下，预防优生学仍具有重要的现实意义。通过预防性优生学措施，可以及早地发现和干预，避免不良个体的产生，防止有害的遗传基因在人群中扩散。

预防性优生学不仅涉及许多自然科学领域（如生物学、遗传学、人类学等），还与社会科学（如政体、国情、民族风俗、宗教、伦理等）有着密切的联系。预防性优生学的内容主要包括下列主要方面。

1. 在人群中普及有关遗传病的知识

人类遗传学研究表明，每个人至少携带 5～6 种与遗传病相关的基因，遗传病在人类群体中的发病率高达 20%～25%，而且呈逐年上升的趋势。因此，每对夫妇都有生育遗传病患儿的风险，如何有效预防遗传病的发生是每个人面临的重大课题。但是，由于对遗传学知识的缺乏，对遗传病危害性的无知，对环境与人类健康的密切关系认识不足，使本来可以预防或避免的遗传伤害频频发生。因此，要实现对遗传病的有效控制，降低人群的遗传负荷，就必须大力开展优生优育的宣传与教育，普及遗传病的知识，使优生工作变成人们的自觉行为。

2. 对遗传病进行群体普查，并且检出某些致病基因的携带者

遗传携带者（genetic carrier）是指表型正常，但带有致病遗传物质的个体。一般包括：①隐性遗传病杂合体；②显性遗传病的未显者；③表型尚正常的迟发外显者；④染色体平衡易位的个体。

携带者的检出对遗传病的预防具有积极的意义。因为许多隐性遗传病虽然发病率并不高，但人群中的杂合子（携带者）的频率却相当高。例如，假设某种遗传病的发病率为 1/10 000 时，即 q^2=1/10 000 时，按照 Hardy-Weinberg 定律，q=0.01，p=0.99，则 $2pq$=2×0.99×0.01=0.02，也就是说人群中该病的携带者频率为 2%。检出这些携带者对于指导他们的婚姻和生育，防止遗传病患儿的出生具有重要意义。染色体平衡易位或倒位的正常个体，出生染色体不平衡患儿的可能性较大，检出这些个体同样具有重要意义。

杂合体携带者的检测方法大致可分为：临床水平、细胞水平、酶和蛋白质水平及分子水平。

酶与蛋白质的检查基础是根据基因剂量效应的理论，即杂合子的基因表达水平应该是介于两类纯合子（*AA* 与 *aa*）之间，也就是说为正常人的一半。如苯丙酮尿症（纯合体在人群中为 1∶10 000，携带者的频率为 1∶50，为纯合体频率的 200 倍）的携带者可用苯丙氨酸耐量试验检出。方法是：给受试者口服苯丙氨酸（0.1g/kg），服后 4h 测定血浆中苯丙氨酸的含量。因携带者对苯丙氨酸不能进行羟化作用，故血浆中苯丙氨酸的含量比正常人约高两倍，但较患者略低。由于基因表达受多种体内外因素的调控，加上检测技术的原因，使得许多杂合子携带者仍不能用这种方法检测。

细胞水平的检测主要包括染色体检查、细胞培养和组织化学测定等。

基因诊断对单基因病携带者的检查具有独特的优势（详见第十二章），特别适用于一些有关基因的性质和基因产物还不清楚的遗传病。它直接检测等位基因类型，或检测与致病基因紧密连锁的具有多态性的遗传标记，从而能够准确判断携带者，该方法是检测携带者技术的发展方向。

3. 避免近亲结婚

近亲结婚是指血缘关系相近的个体的婚配。我国在战国时期就有“男女同姓，其生不蕃”之说，我国婚姻法明确规定：直系血亲和三代以内的旁系血亲禁止结婚。直系血亲是指与自己有垂直血缘关系的近亲，如父母与子女、祖父母与孙子女、外祖父母与外孙子女等。

旁系血亲是指兄弟姐妹、堂兄弟姐妹，表兄弟姐妹，舅、姨、姑、伯、叔等。三代以内有共同祖先的就为三代以内的旁系血亲。根据血缘关系的远近，人类三代以内的近亲关系可分为四个等级，即一等近亲（父-女，母-子）；二等近亲（祖-孙，同胞兄弟姐妹）；三等近亲（叔-侄，姑-侄，舅-外甥女，姨-外甥）；四等近亲（堂兄妹，表兄妹）。

近亲结婚之所以有害，是因为父母的基因是一代一代地垂直传递的，因此同一祖先的亲族遗传基因非常相似，亲缘关系越近，存在相同遗传基因的可能性越大。有些遗传病，只有当父母都有共同的“致病基因”而且“相遇”时，后代才能发病。在一般的婚配关系中，这种“相遇”的机会很少。而近亲结婚的夫妇所携带的相同基因比较多，这种相遇的机会明显增加。父母和亲生子女之间，同胞兄弟姐妹之间有 1/2 的基因相同，祖孙之间，伯、叔、舅、姑、娘、姨与内外侄女、侄甥之间有 1/4 基因相同。堂兄弟姐妹、姑表、姨表兄弟姐妹之间有 1/8 基因是相同的；表叔、舅与侄女、甥女之间有 1/16 基因相同，其表堂兄妹之间有 1/32 基因相同。相同基因越多，致病基因相遇的机会就越多，遗传病发病率就越高。

许多多基因遗传病，如精神分裂症、糖尿病、脊柱裂等患者家族成员，如果进行近亲婚配，其子女患病的风险也高于非近亲婚配。另外，近亲婚配的流产率、新生儿及婴幼儿的病死率等均高于非近亲婚配。据近代调查，非近亲结婚子女病死率为 24‰，近亲结婚者为 81‰。堂、表兄妹结婚，怪胎、自然流产、遗传病的发病率明显提高，有的病种可高出 150 倍（表 13.1）；先天性心脏病、无脑儿、脊柱裂等多基因遗传病非近亲发病率为 0.57‰，近亲为 1.64‰。

表 13.1　隐性遗传病的发病率与近亲结婚的关系

病名	隐性遗传病的发生率		表兄妹结婚发病率为非近亲结婚的倍数	此病患者中表兄妹近亲结婚者所占比例/%
	非近亲结婚	表兄妹结婚		
苯丙酮尿症	1 : 14 500	1 : 1 700	8.5	35
色素性干皮肤	1 : 23 000	1 : 2 200	10.5	40
白化病	1 : 40 000	1 : 3 000	18.5	46
全色盲	1 : 73 000	1 : 4 100	19.9	53
小头畸形	1 : 77 000	1 : 4 200	13.3	54
黑蒙性白痴	1 : 310 000	1 : 8 600	35.7	70
先天性鱼鳞癣	1 : 1 003 000	1 : 16 000	63.6	80

近亲婚配还带来子女体质的明显下降，使体重减轻，身高变矮。例如，美洲哥伦比亚与委内瑞拉交界处的莫迪洛里斯山森林里有一个部落，叫“尤斯卡”，因一直行部落内近亲婚配，身高仅有 0.6～0.8m，最高的也不及 1m。此外还有历史上著名的欧洲王室的血友病、土耳其阿克亚勃的“两性之乡”、西班牙的“多指村”，以及巴西的“白毛人”岛等，都是近亲婚配的结果。

总之，隐性遗传病杂合体间的婚配，是生育患儿的最主要来源。因此必须劝阻两个杂合体间的结婚。在尚无条件进行杂合体检测时，则应尽量避免近亲结婚。

4. 提倡适龄生育

女性从月经初潮到绝经前都可生育。合适的生育年龄要兼顾产科生理、优生和人口控制三方面因素。一个人的性成熟并不意味着全身各器官系统都已发育成熟，尤其是高级神经系统和骨骼系统的发育与功能的完善，往往要迟于生殖系统数年之久。女性从初潮到生殖器官基本发育成熟一般是13～18岁，但身体其他器官完全发育成熟要到23岁之后。过早生育，使年轻的女性不但要承担营养胎儿的繁重任务，还要继续完成自身的发育过程，往往会导致孕妇自顾不暇，胎儿发育不良，难产、早产、流产和胎儿畸形的发生率较高。另外，过早生育对年轻夫妇的学习和工作及对子女的教育与培养都是不利的。

推迟生育年龄也不是越晚越好。过晚生育既不利于母亲健康也不利于优生。35岁以上的高龄妇女，卵子的染色体老化、畸变的可能性增大，导致胎儿畸形、智力低下、死胎等染色体疾病发病率升高，这可能与卵细胞在妇女体内从发生到成熟的时间过长有关（详见第二章）。卵子的“年龄”越老，在母体内受多种因素的作用时间就越长，由此导致染色体不分离、行为迟滞而丢失的可能性就越大。另外，产妇年龄过大，分娩困难，妊娠并发症及胎儿损伤和病死率都会增加。

男性生育年龄过大，精子的基因突变率和染色体畸变率也相应增加，精子的质量和数量都得不到很好的保证，对胎儿的健康也非常不利。

据资料统计，年龄为35～39岁和≥40岁的妇女，生育染色体患儿的危险率分别为1.3%和3.9%。年龄小于20岁的妇女与年龄为35～39岁的妇女相似。20岁以下的母亲生出先天畸形的发生率比25～29岁组高50%，35岁以上的母亲，生出21-三体综合征患儿的发生率要比25～29岁母亲高5倍，40岁以上者则高出10～15倍。因此，适龄生育对父母和子女双方都是有利的。综合上面的两种利弊，一般认为，妇女生育的比较合适的年龄是24～29岁，男子则是26～30岁。

5. 开展遗传咨询

遗传咨询（genetic counseling）或称遗传商谈，是医生应用遗传学和临床医学的基本原理和技术，通过询问、检查、收集家族史来解答遗传病患者或其亲属提出的有关该病病因、遗传方式、诊断、治疗及预后等问题，在考虑对个人、家庭和社会产生的利弊上，给予婚姻、生育、防治、预后、教育等方面的医学指导，尽可能降低患儿的出生率并估计再发危险率。

（1）遗传咨询的对象

1）曾生育过先天畸形儿的夫妇。

2）曾生育过先天性疾病或家族中有遗传性疾病患者。

3）本人或家族中有先天性智力低下者。

4）有原因不明的流产、死胎、死产史者。

5）近亲结婚的夫妇。

6）一方或双方有遗传性疾病的夫妇。

7）性腺发育不全或两性畸形者。

8）原发闭经或不明原因的闭经。

9）年龄在35岁以上的孕妇。

10）妊娠早期接触过致畸因素者。

（2）遗传咨询的程序

1）详细询问病史、家族病史及致畸因素等，并作好记录。

2）检查与诊断。包括一般体检、妇科及有关专科的检查。

3）综合分析。根据病史、家族史及检查、检验结果作出诊断。

4）提出处理和指导意见。

（3）遗传咨询的类型

1）婚前咨询：父母健康是子女健康的基础和保证，因此，婚前咨询对优生优育具有重要意义，通过咨询了解双方的生理条件或时机是否合适结婚。首先，在婚前进行家族史的调查和身体检查，可以及早地发现遗传病及遗传缺陷，以便得到针对性的指导。例如，若双方为直系血亲或三代内旁系血亲，可明显增加遗传病、先天畸形、智力发育缺陷及流产的发生率，应禁止结婚。若双方有患麻风、严重痴呆或精神病，生活不能自理，并且有高度的遗传性者应说服并制止其结婚。其次，婚前体检，可以及时发现问题，从而获得有关婚姻与生育方面的指导。例如，有些疾病患者生活可以自理，但下一代会有严重缺陷，应劝其婚前绝育。若男方或女方生殖器官发育异常，则需婚前治疗，以免婚后发觉，增加家庭和社会的不安定因素；另外，婚前检查，可以使未婚的男女青年了解性和生育知识，过好婚后生活，安排好计划生育。

2）孕前咨询：通过咨询，安排理想的受孕时刻，保证孕期母儿的健康。例如，如果女方患有慢性病，应积极治疗，待疾病得到控制，身体能够胜任妊娠负担或不具有传染性时再受孕。如果长期接触对胎儿有毒性的物质，长期服用某些药物或由于职业原因长期接触某些化学物质，都应当在受孕前一段时间避免接触这些物质。因为这些物质会影响卵子或精子的发育，或可以蓄积在体内对胎儿产生毒性作用。

3）产前咨询：主要遇到的问题是，夫妻双方中的一方或家属有遗传病或先天畸形，生育患病小孩的风险，能否预测？已生育过患儿，再妊娠是否会再生育同样患儿？孕期接触过射线或某些化学物质，会不会影响胎儿健康发育等。

4）一般遗传咨询：常碰到的问题是，本人有遗传病家族史，这种病是否会累及本人或子女？某种畸形是否是遗传病，能不能影响后代？习惯性流产、夫妻多年不孕，希望能得到生育指导；已诊断的遗传病询问治疗方法；接触过射线、化学物质会不会影响后代等。

6. 进行产前诊断（详见第十二章）

总之，让健康的、优秀的基因得到更多的繁殖机会，逐步改善人类基因库的品质，使人类的体力和智力不断增强，这种优生思想从生物学角度看是合理的，也是必要的。但是由人构成的社会与畜群毕竟有本质的不同，人种的改善不同于牲畜优良品种的培育，任何无视人的社会性而实行的择优授精，都是违背伦理学、也是行不通的。优秀的基因从表型推断并不容易，“天才”的后代并不都是“天才”，即使知道某些家族的基因型是比较好的，我们也不能包办婚姻，在计划生育的国策下，“优秀的个体”多留子女的主张也是同样受到约束的。

第二节　优　　育

优生的重点是减少或根除各类遗传病，保证后代的健康。但是，要得到身心健康的后代，除了要有良好的遗传素质外，还要注意孕期保护及婴儿的抚养教育，即优育。优育可以使优良的遗传素质得到充分地表现。这就好比种庄稼要想获得高产，除了需要优良的品种之外，还需要根据品种的要求，采取合理的栽培措施和田间管理措施，使良种的优秀品质得到充分展现。优生是强调“生”得“优”，优育则是强调“育”得“优”，优育与优生是相辅相成的系统工程。优育的研究包括优境学、优形学和优心学。

一、优 境 学

人体的发生与发育可大致分成妊娠前和妊娠后两个阶段，在这两个阶段中，环境都是影响人体健康的重要因素。在妊娠前阶段，有害的环境因素可影响精子和卵子的形成，引起生殖细胞的染色体畸变或基因突变，影响优生。妊娠后阶段包括胚胎发生期、器官形成期和胎儿期，这些时期尤其是器官发生期对致畸因素非常敏感，必须重视这个阶段的保健与防范。

优境学（euthenics）主要研究如何在受精以后，改善孕期、婴儿期及青少年期的外部条件，以保证个体的体格和智力的发展。主要内容包括：孕期医学、围产期医学、幼儿和儿童的保健和教育工作等。

孩子出生前，母体内的环境对胎儿的发育有着直接的影响。各种化学因素、物理因素和生物因素均可导致死胎、畸形或自然流产。

（一）化学因素

工业“三废”、某些食品添加剂、农药、除草剂、食品工业中的亚硝酸盐和生产洗衣粉的乙烯类物质、汞铅等重金属离子、多环芳烃类、碳氢化合物、烷基化合物、苯类化合物及黄曲霉素等许多化学物质均有致畸作用。目前已知有600种以上的化学物质可经胎盘进入胎体而影响胎儿发育，在严重化学污染区内，无脑儿、畸形儿、痴呆儿等的发病率有逐年升高的趋势。

1. 金属离子

铅、铝、汞等金属离子对胚胎发育有多种不良影响。例如，铅能引起流产，同时对胎儿神经系统有损害，与胎儿小头畸形有明显的剂量关系；频繁接触含铝化合物不仅对神经系统有损害，对生殖细胞也有致畸作用，孕妇要慎用铝制药物及铝制炊具；有机汞可致胎儿先天性脑病，而甲汞可导致神经元损害和细胞丧失。

2. 石油化工毒物

据报道，接触乙二醇醚可导致胎儿唇裂发生率上升。丙烯腈、二甲基酰胺、丁二烯、苯酚、汽油等对女性生殖功能均有危害，并能致畸。孕妇 CO 中毒，可致胎儿脑损伤或四肢畸形。

3. 农药

农药包括杀虫剂、灭鼠剂、除霉剂及它们的残留物。频繁接触农药对孕妇及胎儿的损害是多方面的。除可导致出生缺陷发生率增加外，还会使死胎、死产、围产儿病死率增加。例如，有机磷（农药）中毒，可导致胎儿多种畸形。

4. 药物

据报道，有多种药物，包括抗生素、激素、镇静剂、避孕药等都可导致胎儿畸形。有些药物如果过量使用，也会对胚胎造成不利影响。例如，庆大霉素、卡他霉素、链霉素、四环素、奎宁、氯喹、氯霉素、灰黄霉素等可致畸；磺胺药对胎儿有致畸或杀胚胎作用；孕早期接触雌激素，婴儿心脏出生缺陷率明显升高；安眠药可能导致骨骼、心脏、肾、神经及泌尿性生殖系统缺陷；大剂量的阿司匹林具有致畸作用；维生素A过量可使胎儿骨骼畸形、脑畸形或发生先天性白内障；维生素D过量会导致胎儿或新生儿血钙过多，发生主动脉及肺、肾动脉狭窄及智力发育障碍；维生素B长期较大剂量服用，可造成胎儿短肢畸形和感觉性周围神经病。

国内外大量临床实践证明，避孕药对身体是无害的。但有些作者认为它可致胎儿脑积水、脑膜膨出或大血管错位等，并有极微弱的致突变作用而主张不要常年使用。目前多数人认为，如需长期避孕，应以各种避孕方法交替使用为宜，不要常年使用一种避孕药，并认为受孕半年前应停止使用。

1954年，西德生产了一种镇静剂，称为“沙立度胺”（thalidomide），属于非苯巴比妥类安眠药，用于治疗麻风发热和疼痛。因具有镇痛安眠作用，被用于治疗妊娠呕吐，故被称之为“反应停”。英国、瑞士、瑞典、秘鲁、加拿大、日本引进后，连年生下许多缺肢短臂或四肢俱缺的怪胎，形似海豹，故名“海豹症”（图13.3）。婴儿除四肢畸形外，还有脑积水、缺耳、无眼、腭裂、肛门闭锁、骨骼发育不全等异常表现。在该药最畅销的国家中畸形儿特别多。仅在1962年5月至1963年3月，出生这种畸胎数：西德5500例，英国8000多例，日本共3000余例（官方报道）。该药于1962年9月13日停止出售（1961年停产），并从大小药店回收掺入此药的药品。之后又经过一个妊娠周期（9个月）的观察，已无“海豹症”畸胎出现。

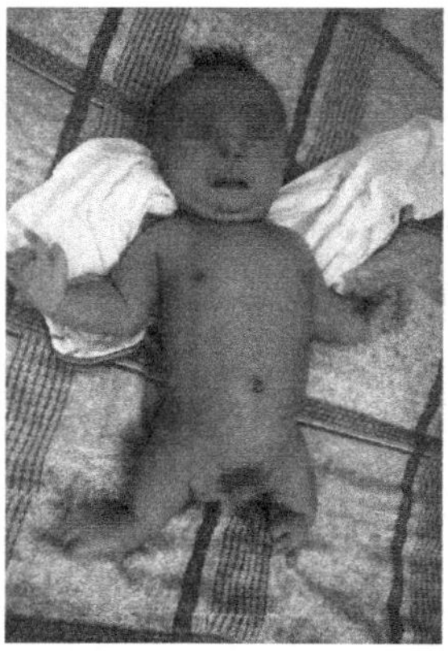

图13.3　“海豹症”畸形

药物对胚胎发育的影响越来越受到关注。药物既可以通过胎盘直接作用于胎儿，也可以改变母体生理或生化状态而产生间接作用。有些药物对孕妇起治疗作用，但对胎儿可能中毒或致畸。因此，怀孕期间尽量不要用药，必须用药时，一定要在医生指导下慎用药物。

（二）物理因素

各种放射线、高温、噪声、微波、超声波、机械性损伤等均有致畸性。

大量研究表明，放射线可影响妊娠，主要对胎儿发育有不良影响，会引起胚胎或胎儿发育缺陷、畸形、白血病、恶性肿瘤以至死胎。例如，日本广岛和长崎原子弹爆炸后出现了多种先天性疾病和恶性肿瘤。有资料显示，由于医疗或其他原因，在宫内受到照射的胎儿，出生后10～15年内恶性肿瘤或白血病的发病率明显增高。

微波辐射可导致胎儿染色体畸变；超声波可使某些动物子代神经免疫等系统发育不良，从而出现先天性疾病；高温、高噪声环境可导致胎儿畸形。

（三）生物因素

生物因素主要包括多种致病性病毒、原虫和螺旋体。

对胎儿影响较大的病毒有风疹、流行性感冒、麻疹、水痘、天花、肝炎等十多种。风疹病毒可致先天性风疹综合征，还可影响到神经系统等其他系统。1941年，澳大利亚眼科医生

Norman McAlister Gregg 首次报道了在 78 例患有先天性白内障的婴儿中，有 68 例的母亲在妊娠早期患过风疹；1964 年，美国发生一次风疹大流行，使 3 万小儿患先天性疾病，症状有：红斑、血小板减少、肝脾肿大、黄疸、肝炎、肺炎、心肌损害及骨骼异常等。流行性感冒是一种常见呼吸道传染病，孕妇感染流行性感冒病毒可致胎儿唇裂、中枢神经异常，甚至可增加儿童恶性肿瘤的发生率。单纯疱疹病毒Ⅱ型可造成小头畸形、脉络膜视网膜炎等先天畸形。所以孕妇应尽量避免感染上述病毒，在感染后要在医生的指导下给予及时合理的治疗。胎儿出生后应及时接种疫苗，使其获得免疫力。

解脲支原体感染可造成自然流产、死胎和出生缺陷率的增高；怀孕早期感染弓形属寄生虫会出现流产、死胎，以及无脑儿、小头、小眼、先天痴呆、先天性耳聋等多种出生缺陷。猫狗是这种弓形虫的主要携带者，所以孕妇最好不要接触猫、狗或猫粪、狗粪。

（四）嗜好因素

吸烟、酗酒等不良的嗜好同样会对胎儿产生不良影响。

1. 吸烟

香烟在燃烧时产生的烟雾中大约含有 750 多种对人体有害的化学物质，主要是尼古丁、氰化物、一氧化碳、煤焦油等。这些有害物质可以通过胎盘进入胎儿体内，引起胎儿在子宫内发育迟缓、出生时体重下降、流产、早产和先天畸形等，还可导致围产期病死率升高，并有致子代癌症的风险。孕妇吸烟可危害胎儿是美国人在 1957 年发现的。当时发现孕妇每日吸烟 10 支以上者，导致发育迟缓，胎儿和胎盘都小于胎龄，称“小样儿”（1985 年命名为烟草综合征）。据统计，孕妇每日吸烟量在 20 支以下，胎儿出生前后死亡危险率为 20%，20 支以上则为 35%，而且可使婴儿先天性心脏病增加一倍。父亲吸烟者对胎儿也有同样的影响。两位国外学者观察了 5200 次妊娠后发现，婴儿严重先天性畸形的频率随吸烟量的增加而增加。父亲每日吸烟 0、1～10 支、10 支以上，先天性严重畸形婴儿的发生率分别为 0.8%、1.4%和 2.1%。

2. 酗酒

孕妇在孕期中经常饮烈性酒，可导致胎儿发育异常。1978 年有人报道，孕妇酗酒引起“胎儿酒精综合征”（1973 年正式命名），主要表现为：小头、小眼裂、小下颌，心脏畸形，皮纹异常，关节发育异常，生长发育迟缓等。饮酒过量的孕妇分娩出畸形儿的可能性达 30%。由于一些人常在周日休息时喝得酩酊大醉，当晚又正好受孕而导致缺陷儿的出现，这些缺陷儿被特称为“星期日婴儿”。

前苏联科学家鲍达格维奇研究证实，男子大量饮酒后，精液中有 70%的精子发育不全，如果受孕，将有 26%的胎儿出现先天畸形。乙醇同样会引起女性的生殖功能损伤，导致卵子异常。饮酒对胎儿的影响已逐渐被人们重视。

在胚胎发育的不同阶段对致畸因子的敏感性有着明显的差异，大致可以分成三个阶段。①最大毒性期。受精后的第 1～2 周，致畸因子作用于这个时期时，胚胎可有两种转归，若致畸因子较弱，只使少数细胞受害，胚胎的调整潜力使已损失的细胞得以补偿，不至于出现异常；若致畸因子较强，胚胎的全部细胞或大部分细胞遭受破坏，引起胚胎死亡。约有 50%的妊娠便是终止于这个阶段。因为这时胚胎很小，停经天数也少，故常未被孕妇发现，实际上的“流产”却被当作过了期的“月经”。②敏感期。第 3～8 周。此期是细胞高度分化时期，大部分致畸因子对胚胎都高度有效，使其在这些高效致畸因子作用下产生许多缺陷。在同一时期内，体内各器官系统对致畸因子的敏感性可能各有差异。③低敏感期。自第 3 个月至出生。胚胎发育至第 8 周时，其长度虽仅 40mm，质量也仅 2～2.7g，但 90%的器官系统已形成，上下肢芽已出现，外形已似人样（性别尚不能确定）。自第 3 个月开始已进入胎儿期，此期长达 7 个月，各器官系统的分化已渐趋完善，对致畸因子的敏感性迅速下降，但小脑、大脑皮质和泌尿生殖系统还在不断地分化，故在这些结构中有一些仍保持着对致畸因子的敏感性。

药物对胎儿的作用，取决于胎儿发育的不同时期、剂量大小、持续使用的时间、通过胎盘的速度及器官对药物的敏感性。整个怀孕过程一般分为三期：1～3 个月为第一期，4～7 个月为第二期，8 个月至分娩为第三期。药物对第一期的影响主要引起畸形，对第二及第三期的影响主要引起功能性障碍，特别是肝及神经系统的损害。怀孕第 18～60d 是致畸的敏感期，高峰在第 30d 左右。

孩子出生后，为了使孩子体格发育正常，健康活泼，我们必须做到一系列优育措施：坚持母乳喂养；保证小儿营养摄入，注意辅食的添加，合理地喂养；定期对小儿进行体格检查（包括身长、体重等各项指标）；进行计划免疫（包括结核、百日咳、破伤风、白喉、灰髓炎、麻疹等）以预防传染病；还要防止婴儿期贫血、佝偻病、营养不良的发生。除此之外就是要加强小儿的早期教育，最早在胎儿期就应该进行教育，出生后要观察小儿的神经精神发育（包括大运动、精细运动、社会适应能力和语言等的发育）是否正常；同时要培养孩子的良好个性和加强道德品质的教育，父母要以身作则，做好榜样。

二、优　形　学

优形学（euphanics）通过改善和控制人体的生长发育过程，使表型更趋完善。同时，运用最新的医疗手段，包括药物和手术来治疗遗传病或矫正有缺陷的表型，以达到补偿或挽救某些遗传病个体。例如，用激素改善第二性征发育不良，通过手术治疗先天性幽门狭窄、唇裂、腭裂等。目前，已经开始研究和尝试畸形胎儿的宫内手术，在有些临床研究单位已经取得成功。此外，优形学还主张改善环境条件以控制表型的形成。例如，有人主张，在胚胎期或婴儿期，通过加强母体或新生儿的营养有可能使胎儿或婴儿的脑细胞增多，使婴儿的智力加强。

三、优　心　学

优心学（eupsychics）通过教育学和心理学，使人类的潜能得到更好发展。一方面使孕妇在孕期保持良好心理状态，以保证胎儿的健康发育；另一方面则致力于培养婴幼儿的良好心理素质。

现代医学证明，人类的精神状况将影响机体的生理过程，有意识和无意识的心理活动如情绪、思维、记忆、想象等都能影响体内平衡与适应能力，因此孕妇应保持愉快的心情。从这种观点出发，应该避免未婚生育。未婚先孕对孕妇的生理和心理极其有害，从而对胎儿的发育造成不良影响。未婚怀孕后，孕妇心理压力很大，精神负担沉重，忧心忡忡而茶饭无趣，这不仅对孕妇的健康不利，更重要的是使胎儿得不到充足的营养，导致先天不足，发育不良。另外，由于种种原因，有些未婚先孕的女性不允许生下所怀的孩子，只好做人工流产来终止妊娠，有的甚至做多次刮宫，不仅给女性的身心带来严重创伤，还会造成许多并发症或后遗症，如盆腔感染、子宫出血或损伤、月经不调、闭经、继发不育等。一些未婚先孕的女性，在人工流产之后，往往得不到充分的休息和调养，并且由于害羞，对人工流产并发症不能及时治疗，留下严重的后遗症。

除了保证孕妇在怀孕过程中保持良好的心理状态外，优心学还要研究怎样培养幼儿有健全的心理状态和优美的行为。胎儿具有听、视、皮肤感觉等功能，因此胎教也是优育的一项重要内容。广义的优育工作也包括良好的家庭教育、学校教育和社会教育。

总之，只有把优生与优育相结合，才能使人口素质不断提高，使我们的民族更加优秀。

思 考 题

1. 解释名词：优生学、优境学、优形学、优心学、遗传咨询、试管婴儿、胚胎移植、携带者。
2. 优生学的发展经历了哪些阶段？请简述各阶段的主要优生思想和优生措施。
3. 简述优生学的主要研究领域。
4. 谈谈你对优生工作重要性的认识。
5. 你认为克隆人会取得成功吗？谈谈你对克隆人工作的看法。
6. 简述“多莉”的繁育过程。
7. 请查阅相关资料，谈谈试管婴儿技术的重要意义和应用价值。
8. 优育包括哪些内容？
9. 试述优生与优育的关系。
10. 请从优生优育角度谈谈环境保护的重要性。

主要参考文献

程罗根. 2005. 人类遗传学. 南京：南京师范大学出版社
方宗熙. 1980. 略谈优生学. 遗传，2（3）：48-49
况花荣，王小丽. 2010. 人类辅助生殖衍生技术. 科技信息，11：32
梁志成. 1992. 遗传优生与生殖工程. 广州：暨南大学出版社
潘凯元. 2012. 遗传与优生学基础（中职助产）. 北京：科学出版社
吴旻. 1980. 关于优生学. 遗传，2（3）：40-42
姚敦义. 1990. 遗传学. 青岛：青岛出版社
张寅. 2012. 人类辅助生殖技术的临床研究进展. 国际生殖健康/计划生育杂志，31（2）：108-114
赵刚，彭惠民. 1998. 医学遗传学教程. 北京：科学出版社
周云. 1986. 遗传与优生手册. 沈阳：辽宁大学出版社
左伋. 2001. 医学遗传学. 4 版. 北京：人民卫生出版社

14 第十四章 表观遗传

遗传学是以基因为核心的学科。遗传学的研究表明，基因决定着生命过程中所需要的各种蛋白质，决定着生命体的表型。基因结构的改变会引起生物体表现型的改变，而这种改变可以从上代传到下代。但随着研究的不断深入，人们发现了一些经典遗传学理论无法解释的现象，即在基因的DNA序列不发生变化的情况下，一些生命体的表型却发生了改变。例如，马和驴正反交的后代差别较大，马骡（公驴和母马的后代）像马，体大、耳小而尾部蓬松；驴骡（母驴和公马的后代）像驴，体小、耳大而尾毛较少。再如，同卵双生的双胞胎具有完全相同的基因组，在同样的环境中长大后，他们在性格、健康等方面应该非常相似。但是一些孪生子长大后往往在性格、健康和疾病易感度等方面存在很大的差异，而且随着年龄的增长，个体差异越来越大。这种表现型变化不直接涉及基因的序列信息，因而是“表观”的（apparent），称之为表观遗传变异（epigenetic variation），又叫表观遗传修饰（epigenetic modification）。于是，遗传学研究的一个新领域——表观遗传学（epigenetics）就逐步诞生了。

第一节　表观遗传学的研究内容

人类基因组序列测序的完成，标志着功能基因组研究将在生命科学领域中占据越来越重要的地位。阐明在特定的条件下，基因选择性表达所依赖的调控信息及其相互作用的分子机制，是揭示生命现象本质的核心问题，是结构基因组之后的功能基因组研究的重要内容。真核基因的表达受细胞核内、核外多层次的调节，呈现多级调控，包括遗传调控和表观遗传（epigenetic inheritance）调控。遗传调控包括基因转录、转录后加工、翻译及翻译后修饰等环节；表观遗传调控是指转录前基因在染色质水平上的结构调整，它是真核基因组一种独特的调控机制，所以表观遗传调控又被称为以染色质为基础的基因表达调控。

一、表观遗传学的诞生与发展

1939年，英国科学家Conrad H Waddington首先在《现代遗传学导论》中提出了epigenetics这一术语。他在研究生命体的基因型和表型的关系时指出，基因型的遗传是遗传学研究的主旨，而基因型产生表型的过程则属于表观遗传学研究的范畴。他认为细胞的分化不是基因的丢失所致，而是不同类型细胞内基因所处的工作状态不同，因此，Waddington最初是用表观遗传来阐述基因表达与分化发育之间的关系。

1975年，Robin Hollidy将表观遗传学定义为“在复杂有机体的发育过程中，对基因活性在时间和空间中调控机制的研究”。他认为表观遗传学不仅在发育过程，而且也应在成体阶段研究可遗传的基因表达改变，这些改变不涉及DNA序列的变化，可以通过有丝分裂和减数分裂在细胞和个体世代间传递，也就是说表观遗传是非 DNA 序列差异的核遗传。

1996 年 James G Herman 和 Stephen B Baylin 发明甲基化特异性 PCR（methylation-specific PCR，MSP）技术，并发现肿瘤细胞中抑癌基因启动子区 CpG 呈高甲基化状态。MSP 技术的原理是：DNA 经亚硫酸氢钠处理后，所有未甲基化的胞嘧啶发生脱氨基变为尿嘧啶，而甲基化的胞嘧啶则不变。基于这种碱基的改变，然后设计针对甲基化和非甲基化序列的引物并进行 PCR 扩增，最后通过琼脂糖凝胶电泳分析，确定与引物互补的 DNA 序列的甲基化状态。

1999 年，Alan Wolffer 将表观遗传学定义为“在 DNA 序列上没有变化，但在基因表达上却发生了可遗传的变化”。

1986 年杜尔贝科提出人类基因组计划之后，1999 年欧洲就成立了人类表观基因组协会（Human Epigenome Consortium，HEC，http: //www. epigenome. org），2003 年 10 月，该协会宣布开始实施人类表观基因组计划（human epigenome project，HEP），美国国立卫生研究院也启动了专项资金来资助表观遗传学的研究。人类表观基因组计划是要绘制出不同组织类型和疾病状态下的人类基因组甲基化可变位点（methylation variable position，MVP）图谱。2009 年 10 月，美国科学家 Joseph Eoker 等在《自然》杂志发表了对两种人类细胞表观基因（甲基化）组图谱，这是人类表观基因研究史上的第一个表观基因组图谱，也是表观遗传学研究的一个巨大飞跃。

目前认为，基因组含有两类遗传信息，一类是传统意义上的遗传信息，即 DNA 序列所蕴含的遗传信息，它提供生命的编码信息；另一类是表观遗传学信息，它决定了何时、何地、以何种方式去应用遗传信息的指令。因此，表观遗传学是与遗传学相对应的概念，是在研究与经典孟德尔遗传学遗传法则不相符的许多生命现象过程中逐步发展起来的。与经典遗传学以研究基因序列影响生物学功能为核心相比，表观遗传学主要研究这些“表观遗传现象”的建立和维持的机制。近年来，表观遗传学已成为基因表达调控的研究热点之一。表观遗传现象包括 DNA 甲基化、RNA 干扰、组蛋白修饰等。

二、表观遗传学的研究内容

表观遗传学（epigenetics）是研究基因型不发生变化的情况下产生的基因表达的可遗传改变的学科。表观遗传学的研究主要涉及两方面内容，一是基因选择性转录表达的调控，包括 DNA 甲基化、组蛋白共价修饰、染色质重塑、基因印记和 X 染色体失活等；二是基因转录后的调控，主要包括基因组中非编码 RNA、微小 RNA（micro RNA，miRNA）、反义 RNA、内含子等。

（一）DNA 甲基化

DNA 甲基化（DNA methylation）是指在 DNA 甲基化转移酶（DNA methyltransferase，Dnmts）的作用下，将 *S*-腺苷甲硫氨酸（*S*-adenosyl methionine，SAM）的甲基转移到胞嘧啶的 5′位，胞嘧啶被修饰为 5-甲基胞嘧啶（5-methylcytosine，5mC）的过程（图 14.1）。DNA 甲基转移酶分两种：一种是维持甲基化酶，Dnmtl；另一种是重新甲基化酶如 Dnmt3a 和 Dnmt3b，它们使去甲基化的 CpG 位点重新甲基化。在脊椎动物中，CpG 二核苷酸是 DNA 甲基化发生的主要位点，CpG 常成簇存在，基因组中富含 CpG 的一段 DNA 称为 CpG 岛（CpG island），通常长度为 1～2kb。

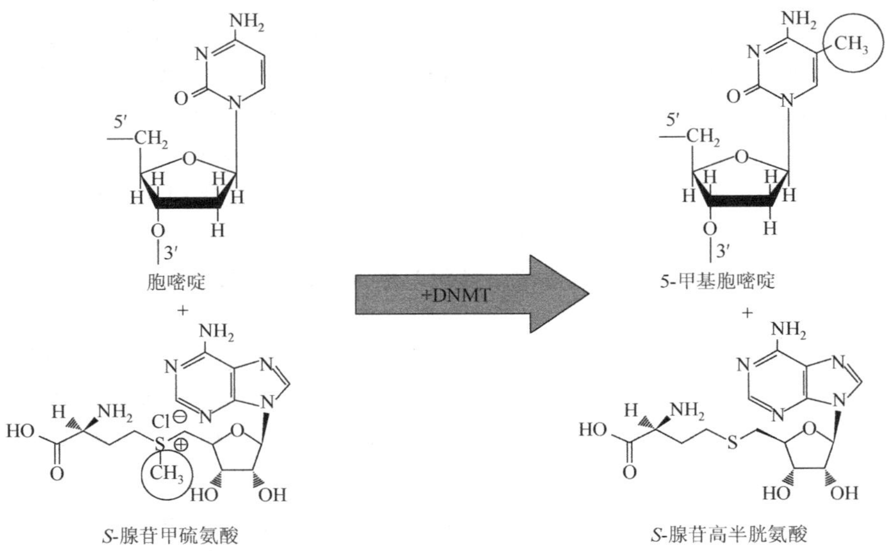

图 14.1　胞嘧啶甲基化反应

CpG 岛常位于转录调控区附近（图 14.2）。目前认为，基因调控元件（如启动子）的 CpG 岛中发生 ^{5}mC 修饰会在空间上阻碍转录因子复合物与 DNA 的结合，因此 DNA 甲基化一般与基因的沉默相关联。一般认为，DNA 甲基化程度越高，这段 DNA 被转录成 RNA 并翻译成有功能蛋白质的可能性越小。体内甲基化状态有三种：持续的低甲基化状态，如持家基因；诱导的去甲基化状态，如发育阶段中的一些基因；高度甲基化状态，如女性的一条缢缩的 X 染色体。在细胞分化的过程中，基因的甲基化状态将遗传给后代细胞。

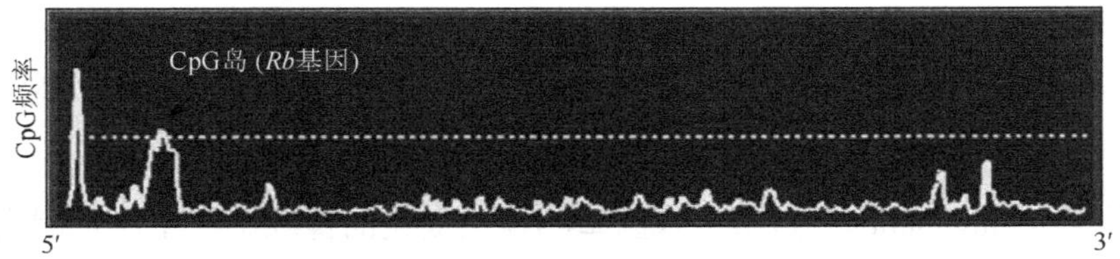

图 14.2　*Rb* 基因的 CpG 频率

（二）基因组印记

基因组印记（genomic imprinting）是指来自父方和母方的等位基因在通过精子和卵子传递给子代时发生了修饰，使带有亲代印记的等位基因具有不同的表达特性。有些印记基因，在来源于父本的基因组中表达，而来源于母本的等位基因不表达，另一些印记基因正好相反。例如，胰岛素样生长因子 2 基因（insulin-like growth factor 2，Igf 2）只表达源自父亲的等位基因，母源等位基因的表达被抑制。相反，胰岛素样生长因子 2 受体基因（insulin-like growth factor2 receptor，Igf 2r）为源自父亲的等位基因不表达，只表达母源等位基因。基因印记是 DNA 甲基化造成的，也包括组蛋白乙酰化、甲基化等修饰。在生殖细胞形成早期，来自父方和母方的印记将全部被消除，父方等位基因在精母细胞形成精子时产生新的甲基化模式，但在受精时这种甲基化模式还将发生改变；母方等位基因甲基化模式在卵子发生时形成，因此在受精前，来自父方和母方的等位基因具有不同的甲基化模式。

目前发现的印记基因大约 80%成簇，这些成簇的基因被顺式作用位点调控，该位点称为印记控制区（imprinting control region，ICR），该区域在双亲中的一个等位基因是甲基化的。ICR 在不同区域中对印记的调控存在差异。在一些区域中，未甲基化的 ICR 组成一个绝缘子，阻止启动子和增强子间的相互作用；在其他区域中，可能有非编码 RNA（non-coding RNAs）的参与，这种沉默机制与 X 染色体失活相似。在配子形成时期，非组蛋白和附近的序列单元可以影响到差异甲基化的建立。

基因组印记是由基因组修饰造成的表观遗传效应。印记基因的存在反映了性别的竞争，从目前发现的印记基因来看，父方对胚胎的贡献是加速其发育，而母方则是限制胚胎发育速度，亲代通过印记基因来影响其下一代，使它们具有性别行为特异性以保证本方基因在遗传中的优势。

（三）组蛋白共价修饰

组蛋白修饰是表观遗传学研究的重要内容。组蛋白的共价修饰可影响组蛋白与 DNA 双链的亲和性，从而改变染色质的松散或凝集状态，使 DNA 双链变得可以被基因调控蛋白作用，从而调节基因的表达。组蛋白在翻译后的修饰中会发生改变，从而提供一种识别的标志，为其他蛋白与 DNA 的结合产生协同或拮抗效应，它是一种动态转录调控成分，称为组蛋白密码（histone code），所有这些组蛋白密码，组合变化非常多，决定基因表达调控的状态。因此，组蛋白共价修饰可能是更为精细的基因表达方式。组蛋白共价修饰研究较为深入的是组蛋白乙酰化和甲基化。除乙酰化之外，还有磷酸化、腺苷酸化、泛素化、ADP 核糖基化等修饰方式，它们都是组蛋白密码的基本元素。这些修饰几乎都能改变组蛋白的电荷，影响组蛋白与 DNA 的结合特性。同时也能够募集专一蛋白复合物到它们的表面起作用。

1. 乙酰化

组蛋白的 N 端是不稳定的、无一定组织的亚单位，它延伸至核小体以外，会受到不同的化学修饰，这种修饰往往和基因的表达调控密切相关。尤其是组蛋白 H3 和 H4 的 N 端残基，可发生多种修饰。在转录活性区域组蛋白通常被乙酰化，使与其结合的基因处于转录活化状态，而低乙酰化的组蛋白位于非转录活性的常染色质区域或异染色质区域（图 14.3）。

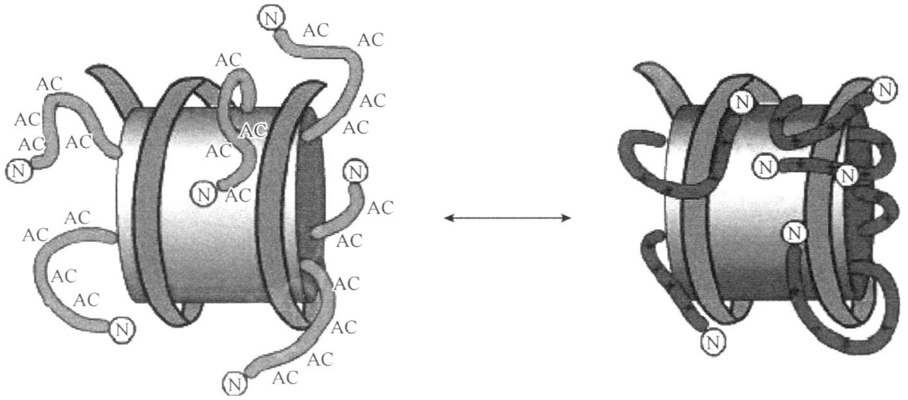

图 14.3 组蛋白乙酰化和去乙酰化对转录活性的影响

A. 乙酰化组蛋白与 DNA 结合松弛，染色质压缩程度低，有转录活性；B. 去乙酰化染色质结构精密，无转录活性

组蛋白乙酰化主要发生在N端的赖氨酸，由组蛋白乙酰基转移酶（histone acetyltransferase，HAT）和组蛋白去乙酰化酶（histone deacetylase，HDAC）协调进行。HAT主要是在组蛋白H3、H4的N端末尾的赖氨酸加上乙酰基，HDAC的功能则相反。乙酰基转移酶家族可作为辅激活因子调控转录，调节细胞周期，参与DNA损伤修复，还可作为DNA结合蛋白。去乙酰化酶家族则与染色体易位、转录调控、基因沉默、细胞周期、细胞分化和增殖以及细胞凋亡相关。

2. 甲基化

组蛋白的甲基化也是一种常见的基因表达调控方式。这种修饰作用可使染色体的结构产生变化。组蛋白甲基化是由组蛋白甲基转移酶（histone methyltransferase，HMT）完成的，甲基化可发生在赖氨酸和精氨酸残基上，赖氨酸残基能够单、双、三甲基化，而精氨酸残基能够单、双甲基化，这就极大地增加了组蛋白修饰调节基因表达的复杂性。目前认为，组蛋白精氨酸甲基化与基因激活相关，而H3和H4精氨酸的甲基化丢失与基因沉默相关。相反，赖氨酸甲基化似乎是基因表达调控较为稳定的标记。

3. 磷酸化

组蛋白的磷酸化修饰是另外一种重要的调控方式，在基因转录、DNA修复、细胞凋亡及染色质凝聚等过程中起调控作用。磷酸化诱导基因转录的分子机制还不是很清楚。目前的研究认为，磷酸化修饰可能是通过两种机制影响染色体的结构与功能：①磷酸基团携带的负电荷中和了组蛋白上的正电荷，造成组蛋白与DNA之间的亲和力下降，提高基因的转录活性；②修饰能够产生蛋白识别模块（protein recognition modules）的结合表面，与特异的蛋白复合物相互作用。

4. 泛素化

泛素（ubiquitin）由76个氨基酸组成，是真核生物细胞内高度保守的一种多肽。泛素经过一系列步骤结合到底物蛋白上，底物蛋白的多泛素化可使底物蛋白发生26S蛋白酶体（proteasome）介导的泛素依赖性蛋白质水解，蛋白质的这种及时的选择性降解在细胞的许多代谢过程中起关键作用，如参与细胞周期调控、信号传导、应激反应、受损或错误折叠蛋白的清除及DNA修复等。

组蛋白的泛素化参与基因的修复、复制及表达的调节等。例如，对酵母的研究发现，组蛋白H2BK123的泛素化早于H3K4和H3K79的甲基化，表明其可能在启动染色质的修饰而促进转录中有重要功能。在出芽的酵母中，H2BK123的去泛素化是H3K36甲基化和激活基因表达的前提条件，同时去泛素化还可降低H3K4三甲基化的水平。

（四）染色质重塑

在基因的复制和重组等过程中，对应基因尤其是基因的调控区，染色质的包装状态、核小体和组蛋白及对应的DNA分子会发生一系列的改变，这些改变就是染色质重塑（chromatin remodeling）。染色质重塑可导致核小体位置和结构的变化，引起染色质变化。染色质重塑可以重新定位核小体，改变染色质对核酶的敏感性。在染色质重塑过程中，核小体滑动可能是一种重要机制，它不改变核小体结构，但改变核小体与DNA的结合位置。在重组过程中，核小体的组蛋白可能与DNA分离，然后核小体经过重排、结构变化后，与DNA重新组装，产生新的结构形式。整个过程是可逆的，受其他因子调节，某些因子可决定反应进行的方向。染色质重塑复合物、组蛋白修饰酶的突变均和转录调控、DNA甲基化、DNA重组、细胞周期、DNA复制和修复的异常相关，这些异常可引起生长发育畸形，智力发育迟缓，甚至导致癌症。

染色质重塑主要有两种类型（图14.4）。①依赖ATP的物理修饰。利用ATP水解所释放的能量，组蛋白和DNA的构象发生局部变化，使DNA超螺旋旋矩和旋相产生转变，转录因子更易靠近并结合核小体DNA，从而调控基因的转录进程。②共价性化学修饰。包括组蛋白末端乙酰化、磷酸化、甲基化和泛素化等修饰。这些修饰被称为组蛋白密码，控制着基因转录等染色质调控过程。

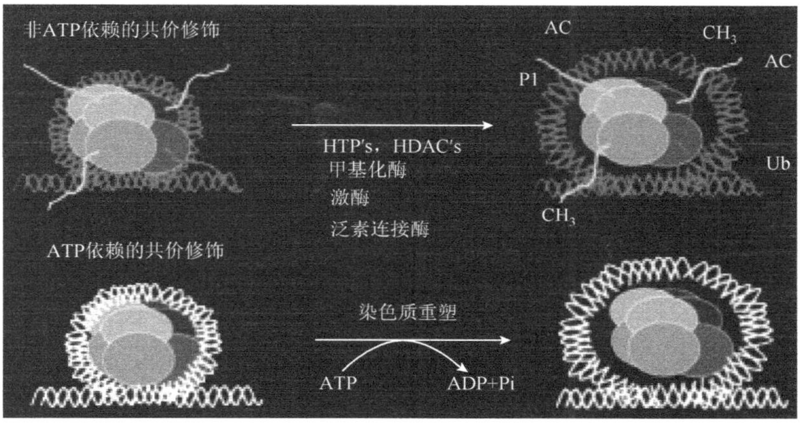

图14.4 染色质重塑模型

（五）RNA调控

1. 基因组中的非编码RNA

非编码RNA（non-coding RNA，ncRNA）是指各种不转译成蛋白质的RNA分子。DNA序列中专门转录成非编码RNA的部分称为RNA基因或非编码RNA基因。非编码RNA基因用来生产tRNA、rRNA及一些小RNA，如snoRNAs、microRNAs、siRNAs与piRNAs等；较大的则有Xist、Evf、Air、CTN与PINK等。

功能性非编码RNA在基因表达中发挥重要作用，按照它们的大小可以分为长链非编码RNA（long non-coding RNA，lncRNA）和短链非编码RNA（short non-coding RNA，sncRNA）。长链非编码RNA是一类转录本长度超过200nt的功能性RNA分子，参与X染色体沉默、基因组印记、染色质修饰、转录激活、转录干扰、核内运输等多种重要调控过程，lncRNA既有顺式调控作用，又有反式调控作用。在果蝇中调节“剂量补偿”的是roX RNA，该RNA还具有反式调节的作用，它和其他的蛋白共同构成MSL复合物，在雄性果蝇中调节X染色体活性。在哺乳动物中*Xist* RNA调节X染色体的失活。长链RNA常在基因组中建立单等位基因表达模式，在核糖核蛋白复合物中充当催化中心，对染色质结构的改变发挥着重要的作用。

短链RNA在基因组水平对基因表达进行调控，可介导mRNA的降解，诱导染色质结构的改变，决定细胞的分化命运，还对外源的核酸序列有降解作用以保护本身的基因组。常见的短链RNA为小干涉RNA（short interfering RNA，siRNA）和微小RNA（microRNA，miRNA）。siRNA是21～23nt的双链RNA，与靶mRNA序列有同源性，在双链两端各有两个突出的非配对的3′-碱基。siRNA是RNAi作用的重要组分，是RNAi发生的中介分子。内源性siRNA使细胞能够抵御转座子、转基因和病毒的侵略。miRNA是21～25nt的单链小分子RNA，5′端有一个磷酸基团，3′端为羟基，由具有发夹结构的70～90个碱基大小的单链RNA前体经过Dicer酶加工后生成。

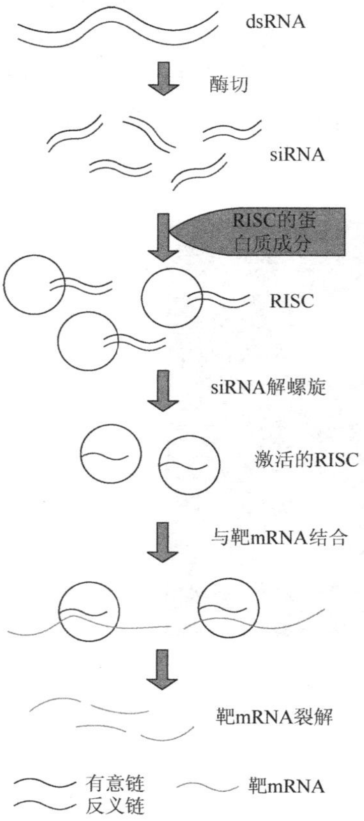

图 14.5　果蝇 RNAi 的作用机制

2. RNA 干扰

RNA干扰（RNA interference，RNAi）是一种细胞内不涉及DNA序列变化而由双链RNA（dsRNA）引发的可遗传的基因沉默机制。果蝇中RNAi的作用机理如图14.5所示。首先，RNA双链被核糖核酸内切酶（Dicer，一种RNaseIII nuclease）切割，产生21～23bp长的dsRNA片段，这些片段在5′-磷酸和3′-OH端含有双核苷酸突出末端，这种片段叫双链siRNA。真核细胞内另一组蛋白（the RNA-induced silencing complex，RISC），能够找到siRNA，利用ATP供能将双链siRNA解旋为一条自由的ssRNA和一条绑在RISC上的ssRNA。绑定的ssRNA与RISC复合物中的Ago-2蛋白结合，这条单链siRNA是序列特异性向导，它能和其他RNA中互补序列结合。最后，在单链siRNA介导下，和有互补序列的mRNA结合，在RISC复合物中的另外一种核糖核酸内切酶作用下，将目标mRNA降解，并在互补区域的3′-OH端切割形成突出末端，所以RISC降解产物也是21～23bp长。siRNA介导的序列特异性的mRNA降解会引起基因沉默，在转录后阶段抑制基因表达。

3. RNA 编辑

RNA编辑（RNA editing）是指在mRNA水平上改变遗传信息的过程。转录后的RNA在编码区发生碱基的插入、删除或替换（修饰），使转录产物不能忠实地反映模板DNA的一级序列，并产生多态性的基因表达产物。RNA编辑现象首先是在锥虫（Trypanosome）动质体（kinetoplastid）基因中发现的，一个基因转录产生的mRNA分子与“引导”RNA（guide RNA，gRNA）互补。gRNA分子是线粒体基因转录的长55～70bp的RNA，能通过正常的碱基配对途径，或通过G-U配对方式与mRNA上的互补序列配对而形成了一个杂合分子，增加了A-U和U-G碱基对（图14.6）。RNA编辑需要许多特定的酶及结合蛋白质的参与，另外还需要

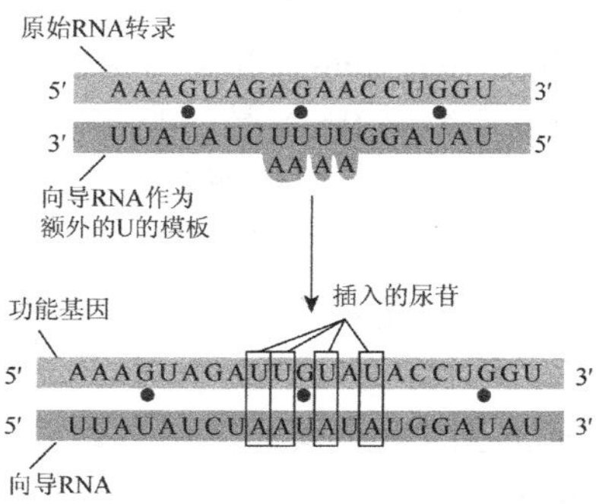

图 14.6　RNA 编辑的分子机制

经过多次酶促级联反应才能完成。目前对 RNA 编辑机制研究最清楚的是锥虫动质体中 U 的插入与删除编辑，其他编辑方式的机制还不是很清楚。

（六）X 染色体失活

在哺乳动物中，雌性个体细胞有两条 X 染色体，雄性个体细胞有一条 X 染色体。这类动物需要以一种方式来解决 X 染色体剂量的差异。在雌性哺乳动物中，两条 X 染色体有一个是失活的，称为 X 染色体的剂量补偿（dosage compensation）（详见第三章）。X 染色体失活的选择和起始发生在胚胎发育的早期，是一种反义转录调控模式，通过 X 失活中心（X-inactivation center，Xic）（位于 Xq13.3）控制。当失活的命令下达时，X 失活中心的 *Xist*（X-inactive-specific transcript，X 染色体失活特异性转录）基因，就会产生一个 17kb 的不翻译 RNA 与 X 染色体结合，引发失活（图 14.7）。X 染色体失活从 Xic 区段开始启动，然后扩展到整条染色体。X 失活中心还有“记数”的功能，即保持每个二倍体中仅有一条 X 染色体有活性，其余全部失活。X 染色体的失活状态需要表观遗传修饰来维持，随着 *Xist* RNA 在 X 染色体上的扩展，DNA 甲基化和组蛋白的修饰马上发生，这对 X 染色体失活的建立和维持有重要的作用。这种失活可以通过有丝或减数分裂遗传给后代。

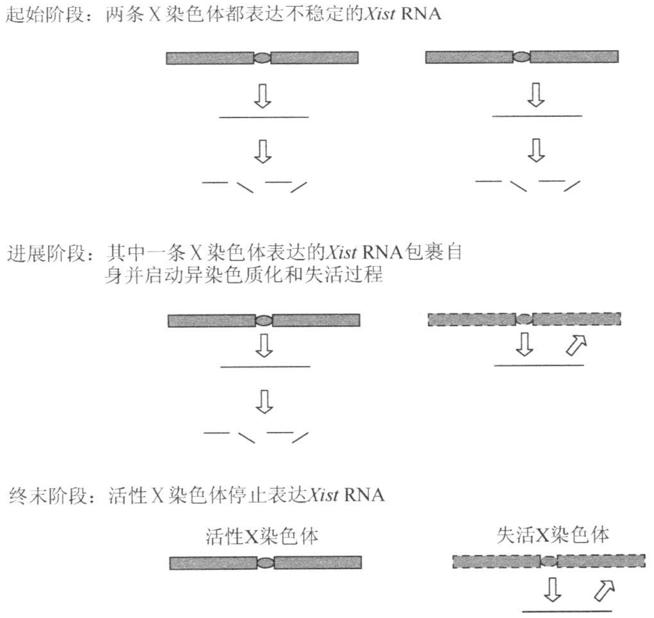

图 14.7　X 染色体失活过程模式图

第二节　表观遗传学与人类疾病

表观遗传是在 DNA 序列不变的前提下，通过 DNA 甲基化、基因沉默、基因组印记、染色质重塑、RNA 剪接、RNA 编辑、RNA 干扰、X 染色体失活、组蛋白乙酰化等实现基因表达的可遗传改变，其中任一个层面的异常都将影响基因的结构及基因表达，导致某些复杂综合征、多因素疾病或癌症。与 DNA 序列的改变不同的是，许多表观遗传的改变是可逆的，这使表观遗传疾病的治愈较为乐观。

一、DNA 甲基化水平与人类疾病

DNA 甲基化状态的改变将影响癌症相关基因的表达。DNA 的低甲基化可以使染色体失去稳态而激活癌基因，DNA 的高甲基化（hypermethylation）则使抑癌基因沉默。

基因启动子区的 CpG 岛在正常状态下一般是非甲基化的，当其发生甲基化时，常导致基因转录沉默，使一些重要基因如抑癌基因、DNA 修复基因等丧失功能，从而导致正常细胞的生长、分化调控失常及 DNA 损伤不能被及时修复，这种变化与多种肿瘤的发生密切相关，如胃癌、结肠癌、乳腺癌、肺癌等众多恶性肿瘤都不同程度地存在一个或多个肿瘤抑制基因的 CpG 岛甲基化。对人类肿瘤的研究还表明，伴随特异基因启动子区的异常高甲基化，整个基因组中却普遍存在低甲基化现象，低甲基化主要发生在如微卫星 DNA、中度重复顺序等重复序列中，这种广泛的低甲基化会造成基因组不稳定，多种肿瘤如肝细胞癌、尿道上皮细胞癌、宫颈癌等与此相关。另外，当甲基化对印记基因修饰紊乱时会造成印记丢失、抑制和刺激生长的信号失衡，也会引起多种肿瘤发生。但是，DNA 甲基化改变的可逆性，又为肿瘤的防治提供了新的策略，成为肿瘤治疗的研究热点。

越来越多证据表明，CpG 岛的异常甲基化不仅与肿瘤的发生相关，也可能与衰老、变性、糖尿病、炎症、纤维化及神经精神病的发生有一定的关联。例如，DNA 的甲基化也可能在异常组蛋白修饰的协同下引起某些 T 细胞基因的异常活化，导致狼疮等自身免疫疾病的发生。再如，Reelin 蛋白是维持正常神经传递、大脑信息存储和突触可塑性所必需的蛋白，高甲基化能抑制脑组织中 Reelin 蛋白的表达，在精神分裂症患者脑组织中，Reelin 蛋白表达水平异常偏低。

DNA 甲基化技术的进展也可将其应用领域扩大到非创伤性产前诊断。甲基化特异性 PCR 可快速、灵敏地根据胎儿和母亲之间 DNA 甲基化的差异从母亲血浆中检测胎儿 DNA。

总之，DNA 甲基化与人类发育和肿瘤等疾病的关系密切，DNA 甲基化已经成为表观遗传学和表观基因组学的重要研究内容。

二、基因组印记与人类疾病

研究发现，许多印记基因对胚胎和胎儿出生后的生长发育有重要的调节作用。与基因组印记相关的疾病常常是由于印记丢失导致两个等位基因同时表达，或突变导致有活性的等位基因失活所致。印记基因的异常可诱发癌症等多种疾病。

1. Prader-Willi/Angelman 综合征

Prader-Willi/Angelman 综合征（PWS/AS）是一种遗传病，表现为肥胖、身材矮小、手脚短小和轻度智力发育迟缓（图 14.8）。核型分析表明，患者的 15 号染色体长臂 1 区 1 带（15q11）有缺失突变。另外一种遗传病 Angelman 综合征也是 15q11 的缺失突变，患者面容特殊、大嘴、傻笑、步态不稳、癫痫、智力低下。那么，同样是 15q11 的缺失突变体，为什么表现却不同呢？研究结果表明，造成这种差异的原因是缺失染色体的不同来源造成的。如果是父源的染色体缺失，母源的 15q11 基因发挥作用，则导致 PWS，反之则导致 AS。

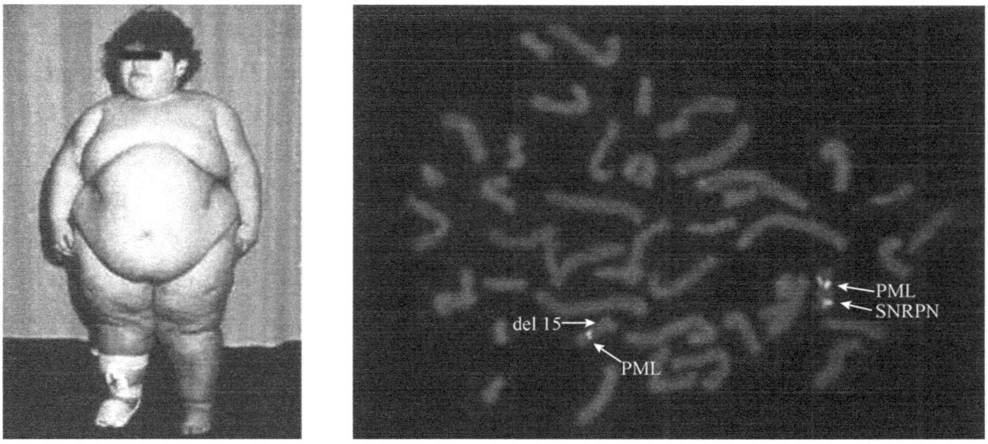

图 14.8　PWS/AS 患者及其 PML 和 SNRPN 探针的荧光原位杂交结果

2. 脐疝-巨舌-巨人症综合征

脐疝-巨舌-巨人症综合征（Beckwith-Wiedeman Syndrome，BWS）是常染色体隐性遗传病，患者表现为胚胎和胎盘过度增生，巨舌，儿童期易发生肿瘤。该病主要是由 11 号染色体上的 *IGF2* 和 *CDKN1C* 两个印记基因的错误表达引发，在正常情况下，父源染色体表达 *IGF2* 基因，母源染色体表达 *CDKN1C* 基因。父本单亲二体型（uniparental disomie，UPD）是引发 BWS 的主要原因，即 *IGF2* 基因双倍表达，*CDKN1C* 基因不表达；次要原因是母本的 *CDKN1C* 等位基因发生突变，极少数病例是由于母本的染色体发生移位造成 *CDKN1C* 基因失活和（或）造成母本的 *IGF2* 基因表达。

另外，某些基因的印记与肿瘤有密切关系。例如，抑癌基因有活性的等位基因失活可提高癌症的发生率，*IGF2* 基因印记丢失将导致多种肿瘤，如 Wilm 瘤。此外，成神经细胞瘤、急性早幼粒细胞性白血病、横纹肌肉瘤和散发的骨肉瘤等都和印记丢失相关。

三、组蛋白修饰与人类疾病

乙酰化及去乙酰化与调节转录、细胞周期、细胞分化、增生、凋亡、衰老、DNA 修复有关。正常情况下，细胞内组蛋白的乙酰化与去乙酰化保持动态平衡，若组蛋白乙酰化/去乙酰化失常则会导致人类疾病。例如，乙酰化转移酶 CBP 的突变可导致 Rubinstein Taybi 综合征发生，患者表现为智力低下、四肢粗大、身材矮小等。甲基化 CpG-结合蛋白-2（methyl cytosine binding protein-2，MeCP2）可募集去乙酰化酶到甲基化的 DNA 区域，使组蛋白去乙酰化导致染色质浓缩，MeCP2 的突变导致 Rett 综合征，患者智力发育迟缓，伴孤独症，出生即发病。

近年来发现组蛋白乙酰化/去乙酰化的失常也与多种人类肿瘤的发生有关。不仅如此，血管新生、特发性肺部纤维化、变性性疾病、炎症反应均与组蛋白的乙酰化/去乙酰化密切相关。

四、染色质重塑与人类疾病

染色质重塑异常引发的人类疾病是由于重塑复合物中的关键蛋白发生突变，导致染色质重塑失败，即核小体不能正确定位，并使修复 DNA 损伤的复合物、基础转录装置等不能接近 DNA，从而影响基因的正常表达。染色质重塑复合物、组蛋白修饰酶的突变均和转录调控、

DNA 甲基化、DNA 重组、细胞周期、DNA 的复制和修复的异常相关，这些异常可以引起生长发育畸形，智力发育迟缓，甚至导致癌症。例如，ATR-X（alpha-thalassemia/mental retardation，X-linked）综合征是一种人类先天性疾病，表现为 α-珠蛋白生成障碍性贫血及智力发育迟滞等。临床遗传学研究发现，患有该综合征的患者大约有 50%的错义突变都发生在 *ATRX* 基因的 ADD（ATRX-DNMT3-DNMT3L）结构域上，ATRX 是人类“ATR-X 综合征”的关键病因蛋白。Shigeki Iwase 等人的研究证明，ATRX ADD（ADDATRX）结构域是一种新型组蛋白赖氨酸甲基化结合模块，可以同时感知组蛋白 H3 赖氨酸 4（H3K4）位和组蛋白 H3 赖氨酸 9（H3K9）位的甲基化程度。ATRX 蛋白 ADD 结构域具有重要的 H3K9me3“读体”功能，是 ATRX 在染色体着丝粒旁区或端粒等异染色质区进行定位并行使染色质重塑功能所不可或缺的，ATRX 突变是引发“ATR-X 综合征”的致病机制之一。除此之外，ATRX 突变引起的 DNA 甲基化异常，还可以导致 Juberg-Marsidi 综合征、Carpenter-Waziri 综合征、Sutherland-Haan 综合征和 Smith-Fineman-Myers 综合征等多种遗传性的智力迟钝。

五、X 染色体失活与人类疾病

和 X 染色体失活相关的疾病多是由 X 染色体的不对称失活，使携带有突变等位基因的 X 染色体在多数细胞中具有活性所致。Wiskott-Aldrich 综合征（WAS）是一种罕见的 X 染色体连锁隐性遗传免疫缺陷病，患者表现为血小板减少、湿疹和细胞及体液联合免疫缺陷所致的反复感染。WAS 的致病基因定位于 Xpl1.22-pl1.23，编码的蛋白是 WASP。WAS 一般男性患病，女性携带，如果 X 染色体非随机灭活也可致女性携带者患病，但属偶见。WAS 的临床表现有较大的异质性，可以分为典型 WAS、X-连锁的血小板减少症（X-linked thrombocytopenia，XLT）和 X-连锁的中性粒细胞减少症（X-linked neutropenia，XLN）三种类型，研究表明，*WASP* 基因的突变部位和突变类型与 WAS 的临床表现之间有一定的关系。

在失活的 X 染色体上，也有一部分基因可以逃避失活，一些逃避失活的基因过量表达而增加某些疾病的易患性，如 *TIMP1* 基因随着年龄的增加表达量逐渐增加，导致迟发型疾病。女性易感的自身免疫性疾病也和 X 染色体失活相关，因为女性为嵌合体，如果自身免疫性 T 细胞不能耐受两个 X 染色体所编码的抗原，则会导致自身免疫缺陷性疾病，如红斑狼疮等。

六、非编码 RNA 与人类疾病

小分子 RNAs（Short interfering RNAs，siRNAs）可以引导 DNA 甲基化，以及异染色质组蛋白修饰，导致序列特异性转录基因沉默。这一路径称为 RNA 介导的 DNA 甲基化路径（RNA-directed DNA methylation，RdDM）。

siRNA 可在体外合成后导入细胞，使特异性基因沉默，现在已成为强有力的生物医学研究工具，它既可用于某种疾病发病机制的研究，又可用于疾病的治疗，它的作用如同特异性生物导弹。

miRNA 是内源性产生的，它是生物自身的一套正常预防调控机制。miRNA 与肿瘤的关联已成为人们关注的重点，如果某一肿瘤特异性表达某一 miRNA，就可用于肿瘤的早期预测，也可特异性敲除某一 miRNA 或特异性导入某一 miRNA 用于肿瘤的治疗。miRNA 的研究已成为生物医学研究的前沿和热点之一。

第三节　表观遗传学药物

人类的疾病可分为两大类：一类是DNA序列改变引起的遗传病；一类是DNA序列未改变而蛋白质表达异常的表观遗传学疾病。随着表观遗传学研究的不断深入，表观遗传变异的机制及与人类疾病的关系也在不断被揭示，表观遗传学药物的研究也取得了巨大进展，许多药物已在临床治疗中显示了良好的疗效和应用前景。在后基因组学的表观遗传学时代，从表观遗传学角度防治疾病是当前的一个主要方向。

表观遗传现象主要包括DNA甲基化、组蛋白修饰、染色体重塑、基因印记和非编码RNA调控等。这些过程是在许多酶的作用下完成的，因此这些重要调控蛋白的抑制剂即是表观遗传治疗的潜在药物（图14.9）。

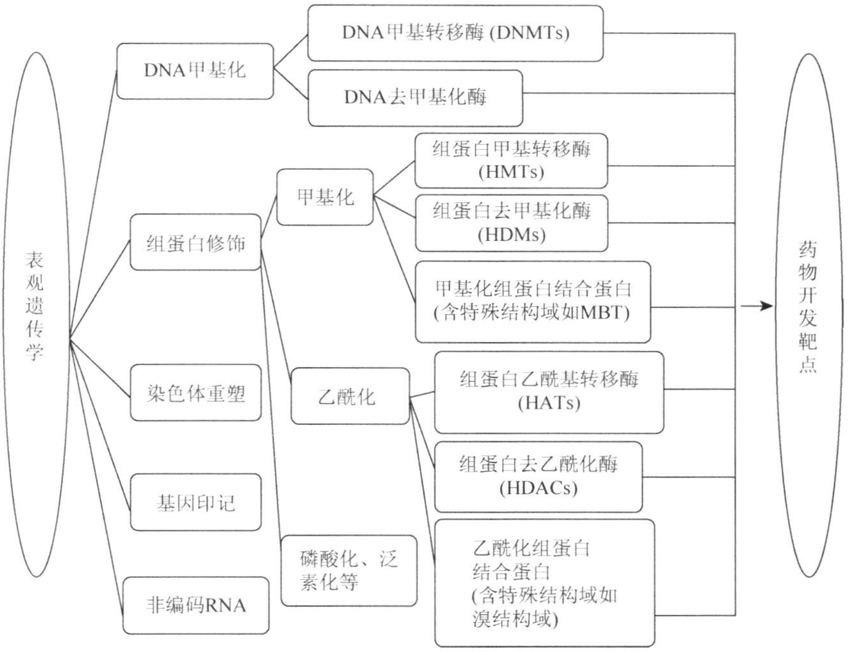

图14.9　表观遗传修饰的主要位点及潜在的药物靶标

目前批准上市的表观遗传学药物主要是针对DNA异常甲基化和组蛋白的异常修饰（表14.1）。潜在的药物有DNA甲基转移酶抑制剂、赖氨酸去甲基化酶抑制剂、蛋白质甲基转移酶抑制剂、组蛋白去乙酰化酶抑制剂、组蛋白乙酰基转移酶抑制剂、含溴结构域蛋白抑制剂及甲基化组蛋白结合蛋白的抑制剂等。

表14.1　表观遗传学药物及临床应用

药物	治疗范围
甲基转移酶抑制剂	
5-氮杂胞苷（已获FDA批准）	MDS，AML，CML
地西他滨（已获FDA批准）	AML，CML，MDS

续表

药物	治疗范围
MG98	肾细胞癌
RG108	结肠癌细胞株
普鲁卡因胺	结肠癌细胞株
HDAC 抑制剂	
SAHA（已获 FDA 批准）	皮肤 T 细胞淋巴瘤，多种实体瘤
PXD10	多种实体瘤
LBH589	皮肤 T 细胞淋巴瘤
缩酚酸肽	多种肿瘤细胞株，MDS，AML
丁酸苯酯	MDS
丙戊酸钠	成神经瘤细胞
MS-275	前列腺癌细胞株，多种实体瘤，淋巴恶性肿瘤
CI-994	多种实体瘤

一、甲基转移酶抑制剂

（一）DNA 甲基转移酶抑制剂

DNA 甲基转移酶抑制剂（DMNTis）对于治疗在基因启动子区存在高甲基化的癌症有重要的意义。根据化学结构可将 DMNTis 分为：核苷类、非核苷类和反义寡核苷酸类 3 类。

1. 核苷类 DMNTis

核苷类抑制剂就是胞嘧啶的类似物，主要是 5-氮杂胞苷（5-azacytidine，5-ada-CR）和地西他滨（decitabine，5-ada-CdR）及它们的衍生物。已被 FDA 批准用于骨髓增生异常综合征（myelodysplastic syndromes，MDS）等血液系统恶性肿瘤的治疗。这两个核苷在胞嘧啶位置被修饰成三磷酸脱氧核苷然后复制 DNA，因此只在 S 期起作用，抑制 DNA 甲基化。

2. 非核苷类 DMNTis

这类抑制剂不含胞嘧啶核苷结构，不整合入 DNA，所以细胞毒性比核苷类 DMNTis 小。一些广泛应用于临床的传统药物比如局麻药普鲁卡因和抗心律失常药普鲁卡因胺，已被证实为两种非核苷类 DMNTis。天然产品，例如茶叶也显示了去甲基化的能力。

3. 反义寡核苷酸类 DMNTis

这类抑制剂是一些短链反义寡核苷酸和 microRNA。例如，MG98 是长度为 20bp 的反义寡核苷酸，能结合 DMNT1 mRNA 3′端 UTR，抑制 DMNT1 的表达；miR29b 能与 *DMNT1* 基因的反式激活因子 Sp1 的 mRNA 互补结合，通过抑制 Sp1 的翻译间接抑制 DMNT1 的表达。

（二）组蛋白甲基转移酶抑制剂

已发现的组蛋白甲基转移酶抑制剂（HMTis）主要是针对 G9a、GLP1 和 DOT1L 等组蛋白赖氨酸甲基转移酶（HKMTs），如 BIX-01294、E27 和 UNC638 等。

二、赖氨酸去甲基化酶抑制剂

赖氨酸去甲基化酶抑制剂（KDMis）中第 1 代赖氨酸去甲基化酶（KDMs）的抑制剂是 LSD1 和 LSD2 的抑制剂，如反苯环丙胺（tranylcypromine）；8-羟基喹啉和 2，2′-联吡啶衍生物是 jumonji 家族去甲基化酶新一代的抑制剂，抑制效能更强，特异性更高，具有更好的应用前景。

三、HATs 抑制剂

现已发现的 HATs 抑制剂，大多以混合物的形式天然存在或是共价修饰的异噻唑啉酮。C646 是最近发现的 EP300 抑制剂，可能是迄今发现的唯一强效特异的 HATs 抑制剂。在前列腺癌细胞中，C646 能诱导依赖 Caspase 的凋亡过程，与干扰 RNA 介导的 EP300 敲除作用相似。

四、组蛋白去乙酰化酶抑制剂

目前已发现的组蛋白乙酰化酶抑制剂（HDACs）有 18 种，根据与酵母菌组蛋白去乙酰化酶的同源性可分为 5 类。目前发现的 HDACis 主要有 4 类：短链脂肪酸、异羟肟酸、苯甲酰胺和环肽类。

HDAC 抑制剂可以诱导分化、阻止生长和引起凋亡，在肿瘤治疗中具有很好的应用前景。不同的 HDAC 抑制剂已经进入 Ⅰ 和 Ⅱ 期临床试验对未来的治疗非常重要。去甲基化和 HDAC 抑制剂联合治疗试验已经用于患者，而且显示了协同作用，常在化疗、干扰素和免疫治疗之后使用。

思 考 题

1. 解释名词：基因组印记、表观遗传变异、表观遗传学、DNA 甲基化、RNA 编辑、RNA 干扰、染色质重塑。
2. 表观遗传有哪些主要研究内容？
3. 表观遗传调控有哪些主要途径？
4. 简述表观遗传学的发展历程。
5. 以肿瘤为例阐述 DNA 甲基化与人类疾病的关系。
6. 根据表观遗传研究的已有成果，你认为人类疾病的表观遗传学治疗可以采取哪些策略？
7. 查阅相关文献，阐述表观遗传在医学领域的应用前景。
8. 简单说明 RNAi 的原理。

主要参考文献

陈森，李静岩，贾万英，等. 2007. Wiskott-Aldrich 综合征 6 例临床分析. 中国实用儿科杂志，22（12）：935-937

程罗根. 2013. 遗传学. 北京：科学出版社

高原，惠宁，刘善荣. 2011. 长链非编码 RNA 的研究进展. 第二军医大学学报，32（7）：790-794

何灵江，邵伟. 2008. 表观遗传学研究进展. 生物学教学，33（5）：5-7

江明华，王兆钺，苏健，等. 2011. 6 例 Wiskott-Aldrich 综合征患儿的临床特点和基因分析. 中华血液学杂志，32（9）：577-582

蓝贤勇，陈宏，雷初朝. 2014. 表观遗传学. http://wenku.baidu.com/link?url=bsBWnbeReaP1Jbx97sbmm2IAEMiYXUsCp4SjaqDPcRHi

5gi6D_Grhx6IJPm5l_8RCyCuxIkUWONIKo4Rm8e1NjfjR4s1A616W42jOGdb9ie[2014-7-21]
梁前进. 2007. 表观遗传学–理论·方法·研究进展. 生物学通报，42（10）：4-7
邱林. 2008. 表观遗传学修饰在肿瘤诊断和治疗中的应用. http: //wenku.baidu.com/view/cb16e501cc175527072208e8.html[2011-11-5]
沈建英. 2011. 表观遗传学. http: //wenku.baidu.com/browse/downloadrec?doc_id=2f867dd533d4b14e85246813&[2012-10-25]
沈文飙. 2010. 表观遗传学. http: //wenku.baidu.com/browse/downloadrec?doc_id=60b63536f111f18583d05a15&[2012-1-6]
王兰. 2011. RNA 编辑研究进展. 中国农学通报，27（5）：308-311
王霞，秦秀丽. 2008. 表观遗传学的产生、机制及生物学意义. 吉林农业科技学院学报，17（4）：37-39
薛京伦. 2006. 表观遗传学：原理、技术与实践. 上海：上海科学技术出版社
杨惠蓉，赵寿元. 2007. 表观遗传的形成和发展. 解剖学杂志，30（4）：389-391
余丽. 2010. 表观遗传学的研究和发展. 安徽农业科学，38（2）：588-591
张摇玲，盛树力，秦摇川. 2013. 表观遗传学药物的研究进展. 中国药理学通报，29（3）：297-303
郑海燕. 2012. 表观遗传学. http: //wenku.baidu.com/view/5fa650e29b89680203d82541.html[2012-1-16]
Shigeki I，Bin X，Sharmistha G, et al. 2011. ATRX ADD domain links an atypical histone methylation recognition mechanism to human mental-retardation syndrome. Nature Structural & Molecular Biology，18：769-776
Shikun H E，李晓华. 2011. 表观遗传学简介. 中华实验眼科杂志，29（7）：577-580

15

第十五章 群体遗传

群体（population）或称为种群，在不同的研究领域具有不同的含义。在生物学的生态学研究领域，群体是指同一物种的所有成员，如地球上生活的全部人类个体，但是，这样的群体是很难研究的；在遗传学领域，群体是指同一物种生活在某一地区、能够相互交配并能产生具有生殖能力后代的个体群。该群体中基因的行为是以孟德尔定律为基础的，因此这种群体称为孟德尔式群体（Mendelian population）。群体内所含的全部基因称为基因库（gene pool）。以后提到群体时，如果没有特别说明均是指孟德尔式群体。群体遗传学（population genetics）是研究群体内基因的传递和基因频率变化的科学。它是用数学的方法和孟德尔式的遗传规律来研究群体内基因频率和基因型频率的科学。群体遗传学的目标是探索群体的遗传组成，以及决定并引起群体遗传组成发生变化的动力。人类群体遗传学就是研究人群的遗传结构及其变化规律，虽然各种生物的群体遗传学现象与规律有许多共同之处，但是人类群体仍有其自身的遗传特点与规律。

第一节 群体中的遗传平衡

群体中的基因和基因型构成群体的遗传结构，虽然存在多种因素的影响，群体中各基因和基因型的种类和频率仍保持相对稳定。

一、基因频率和基因型频率

（一）基因频率

基因频率（gene frequency）是指在一个群体中某一基因在其等位基因的总数中所占的比率。

$$基因频率=\frac{群体中某基因座位上特定基因的拷贝数}{群体中该座位所有等位基因数}$$

显性基因的频率为 p，隐性基因的频率为 q，$p+q=1$，即任何一个基因座位上全部基因频率的总和等于 1。

（二）基因型频率

基因型频率（genotypic frequency）是指群体中某种基因型个体占该群体个体总数的比率。

假设位于常染色体某基因座 A 有 2 种等位基因 A 和 a，该基因座的 3 种基因型 AA、Aa 和 aa 的频率分别为 D、H 和 R，则 A 基因的频率 p 和 a 基因的频率 q 与基因型频率 D、H 和

R 之间的关系为

$$P=D+\frac{1}{2}H,\ q=R+\frac{1}{2}H,\ 且\ D+H+R=1,\ p+q=1$$

对于共显性遗传和不完全显性遗传，由于表型可以反映基因型，可以按照上面的方法，利用基因型频率直接推算出基因的频率。但是，如果等位基因之间完全显性时，群体中的纯合体和杂合体在表型上无法区别，就不能用上述的方法来计算基因频率；如果此时的群体已经达到了遗传平衡，这时就可以用遗传平衡定律来计算基因的频率。

二、群体的遗传平衡定律

（一）Hardy-Weinberg 定律

英国数学家哈迪（Godfrey Harold Hardy）于1908年与德国医生温伯格（Wilhelm Weinberg）于 1909 年（图 15.1）分别用数学统计方法和孟德尔遗传定律对群体遗传结构的变化规律进行研究，两人不约而同地发表了相同的结论：如果一个群体满足下述所有条件：①群体很大；②随机婚配，即群体内所有个体间婚配机会完全均等；③没有突变；④没有大规模的迁移；⑤没有任何形式的自然选择，群体中的基因频率和基因型频率在世代传递中保持不变，而且，不论群体起始基因型频率如何，经过一代随机交配后，群体的基因型频率亦代代保持不变，成为遗传平衡的群体，这就是遗传平衡定律（1aw of genetic equilibrium）。

A

B

图 15.1　Hardy 和 Weinberg

A. Hardy；B. Weinberg

这种基因或基因型频率随世代而处于平衡状态现象的发现，奠定了现代群体遗传学最重要的理论基础，被尊为 Hardy-Weinberg 定律。这一发现阐明了生物群体一条最重要的遗传学性质：基因的遗传机制本身并不影响群体中遗传变异保持的平衡机制。根据这条定律可以知道，虽然显性基因的作用可以掩盖隐性基因的作用，但是各基因型的比例不变，所以隐性变异不会因此而逐渐消失。

在一个遗传平衡群体中，若位于常染色体某基因座的两个等位基因 A 和 a 的频率分别为 p 和 q，则基因频率在世代相传中保持不变。基因型 AA、Aa 和 aa 的频率，经随机交配后分别为 p^2、$2pq$ 和 q^2，并在世代间保持平衡。

（二）Hardy-Weinberg 定律的应用

1. 求隐性等位基因频率及其“携带者”的频率

如前所述，如果等位基因之间在表型效应上有显、隐性之分，群体中的纯合体和杂合体在表型上无法区别时，就不能应用公式 $P=D+\frac{1}{2}H$ 和 $q=R+\frac{1}{2}H$ 来计算等位基因的频率。但是，如果群体处于 Hardy-Weinberg 平衡状态，则群体内 $AA:Aa:aa=p^2:2pq:q^2$。虽然 AA 和 Aa 不能从表型上进行区分，但是 aa 的表型可以辨别。因此，只要已知 aa 纯合子频率 q^2，就能算出 a 基因的频率，再根据公式 $p+q=1$，求出 A 基因的频率。

在 Hardy-Weinberg 平衡状态下，杂合子的频率等于 $2pq$，即 $2q$（$1-q$）。所以杂合子在群体中占正常个体的比例为

$$H=\frac{2q(1-q)}{(1-q)^2+2q(1-q)}=\frac{2q}{1+q}$$

2. 检验一个群体是否处于 Hardy-Weinberg 平衡状态

根据 Hardy-Weinberg 平衡定律，子代的基因型频率是由亲代的基因频率决定的。在一个遗传平衡群体中，亲代和子代的等位基因频率相同，从子代计算的等位基因频率可当作亲代的等位基因频率，并以此来计算 Hardy-Weinberg 平衡状态下的各基因型的预期频率，再通过 χ^2 适合度检验，比较各基因型的实测值与预期值的符合程度，判断群体是否平衡。

（三）Hardy-Weinberg 定律的扩展

1. X-连锁基因的遗传平衡

群体中 X-连锁基因的遗传比常染色体复杂。如果群体内雌性基因频率（p_f，q_f）和雄性基因频率（p_m，q_m）不同，则该群体内雌、雄两性基因频率在世代间波动。雌、雄两性基因频率在世代间变化过程中，基因频率在两性中波动的幅度逐渐递减，几代以后趋于平衡，雌性群体和雄性群体的基因频率相同，即 $p_f=p_m=p$；$q_f=q_m=q$，此后群体中的雌、雄两性基因的频率不再变化。

由于雌性有两条 X 染色体，因此在雌性群体中，基因频率和基因型频率之间的关系与常染色体相同，即

$$p_f=p^2+\frac{1}{2}D\text{；}\quad q_f=q^2+\frac{1}{2}D$$

但是，雄性个体只有一条 X 染色体，因此，在雄性群体中，$p_m=p$；$q_m=q$。这就表明，在遗传平衡群体中，虽然雌雄两性的基因频率相同，但同一表型的个体在雌雄性中的比例是不同的。

在整个人群中 X-连锁的显性基因和隐性基因的频率可分别通过下列公式计算：

$$p=f(X^A)=\frac{(2X^AX^A\text{雌})+(X^AX^a\text{雌})+X^AY(\text{雄})}{2\text{雌体数}+\text{雄体数}}$$

$$q=f(X^a)=\frac{(2X^aX^a\text{雌})+(X^AX^a\text{雌})+X^aY(\text{雄})}{2\text{雌体数}+\text{雄体数}}$$

（1）X-连锁显性（XD）遗传病的基因频率

在XD遗传病中，女性患者有两种基因型 X^AX^A（p^2）和 X^AX^a（$2pq$），男性患者基因型只有 X^AY（p）一种，所以在女性中患病个体的比例为 p^2+2pq，而男性中则是 p。男女性患者的比例则为：$\frac{p}{p^2+2pq}=\frac{1}{p+2q}$。由于 $p+2q=(p+q)+q=1+q\geqslant 1$，因此，男性患病率一般总是比女性低。

当罕见的XD遗传病的致病基因的频率 p 很低时，p 可以忽略不计，$q\approx 1$，则男女性患者的比例为：$\frac{1}{p+2q}\approx\frac{1}{2}$，即女性患者约是男性患者的2倍。例如，遗传性肾炎属XD遗传病，男性发病率为 1/10 000。因此，致病基因频率 p＝男性发病率＝1/10 000，女性发病率＝2×男性发病率＝2×1/10 000＝1/5000。

（2）X-连锁隐性（XR）遗传病的基因频率

在女性中患病个体（基因型为 X^aX^a）的比例为 q^2，在男性中则是 q，男性患者的比例为：$\frac{q}{q^2}=\frac{1}{q}$。由于 $0\leqslant q\leqslant 1$，因此，男性患病率一般总是比女性高。随着致病基因频率（q）的降低，这种比例将明显增高。当 q 很小，约为0时，$p\approx 1$，男性患者大大多于女性患者，女性携带者占 $2pq$，与男性患者的比例为：$\frac{2pq}{q}\approx 2p\approx 2$，相当于男性患者的2倍。例如，甲（A）性血友病为 XR 遗传病，男性发病率为 0.000 08，由于致病基因 q 的频率＝男性发病率＝0.000 08，因此，女性发病率＝q^2＝（0.000 08）^{2}＝64×10^{-9}，男女发病率相差 12 500 倍！

2. 复等位基因的遗传平衡

（1）等显性的复等位基因

这种情况与不完全显性的情况相类似，但由于等位基因较多，基因型种类也较多，计算较复杂。其基本的原则是：某一基因的频率是该基因纯合体的频率加上含有该基因全部杂合体频率的1/2。

（2）并显性及有等级显隐性的复等位基因

人的ABO血型是受3个复等位基因 I^A、I^B 和 i 控制的，I^A 和 I^B 为并显性，在杂合状态下均可以得到表现，i 对 I^A 和 I^B 均为隐性。设 I^A、I^B 和 i 的频率分别为 p，q，r，那么随机婚配后，下一代的基因型及频率如表15.1和表15.2所示。

表 15.1　随机婚配群体中 I^A、I^B 和 i 的组合方式

♀	♂	I^A	p	I^B	q	i	r
I^A	p	I^AI^A	p^2	I^AI^B	pq	I^Ai	pr
I^B	q	I^AI^B	pq	I^BI^B	q^2	I^Bi	qr
i	r	I^Ai	pr	I^Bi	qr	ii	r^2

表 15.2 随机婚配群体中 ABO 血型的表现型与基因型频率

表现型	基因型	基因型频率	表现型频率
A 型	I^AI^A	p^2	p^2+2pr
	I^Ai	$2pr$	
B 型	I^BI^B	q^2	q^2+2qr
	I^Bi	$2qr$	
AB 型	I^AI^B	$2pq$	$2pq$
O 型	ii	r^2	r^2

当随机婚配一代后，子代处于遗传平衡状态，ABO 血型的基因频率和基因型频率建立下列平衡公式：

$$(p+q+r)^2=p^2+q^2+r^2+2pq+2pr+2qr=1$$

由表现型频率推知基因频率：

首先从隐性个体频率计算 i 基因的频率，$O=r^2$，

∴ i 频率：$r=\sqrt{r^2}=\sqrt{O\text{型频率}}$

∴ $r=\sqrt{O}$

∵ $A+O=P^2+2pr+r^2=(p+q)^2=(1-q)^2$

∴ $1-q=\sqrt{A+O}$

$p=1-q-r$

第二节 影响群体中基因频率的因素

遗传平衡是在一定条件下成立的，即大群体、随机交配、无突变、无迁移、无选择等。但是，在自然界中存在多种因素如突变、选择、迁移和遗传漂变等，都会影响群体遗传平衡，它们是生物发生进化的动因。

一、突 变

基因突变（mutation）普遍存在于自然界，每一个基因有一定的突变率（mutation rate）。突变率通常用每代 100 万个配子中某一基因发生突变的次数来表示，即 $n\times10^{-6}$ 配子/代。Neel 根据多方面的资料，估计了人的某些疾病不同基因突变率，发现人类基因的突变率跟果蝇的突变率基本相似，都为（$10^{-6}\sim10^{-4}$）配子/代。

自然条件下，自发突变的频率是很低的，但正突变与回复突变的频率往往不同，一般正突变大于回复突变。假设一个大的随机交配群体中，只存在突变这个因素，无选择和迁移的影响，现有一对等位基因 A 和 a，A 基因频率为 P，a 基因频率为 q。设：μ 为 A 变为 a 的突变率，v 为 a 变为 A 的突变率

$$A \xrightarrow{\mu\text{正突变的频率}} a$$

$$a \xleftarrow[v\text{回复突变的频率}]{} A$$

那么，A 基因的减少量为　$\mu p=\mu(1-q)$

a 基因的减少量为　vq

所以，每代 a 基因的增加频率为 $\Delta q=\mu(1-q)-vq$

如果正突变与反突变的个数相等，该群体就达到平衡，即

$$\mu p=vq$$

$$\therefore\quad \mu(1-q)=vq$$

$$\mu-\mu q=vq$$

$$\mu=q(\mu+v)$$

所以，在有突变发生时，群体中的基因频率为

$$\hat{q}=\frac{\mu}{\mu+v}\qquad \hat{p}=\frac{v}{\mu+v}$$

突变 n 代后，隐性基因频率 q_n

$$q_x=\frac{\mu}{\mu+v}-\left(\frac{\mu}{\mu+v}-q_0\right)(1-\mu-v)^h$$

如果 $A\longrightarrow a$ 的突变不受其他因素的干扰，则这个群体最后将达到纯合性的 a。设基因 A 的频率在某一世代是 p_0，则在第 n 代时的频率为

$$P_n=p_0(1-\mu)^n$$

例如,在一个群体中，$A\longrightarrow a$ 的突变率为 0.000 01，A 基因的频率为 40%，在没有其他因素的干扰下，100 代的 $A\longrightarrow a$，将使群体的 A 和 a 基因频率达到多少？

已知：$p_0=40\%$，$\mu=0.000\,01$，$n=100$

所以，$P_n=p_0(1-\mu)^n=0.4(1-0.000\,01)^{100}=0.399$

$q_n=1-P_n=1-0.399=0.601$

当突变率一定时（包括 μ、v），起始基因频率已知 q_0, 当 q_0 变为 q_n 时所需的代数 n 为

$$n=\frac{\log(q-q_n)-\log(q-q_0)}{\log(1-\mu-v)}$$

二、选　　择

（一）适合度和选择系数

适合度是指某一基因型的个体在同一环境条件下生存并将其基因传递给下一代的能力，常用符号 f 表示，适合度的大小一般用在同一环境中不同个体间的相对生育率（fertility）来衡量。

选择的作用是增加或减少个体的适合度（fitness）。某一基因型个体在下一代淘汰的个体数占总后代数的比率，称为选择系数（selective coefficient）或淘汰率，用 s 表示，s 代表在选择作用下降低的适合度。因此，适合度（f）就等于 $1-s$，当淘汰率为 $s=0$ 时，即全部留种时，适合度就等于 1。

（二）选择的作用与突变率的计算

1. 选择对常染色体基因的作用与基因频率的计算

（1）常染色体显性基因突变率的计算

选择对显性有害基因的作用比较有效，每一代被淘汰基因为 Sp。在遗传平衡的群体中，

被淘汰的基因由突变基因来补充，$v=Sp$

∵　$2pq$ 中，由于 p 很小，q 接近 1

　　$2pq \approx 2p=H$ 这样，$p=1/2 \cdot H$

∴　$v=S \cdot 1/2 \cdot H$

（2）常染色体隐性基因突变率的计算

选择对隐性有害基因的作用不太显著，每一代减少或被淘汰的基因为 Sq^2。在一个遗传平衡的群体中，被淘汰的基因将由新的突变来补偿。所以常染色体隐性基因突变率为

$$\mu=Sq^2$$

2. 选择对 X-连锁基因的作用与基因频率的计算

（1）选择对 X-连锁隐性基因的作用

在一个遗传平衡群体中，设某一罕见 XR 遗传病的致病基因 X^a 的频率为 q，如果男性的发病率为 q，则致病基因频率也为 q。在选择作用下，只有基因型为 X^aX^a 的女性和基因型为 X^aY 的男性个体受影响，但是，X^aX^a 的个体极为稀少，所以受到选择的几乎都是 X^aY 的个体。由于男性细胞中的 X 染色体数只占人群全部 X 染色体的 1/3，另外的 2/3 位于女性细胞中而不被选择。因此，每代的淘汰率为 $1/3 \cdot sq$，并且由 $X^A \longrightarrow X^a$ 的新突变进行补偿。所以，X-连锁隐性基因 X^a 的突变为　$\mu=1/3sq$。

例如，血友病 A 的男性发病率为 0.000 08，适合度 $f=0.25$，选择系数 $s=0.75$，因此，该病的隐性致病基因的突变率为

$$\mu=1/3 \cdot sq=1/3 \times 0.75 \times 0.000\,08=2 \times 10^{-5}/\text{代}$$

（2）选择对 X-连锁显性基因的作用

假设显性基因 X^A 的频率为 p，选择系数为 s。由于基因型为 X^AX^A、X^AX^a 和 X^AY 的个体均受到选择作用，因此选择作用较明显。在 p 很低时，q 值接近 1，男性中被淘汰的基因为 $s \cdot 1/3p$，女性中被淘汰的基因为 $2pq \cdot 1/3 \cdot s=s \cdot 2p/3$，所以每代被选择作用淘汰的基因频率为：$s(1/3 \cdot p+2p/3)=sp$，将由新的突变来补偿。因此 $v=sp$。

（三）突变和选择联合作用下基因突变率的估计

如果每代突变改变的基因频率与选择改变的基因频率相当，方向相反，基因频率就会维持不变，处于一种平衡状态。对隐性不良基因 a 来说，由于自然选择，它的频率每经一代将减少 sq^2（$1-q$）；由于突变，每经一代，基因 a 的频率又将增加 μ（$1-q$）。在平衡时，因选择被淘汰的基因数应同突变产生的基因数相等，即

$$\mu(1-q)=sq^2(1-q)$$

此时两种效应会彼此抵消，群体处于平衡状态，即 q 就是平衡时的隐性基因频率，即当隐性基因频率等于 $\sqrt{\dfrac{\mu}{s}}$ 时，群体处于平衡状态。

由于 $q^2=\dfrac{\mu}{s}$，因此 $\mu=sq^2$

例如，人的全色盲是常染色体上的隐性突变。据调查，大约每 80 000 人中有一个是纯合体全色盲。这种人的子女数平均只有正常人的一半左右，即传留后代的概率是正常人的 0.5，或选择系数 $s=0.5$。求人类中全色盲基因的突变率。

已知：$s=0.5$，$q^2=1/80\ 000$

所以，$u=sq^2=0.5\times 1/80\ 000=6.25\times 10^{-6}$

三、迁　移

迁移（migration）实际上是两个基因频率不同群体的混杂。在一个大群体里，迁移引起的基因频率改变并不显著。如果两个群体的基因频率差异大，迁入后，就会明显地改变原群体的基因频率，这种影响称为迁移压力（migration pressure）。迁移压力的增强可以使某些基因从一个群体有效地扩散到另一个群体中，因此迁移也称基因流（gene flow）。大规模的迁移会形成巨大的迁移压力，从而改变迁入群体的遗传结构。

假设有一个大群体，每代总有一部分是迁入者，令

m=迁入者的比率

$1-m$=原有个体的比率

q_m=迁入个体中的基因频率

q_0=原有个体中的基因频率

q=混合群体的基因频率

则混合群体内基因 a 的频率为：

$$q=mq_m+(1-m)q_0=m(q_m-q_0)+q_0$$

例如，在某一海岛中有 9000 人，N 血型占 9%，后从大陆迁去了 1000 人，在这些人中，N 血型占 16%。问：现在群体中 3 种血型的频率各是多少？

已知：$m=1000/10\ 000=0.1$，$q_m=\sqrt{0.16}=0.4$，$q_0=\sqrt{0.09}=0.3$

所以，$q=m(q_m-q_0)+q_0=0.1(0.4-0.3)+0.3=0.31$

$P=1-0.31=0.69$

混合群体中 3 种血型各占：

M 型：$p^2=0.69^2=0.4761$

MN 型：$2pq=2\times 0.69\times 0.31=0.4278$

N 型：$q^2=0.31^2=0.0961$

四、遗 传 漂 变

遗传漂变（random genetic drift）是指在一个小的隔离群体中，由于偶然事件而造成基因频率的随机波动的现象。这种波动的结果会导致某些等位基因在群体中消失，另一些等位基因在群体中固定，从而改变群体的基因频率。遗传漂变的速度与群体的大小有关，群体越小，漂变的速度越快，甚至一代后就可出现某些基因的消失或固定；群体越大，漂变的速度越慢，甚至达到遗传平衡状态。

在自然界的某个局部地区，由于气候的剧变、地质构造的变迁、传染病的流行、天敌的危害等，使动植物个体数量显著减少时，遗传漂变影响就相当明显，从而引起群体遗传组成的变化。

五、随机交配的偏移

平衡群体的交配制度是随机交配，但在实际生物群体中常常出现的是非随机交配。非随机交配分成 4 种类型。①同型交配：指相同基因型个体间的交配，如 $AA\times AA$、$Aa\times Aa$ 或 $aa\times aa$

的交配；②异型交配：指不同基因型个体间的交配，如 $AA\times aa$、$AA\times Aa$ 或 $Aa\times aa$ 的交配；③同质交配：指表型相同或相似个体间的交配；④异质交配：指不同表型个体间的交配。

同质交配和近交含有部分的同型交配，异质交配含有部分的异型交配。所以可归结为同型交配和异型交配两种情况来讨论。如果有一对基因 A、a，可组成三种基因型 AA、Aa、aa，就是说会有三种同型交配，即 $AA\times AA$、$Aa\times Aa$ 和 $aa\times aa$。第一种和第三种同型交配，子代与亲代基因型相同；第二种交配方式即 $Aa\times Aa$，后代有三种基因型 AA、Aa、aa，他们的比率分别为 0.25、0.5 和 0.25。即每交配一代，杂合子的频率降低一半，增加了两种纯合子的频率。如果原始群体的基因型频率为 D=0、H=1、R=0，则连续进行同型交配，各代的基因型频率变化如表 15.3 所示。

表 15.3 连续同型交配各代的基因型频率变化情况

基因型/频率/世代数 n	AA	Aa	aa
0	0	1.0000	0
1	0.2500	0.5000	0.2500
2	0.3750	0.2500	0.3750
3	0.4375	0.1250	0.4375
4	0.4683	0.0625	0.4683
5	0.4844	0.0312	0.4844
6	0.4922	0.0158	0.4922

虽然同型交配中基因型频率代代变化，但基因频率却始终不变（表 15.4）。

表 15.4 同型交配中各世代的基因频率

0 世代	$p=0+1/2=0.5$	$p=1/2+0=0.5$
1 世代	$p=0.25+0.5/2=0.5$	$p=0.5/2+0.25=0.5$
2 世代	$p=0.375+0.25/2=0.5$	$p=0.25/2+0.375=0.5$
3 世代	$p=0.4375+0.125/2=0.5$	$p=0.125/2+0.4375=0.5$
⋮	⋮	⋮

由此可以得出同型交配的效应为以下几点。

1）纯合子的同型交配，基因频率和基因型频率世代不变。

2）杂合子的同型交配，基因频率不发生改变，但可改变基因型频率，即每经一代，杂合子频率减少一半。

3）同型交配只能改变基因型频率，不改变基因频率。

近交和同质交配是不完全的同型交配，其效应程度不如完全的同型交配，但效应的性质是相同的，即能使杂合子逐代减少，群体趋向分化，而对基因频率则无影响。

异型交配的效应与同型交配的效应正好相反，它可以增加杂合子的频率，减少纯合子的基因型频率，但均不改变基因频率。

第三节　近亲婚配与近婚系数

通常将 3～4 代内有共同祖先的一些个体称为近亲。近亲个体之间的婚配称为近亲婚配（consanguineous marriage，inbreeding）。由于近亲个体之间可能带有同一祖先传递下来的同一基因，如果他们婚配，就可能将这同一基因传递给子代，因此，近亲婚配会增加纯合子的频率，降低杂合子的频率。在 AR 遗传病中，近亲结婚会提高后代再发风险，从而通过选择作用影响基因频率和遗传平衡。

一、近亲婚配的形式

近亲婚配有多种形式，主要取决于共同祖先有几个和在哪一代。在我国主要的近亲婚配形式主要有：表亲结婚、隔代表亲结婚、从表亲结婚、隔山表亲结婚、隔山从表亲结婚等（图 15.2）。

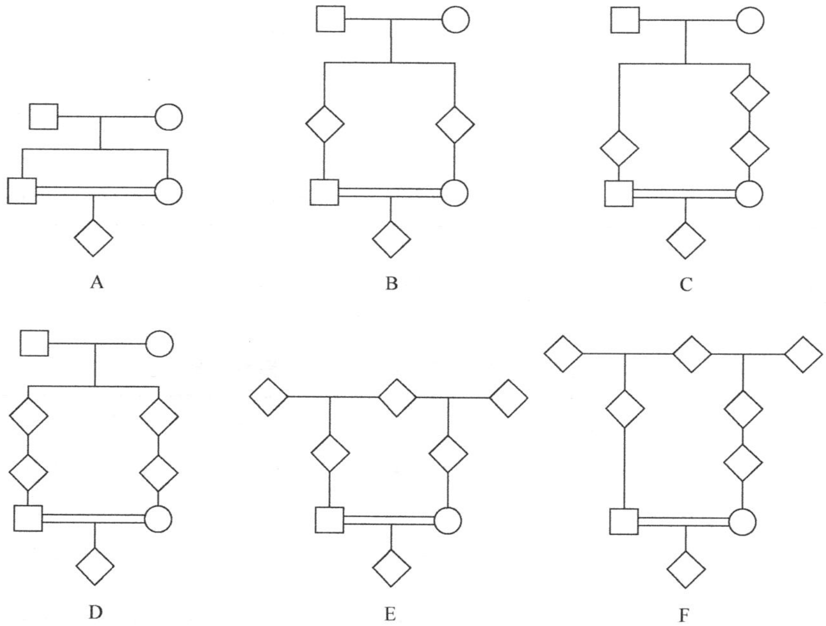

图 15.2　近亲婚配的各种形式

A. 亲兄妹婚配；B. 堂（表）兄妹婚配；C. 隔代表亲婚配；D. 从堂（表）兄妹婚配；E. 隔山堂（表）兄妹婚配；F. 隔山隔代表亲婚配

二、近 婚 系 数

近亲婚配的一对夫妇可能从共同祖先得到同一基因，又可能把这同一基因传给他们的子女，这时其子女得到这一对基因，来源是相同的而且是纯合的。子女得到这样一对基因的概率称为近婚系数（或近交系数）（inbreeding coefficient，F）。

（一）常染色体基因的近婚系数

图 15.3 所示，P_1 将基因 A_1 传给 B_1 的概率是 1/2，B_1 得到 A_1 后传给 C_1 的概率也是 1/2，C_1 将 A_1 传给 SC_1 的概率是 1/2，SC_1 将 A_1 传给 S 的概率是 1/2，因此，基因 A_1 经 B_1、C_1、SC_1 传给 S 的概率为（1/2）^{4}；基因 A_1 经 B_2、C_2、SC_2 传给 S 的概率也是（1/2）^{4}，因此 S 得到 A_1A_1 基因型的概率为（1/2）^{8}。同理，S 得到 A_2A_2、A_3A_3、A_4A_4 基因型的概率均为（1/2）^{8}，因此 S 的近婚系数为：4×(1/2)^8，即 1/64。

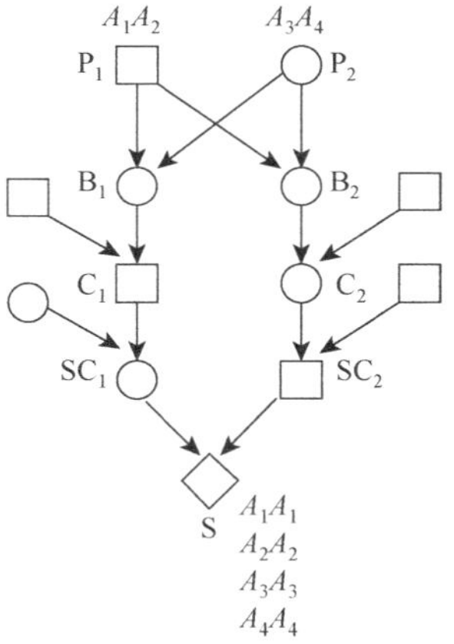

图 15.3 二级表兄妹婚配中基因传递图解

（二）性染色体基因的近婚系数

性连锁基因的近交系数的计算方法与常染色体基因不同。在人类的两种性染色体中，Y 染色体上没有与 X 染色体上相对应的等位基因，因此不形成纯合子而形成半合子，对近亲婚配无影响。女性有两条 X 染色体，有两个 X 等位基因，它们可形成纯合子。另外，男性的 X-连锁基因只传给女儿，其传递给女儿的概率为 1，传递给儿子的概率为 0。所以计算 X-连锁基因近交系数，只计算女儿的 F 值即可。如图 15.4 所示，P_1 的 X_1 基因经 B_1 和 C_1 传至 S，只需计算 B_1 至 C_1 一步，X_1 基因经 B_2 和 C_2 传至 S，只需计算 B_2 至 C_2、C_2 至 S 两步。故 S 为 X_1X_1 的概率为(1/2)^3；P_2 的 X_2 基因或 X_3 基因经 B_1、C_1 传至 S，计为两步，P_2 的 X_2 基因或 X_3 基因经 B_2、C_2 传至 S，需计算 P_2 至 B_2、B_2 至 C_2、C_2 至 S 三步，故 S 为 X_2X_2 或 X_3X_3 的概率分别为(1/2)^5。因此，姨表兄妹婚配的近交系数为(1/2)^3+2×(1/2)^5=3/16。

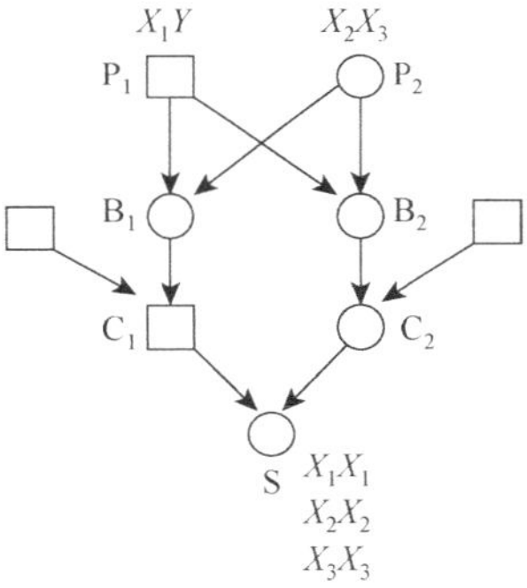

图 15.4 姨表兄妹婚配中 X-连锁基因的传递

（三）平均近婚系数

近婚系数是从个人角度评估近亲结婚的危害性，若从群体角度研究则需计算平均近婚系数（average inbreeding coefficient，a）。公式如下：

$$\text{平均近婚系数 } a=\sum\frac{Mi}{N}Fi$$

式中：Mi 为群体中某类型近亲婚配数目；N 为总婚配数；Fi 为某一婚配类型的近婚系数。

例如，在某人群中调查了 1000 对夫妇的婚配状况，其中表兄妹婚配的有 5 对，F=1/16；重表兄妹婚配的有 7 对，F=1/64；其余为随机婚配，F=0。因此，该群体的平均近婚系数为

$$\begin{aligned} a &= \sum\frac{Mi}{N}Fi \\ &= \left(\frac{5}{1000}\times\frac{1}{16}\right)+\left(\frac{7}{1000}\times\frac{1}{64}\right)+\left(\frac{1000-12}{1000}\right)\times 0 \\ &= 0.0004 \end{aligned}$$

一般说来，a 值达到 0.01 即为高值。在发达的国家或开放的社会中，a 值较低；在一些封闭的隔离的群体中或有特殊婚配风俗的人群中，a 值较高。

第四节 遗 传 负 荷

遗传负荷（genetic load）是指一个群体中由于致死基因或有害基因的存在，而使该群体适合度降低的现象。一个人群遗传负荷的大小，一般用群体中的每个个体平均带有的有害基因的数量来表示。据粗略估计我国每个人带有 5～6 个有害基因，这就是我们的遗传负荷。遗传负荷主要可分为三类。

一、突 变 负 荷

突变负荷（mutation load）是指由于基因突变产生有害基因，使适合度降低而给群体带来的负荷，其大小取决于突变率和选择系数。例如，人类的一些代谢遗传病，像黑尿症、半乳糖血症等均是由于正常等位基因（A）突变成有害等位基因（a），形成在选择上不利的纯合体（aa）所致。如果是显性致死基因突变，突变发生后致死基因受选择的作用，将随当代突变个体的死亡而消失，不会增高群体的遗传负荷。如果是隐性致死突变，突变基因能以杂合体状态在群体中保留许多世代，从而增加群体的遗传负荷。如果是 X-连锁隐性基因突变，在男性的表现与常染色体显性突变相同，并不增高群体的遗传负荷，而在女性则与常染色体隐性基因突变相同，也可在一定程度上增高群体的遗传负荷。

二、分 离 负 荷

分离负荷（segregation load）是指由于有较高适合度的杂合体（Aa）与杂合体（Aa）之间的婚配，后代中必将分离而产生一部分适合度降低的纯合体（aa），因而导致群体适合度的降低，造成遗传负荷的增高。在这种情况下，纯合子（aa）的选择系数愈大，适合度降低愈明显，群体遗传负荷的增高愈显著。

近亲婚配的危害主要在于增高人类的分离负荷。所以，禁止近亲婚配、改善人类的生存环境对于降低遗传负荷、降低遗传病的发病率、提高人口素质具有重要意义。

三、置 换 负 荷

置换负荷（substitution load）是指由于等位基因置换造成的遗传代价或损失（原占优势的个体由于适应度的减低会造成大量死亡）。例如，英国工业革命时期，由于大气污染，使原来占优势的淡色桦尺蠖（*Biston betularia*）（A_2A_2）急剧减少（树干黑化，易被鸟类发现而被吃掉），而原来不占优势的黑色桦尺蠖（A_1–）反而占优势（图 15.5）。这样，由于其等位基因间的置换（这里是 A_2 为 A_1 所置换），可以从整体上引起群体的适应度下降。

此外，还有起因于基因型间不相容的不相容性负荷、由于突变体的迁入而使群体增加不利基因的迁入负荷，以及由于近亲繁殖而使群体中有害隐性纯合体增加的近交负荷等。

在各种遗传负荷中，突变负荷与分离负荷是主要的。其余各种负荷只对一些个别座位可能有重要意义。例如，不相容性负荷对 Rh 座位是重要的，但就总体来说则并不重要。

图 15.5 大气污染引起淡色桦尺蠖的置换负荷

由于环境污染中的一些因素，如电离辐射、化学诱变剂、汽车尾气、吸烟等都可以诱发基因突变、畸形和癌的发生，从而增加群体的遗传负荷。因此，治理环境污染，保护生态环境，直接关系到人群遗传负荷的降低。遗传负荷可随遗传与环境的变化而增减，因此人们越来越关注环境污染对遗传负荷的影响。群体的混合、群体间基因流动、突变率的改变及对杂合体有利程度不等的环境因子的更动等，都会使遗传负荷增加或减少。

遗传负荷虽然导致群体适应度的降低，但可使群体增加多样性，原来不利于生存的基因当环境改变之后可能成为有利于生存的基因。因此可以认为，遗传负荷是群体保持它的多样性所付出的代价。

思 考 题

1. 解释名词：孟德尔群体、基因频率、基因型频率、遗传平衡定律、适合度、选择系数、遗传漂变、近婚系数、遗传负荷。

2. 简要介绍遗传平衡定律的内容。

3. 影响群体遗传平衡的因素有哪些？

4. 为什么要禁止近亲婚配？过去常见的近亲婚配有哪些主要类型？

5. 在一个随机交配的群体中，所有显性表型的频率都是 0.19，问杂合子 Aa 的频率是多少？

6. 某群体控制 ABO 血型的基因 i、I^A、I^B 的频率分别是 0.67、0.26、0.07。问各基因型频率是多少？各血型在群体中各占多少？

7. 在一个 1000 人的 ABO 血型样本中 A 型 320 人，B 型 150 人，AB 型 40 人，O 型 490 人，求各基因型和基因频率。

8. 人类某群体中镰状细胞贫血（AR）病的发病率为 1/400。求该群体中致病基因的频率，非致病基因的频率和杂合子的频率。

9. 有人曾经对东格陵兰岛上的爱斯基摩人的 MN 血型进行抽样调查，结果为 M 型 475 人，MN 型为 89 人，N 型 5 人。该群体是否达到遗传平衡？

10. 在一个大型的随机交配的群体中，如果从 A 到 a 的突变率是 0.000 01，从 a 到 A 的回复突变率是 0.000 001，A 和 a 都没有选择上的优势，试问 A 和 a 在什么基因频率的水平上达到平衡？

11. 下图是一表兄妹婚配的系谱图，请计算该家系的近婚系数。

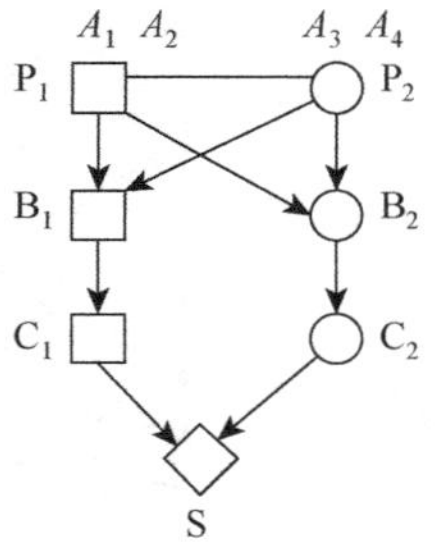

12. 请计算下列堂兄妹婚配家系中X-连锁基因的近交系数。

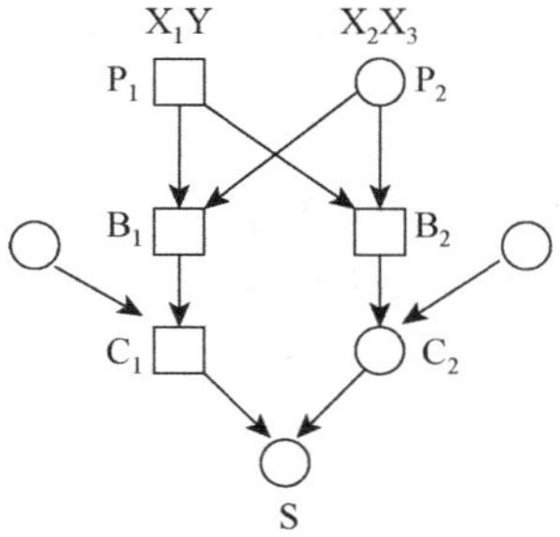

13. 在某群体中，某常染色体隐性遗传病的发病率为1%，如果选择系数 S=1，试问经过250年后（每一世代以25年计），其发病率为多少？

14. 在某一人群中，白化病的发病率约为 1/40 000，假定该群体为遗传平衡群体，求：①该群体中携带者的频率；②该群体中携带者与患者的比例。

15. 人类中的软骨营养障碍性侏儒是由一显性基因控制的。其适合度据计算约为正常个体的20%。该病在群体中的频率为1/1000。假定该基因座已达到平衡，试估算该显性基因的突变率。

主要参考文献

蔡舒. 2009. 影响群体遗传平衡的因素. http: //blog.sina.com.cn/s/blog_3df5f0af0100g976.html[2009-11-25]
程罗根. 2013. 遗传学. 北京：科学出版社
杜若甫. 1997. 我国的人类群体遗传学研究. 生物学通报，32（7）：9-12
刘祖洞. 1990. 遗传学. 2版. 北京：中国高等教育出版社
罗深秋. 2000. 医学遗传学. 上海：第二军医大学出版社
王培林，傅松滨. 2002. 医学遗传学. 北京：科学出版社
姚敦义. 1990. 遗传学. 青岛：青岛出版社
Kenslan. 2009. 群体遗传学基础. http: //www.doc88.com/p-566035811.html[2009-1-22]